[第二版]

有賀喜左衞門著作集 Ⅰ

日本家族制度と小作制度(上)

編集 中野卓 柿崎京一 米地実

未來社

（上）岩手県二戸郡石神村斎藤家全景　（下）斎藤家全家族員

斎藤家ダイドコ
(写真はいずれも日本常民文化研究所蔵)

新版の序

未来社西谷能雄氏の非常な御好意で、はからずも、私の著作集が出版されることになったことを心から有難く思っている。

私の旧作は、古本界で高価となるか、または探しにくくなって、求める方々に不便を与えているので、旧作が復刻されることはうれしい。しかし、あるものは戦前に、あるものは終戦直後に刊行されたものが多く、すでにかなり古いものもあるので、現在の私の考えともちがったところは少くないし、文章も生硬で、魅力に乏しいものもあるから、できれば根本的に訂正したいが、そういう訂正をはじめると、結局出版はできなくなるので、原文の論旨はそのままとして、ただ表現の不明確なところを多少修正し、文語的な文章を口語体にすることや現代かなづかいにする程度の改訂を加えることにした。それぞれの時期の見解には、私自身としても、今は不満のないことはないが、私の用いた資料は、私の血と汗とによって獲たものが多いし、今日の農村などにおいて、もはや見ることもできないものが少くないので、この意味では存在価値があるかもしれない。また局地研究《モノグラーフ》による資料の重要さがほとんどみとめられていなかった時期に、不完全ではあったが、モノグラーフの大切さを示すことができたことは、かなり意義のあることであったから、農村研究の初期の、これらの事情を示す意味においても、私の研究の各時期の変化を辿ることは多少の意義はあるかもしれない。

私個人としては、自分の著作が、紙質の粗末な時期にのみ出版されたので、保存に耐えないものばかりであるから、上質の紙によって新しくなることは、新著を出すような気分になるので、うれしいことである。ただ旧作が、現在の学界のレベルにどれだけ耐えられるか、心もとない点もあるが、そのすべてが否定されるとは思っていない。

一九四三（昭和一八）年版の『日本家族制度と小作制度』は、一九三八（昭和一三）年版の『農村社会の研究』の改訂版として出したものであり、『農村社会の研究』は、また、一九三三、三四（昭和八、九）年発表の論文『名子の賦役――小作料の原義』（社会経済史学三ノ七、一〇所収）の改訂版であるから、一九三八年及び一九四三年の論著はともに『名子の賦役』の発展したものであり、その目次ですら三者ほとんどちがっていない。

今度の著作集には、『名子の賦役』と『日本家族制度と小作制度』とだけ集録して、『農村社会の研究』を除外するのは、『農村社会の研究』は『名子の賦役』に多くの資料を補足してできたものではあっても、その考え方に余りちがいがなかったので、初期の論文に現れている方法論を示すことが重要であると考えて、『名子の賦役』を採った。すなわち『名子の賦役』の発表された時期は、マルクス主義経済学及び史学（特に労農派や講座派）の最高潮に達した時期であるが、それらとはちがった方法論によって、小作慣行の究明を行ったことを示すために、この論文を集録しておくことは意義があると思われる。

そしてまた『日本家族制度と小作制度』は『名子の賦役』の論点を多く踏襲した『農村社会の研究』をかなり大きく訂正したので、『日本家族制度と小作制度』を採ることの方が重要であると思っている。この場合の改訂の理由は、ほぼ二つ位あった。一は『農村社会の研究』において、私は、本家分家の互助集団を大家族形態と規定したのに対し、及川宏氏が批判し、この集団を家単位の互助組織としての同族団と規定すべきだと指摘したので、この考えの正しさをうけ入れて、農村社会の構造を考え直すことが、私にとって必要となったことである。二は、もちろん、一の結果にもよるのであったが、単に農村に限らず、日本の社会構造の性格を明らかにするためには、同族団は最も重要な集団の一つとして見るべきであり、これと関連させて、日本の社会構造の歴史的展開を捉えなければならぬと考えたことである。

（註）　及川宏「同族組織と婚姻及葬送の儀礼」（民族学年報二、一九三九年）

『農村社会の研究』が著作集から除外されるのは出版の都合にもよるが、除外されてもよい事情は上にのべたごとくである。しかし上掲三者が起草されるに至った私の立場は『農村社会の研究』の序文にのみ記されて、他の二論著には欠けているので、これを旧作の序文として、本書に収録することにした。

したがって、本書は同族団の基本的性格を、農村における地主の小作慣行を対象にして捉えることに目標があり、この方法によって当時主として経済的関係として捉えられた小作慣行の社会的意義は広汎に究明されると私は考えたのであり、これと関連させて日本の政治や経済の構造の基本的性格を明らかにすることができると見た。当時の学界はマルクス主義を中心とする西洋の社会科学の方法論や考え方が一般に支配的であったから、私のようにそれとは角度のちがう考え方は多くの人々からは高く評価されなかった。

しかし私は私の考え方を、農村以外の、武士、商人、寺社などの社会にも、日本の政治構造にも十分に適用し得ることを感知したし、主従関係と結びついて成立した同族団の基礎単位となった家は、西洋の家族と甚しいちがいのあることに眼をつけて、全体社会との関係において、これらの問題に取り組むべきであると考えたが、単独で、これらの大きな問題を解決することは困難であった。

ところが、私の抱いていた問題意識に、何らか同感して、日本社会の研究を、いろいろな部門で押し進める人々は、少しではあっても、次第に出て来た。私が研究の進捗に苦しんでいる間に、それらの研究は相ついで世に出た。例えば、竹内利美氏の『中世末に於ける村落の形成とその展開』(伊藤書店)、森岡清美氏の『真宗教団と「家」制度』(創文社刊)、岩井弘融氏の『病理集団の構造——親分乾分集団の研究』(誠信書房刊)、中野卓氏の『商家同族団の研究』(未来社刊)、間宏氏の『日本労務管理史研究』(ダイヤモンド社刊)、あるいは中村吉治氏らの共同研究に成る『村落構造の史的分析』(日本評論新社)及び『解体期封建農村の研究』(創文社刊)などをあげることができる。これらはそれぞれ日本の社会構造に対して独創的な追求を行っている優れた研究であり、私が意図しながら、為し得なかった多くの問題を解決して見せた点で、逆に私自身が大きな感化をうけた業績であった。

私もこれらに追随して、最近『日本の家族』(日本歴史新書、至文堂刊)を上梓し、『日本家族制度と小作制度』において提起した問題点のいくつかに、もっとはっきりした見通しをつけることができたような気がする。だから、本書の読者が私の近作『日本の家族』を合せて読んで下さるなら、日本の社会構造を日本の文化との関連において、よりよく理解し、戦後占領下において行われた諸改革は、日本的性格においてしか実現できないことを了解することができるであろうと考えている。

私は年来、日本社会の特殊な構造や日本人の特殊な考え方に研究を集中して来たので、私の見方は世界的視野を持たぬと非難されているように思われるが、私の考え方の根底には、むしろ文化人類学の影響が強いのである。

一つの民族の文化や歴史は、複雑な国際的文化交流の中で、彼らの伝統を築きつつ変化して来た様相を捉えないと、到底理解することはできないと私は思っている。今日のように多数の民族や国家が国際的連帯関係を深めて来ると、その文化交流も複雑化して来ているし、それらの相互理解は、それぞれの民族や国家の文化の伝統を深く理解し合うことによってのみ可能であるから、個々の民族や国家の文化の精細な研究をいかにして成立させるかという方法論が最も大切である。私はこれを、日本のような古い歴史と高い文化とを持つ国民を対象としてやってみたというだけである。どの国民の文化でも、多面的で、複雑であり、それを規定した条件も実に多様であるから、西洋文化のみを最高の価値として、諸国民の文化を評価することは避けなければならない。

私の著作集の編集に、中野卓、柿崎京一、米地実の三君及び未来社の小箕俊介君に助力を得ていることを心からお礼を申上げる。また本書の一九四三年版には、序文もあとがきも欠いたので、記すことはできなかったが、その折に、詳細適切な二種の索引と参考書目とを作成して頂いた竹内利美君に、おくればせのお礼を申上げる。そして復刻版の索引と書目とは竹内君の作成した項目にしたがって、米地実君に新たに整理して頂いたことを附記しておく。

一九六六年二月二三日

著者

『農村社会の研究』の序（原文の復刻）

庶民生活に於ける創造性の存在は今迄如何に無関心に放置されて来た事であらうか。これなしに民族文化は果して成立するであらうか。我が民族文化の闡揚が力強く要求されてゐる今日に於てこの事は我々の重大なる関心事でなければならない。

民芸や民具を通して一般庶民の造形事象に於ける創造性は漸く最近世人の注目を集めるに至ったが、一般庶民の生活自体に関しては依然として殆ど創造性が認められてゐない。これは造形事象より遙かに複雑なる態様を持つのでそれの把握が甚だ困難なる点に一つの理由があり、又社会組織に於ける政治体制は最も明白であるから多くの場合それを中心として分析されるに止まるので、一般庶民の如く被支配階級に属するものは常に為政者の政策に依ってのみ左右せられるものとする見解に陥り易く、この見解が庶民生活に於ける生活組織の理解を困難ならしめた所に他の理由があるのである。

併し我々は生活事象の存在する根本的意義が如何なる点にあるかを考へねばならない。そして全て生活事象はそれ自身の一定の社会的形態によって表現されてゐるといふ明白なる事実を知らねばならない。これらの形態は生活事実に含まれたる一切の社会的事実に対しては象徴的意義を持つのであって、この事は社会組織の存立する基本的意義に外ならない。それ故全て社会組織は生活事実の具象性を貫通する象徴的意義を常に保有するものであって、それは言語や芸術に於けると全く同様である。従ってそれが人間の創造力の所産であるといふ事も亦明かでなければならない。

蓋し創造力の高度な表現は生活そのものと緊密に結合し、その具象性を徹してそれの象徴的意味が完成される場合であるから、斯かる表現は天才にして初めて可能である。併し斯かる天才の業績の根柢となる民族やそれが営む社会生活は斯かる業績の根柢たる事に依って又重大なる価値を保有するのは伝統としての温床たるが故に外ならない。それ故民族の文化的水準はあらゆる意味の象徴的な事物に依って表現され、且つそれは天才の業績を生む事に依ってそれ自身を絶えず高めて行く。何故ならば真に天才的なる存在は民族性を貫く世界性に於て光芒を放つのであって、これに依ってその民族文化は著しく止揚されるからである。この事は言ひ換へれば高い教養や理想を持つ民族文化の成立は全く広大なる文化的交流に依ってのみ可能である事を示すものであるから、民族文化はその原始的素朴性の故に尊いのでは決してなく、それは極めて大なる包容力を持つ事に依って尊いのであり、包容力が大きければ大きい程それの内容は豊富となりその創造性が高められる。何となれば斯くの如き民族文化こそ其れ丈け多く世界性を持つからであり、その故に又世界文化に於てより多く指導的であり得るからである。従ってその民族の文化的水準は個々の天才に依って示現される許りでなく、民族の全体的な力としても示現する。我々はこの両者の密接なる相即関係を理解せねばならない。

この認識は我々にとって極めて重要である。従来の如く社会組織に於ける一般的な政治体制の機能を過大視し、庶民生活に於ける生活組織成立の契機を理解せざるが如きは民族文化の高揚の為めに何等の寄与をなすものではない。蓋し社会組織に於ける一般的な政治体制の結成がより多く天才的な才能に俟つ事は明白であるが、それは飽く迄民族性を根拠とするものであるから、その指導者が高い見識を持てば持つ丈け民族の持つ世界的位置は高揚される。それは斯かる政治体制に於ては庶民生活に於ける創造性の発展は愈々益々助長されるからに外ならない。これに反して庶民生活における創造性を無視するが如き政治はその政治体制が如何に鞏固に見えようとも、その政治的権力のみが如何に強烈に表現されるとしても民族全体の力は脆弱でしかなく、又多くの発展を期待する事は出来ない。それ故例へば徳川時代と明治時代とが民族の綜合的な力に於て格段の差違を以て表はれてゐるが如き、その理由は極めて明白である。

私はこの著作に於て従来看過されて来た庶民生活に於ける創造性の問題を近世に於ける農村の生活組織を中心として検討して見たのである。日本近世史は徳川氏治世から明治維新に至る実に興味ある舞台を我々に呈出してゐる。何となれば前者は庶民生活に於ける創造性を圧迫しようとした政治意志を以て臨んでをり、後者は全くそれとは反対であるからである。それ故封建社会に於て庶民生活に於ける創造性が果して全く根絶せしめられたであらうかといふ重大なる課題と同時に資本主義社会への展開が又それに如何なる姿を与へたかといふ問題とが我々に呈出されて、政治と生活との相即関係に関する我々の考察の試錬となるからである。

私が斯かる問題に関心を持ち始めて以来略々十五年の歳月を経てゐる。最初に於ては遙かにナイーブなものであったとしても、それは年と共に明白な輪廓を持つに至った。今日この著作を公にするに至ったのはこの問題の解明に対し漸くにして一つの点に到達した事を信ずる事が出来るからであるが、併しこの歳月は恰も日本思想界の最大なる動乱期に当ってをり、絶間なくその波にゆすぶられて内的な苦悶と争闘とに私自身を投げ込んだのであるからこの一つの著作と雖も過去十五年乃至は二十年の間に私が深い影響を蒙った諸々の文学思潮や社会思潮の凝結したものに外ならない。即ち当時の所謂人道主義「白樺」に多分の影響を受けつつも、又自然主義文学や写生派文学に交流し、個人主義的人生観の迷宮を辿り、社会的思潮の波に洗はれるに及んでそれは次第に社会的な人生問題や民族性と世界との問題に展開などするに至った。そして私にとって個人や社会の創造性の問題は最も重大なる関心事として貫かれてゐたのである。芸術的才能不足の自覚が創作から私自身を見放して文化の全般的な研究が次第に私の心を捉へ、諸多の未開民族や文化民族に於ける宗教や芸術や道徳や経済の問題が私の主要なる関心事となって来たのはこの問題の解明にとってそれが極めて切実なる手段として痛感されて来たからである。そして民族学と社会学とが私の模索に手綱を与へんとするに至った。併し私が真実の意味でこれらの学問的技術の専門家たり得ずして今日在るのは人生観や世界観の確立に対する熱意がより一層強かったからに依るであらうが、真実の科学的業績が高邁なる人生観や宏大なる世界観から離れたものではなく、その上に於てこそ初めて樹立されるといふ私自身の目標が猶遙か彼方に在るからである。

今年恰も亡父三十三年忌に際会し、この小著が夭折した父母の供養となる因縁を喜びたい。又おほらかな心情や高邁なる気魄を以て私に無限の感化と愛情とを垂れ給ふた妻の亡き両親の霊前にもこの書を捧げる。なほ仏文梗概に多大の労を煩はした後藤末雄博士、田辺寿利、牧野巽、古野清人諸兄に心からの謝意を表する。

昭和一三年一一月三日

明治の佳節を寿ぎつつ

有賀喜左衞門

凡例

一、著作集刊行に当り旧仮名づかいは新仮名づかいに改め、漢字はすべて略字を用い、要すればルビを振りまた現在あまり使用されない文語的な言いまわしは口語体に変えた。もとより引用文についてはこのかぎりではない。

二、本文中の図版は新たに書き直し、右書きとなっていた地名等も現在普通に用いられる左書きの様式に改めた。

三、本書はもと、本文七三二頁、訂正追記三頁、索引および引用書一覧等あわせて三三頁、全七百数十頁を一冊とした大部なものであったが、この著作集ではI巻およびII巻の二冊に分冊した。各巻の頁数をほぼ均等にするため、第三章の第三節と第四節がII巻にまわされていることを特に注記しておきたい。索引の便のためにもI巻II巻についてのみ二分冊を通じての通し頁数を用いることにした。

四、一九四三年版の校了まじかに書き添えられた「訂正追記」はそのため同年版の目次にもあらわれていないが、上梓の直前における追記として重要と考えられるので、この著作集でも本文におりこむことはしないで、そのままの形で再録した。

五、索引は、事項索引、地名索引よりなり、縦組みになっていたものをもとにして新たに横組みの形に組みかえ、この機会に戦後の市町村合併による新たな名称を添えるなど、多少の工夫と拡充をおこなって第II巻の巻末に付した。

日本家族制度と小作制度

目次

（以上上巻）

(以下下巻)

日本家族制度と小作制度

――「農村社会の研究」改訂版――

第一章　家族制度と小作制度

第一節　小作制度の研究方法

小作慣行の本質に関する究明は非常に難問題であって、昭和四、五年以後の数年間は特にこの問題は喧しく論ぜられ、半封建的、前資本主義的等々の形態において規定しようとする諸説の論争を捲起したことは周知のことであるが、それらの論争が終結して一つに帰着したとはいえないのであるから、いかにそれが難問題であるかがわかるといえよう。私も同じ問題について「名子《ナゴ》の賦役―小作料の原義」と題して昭和八年一〇月の「社会経済史学」誌上に発表したのであるが、この論争の圏外に存在していた。それはこの所説に含まれた方法論が経済史学者に対してはきわめて特殊なものであったので、ただちに理解されるまでに至らなかったからであるが、それは方法論に関して明確に説明し得ておらぬところにその原因があったともいわれよう。そして一方においては名《ナ》子《ゴ》のごとき、今日においては一般的でない小作形態を論ずることが、一般的な小作形態に対して、いかなる意味を持つかが疑問とされ、それは要するに重要なる価値を持たぬものとして片づけられたことであり、他方においては一般的な小作形態を、名子制度との歴史的連関を無視して、この特殊小作形態と同様に意義づけようとする試みが私の方法論を全然無視したことである。しかし私は小作慣行の本質を問題にする場合に、単に経済学的な、または法律学的な観点から、現在の支配的な小作形態のみを論ずることによって、それが解明されるものとは思っていない。かかる支配的な形態のみを根拠として小作慣行の本質を論ずることは方法論的に正しくないと考えるのみならず、特殊小作形態の意味を一般化することもはなはだしいまちがいであると考えるものである。

しからば小作慣行の本質の究明はいかにすべきであろうか。そこで当然小作慣行の本質という概念が最初に問題となるが、この慣行の歴史的発展の各時期を通じて、不易なる本質が存在するということは、いかなる意味でいうことができるであろうか。生活におけるある慣行の本質ということは、もちろん文化現象一般の本質に関連するものであるから、それは社会的歴史的事象であるということでなければならない。それゆえこの慣行における諸形態は、相互に社会的歴史的連関を持つということが、その本質にほかならない。このことは小作慣行における諸形態の歴史的意義を究明するためにはきわめて重要な点であって、従来しばしば行われたような、小作慣行における諸形態を分類するというだけでは、これらの形態が農村社会の中に成立した契機を明らかにすることはできないし、また諸形態における地主小作人の関係を支配被支配関係に還元して、歴史的過程の各時機におけるその社会的意義を本質的にまったく等しいとするような議論では説明にもならない。

そこで小作慣行の本質を究明しようとするには、小作慣行における諸形態がいかにして成立したものであるかを明らかにしなければならないが、これらの諸形態が社会的歴史的関連を持つかぎり、これら諸形態のそれぞれの歴史的位置を決定することはきわめて重要である。しかしこの意味は必ずしもある小作形態の発生の年代を確定することにあるのではなく、ある一つの形態から他の一つの形態が、発展的契機において発生する社会的条件を明らかにすることによって、諸形態の社会的歴史的な相互関係を知ることである。それは小作形態の発生の年代を確定することが不可能であるというのではないが、これらの生活形態は一定の条件が存続するかぎりその一定の社会的意義は存続するので、他の生活形態への転換は場所によってはなはだしく遅速が生ずるから、同様な小作形態の発生の年代は場所によって異なるのであり、これらの小作形態の発生の年代を一般的に確定することは不可能である。この意味において小作形態が生ずる社会的条件を探査して、それを歴史的発展の系列に配列することは、小作慣行の本質を究明する上にもっとも必要なことである。

　しかしいろいろの小作形態を歴史的発展の系列に配置することは漠然としてできることではない。われわれは先学諸賢の研究によって、すでに江戸時代における小作諸形態を知ることができた。しからば現在における小作諸形態はその引続きとみるべきものであるから、現在におけるそれは旧幕時代よりすべて新しい形態であるといい得るであろうか。例えば名子、作《ツク》り子《ゴ》等と称する一種の従属小作は、江戸時代におけるいわゆる普通小作ないしは質地小作より新しい形態であるだろうか。もちろん前者が資本主義社会においてその一部を占め、それによる大きな影響を受けていることにおいては新しいということができるであろうが、賦役を持つ形では歴史的に後者より新しいと言い得るかどうかは疑問である。即ちその小作形態が一面新しい影響を受けているにも拘らず、古い社会的意義を残存させているように見えることは、新しい時代に存在する現象をすべて新しい発生と考えてはならないことを示すにほかならないが、詳細にみれば名子、作《ツク》り子《ゴ》等の従属小作形態といえども、複雑な形態を持っているので、それらがいかなる歴史過程に配列されるかということは単純に決定できることではない。しからばその基準はいかにして定めることができるか。

このことは歴史研究の方法を検討することによって決定される。ところでその方法は一般に明らかであるとされて、何らの疑問を抱かれないのであるが、さてわれわれが庶民生活の歴史研究に当面する場合に、従来のように文書記録に見られる資料のみをもってしては、解明し得ない多くのものがあるのに当惑せざるを得ない。このことは小作慣行についても示されるところで、従来見られる諸研究がよくこれを示している。村落にも古文書記録はないわけではないが、その多くは公文書に属し、部落内部の日常生活に関するものはきわめて乏しいのが通例である。小作慣行についてみれば、小作関係は口頭で結ばれたものが多いということはおいても、小作証書に示されたものはほとんどその全部が地目、反別、小作料額を記載するのみで、地主と小作人との間に存するその他の社会関係は除外されていて、それはあたかも、単に経済的もしくは法律的関係のみを示すもののごとくみえ、一般に地主小作人間に見られる広汎な社会関係をこれから知ることはまったく不可能である。すなわち文書記録は生活事象を限定して伝承する性質を持つことは、この一事からでも了解される。その他における間接的な記録、例えば旧藩時代における諸文書が小作慣行の十分な説明を果し得ないということも当然であって、これらの事情こそ従来小作慣行の十分な歴史的究明を阻んできた理由である。それゆえこれまでのような古文書記録を中心とする研究方法を補足して、十分な究明のできる方法論が樹てられなければならないが、このことは単に小作慣行に限られるものではなく、庶民生活史を樹立せねばならぬ場合、その全般にわたって特に重要である。それゆえにその資料蒐集に当り、古文書記録以外の生活伝承にも大きな注意を払わねばならない。

庶民生活史の研究にとって、いわゆる民俗学ないし民間伝承研究が重要であることは、今日もはや何人も認めるところであるが、この研究の立場に関する理論は明確でなく、依然としてこの研究の立場を不利なものにしている。従ってこのことはその価値を信じ難いものとする他の側における研究の立場をも狭いものにしていることは、文化の実証的研究にとって誠に遺憾といわねばならない。私はこれに関する論議を別にしておいたので、今ここで詳論することを避けたい（拙稿「民俗学的資料の意味」金田一京助博士古稀記念論文集所収）。民俗または民間伝承という言葉は皇室、公家、武家、寺社家に対して庶民を区別する場合を指すようであるが、従来の主張では別に文書記録伝承に対して言語、行為、感得による伝承を指すもののようでもある（柳田国男、民間伝承論）。もし後者のごとく生活伝承の形態からこれを呼ぶとすればすこぶる当らぬものがある。いま生活伝承の形態をみるに、次のように大別することができる。

1　記録伝承
2　造形物伝承
3　言語、行為、感得による伝承

われわれが何らかの文化事象（社会事象または生活事象といわれるものは同意義）を研究しようとする場合に当面するのは、必ずこれらのものであって、一つの文化事象は大抵の場合これらのすべてを含んでいる。文化科学に属する経験的特殊科学がその研究をする場合に、これらをその対象とするのは当然であり、その一部を対象とするとしても、全体との関連がなければ文化事象としての意味を成さない。そこで言語行為感得伝承を民間伝承と呼ぶとすれば、皇室、公家、武家、寺社家におけるこの形の伝承を示すのに、民間という表現はすこぶる不適といわねばならない。また民間とは庶民生活を指すとすれば、それには（1）から（3）に至るまでの伝承形態はすべて含まれているのであるから、これら二つの場合において、民俗または民間伝承という言葉の示す概念はすこぶる紛乱しているといわねばならない。そこで私はかかる立場を避けて、生活伝承の各形態を連関させて研究する立場に立たねばならないと思っている。従ってそこではこれらの伝承の諸形態が相互補足的に存在するものと考えるから、庶民生活の研究にとってこれらはいずれも重要視される。またその研究にとって庶民以上の諸階級の生活も連関するものと考えられ、全体として初めて民族的性格を捉えることができると考えるので、そこにおいてもこれら伝承の諸形態が含まれているとみる。しかしこういう研究は庶民生活の全体に関してさえ一挙にして捉えることができるものではないから、それを究明する手段として特殊科学の各立場に拠らねばならないと考えるのである。

特殊科学においては、その資料はいかにして獲られるかというに、一つの特殊科学にとっては、すべての生活事象がその資料となるのではない。資料という時それはすでに一つの科学的立場に編入された意味を持つ。経済学にとっては経済学的意味を持つものがその資料なのであり、他の科学的意味を持つものは予備的関係以上には出ない。そこで一つの特殊科学が成立するためには、生活事象の中からそれぞれその資料が選択される。ところが生活事象はそれ自身歴史的発展を示すので、各特殊科学はそれぞれの立場における歴史研究を同時に必要とする。経済学の立場において経済史が、政治学の立場において政治史が存在するというがごときである。経験科学としての歴史研究は厳密には特殊科学の立場において成立するのみであって、そこでは一般的意味における（通俗的意味ではない）歴史研究はあり得ない。われわれが漠然として歴史研究と称するものは実際は何らか特殊科学的でないものはなく、真に一般的意味の歴史研究とは哲学の立場以外においてはあり得ない。そこで特殊科学の立場における歴史研究の資料はそれぞれの科学的立場における意味をすでに持つのであるが、資料の存在する形態は上述の伝承の形態に示される。即ち記録伝承から記録資料が、造形物伝承から造形物資料が、言語行為感得伝承からその資料が獲られる。第三のものを便宜上民俗学的資料と呼んでおく。かくして特殊科学における歴史研究にとって、これらのものは相互補足的価値を持つ。

従来文書記録による歴史研究者においては、記録の客観的価値の存在が信じられて、その史料としての価値はほとんど絶対的のものとさえ考えられてきた。これの史料としての価値は一般に高いことは何人も承認するところであるが、それら史料の個々について、史的価値がいかに高いか低いかを評価し、また真偽を検討するのは研究者自身であって、それは研究者の見識や熟練に俟つのであるから、史料そのものに純粋な客観的価値があるのではない。このことは記録の解釈とも連関する。例えば上代史料のようにきわめて少数に限定されたものにして、なお多くの解釈があり得ることは、すべて記録の解釈が単なる客観性に立つものでないことを知らねばならない。即ち解釈である限りそれはすでに主観的・客観的なものであり、記録の評価また同じである。このことは言い換えれば過去を解釈することは現在を通して初めて可能であり、いかようにみるとしても、現在の合理的見解が何らか過去に働きかけることにほかならない。この場合このような合理的見解の無制限なる適用が許されるわけではない。それを適正にして行くものが記録における客観的側面であるが、それらは別々に働くのではなく、相即的に連関して一つの解釈が生れるのである。われわれは伝承というとき、文化を過去から受け継ぐ面のみ捉える傾きがあるが、例えば古典が復興するというのは、それは現在を通して生きることであり、単に現在が過去に規定されることではない。すなわち過去が現在を規定するとともに、現在が過去を規定するという相即的な作用がわれわれの生活であり、歴史であるのだ。それゆえ伝統とはこの両側面の統一した形として捉えねばならない。

このようにみるとすれば、歴史研究の方法は二つの基本的要素を認めることから出発する。一つは過去資料であり、他は現在資料である。この二つのものがわれわれの合理的見解を適正に成長させる根拠となるのである。過去資料によってのみ過去を解釈することはできない。また現在資料のみによれば合理観の不当な強要を避けることができない。この見地に立って前述の資料の諸形態をみるなら、記録資料、造形物資料、民俗学的資料は共に過去資料も現在資料も含む。民俗学的資料は特に現在において採集されるにもかかわらず、その中には過去のものとして伝えられる資料が少からず得られるし、またその必要もある。それゆえ民俗学的資料はそれをもって歴史研究たり得る要素はあるが、それに含まれた過去資料は遠い過去に遡るには多くの不安があるので、記録資料や造形物資料における過去資料の助けにより、それを確実ならしめることが必要である。一般に民俗学的資料は言語、行為、感得によるので、資料としての確実さを疑われているが、記録資料といえども虚偽の記録も少くないので、それが信用できるかどうかは研究者の研究と熟練とに俟たねばならない。民俗学的資料も採訪の熟練と研究とによって話手の恣意的作為を避け得るのであって、これにおいては記録資料や造形物資料のごとく偶然の資料ではなく、また固定し限定されないので、生活の流動する情況に応じて、計画的にその全面に細かい考察を向け、それから得られるという大きな利益がある。そしてそれが生活についてのわれわれの合理的見解を深めるのにいかに役立つかはいうをまたないし、それが歴史研究の重要な要素の一つであることも明らかである。われわれは漫然として過去資料に対するなら、果していかなる歴史研究を成就できるであろうか。現在資料に対する深い洞察のない者が過去を洞察し得るなどとどうして言い得ようか。

以上述べてきたことを要約すると、人間の生活事象の研究としての特殊科学は、その立場における歴史研究を必要とするが、その研究資料は資料たるかぎり、いずれの形態においても各特殊科学的立場における意味を持たねばならない。従って資料は漠然とした生活事象ではなく、生活伝承の中から選択され、組織化されたものにほかならない。いま上のような説明によって民俗学的資料のおかれる正しい位置と価値とが明らかにされた場合に、民俗学的資料採集の基準は初めて立てられるのであって、このことは同時に他の資料に対して正しい見解を持つことを可能にするから、一般に研究資料採集の基準を定めることができる。しかるに民俗学が特殊科学の綜合であるというような茫漠とした立場に立つなら、その資料採集は生活のあらゆる事象にわたるものとならねばならないであろう。そこには選択もなく、組織もなく、ただ包括的であるのみである。このような資料によって何の研究ができるであろう。実際誰れかが何か研究をしようとしても、このような雑然とした資料では使いようがないのであって、研究に着手するかぎり、必ずや個々の特殊な事象を対象とするようになる。その場合その瞬間から特殊科学的立場に導入される。そこでは事象の選択が行われ、その立場における資料の組織化が必要とされる。従って資料採集はすでに特殊科学的立場によって行われねばならぬことが明らかである。それゆえ資料はすでに単に客観的なものではなく、主観的・客観的なものである。

このような本質を無視して行われる採集記録は、その立場が茫漠広汎であるから、そのままでは科学研究の資料となり得ない。これを真の資料とするには、何らかの科学的立場においてさらに選択し、再編成が行われねばならない。そのままではいささか手を加えた原料のごときものにすぎず、精密な科学研究にとってはなお足らぬものである。それゆえわれわれの資料採集はこのようなものをもって満足すべきではなく、最初から一つの科学的立場に立って、さらに計画的に精密に行われるべきことはいうをまたない。このような採集であって初めてその資料は大きな価値がある。われわれは一人にして同時に多くの科学的立場に立つことはむずかしいから、まず一つの科学的立場においてそれを行うことが何よりも必要であり、その採集が精密であればあるだけ資料は精密であり、従ってわれわれの研究の価値は高まる。それゆえ一つの立場における採集資料が他の立場にとって十分に役立たぬとしてもやむを得ない。われわれに万能の立場がないかぎり、それを望むべきではない。このことは民俗学的資料においてだけでなく、他の資料についても同様であり、たとえば記録資料が歴史研究の資料となるといっても、それは漠然と価値を持つのではない。すでに述べたように、経験科学の立場では一般的な歴史研究はあり得ないので、特殊科学的立場に立つのでなければならない。そして記録資料もそれぞれの科学的立場において意味を持つものだけが選択され組織化される。他の立場はこれにとって予備的関係を持つにすぎないから、これをもって他の科学的立場に代え得るというものではない。資料採集にはこのような基準があるのであって、これを無視してはその研究を精密化することはできない。

そこで歴史研究にとって資料の三形態はそのいずれに価値があり、または価値がないかを一般的に示すことなどできないことがわかる。これらはすべて同等の位置にある。ただ個々の事象の究明に当面する場合には、いかなる資料が多く得られるかという条件によって、利用度に差違が生ずるばかりである。前述のように庶民生活史を問題にするといったところで、記録資料や造形物資料に恵まれた部分もある。恵まれていてもいなくても、共に民俗学的資料を援用することにより、その研究が大いに進むことはまちがいない。庶民以上の生活史にとってもそれは同様である。このように資料としての一般的価値の同等を認めなければならぬとしても、民俗学的資料が計画的採集資料であるに比して、他の資料、特に記録資料は偶然記録の中から獲られたものであるという相違は、ぜひ注意する必要がある。このことは個々の資料の内容についての価値に差を生じさせるものである。記録資料は遠い過去まで遡ることができるという長所はあるが、生活関係における広い関連を求めることは困難であるから、民俗学的資料のように、ある時期の生活関係について組織的ではあり得ない。小作慣行について前述した所はこれを示すのであって、文書記録においては断片的表現が多いが、民俗学的資料は組織的に摑むことができるという長所がある。また同じ意味の生活事象——例えば小作慣行とか、氏神祭祀とか、同族団体とかいうようなもの——は場所によってそれぞれ形を異にするが、その異なる理由を尋ねることは、民俗学的資料においては、記録資料によるよりはるかに容易である。またこれらの異なる形がいかなる脈絡を持つかを知る上にも、民俗学的資料による方が容易である。これらは現在の生活事象の諸関連を比較的容易に知ることができる点からくるのである。記録資料においてもこれは不可能ではない。しかしそれが示す過去のある時期においては、それらの生活諸関連が十分に明らかでないことが、それを困難にする。しかしこれらのことを考えるのに記録資料、造形物資料と民俗学的資料とが相まつならば、それぞれの資料の範囲だけで考えるよりはるかに効果があることはいうをまたない。これらの資料はそれぞれ一長一短を持つのであるから、相互補足的であることにより、資料としての役割を十分に果すことができる。即ちまず個々の村落について、これらの資料によってその生活事象の歴史的変遷を精細に示すことができるのであって、その後にこれらの比較によって、その一般的な歴史的発展の過程が解明できるのであるから、個々の村落が持つ現在の生活事象は、一般的な歴史過程のいかなる段階にほぼ相応するかを知ることができる。従ってこれは歴史的段階のある位置における生活事象を類推するのにきわめて重要な資料となる。そこでは時代の距離を飛躍することが許されるかどうかは問題であるが、もちろんそれを補正するものとして記録資料が援用されなければならない。しかしわれわれは時代や場所による社会的条件や自然的条件に伴う差違を認めなければならぬ半面において、それら諸事象の根柢をなす民族的性格をもまた捉えなければならない。それが外面的に差違ある生活事象を性格的に連関させるのであるから、形態的に類似する事象はこのような性格的脈絡が証明される場合に、一方をもって他方を類推することは必ずしも根拠がないということはできない。またこのような連関の関係は同一の政治体制の下においても、村落の生活形態がそれぞれ異なって存在し得る理由を明らかにするのに役立つのである。

そこで小作慣行における諸種の形態の社会的歴史的連関を知るには、まず何らか特殊科学の立場に立つことが必要であり、さらにその立場においてその資料が選択され組織されなければならぬことは明白である。それゆえ小作慣行は種々の科学的立場において研究することが可能であり、そのいずれの立場も是認されなければならない。しかるに従来はこれを単に経済史または法制史の立場においてのみ究明し得ると考えていたので、小作慣行に関する理解が浅いものとなった。もちろん、一人の研究者が同時に多くの特殊科学的立場を兼ね有することはむずかしい。よしそれが可能であるとしても、一つの科学的立場に他の立場を混在させることは、それぞれの立場の精密化を阻害するのであって、それぞれの立場は他に対して相互に予備的関係に立つことを了解せねばならない。このような観方において他の科学的立場を理解する場合に、初めてわれわれはわれわれの専門の特殊科学的研究を精緻かつ豊富ならしめ得る。綜合という美名に捉えられて特殊科学の本質を忘れることは、かえってその立場を失うことになる。それゆえ従来小作慣行を経済史や法制史の立場において研究してきたことを排斥するのではないが、それらにおいては小作慣行が単に経済的ないし法律的事実であるとの見解に立つものが多く、それ以外の意味もあり得ることを理解しようとしなかった誤りを指摘したい。これらの側においてその調査が経済学的ないし法律学的であったことはその限りでは正しい。またそれに追随する官庁の小作慣行調査が同様であったとしても、それも深く咎めることはできない。官庁には官庁としての立場があるから、科学的研究の立場と異なるとしてもまた必ずしも誤りではない。しかし官庁が何らか農村政策樹立の参考資料とすることを目的として、小作慣行の調査を行うものであるなら、即応の調査が果して真に参考資料となるかは疑問である。またその調査が一部の科学的立場における研究に準拠している場合にあってはなおさらそうである。何となれば行政官庁の樹立すべき政策はその性質上偏した観方の上に根拠をおくことは極力避けられねばならないからである。従ってできるだけ多くの科学的立場における研究の成果を総括するのが本道であろう。

そこで小作慣行の究明が従来行われたような一部の科学的立場においてのみ行われることは、小作慣行そのものの究明からみても大きな発展を遂げることはできないだけでなく、その限りでは小作慣行が農村生活に持つ真の意義をも解明することはできない。何となれば小作慣行を通して示される民族的性格は、単に経済事象や法律事象にのみ固着しているものではなく、他の多くの科学的立場の存在に関する十分な理解を伴うのでなければ、経済事象や法律事象の究明をさえ浅薄なものとする恐れがあるからである。従って小作慣行が各種専門の学者によって、その立場においていっそう追求されることが必要であり、それらの成果が相互に影響し合うことによってその研究が精細となる。しからば私はいかなる立場に立つか。私はこれを社会学的立場において研究しようと思う。社会学に関する私の解釈はこの章の終りにおいて述べるが（二四七頁）、私はこれをもって小作慣行を説明し尽し得ると思うのではない。何となれば私は社会学を特殊科学としてみるからである。それゆえ単に一つの立場として小作慣行の究明に参加したいと思うのであるが、ただこの角度からの研究が従来明白に自覚されていないので、他の立場における研究もまた深くなり得なかった憾みがある。この点に資するところあれば幸いと思うのみである。

特殊科学としての社会学において、その対象とするところは人間の存在形態としての社会関係を捉えることでなければならない。社会関係の構造を形態的に追求することに目的ありとすれば、今ここでは社会関係の一つとしての小作慣行を形態的に研究して、その角度からその社会的歴史的関連を求め、しかる後に民族的性格を理解しようとするのである。それゆえこれを村落の生活形態との連関においてみて行くのでなければならない。

ところで村落の生活形態はこれを精細にみるなら千差万別であるとしても、それらは現在の社会組織の一環として結合しているので、その諸形態に共通する社会的意義が存することは否定できない。このようなことはいかなる時代にもみられるのであって、それぞれの時代の政治体制が村落生活に共通な一般的社会的意義を付与する。それゆえ村落が同時に相異なる生活形態をもって示されるのは、それぞれの根拠となる村落における生活条件の相違に帰さなければならない。従って生活諸形態の共通の意義を捉えると同時に、その相異なる形態を生じさせた根拠を理解することが必要であることが知られる。それゆえわれわれは生活事象における現存の諸形態を成立させている社会的な諸条件に関し、特に注意せねばならない。しかるに、或る村落の持つ生活形態はその村落の生活機構に条件づけられるのであるから、それは村落の成立と発展との形態に内面的に関連する。そして村落における各戸の成立とその相互関係は、その村落の持つ生活形態と緊密なる関係を持つことは明らかである。このような内面的な関係において生活形態を考察する時、初めて個々の村落における生活形態の社会的歴史的意義を明確にすることができる。村落の開発や各戸の成立による村落組織の発展は、民俗学的資料や記録資料や造形物資料の整備によって初めて知ることができるのであるから、資料への偏愛によって、そのいずれかを価値少いもののように断定することは誤りである。これらの究明によって、或る村落における生活形態は、いかなる発展過程を持つか、そしてそれがいかなる社会的条件において発展してきたものであるか等を知ることができるのである。

こうして村落の生活形態を究明するのに家の問題がいかに重要であるかを知るのである。家と家とのあらゆる結合が諸種の文化的契機によって発生するとしても、その結合の性格に作用するものは、従ってまた家の持つ性格にほかならない。これを言い換えるなら村落の信仰、自治制、経済、法律、道徳、芸術等の諸現象の存在を規制する形態に作用する家、または家の連合としての同族団体、さらにその相互関係は村落生活にとって最も重要なものであるから、このような生活事象の存在形態を通してその性格を追求することは可能である。さらにまた村落の生活はいかなる意味においてもその外部と連関することなしに存続することは困難であるが、それが外部と連関する性格は、村落がその内部に持つ性格に何らか規定されぬはずはないから、外部の諸々の社会関係に結合し関連し、同時に大きな社会組織の一環を構成する性格もまた、村落内部の社会結合に存する性格と何らか関係しないはずはないのである。従って一つの民族社会の社会結合に働く家もしくは家の連合なる同族団体の性格は重要な意味をもってわれわれに迫ってくるのであって、社会学がこれらを社会関係として捉えて、その存在形態の上からこの問題に迫ることは社会学において最も基本的な問題であると私は考えるのである。

第二節　小作制度研究資料

そこで私は既述したような方法論に従うために、個々の村落について小作形態の発展過程を探求する必要に当面する。そしてこれは小作形態の社会学的研究にとって資料たるべきものであるから、単に経済学的または法律学的な資料では役に立たず、村落における生活形態と関連して採集記述されねばならない。すなわち村落の家々の成立やその相互関係たる諸々の社会関係の成立に沿うて、小作慣行の発展してきた様相を記述せねばならない。言い換えれば村落開発の当初からその歴史的過程の各時代を通じて、家を骨子とする社会結合の形態として捉えられることが必須である。しかもそれは開発当初から単に内部的関係にのみ止まるものではなく、開発における家の成立はすでに当時における一般社会的な政治的意義が附されているだけでなく、その後において絶えず外部からの文化的なあらゆる働きかけがあり、また内部からのこれらのものに対する動向によっても、村落内部の生活関係を不断に変化させてきたのであって、これら相互作用の敏感さは村々により、また時代によっても差異があるとしても、それを封鎖的であったというのは当らぬほど多くの変化が経験されている。それゆえ一つの村落についても、上述の諸関係に関する詳細な記述をなすことは社会学的研究の資料としては望ましいが、それさえ一書を必要とするほどのものであり、今この著作においてそこまでの記述は到底なし得ない。少数の優れた調査記録はないこともないが、多くの村落についてそういう調査はなお発表されてはいないので、比較研究に当って私自ら調査し得た不十分で、しかも数少い資料にもまた多くを頼らざるを得ない。それゆえ私は今後精細な研究資料の出現に期待して、今は若干村落に関する簡略な記述を雛型として並べ、小作慣行の社会学的研究はいかなる資料を必要とするのかを実際に示しておきたい。そしてこの種の資料によって私は小作慣行が家族制度と関連のあることや、名子、作り子等の従属小作と普通小作とが社会的歴史的な関連をもつことをその形態の上から検討し、かつそれを貫く共通の性格が民族的性格として捉えられると同時に各時代的な意義を経て現行の慣行に落ち着いたものであることに及びたい。

次に掲げる小作慣行資料の中、筆者調査の分は多くは昭和一〇年頃のものであるから、本稿執筆中の昭和一七年現在には大東亜戦争の戦時体制により急激な変化を蒙っているものと思われる。この問題は別に考察されねばならないが、本書はその前史としての基礎的問題を取扱うのであるから敢て訂正しない。

福岡県三池郡高田村大字渡瀬《ワタゼ》

本部落は旧藩時代は筑後柳河藩に属し、三池郡楠田組の所属であった。最初有明海に突出する一小岬の渡場であり、そこを中心として一小宿駅に発展して渡瀬と称されたもので、島原藩の参観時代にはこれを通過したのである。部落の開発は明瞭でないが、長百姓《オサビャクショウ》たる宮本、田中の両家のいずれかが最も古い土着の家筋であり、両家からの血縁分家が行われてきて、それが村の大部分を占めている。ほかには少数の士族が旧藩以来居住する以外は、明治以後の移住者が、これも少数ながら居住しているが、これらは共に宮本、田中以外の姓を名乗り、また宗旨もちがう。宮本、田中両本家は共に血縁分家を多く出しており、それらの間では血族結婚も盛んであり、その分家は本家と同一宗旨に属している。両本家の家運には盛衰があったので江戸中期以後は庄屋も両家と限らず、庄屋役は売買されて転々していた。従って同族による先祖供養は依然として行われているが、それにおける席次も年長順となって、本家が司祭することやまた上席に坐ることさえも廃絶に帰した（この場合祭祀する神は現在は部落の氏神である）。生活全般における協力は本家分家の間で古くより行われてきたのであって、冠婚葬祭、屋根葺、農事、災害等の場合において皆そうであるが、農事に関してみると、旧藩時代以来明治初年に至るまで、分家は本家に対して奉仕的でカセイに行くことが多かった。これは冠婚葬祭等のような場合においても同様で、これらは互助的な形をとるとはいえ、本家が古来の政治的経済的宗教的権威を所有していた頃には、本家の挙行は規模が大きかったので、分家または小作人のカセイを多く必要とした。本家の権威が消滅した近来はほとんど対等であって、本家も分家より大作をするとは限らず、一般に大経営は行わないので、田植に際しても非常に多くの労力を必要とせず、互助の範囲も小さいので、それらは親類ばかりで間に合うことが多い。親類ばかりで協力する場合に本家の田から始めることもあるが、水引の順序によることが多いので、これは決定的とは言い難い。現在は対等に協力するという気持でカセイに行く。当地は水田耕作は一戸平均一町歩内外で、五反歩から三町歩の間である。旧藩時代以来明治三〇年頃までの本家が大手作を行った時代には、分家の中には本家の小作をする者もあった。大手作をする家では他村から賃田植を傭うものもあるが、地主小作の間では地主が大手作をした時代（明治二、三〇年前後）には小作から手伝を得るのが古来からの風習であって、小作人が地主へ農事の労力奉仕（無償）をするのを家作《カサク》といい、冠婚葬祭の手伝をカセイといった。近来（昭和一〇年）はだんだんこの風習が失われて新しい小作人に限られ、一般にはこのような際報酬を求めるに至った。また地主における下男下女は小作人の子弟子女を住み込ませた者であって、小作人はこれをしつけ見習として結婚まで預け、結婚の仕度は地主が全部してくれた。もちろん地主がその奉公人分家としたものもあるが、彼には結婚まで奉公させることに止まるか、奉公人分家というのでなくてもそれに準じて結婚後主家に出入《デイリ》（家作またはカセイ）したものもある。彼らは地主をダンナサンと呼んだ。近来はこの風習が廃れてきて日傭の賃労働によるものが多い。家作をする小作人には家屋敷を地主から借りるものがあった。それは奉公人分家にも移住土着者にもあった。家作という言葉がそれから出ているものと思われるが、家作はそれゆえに賦役《ブヤク》である。従ってカセイと明白に区別できるものではなかったものが、互助的な形態をとる冠婚葬祭の手伝にカセイが結びつき、地主に対する農事の手伝が特に一方的な給付のように特質づけられてきて、両者が区別されたものと考えられる。

賃労働となる以前にすでに強制的な賦役ではなくなって、生活上本家または地主から種々の便宜を得ているので、その礼心としたり、もしくは旧家または資産家に出入りする名誉というようなものとして考えられた程度となって、特に田植のような場合にそれが行われたのである。それゆえ一般の小作慣行において久しい以前から賦役というほどのものはなくなっていたのであるが、それには地主大手作の廃止が原因となっていることは明らかであって、手作の縮小により賦役による労力を必要とすることが減少したが、元来田植行事は祭祀としての伝統を持つので、そのサナブリに参加する目的において手伝を行う者さえあるから、いっそう賦役の本来の意味から離れざるを得なくなったのである。さらにまたこの部落において宮本、田中両本家の家運に盛衰があって、旧来の政治的経済的優位の永続が可能でなかったので、その血縁分家がいつまでも本家に従属し、もしくはその下風に立つべき事情が失われたし、現在においても必ずしも旧家が政治的経済的ないしは宗教的（氏神祭祀）に勢力を持つのでなく、新興の有力な家がこれに代っているので、旧来の勢力関係はあらゆる部面で相当の変化をうけている。新しい移住者と旧土着者との関係も対等になってきている。それゆえ移住者も誰かの世話で土着する場合に、ムライリといって金を出して済ませるだけになっている。もちろんその中には誰かの小作人となった者もあるが、近来は村祭に加入の意味を持たせるだけで、誰の世話になったということをあまり強くいわない。古くからこんな意味ではなかったろうと思われるのは、ムライリに金を出すのは共有の貯金を持つ部落のみが行う風習だからである。渡瀬のごとく一小宿駅になった場合、移住者が小作人となるとは限らず、小売商人などの場合にムライリを昔のようにやかましくいわないのは、小作人となる場合のごとく、土着が面倒ではないからである。このように旧土着、新しい移住者を問わず、各戸関係に大きな変革を来したことには、近代における村の経済生活が貨幣経済へ発展して、家柄や同族を主とする古来の勢力関係が改変されてきた側面の含まれていることが注意される。それゆえ、分家、小作、または移住者などの本家もしくは地主への従属的関係は次第に失われて、各戸間の経済的分離が明確になり、地主小作間においては賦役もしくはそれに類似する手伝が消滅し、賃労働が盛んとなり、本家分家間においては農事に関する協力が対等の関係において行われるにいたったから、小作慣行は現物納によるだけのものとして行われている。

小作慣行はその契約は口頭により、年季はない。小作料は現物納で水田は米、畑は大豆または粟をもってし、畑の小作料をハタヨメ（畑余米）と称し、盆（七月一五日）に納入し、水田は一二月までに納入する。小作料は反当四俵（一俵三斗五升入）以下で、三俵六合か三俵八合、上田にて四俵位の定額制となっており、裏作に対しては小作料を徴さない。水害虫害による不作においては協議の上減免する。この種のことは各地主について各部落に手頭《テガシラ》という者が定めてあり、その人が地主と小作人との中間にあって万事の世話をしたが、現在は各部落の農事組合長がその交渉をまとめる。手頭の中には小作人を転々させて利得を収める者もある。小作米納入の際は大地主は日を期し部落別に納入させ、小作人に品物（家具類、手拭等）を与えるが、普通の地主は酒肴や晩食を供するのが古来の風習であった。現在（昭和一〇年）は農業倉庫へ入庫の制度が生じ、検査米制度による俵代や奨励米、補助金等を出すが、酒食その他を供することは廃された。また貧農の者や病人等があるとき、小作人は地主に肥料代その他の援助を申し込み、応分の援助を受ける。小作人は正月と盆とには簡単な進物（畑のもの、塩肴、砂糖等）を持参して年始盆礼に地主に出る。地主ではこれらに酒食を供したものであるが、今はほとんど廃れて一部の小作人や手頭のみが行う（田中儀三郎氏）。

福岡県田川郡安真木村A^2

A^2部落の開発は戦国時代に属し、A^2家の先祖たる俗称将監山の城主××将監が隣城宝ヶ岳城主に亡ぼされ、部下と共に当時森林であった山麓A^2に隠遁土着したに始まる。A^2家の血縁分家は二軒で、内一軒は文久二年分家の際名子五軒の分与を受け、名子主である。他の一軒は名子はなかったが、共に本家に準じた家格を持っている。A^2家の名子は幕末には二十数軒を算し、内少くとも二軒は移住土着した者の子孫であるが、他は奉公人分家による名子であった。そして部落は以上の家々をもってなり、A^2家が庄屋役を占めていた。A^2家の分家の一つは明治以前に没落して、五戸の名子はA^2家の所属に復したが、明治二年におけるA^2、B^2、C^2の三部落における名子総数が一九戸ないし二〇戸であったから、A^{2}部落における名子の内にも名子離れしたものがあったことがみられる。この三部落の名子は共にA^{2}家に属し、明治七年に名子の解放をした時には総数二一戸ないし二二戸と推測される。名子を持つ家を名子持《ナゴモチ》と呼ぶが、A^{2}家のごとき総本家の名子持を姓または部落名の下にオモヤまたはホンケをつけて呼んだ。隠居（分家）で、名子持の場合はそうは呼ばない。名子持でない普通の本家分家の場合、本家をオモヤまたはホンケと呼ぶが、この場合は姓の下につけて呼ぶだけで、部落名をつけ加えることはない。名子持と名子の関係は主従関係であって宗門および檀那寺を同じうし、名子の住居は主家の下方におかれ、墓地も名子のそれは主家に附随してその下位もしくは周囲に設けられている。主家における子女の生誕、紐解き（三歳）、ヘコトリ（九歳）、婚礼葬式祭礼には名子は主家に働きに行く。特に葬儀において死者およびその不浄物の処置は名子の役目とされ、祭礼に主家が宮座を司る際その雑務に任じた。なお盆正月等の節句には主家に挨拶に出た。名子の結婚は主人の許可を得るを普通とした。部落内婚の場合は主人の指図がもっとも強く働いた。部落外への婚姻の際は比較的簡単で、許しを得て村から出るとき暇乞いをするに止まる。部落外から入婚する時は、その者は土産として酒一本持参して主家に至り、いったん草鞋《ワラジ》を脱いで後初めて婚家へ入る風習であった。A^{2}家は幕末において高四八石余を持ち、田畑二〇町歩を下らなかったとみられている。畑のうち野作《ノサク》（焼畑《ヤキバタ》）が多くを占めていたが、これは今日でも相当に多く残されて、蕎麦、粟、芋、大根、稗、豆等の常食の重要部分が作られた。田作は種入れ一反歩約一斗以上を要する程度で稲作技術の粗放な点もあるが収穫量が少い。裏作に麦があるが、これまた裏作に適する田は少い。A^{2}家はこの地方の他の名子持と同様に藩有林の山番として数百町歩にわたる山野の支配を行っていた。この山野において野作が行われるほかに薪炭、山芋、葛根、家畜の飼料が採取された。このことはこの地において牛馬、ことに牛の飼養の盛んだったことと関係がある。これらの事情からみて農業経営は比較的広大な面積を必要とし、そのために労力を豊富に常備しておくことが望ましかった。A_2家における幕末より明治初年の頃の手作は田約二町歩、口付《クチツケ》四四俵といわれ、普通畑はごく少かったが切替畑《キリカエバタ》(野作)は二斗ないし二斗五升蒔《マキ》であって、裏作麦は豊年には三〇俵位を収穫した。内に婢二人、僕三人、牛三頭を持っていたが、これらの耕作は多くは名子の賦役によって行われた。名子は主家より四、五反以上の耕地を与えられ、その小作料は低く、ただ他の地方より多くの賦役を出し、その生活は必ずしも最下級ではなかった。一例をあげれば、明治四年名子嘉平はA_2家に九斗三升五合の上納(小作料のごときもの)とその他の負担を合せて一石五斗七升一合を出していた。その家督を継いだ某氏は地租改正に当り、主人たるA_2氏が旧慣を改めて名子を解放し、新たに土地賃貸契約を結び、同時に小作料を増したため、公簿上田約一反歩と畑四畝とを小作していたが、明治八年主家に納めていた小作料の実額は一石六斗五升一合(約三俵半)であり、当時某の耕作地は田年収約三〇俵、畑微少、野作一斗五升蒔ないし二斗蒔で、牛一疋を飼養していた(明治三四、五年に常に三、四頭を飼養していた)。名子がA_2家に出す賦役は年に萱切雇《カヤキリヤトイ》(一人役)、野切雇《ノギリヤトイ》(一人役)、麦蒔雇《ムギマキヤトイ》(一人役)、稲扱雇《イネコキヤトイ》(女一人)、麦扱雇《ムギコキヤトイ》(女一人)の外に田植に総家族牛馬の賦役があった。これらの賦役をツトメまたはヤトイと称し年何人役と定められていたが、このほかに臨時の賦役があった。すなわち冠婚葬祭、または山仕事、垣根造り、歳暮小木《セーボーコギ》その他家事用のものがそれで、それらはおおむねカセイと称した。この名子は明治七年地租改正の際公式には消滅したが、旧主家との密接な関係が生活のあらゆる部分に残っていたので、賦役として正式にはなくて実質的には行われ、それは大正年間までは残っていた。しかし北九州における産業の発達や貨幣経済の浸潤によって出稼ぎも多くなり、農家経営も大きな影響を受けるに至って、旧主家たる地主との経済的関係もそれだけ薄くなってきたことが、賦役やそれに類する労力の提供を廃止させたのであって、近来は普通の小作関係を持つのみである（伊藤兆司、中津領、小倉領及日田幕領領境地帯に於ける隷農制度、農業経済研究四ノ三、七ノ四）。しかし旧主家たる大地主の部落における社会的勢力は存続しているので、賦役がなくなったということだけで、旧名子に対するその勢力が消滅したとは考えられない。賦役の廃止は旧名子の私経済の独立を示すもので、地主との私経済の分離であるが、依然として小作人であるから、賦役としての強制力のない手伝が行われていることも想像に難くはない。

山口県大島郡家《カ》室《ムロ》西方《ニシガタ》村大字長崎

長崎の開発は不明であるが、文治年中、大江広元がこの地、島末庄を領有して、下司職として藤原判官親康をおき、その後隼人佑あり、足利義満の頃大内持世に仕え、その居住地長崎に因んで長崎氏を称し丹後守となり、後毛利元就が中国の太守になると、長崎和泉守御船手組奉行となり二千石を領した。しかし関ヶ原の戦に毛利氏が防長二州に削封されると、毛利輝元の「盲《メクラ》ぎり」に遭うて帰農し、和泉守元直は長崎の地より西四里の沖浦村戸《ヘ》田《タ》の地に退隠して生涯を終った。後長崎氏の一党は長崎附近の地にあって農に従ったといい、その子孫と称する者は岡本姓を称し、長崎部落一〇〇戸の内に約一四戸位ある。総本家をオイエというが、オイエは古く網師（ムラギミ）をしていた。由来ムラギミをする家は旧家に属しているが、この一統は放浪性が強く船乗（二、三あり今はせぬが）大工（この方は実に多い）となり、土佐、萩方面に出稼する者が多く、村での勢力は現在はない。さらに他の伝承によれば、源平の頃宇野兵庫という者があり、長崎の地に来住したと伝えられており、その子孫と称する者が四〇戸近くある。山本姓を称する者が内一三戸であって、そのオイエは古くは庄屋をしていたというから、相当勢力もあったらしいが、ここ一〇〇年以後は普通の家と変っていない。この山本、岡本両本家が古く土着した家柄と認められるが、土着の際従属した家も不明であり、なおまた分家が本家に対して特に従属的な関係があるということは最近においては認められない。山本、岡本両家は庄屋網師をしたのであるから古くは勢力もあったことと思われるが、天明以後にはすでに大した勢力は持たなかったらしい。相当資産はあったらしいが、萩または岩国辺の下級武士で何らかの罪を負うて来住した者に勢力が移った。幕末最後の庄屋山県氏、それ以前の庄屋二宮氏、地侍安富氏等は岩国から来住したものである。移住者が村の政治を牛耳るに至った事情は明白ではないが、最初は庄屋が家格本位であったことは明らかである。しかし庄屋の下の畔頭《クロガシラ》は札入で定め、人物本位であった。移住者のすべてが地位を占めたのではない。移住者に対する蔑視もあって、ヨッといって嫌った。ヨッというのは憑物のある系統をいうのであるが、移住者にもいわれた。部落の発展は土着者の血縁分家によることが主であるが、奉公人分家や、移住土着も相当にあって、移住土着者の勢力ある者が後に村の政治に勢力を持ったので、古い家格の権威がなくなり、移住者に対する蔑視も少くなり、財力や人物本位で勢力の張れる土地柄となったものである。旧藩時代の村の階級は地侍、本百姓、門男《マオト》百姓（亡土）、無縁の四つであるが、地侍は無給の士で百姓をなしつつ、苗字帯刀であり、村の政治にはほとんど預らなかった。本百姓は浮役《ウキヤク》として税を納めたが、これに本軒、半軒、四半軒があり、浮役《ウキヤク》一戸分、半戸分、四半戸分によって定められ、半軒、四半軒は分家、孫分家によって生じた。門男は奉公人分家などの場合に生じた。無縁は移住者らしいから、来住しても浮役を納める地位に達しない家であったらしい。こういう場合に移住土着者も地位が低かったと考えられる。この人々が土着したについては世話を受けた家がなかったはずもなく、それに対して従属的な関係があったと考えられるが、今は明白ではない。このことは網師《ムラギミ》と網子《オゴ》の関係の存在によっても推測できるところである。

当部落は江戸中期頃からすでに出稼ぎの盛んな所で、男は多く大工または木挽となって土佐、伊予、長門の萩方面へ出かけていた。このことは古い開発者を中心とする村落組織を弛緩させ、新来の有力者をしてこれに代らせる一つの原因となったらしいが、それでも同族団体の結合は少なからず存している。もちろん今日においては私経済を基礎とするかぎり、労働組織も各戸中心において存することは当然であるが、田植のユイのごときはその範囲は親戚間がきわめて多い。親戚の少い家では近隣または十人組の仲間で行う。農業経営についてみると、部落一〇〇戸で田は七町歩、畑は二〇町歩位で、大工出稼ぎをする家でも多少の畑作をしていることが多く、たいてい自分でその土地を所有している。田を多く作る者は多くは大工に出なかったが、必ずしもそうであるとは限らない。とにかく小農がきわめて多く、部落一の資産家でさえも耕地一町歩を所有するにすぎない。これらは海村居住の農民に一般的な情況であるかもしれないが、一つは古く他地方から来た地侍などが土地を買い、勢力を張ったことにもよる。また、網や酒造のために倒産してほとんど土地を手放し、そのまま古い勢いを盛り返すまでに至っていないことにも理由がある。この猫額大の耕地が彼らをして早く出稼ぎに赴かせた原因であろうが、このことは一面彼らの生活を早くから貨幣経済に投げ込んだのであって、彼らが農地の収穫にのみ依存しないようになった理由である。従って部落における各戸の関係にもそれが大きく影響して、旧藩時代の階級において他所者である無縁に対しては多少の蔑視はしたが、門男と本百姓の間にはほとんどそれはなかったらしい。明治以後においても耕地所有がだいたい平均していて、しかも少額であり、小作者が比較的少いから階級的な差別が少い。地主といっても大土地所有者のない所へ、小作させる場合の多くは、一家が他へ離村するとか、商業などに転業するために所有耕地の耕作が不能になって、他に預けたもので、しかもこういう場合たいてい親戚の者が小作した。それが家の後始末に当ると共に義理で小作する場合も少くなかった。従来は親戚間の小作関係がきわめて多かったが、近来は農専業の人々の子弟も盛んに出郷するので、親戚間のそれも次第に少くなり、同時に農兼業の人々に小作をさせることが多くなってきたが、この情況では地主小作間の階級的対立はまったく成立しない。

比較的大百姓をする家では多少の奉公人をおいた。旧藩時代の門男百姓がそれから生じたことは明らかであるが、近来においてはこの種の奉公人分家はまったくみられない。以前には土地の多い者は大工に出て行くと、伊予辺からカイゴ（買子）といって一〇歳前後の子供を買って来て、百姓仕事をさせた。昔の金で一両から三両位までが相場であったという。たいてい二〇歳位までいても、多くは逃げてしまって、土地に居着いた者は一人もなかったといわれている。またノンコといって一年契約で一人前の百姓を奉公人とすることがあった。一年に米一俵位の契約であった。これは隣の森野村和佐辺から来たが、これも村に落ち着いたものはほとんどなかった。それゆえこうした主従関係から出た小作人もほとんどなく、こんな分家があったとしても、彼らは主家の小作人としてそれに依存して生活することができないから、他所稼ぎが彼らの家計の主要な要素となるので、従属することは必要がなかった。門男百姓が本百姓と大差なく扱われたのもそういう点に理由があるらしい。

小作関係をみるに、小作料は田は現物納で米をもってするが、畑は金納である。小作人が地主へ手伝に行くということはほとんどない。もっとも田植におけるユイはあるが、これは地主と小作が親戚であり、地主の方が大作をしているとは限らないから、地主から小作人の方へ多く手伝をしなければならないことすら生ずるし、また地主が商業をしていて田を全然作らぬ場合は、小作人の田植を地主の家の女達が手伝に行く風さえある。これらはこの部落の特殊な事情によるものである。小作料は昔は地主六、小作人四の割合であり、小作料を加徴《カチヨウ》と呼び、加徴の多少が土地の価格を支配し、土地の広さをいうにも、加徴何俵の地という。従って加徴を引き下げることを嫌ったが、現在では地主三、小作人七の割合であり、不作の年には検見《ケミ》とて地主が田を検分して小作料を幾分負けることがある。畑の方は蜜柑など植えてあれば高いが、たいてい一畝一円位の小作料である。小作契約は口頭で行い、何年と期限を定めることはない。地主の方から取り上げることはほとんどなく、小作人の方で作れなくなれば返しに来る。契約効力は地主から種籾を貰うと発生する。昔は地主から肥料を出すことはなかったが、今は肥料を買ってやるものが多い。また永代小作ということはない。

これによってみるに、同族における本家の地位も大して高くないのは、江戸中期における他所者の入村や経済事情による勢力関係の大きな変遷によるものである。また大地主は存在せず、しかも出稼ぎによる島外との頻繁な交渉による貨幣経済の侵入が農業依存を少くさせ、地主小作間に支配関係は存在せず、むしろ地主は小作人に対して受け身な関係におかれる事情から、部落の各戸関係は比較的対等であり、従って田植に限らず、生活一般における互助は対等であって、農業上の労働組織からみても、各戸がそれぞれ中心となって行う協同労働（ユイ）が存在するのみである（宮本常一氏）。

岡山県苫田《トマタ》郡香々美《カガミ》南《ミナミ》村大字沢田

当部落は昔時の香々美郷に属し、和名類聚鈔にもこの郷名は存しているが、沢田村の氏神徳守神社は仁徳天皇嘉祥二年の創立といわれているから、或いは相当に古い起源を持つかもしれない。沢田村には古記録の徴すべきものがないが、元は森村と称し、徳守神社も森宮明神の名称がある。森忠政公の美作入国後、延宝二年に沢田村と改称された。文明の頃寺和田日上城に尼子一族の小瀬氏がおり、その後戦国時代には桝形城に福田氏、また市場村に原氏等の豪族があり、当時その何れに属したのか不明であるが、慶長以後は香々美構岸《カマエ》新兵衛の配下に属し、その後中島氏が支配したのであるが、戦国以後沢田村土着として判明するものは、桝形城福田玄蕃の将であった大塚氏、陶屋村より来て帰農した産賀氏、出自不明であるが田淵氏、耳無山から来た米沢氏、やや後れて井ノ口氏である。和仁氏の土着は元禄頃で香々美北村より移住したが、門閥の良いため天明以後明治直前に至るまで庄屋を勤めた。田淵、産賀、大塚、和仁の各本家は家格同等位で、井ノ口、米沢は下位にいた。米沢氏は江戸中期以来下位に圧えられてきた。元禄時代は田淵、産賀、大塚、和仁氏等同格として村人も家柄として尊敬してきたようである。田淵、産賀の本家は家号を表屋と称しているが、表屋というのを村では家柄良く裕福な古い家筋としている。それゆえ田淵、産賀の両家が最も古いかもしれない。田淵本家も庄屋を勤めたといわれているが、記録では和仁本家、次に和仁新家が明治直前に勤めている。しかし、氏神徳守神社の鍵預りの家柄は田淵本家であって、昔は神主よりも上座であり、また神主もした由である。屋敷には御供水《オソナエミズ》の井戸がある。鍵預りは宮主のようなもので、鍵預りが行かねば神社の扉も開けることができなかった。大塚、井ノ口、米沢の諸家は田淵、産賀との関係は明白でないが、或いはやや後の土着かもしれない。さらに降って杉本、大林、内田、秦野氏が移住土着したのであるが、これらの家の土着は先住者の経済的な助力を受けることはなかったらしい。例えば杉本氏は和仁氏と同じ頃備前建部村より来住して新屋敷と称し、相当の財産を持って来たらしく、門閥もよく相当幅を利かせていた。大林氏は近村の郷村上森原より来住し、これも財があった。上森原の大林氏は大庄屋を勤めていたが、その一族らしく、一説には移住の際苗字を買って来たものという。また内田氏は隣村竹田村内田氏の出で、来住のとき沢田村に土地四町歩余を有し分家した。秦野氏は久米より来住した者で、当時のことは不明であるが、明治初年には五〇石家督と称され、田四町歩ほど持っており、他の世話を受けたという言い伝えはない。和仁、杉本、内田、大塚、秦野氏の各本家の土着はほぼ同時代である。このほかに広瀬、小坂、木尾、牧本、高橋、金島、後安の各家がある。広瀬氏は天保飢饉の当時上斉村より移住した。小坂、牧本、金島各氏は不明である。小坂、牧本氏は以前から居住したようにもいわれる。木尾氏は田邑村より来住し小売商も営み、高橋氏は沖村より来住したが、来住は共に大正年間である。後安氏は真庭郡久世町の人で、田淵本家に奉公をしており、田淵氏の衰運と共に出て、昭和八年より居住している。これらの人々は前記諸氏のごとく財力あって土着したものでなく、先住者の世話によるもので、広瀬、高橋両氏が小作をしていることでも明らかである。こういう土着の場合をヒキアゲルともいうが、他国者即ち安芸者、幡州者、伯耆者などという人々のように軽蔑されない。他国者は明治初年には三、四軒あったのが現在はまったくなく、ほかに奉公人分家と称すべきものはないが、後安氏はそれにいささか近いというべきであろう。しかし旧藩時代には他村から移住せる百姓は村の長百姓《オサビヤクシヨウ》または本百姓《ホンビヤクシヨウ》の引請によって土着が承認されたのであって、これをヌレワラジといった。長百姓は頭立《カシラダチ》の百姓で、本百姓はその下にあり、村で生れた本組《ホングミ》の百姓であるが、そのほかに名子百姓というのがあった。名子百姓は前々より名子筋の者か、よそから移住したものを長百姓または本百姓が引き請けて、それに附属したものとして同じ組内に入れた者で、引請《ヒキウケ》の者を名親《ナオヤ》といった。また本百姓の者でも分家を出してその組人数（五人組）が多くなる時には、本家の名子として名義上独立させなかったということが隣村大庄屋中島家旧蔵の「封建時代百姓名称」なる文書に記述されている。同家蔵の沢田村御仕置五人組人別帳（弘化三年）によれば、五人組は八組で、組の家数は五、五、四、八、五、四、六、六となり、うち茂作組八軒は本百姓四軒、名子四軒であるが、多平治組は六軒のうち名子四軒となっている。多平治組の名子は上の説明にみられる移住土着の名子で、今日残るもののうち二軒は秦野、牧本姓であり、一軒は絶家、一軒は不明で、多平治は杉本姓である。しかるに茂作組においては茂作（杉本）の名子（米沢）と八十治（杉本）の名子（井口）は移住土着だが、忠吉（米沢）の名子二軒は分家である。五人組はほぼ同族団体をもって結成されることに注目したい。弥右ェ門組五軒のうち大塚姓四軒、久米治組五軒のうち和仁姓四軒、庄兵衛組六軒のうち大林姓五軒、卯左衛門組四軒のうち産賀姓二軒（これは嘉永三年宗門御改帳には六軒となっておりうち産賀姓四軒に増している）となっている。これらは同族団体がかたまって居住しているので、こういう結果となったのであって、同族の家数の少いものにおいてはこのような形とはならない。しかし五人組では五軒という数を単位として結合の体裁を整える必要から、同族団体が分割されて組合されている場合もある。例えば大林姓が孫四郎組四軒のうち二軒を占め、茂作組に杉本姓二軒が属しているというようにである。同族の家数の少いものは、例えば喜次郎組のごとく田淵姓二軒、内田、井口各一軒および喜次郎（田淵本家）名子一軒という組合せになる。これらは互いに隣接するほどではないが、比較的近所にある関係となっている。

このようにみてくると、沢田部落成立の根拠となるものは各血縁を主とする同族団体が各地域を占めることである。産賀、和仁、大塚、米沢、大林の各同族はその形がことに顕著である。田淵姓は旧家であるが弘化三年、嘉永三年において共に二軒、現在本家のみ残って、分家は津山市に移転しているが、これは隣接していた。杉本姓は弘化三年には部落の南部に三軒とも近接して位置していた。他の各姓では同族団体はきわめて小さいか、一戸のものは散在しているかである。それゆえ沢田部落は各同族団体が集合して成立しており、この形は古く成立したと考えられる。旧藩時代の五人組はその上におかれたとしても、組合せの内容からみて実際は同族団体がきわめて有力であったから、生活上の互助は同族団体を中心とした。それゆえ五人組頭はほぼ本家筋の世襲となっていた。弘化三年には和仁本家、産賀本家、田淵本家、杉本本家、その他は杉本分家二軒と大林分家であり、嘉永三年も同じである。五人組は公法上の組織であるから藩庁に対して厳格に体裁を整えることが必要であり、組内の軒数が五軒以上になるとき、この地方ではそれを本百姓の内附《ウチヅケ》の家とすることがしばしば行われた。これを名子と称したのであるから、名子は必ずしも無高《ムダカ》の従属百姓とは限らなかった。弘化三年の五人組人別改帳（中島家文書）によれば名子九軒の内無高二人に対し高持《タカモチ》七人であり、しかもその高は八石五斗一升五合、六石二斗九升四合、五石五合、四石三斗九升九合、三石九斗五升、九斗六升四合、九斗六升二合となっている。ヌレワラジとして他村から移住土着するものには、引請《ヒキウケ》の長百姓が家屋敷、諸道具、農具等を一式拵遣《コシラエツカワ》し、百姓の会合の時には村内の者の末座に坐らせ、主家の農事や家事吉凶の時に手伝を出させた。これは名親に従属した。移住者一代は特に主家の勤めを大切にしたが、二代目からは次第に軽減された。沢田村の所属する二宮構《ガマエ》ではこれを名子百姓と称したが、その他では家来百姓と称して分家の形による名子百姓と区別した。しかしこれらの名子百姓の跡も今日残るものは五軒である。この地方は各戸持高の比較的潤沢である関係から生活は裕福であり、早く独立の傾向もあって、最近まで従属関係を持ち越した家はまったくない。また名親の家にも没落したものがあり、他郷に出たものも少くないから旧時の関係は見られなくなっている。こうみてくると、前述の各本家の土着は最初から相当の身分財力のある者が多く、現在六〇戸（うち空屋三戸）の大部分はその血縁分家である。従って村の古い土着者の特定の家がつねに部落全体に対して強い支配力を持つことはなかった。

田淵	三	産賀	四
和仁	一一	大塚	五
米沢	四	秦野	七
杉本	三	大林	一二
内田	二	小坂	一
牧本	一	井口	二
高橋	一	金島	一
木尾	一	広瀬	一
後安	一	計	六〇（うち空家大林一、杉本一、金島一）

各同族とも相当に盛衰はあった。産賀本家は没落し、第一、第二分家が盛んとなり、また第二分家は衰運に向っている。田淵本家（表）はやや衰え、元禄以後公保田村より移住した別系の田淵家（乙家）は沢田第一の地主である。和仁本家は明治末年に至るまで財力あり、勢力があったが、漸次衰運に向い、現在田地二町歩位を所有するが、和仁一族は従来勢力があった。和仁新屋（甲分家）は財力は当村第一と称せられている。秦野氏、大塚氏ともに振わず、杉本本家は明治初年まで一時財力村第一を誇ったが、その後まったく没落した。米沢本家も相当の財力を保っていたが、他国の女を妻として容れて門閥も下位となり、財も失うに至った。大林は中屋と大本家《オオホンケ》とのいず

れが真の総本家か現在不明であるが、中屋に株内鎮守《カブウチチンジュ》が祀られ、その祭祀を行っているので、中屋が総本家であるらしい。大林大本家は明治末年までは勢力あり一族繁栄し、上沢田では和仁、下沢田では大林と称せられるほどであったが、その後大本家が衰えて、現在勢力のあるのは、その甲乙の二分家である。このように古い土着者でも依然として家格を保っている者はあるが特出した統率者としてみることはできない。しかし各同族についてみれば地域的に（小字に）かたまっていて同族結合の強さを示している。すなわち村の氏神以外に株内《ナブウチ》（同族）の鎮守があり、それは総本家の屋敷近くかその持山のよい場所に祀り、総本家が司祭して共同に祀り、祭日には総本家で馳走をした。御馳走は今は同族が出し合って行っている。村の氏神の徳守神社は香々美南村の他の六部落の六氏神と一所に合祀され、大正二年香々美に遷宮された。株内の鎮守は依然として旧態のままで、株内により祭祀されている。このほかに旧藩時代から講組があった。これは八組の五人組を上、下、正平の三組に編成しているが、五人組とは別個にできて、五人組と結合したものかどうかは不明である。明治三〇年に下講組を分けて中、下とし四組に編成した。これは五人組のような形式的区分を避けて、村の生活の実情に即し、株内を骨子として巧みに区分したものであった。すなわち上講組、中講組、正平講組、下講組である。講組は婚葬等に協力する。田植にも協力する。講組の区分は株内とやや一致している。すなわち講組は地域的であるし、沢田村における各同族の居住が地域的に集るので、正平講組は大林同族（一一戸）だけであり、また上講組も和仁一族（一一戸）を本幹とする。中講組と下講組においては数氏を含むが、各株内がつねに中心となって協力が行われ、葬婚のごとく多数の労力を要する場合には講組の力を要するとしても、小百姓ならば田植など必ずしも多数を要せず、二、三軒ですむから、株内親類により多く依存する。近くに親類のない者が講組の助力を受ける。正平講組は大林一族であり、大林両本家は旧藩時代より大地主として明治初年まで大手作を行い、奉公人もおいたので分家は本家のテゴに多く出た（テゴとは現在は一般には講組の協力をいう）。上講組でも和仁本家または新家は明治初年まで大手作を行ったから、分家一族は同様の関係であったが、ほかの講組の比較的小さな農家の間においては田植などは二、三軒で協力したし、同じ位のテゴで済んだが、大林、和仁本家などの場合には分家の出すテゴがどうしても多かった。葬婚の場合にも同様であった。これは分家といえども十分な資産の分与によって分かれたのでないことや、名子となるものもあり、また、小作をしたものもあったという事情をみるべきである。分家でなくても日頃世話になっている家（小作人も含む）はテゴを受けなくともテゴを出さなければならない。中講組に属する大塚本家も同じ頃まで大手作をした（大塚一族は五戸）。大手作の百姓が手作を縮小したり廃止したりしてこれに関する労力関係は変化してきたのであるから、初めから労力関係が現在のようなものであったと考えることはできない。

　現在における情況は、田淵本家もその分家も自作はせず、すべて下作《ゲサク》させている。下作とは小作に出していることである。公保田講組に属する田淵乙家は本家とその先を同じくするらしく、公保田村より来ており、田淵本家とともに旧家とされているが、自作と商業を兼ねている。和仁本家には下作はなく自作農であるが、和仁新屋は大地主でまた金持でもあり、所有地の多くは下作にし、三反余を自作する。和仁分家の半数は自作農、半数は小地主である。秦野一族の多くは小作または自小作であり、米沢姓も小作が多く、大塚一族は本家は小作、他は自小作、産賀一族も本家は小作、他は自小作である。大林一族についてみると中屋は小地主であり自作をする。大本家の甲分家は大地主で自作をし、乙分家も相当の地主であり、すべて下作させている。孫分家の一つに地主があるが、他の分家二戸は自作で、三戸は小作である。その他の各姓はすべて自作、自小作ないしは小作であった。明治以後の変遷も相当に激しく、現在村の各戸の耕作面積は平均一町二反歩位で、二町歩以上を耕作するものは全然ない。地主において自作する者も僅少であるから、そのためにテゴを必要とすることはあまりなく、またあっても農事に対しては多くは日傭労働をもってするので、田植以外ではほとんどテゴは成立しない。田植においてテゴを必要としても、多くの場合はそれは近親で十分なほどの経営である。それゆえテゴを比較的大きく要求するのは葬式婚姻等の場合であって、それは近親のみでは不足であるから講組の力をまたなければならない。現在は講組の互助をテゴと称するようであるが、講組の互助のうち株内のみの互助がその主要部分を占めていることは前に述べたところによって明らかであるし、株内が古くかつ基本的な結合であることは、その共同祭祀からみても了解されるところであって、講組がそれに附加して近隣集団として別の要素を加えたとしても、同族団体の力が強く働いていたことは疑いないが、一般に各戸の独立性が強められて本家の統制力が減じてきたので、それが賦役としての強制力を失ってきたのであるから、大手作を廃止した本家に対して無制限にテゴを出す必要は消滅して、テゴがほぼ同量の労力の互助に落ち着いたのである。そして農事のテゴの場合は労力を大量に必要とし、かつ農事予祝の祭祀を持つ田植のような行事に限られるにいたった。これは地主と小作人との間にもいわれることであって、農業経営の規模に懸隔のあった時期においては、労働量に大差があったので、同量の互助は成立せず、賦役になるか、もしくは賃労働にならざるを得ず、それを決定するものは、その時期の経済的条件にあった。そして貨幣経済の進展により地主の手作が漸次縮少すると賦役はそれにつれて減少してきたが、同時に一方賃労働が発達してきたので、従前の関係は量的にも質的にも変化してしまったのである。すなわち地主は大手作を減少してくればもはや賦役の必要がなくなって、一部互助的なテゴで間に合うことになり、必要の際分家なり小作人なりの賃労働に頼るようになったのが、さらに手作を廃止するに至り、農事におけるテゴもしくは賃労働の必要もほとんど消滅して、小作慣行が単に物納だけのものになったのである。

現在（昭和一〇年）の小作慣行を示すと、小作料は全部玄米で、金納や労力の提供によって支払うことはない。玄米は四斗入の検査米をもってし、ハシタ（一俵にまとまらぬ米）があれば量って持って行く。これは検査米と同等の米ということになっているが、ややもすれば品質の落ちるものを持参する。俗にハシタ米と称し、万石《マンゴク》の二番口のものが多い。旧藩頃と大差はない。明治初年頃までは三斗五升俵であり、選別も悪かった。納入は昔も今も正月までにはぜひ済ます。地主（ジョウヤ）はこれを秤にかけて受け取る。普通一七貫五、六〇〇匁位とされ、一七貫を下る場合は桝で量り不足は持参させる。大正初年頃より検査米制度となり、奨励米を出す、三本筋一升五合、二本筋二升、一本筋二升五合と定められている。小作人が地主へ手伝に行くことはたまにある程度で、田植、稲こき、麦蒔等の場合に行くがあまり行われない。牛をもたない小作人が牛仕事の時地主より一日か二日借りた場合牛のかわりに田植、麦蒔等の手伝に行く、これを牛の手間換《テマガ》えという。牛を買う資力のない者は他より牛を飼わせて貰い、牛舎肥（マヤゴエ）を預り主が取るという程度で別に飼賃は取らないが、牝牛（メンウジ）を預り子牛を産んだ場合は何分か預り主が貰う約束で飼う。預り主が時価で他に売却等した場合は、他から借り入れるまでの間は牛がいないから、間に合せに地主その他から借りる。小作料は定額で刈分《カリワケ》はない。小作料率は麦の裏作田で坪当り上等五合より、四合五勺、四合二、三勺が普通で、一反三俵二斗位、麦のつかないホシ田とい

第一図　岡山県苫田郡香々美南村沢田

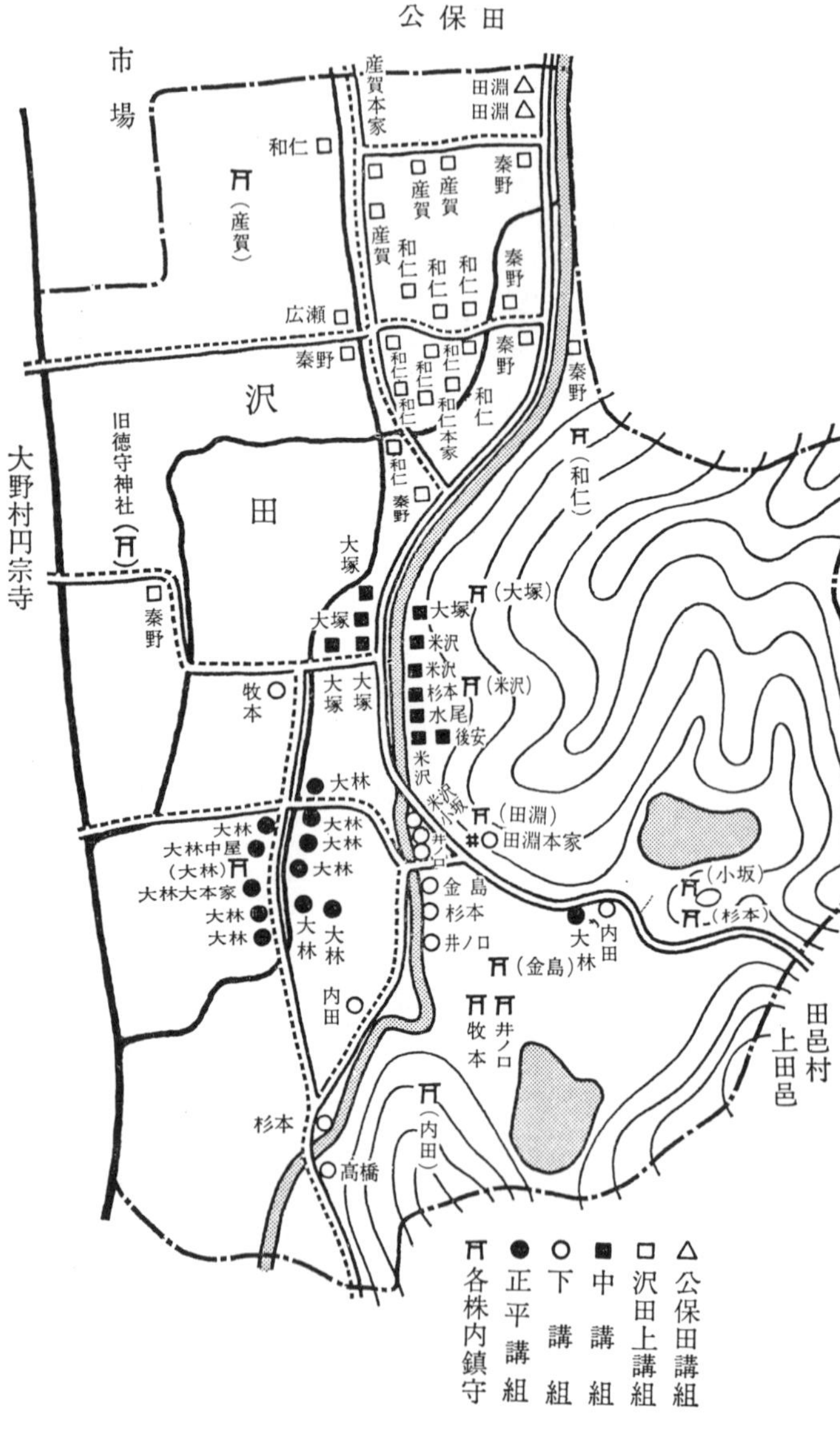

うのは三合二、三勺位、谷田には例外の安い場所もある。不作の場合は検見《ケミ》をして貰い、何分引にするかを定めて貰って鎌を入れる。昔のままの小作料で坪二合位の所は小作も有利である。小作の契約は普通は口約束で、年季も定めず、永代のようになっているが、大林乙分家のみは近年小作証書を入れさせ年季五年と定めている。隣村田邑村では明治初年より、証書をもって五年の年季で契約をしていた。小作料納入の際昔は地主は酒を出したが、今はしない。酒を出すといっても一合徳利一、二本と肴は有合せのものである。甘酒を出す地主もある。これは近時も行われている。昔は小作人に食継米《クイツギマイ》を時々出す地主もあったが、近時はほとんどない。あるとしても一俵位でハザカイの時期（秋前）に借りに行く。小作人は正月地主に年始に行く者もあり、行かぬ者もある。特に親しい間柄の場合のみであるが、嫁取等の祝事に招いて酒を出すものも時にはある。また名誉職になっている地主は、正月または花見時に小作人を招いて地盤を作っているものもあるらしい（御船恭平氏）。

京都府中郡三重村大字三重

当部落は和名類聚鈔の三重郷であり、鎌倉期の正応田数帳目録を本として長禄年間に書かれた成相寺の丹後国諸庄園郷保総田数帳には三重郷二二町五段三三〇歩云々とあり。延喜式にも丹後国式内神祇六五座の内三重神社は与謝郡にありとあって、後に丹波郡に入ったことは明らかである。その開発の古いことはいうまでもない。中世の部落形態については明白でないが、元応頃より大江氏がこの地に城を構えて割拠していた。大江氏は一色または細川の配下として来たが、天正一〇年大江氏滅び、細川氏も転封されて慶長五年には京極氏の封地となった（永浜字平、三重郷土誌）。

現在は戸数一二二、二六姓であり、糸井三八、西垣九、小谷九、渡辺七、永浜七、河野矢六、河島五、小牧五、谷川四、安井四、松村四、瀬野四、その他は一―三戸ずつであり、糸井一族が最も多く、また最も古い土着だから当部落の草分とみてよい。その年代は不明であるが、このうち旧家が四軒あっていずれが宗家か判明しない。糸井甲本家からは血縁分家三軒、孫分家三軒、奉公人分家二軒が出ているが、これらの子方は昔のままの本家についている。その血縁分家にも子方はあるが、本家の子方の子孫でなくて新しい子方である。糸井乙本家は血縁分家五軒、奉公人分家二軒、糸井丙本家は血縁分家二軒、丁本家は家運が衰えて分家ないし子方も不明である。これらの奉公人分家はもちろん本家を親方とする子方であることはいうまでもない。次に西垣姓は血縁分家ばかりで本家も子方もなくいつの土着か不明である。小谷姓は本家と称するもの二軒、甲家は血縁分家二軒、乙家は血縁分家二軒のうち一軒は谷川と姓を変えているが、これも本家という名だけで子方は持っておらず、かえって

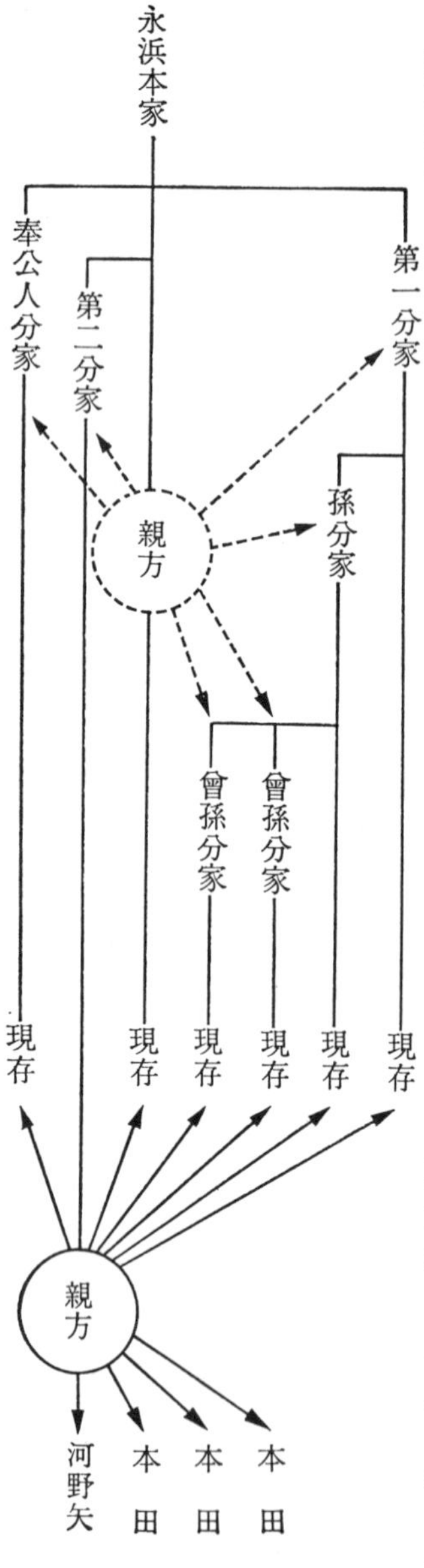

分家に子方があるが、これは新しいものとみられる。渡辺姓はみな血縁分家ばかりで、またいずれも子方を持たず、かえって他姓の子方になっている。永浜本家からは血縁分家六軒、奉公人分家一軒、いずれも本家の子方であったが、衰退したので第二分家が親方になって、血縁のほかにさらに本田三軒、河野矢一軒を子方としている。

河野矢姓はみな血縁分家らしいが、矢野三軒はその改姓したものである。河島は不明、河瀬は血縁ばかりで、ともに糸井氏の子方である。小牧もみな血縁分家で、本家が没落して子方はない。元和大阪陣の後の来住者で一時は勢力を得たが、これを「お家《イエ》」と呼んだ。その他の者は江戸末期以来の来住者であり、維新後戸籍編成の際に姓をつけたもので、元はいずれの姓に含まれるのか、まったく不明である。しかしこれらの系統を尋ねることによりほぼ血縁の同族を中心として、それに奉公人分家および来住者を子方として包括しつつ部落の発展が行われてきたことが推測される。

第二図
京都府中郡三重村庄屋宅略図

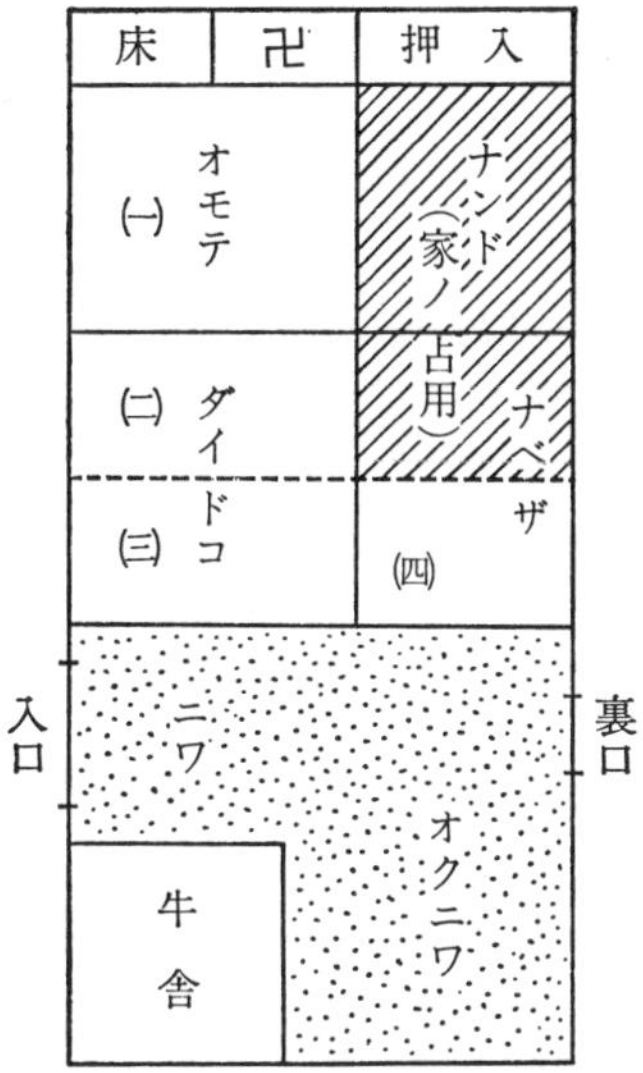

慶長検地によれば六六九石六斗一升で、延宝九年検地延高八二七石九斗八升となり維新まで表高は変らず、その後の検増は新田として扱われた。文久三年の情況において述べれば、当時百姓八二戸、水呑四三戸合計、一二五戸で、百姓に長百姓《オサビヤクショウ》、中《チュウ》百姓、平《ヒラ》百姓、小《コ》百姓の四階級があった。長百姓は村の表高から村田、社寺田等二七石余を除いた八〇〇石を、田分け鬮《クジ》一本（総鬮三二本、一本は高二五石）以上を所持した者、中百姓

は村高八〇〇石を百姓八二戸に割付けた近似値一〇石以上、平百姓は八〇〇石を全村家数一二五軒に割付けた近似値六石以上、小百姓はそれ以下の御高所持者、さらに水呑は無高の小作農であった。長百姓には浮沈変遷はあったが、文久三年には八人あり、維新後まで通じてこれを上八枚《カミハチマイ》と呼んだ。毎年正月一六日の初寄合の場合庄屋役宅のオモテ（奥座敷）の畳敷きの上に庄屋、年寄（組頭）、百姓代の三役とこの上八枚が同席する。ただし実際には三役人はたいてい上八枚から出ているので結局八名で、これを旦那衆と呼んでいた（一）。次にダイドコ（次座敷）に薄縁《ウスベリ》を敷きオモテとの間はアイド（この地方で座敷の表裏には襖を立てるが奥口の境に襖は立てずアイドを立てる）で長百姓と隔てて中百姓が着座する。これをチウロンという（二）。中百姓でも三役人の選に当ればオモテに着座することは無論である。ダイドコの上框に近い座席には莚を敷いて平百姓が着座し（三）、小百姓はナベザ（勝手）に莚を敷いて着座する（四）。水呑に至っては上にあがることを許されずニワ（土間）に菰、古俵、藁等を敷いてすわる。長百姓はたいてい素封家であるが一五年ごとの田分けによって定めるのだから時に浮沈があり、前期の長百姓が中百姓となることもあり、その逆もあった。長百姓は庄屋の入札《イレフダ》資格すなわち選挙及び被選挙権があり、中百姓には年寄の、平百姓には百姓代の被選挙権のみがあるが、水呑はいずれの資格もなかった。田分《タワ》けの制度はその最初を明らかにしないが少くとも安永二年に行われている。明確な起源は明らかでないが、一種の地割制度であるから貢租の収納を確保したものであることにちがいない。部落の古い土着の家柄が必ずしも長百姓を独占できなかったから、この点において田分けは古い親方本家の権威を無視しようとする方向を持っていた。これと平行して五人組制度が行われていた。今はこれを伍組と称しているが、旧藩時代と現在とはちがいがある。すなわち現在では隣保四人内外で伍組を組織する。うち一名が伍長で他を「触れ前」といい、伍組四つで一組ができる。

部落にはこの組が七つあって、一番組、二番組と番号で呼ぶ。組には組長がおかれる。伍長は申し合せにより、組長は組全員の投票により選出するが、伍長が組長に重任した場合は伍長は伍内で交代する。部落の行政は七組長が区会議員として万般執り行う。ことに昔の庄屋、年寄、百姓代の三役人の後身とみるべき区長、区長代理者、組長頭の三役人はその中心で、これは村役場の衛生、土木、学務の委員であり、神社の氏子総代であり、寺院の檀徒総代でもあり農会、養蚕、畜産、学校、父兄会等の各団体の首脳者となり、各組長がこれを輔佐し、各種決定事項や村役場よりの通牒令達は組長より伍長に、伍長は伍内各戸に触れ渡す。この触れを受ける四人内外の隣保が当該伍長の「触れ前」である。旧藩時代には組長を組親と称し、これは長百姓がほとんど襲勤していた。しかし地理的に七区劃にすると親のはずれる組ができるので、一、二軒は地域の区劃線から出入する組の区劃が設けられ、いずれの組にも長百姓一名が配されるようにしていた。長百姓は七名以上のことがあったから、ある組は二名を含んだ。この組親に対して他の組員を組子と称した。しかし組子は平均中百姓三名、平百姓四名、小百姓五名、水呑六名、都合一八名というように行かず、今日のように一組に伍組が四つという定めもなく、三伍のものもあり、また伍組においても伍長が中百姓で他の触れ前は平百姓、小百姓、水呑各一軒ずつというようには行かず、各戸の住宅の配置と貧富の分布が合致しないので、四人も六人もあった。従ってこの隣保のうちなるべく古参の階級の高い者が伍長となった。しかしそれが組親や三役人になった場合は、次の順位の旧家の者が伍長になった。多少階級は落ちても旧家の中百姓は成り上り者より尊敬された。これは今でもそうだ。従ってこのことは組親についてもある点までいい得るから、組親は長百姓の一人がなるとしても世襲のことが多く、これを選挙制にしたのは市町村制実施以後のことである。しかし事実はこの選挙制度も形式だけで、長百姓、中百姓、平百姓の各上座一、二人の、都合五、六名どころを輪番交代に推薦し、もしくは申し合せによって候補者を定めて形式だけ投票する。それで長百姓の家筋が固定してしまうことはないが、ある点まで動きが少いということもまた事実であった。これだけみると田分けとそれに関連する五人組は、ともかく旧来の親方本家の統制力に反撥する力として多少とも働いていたようにみえるのである。すなわち部落最古の土着者たる家筋の権威を全然認めないというのでなくても、数人の長百姓の合議もしくは交替による平等な村落自治組織を成立させる根拠を与えたという点が注目される。田分けの開始年代は不明であるとしても(与謝郡石川村の田分けは丹後における最古のものとされ慶安四年である)(上田藤十郎、丹後の田分、経済史研究十六号)、後の移住土着者の村入は先住者を征服する場合でないかぎり、先住者に対してその承認を求める必要のあったことは風習の語るところだから、彼らの移住土着の際にそれを凌駕したものとは考えられない。それゆえ糸井一族より後の移住土着者の有力な者が田分け制度の創始によって、長百姓として初めて公権的に認められたと考えてよいであろう。このことは部落における各同族の居住地をみればいっそう理解される。すなわち一番組の糸井甲本家①は山を背にして村に向い、宅地はもちろん、山もその家の所有で宅地から接続し裏山に墓地がある。このような家は古い家で、土着は判然としない。しかし土葬は江戸期の寛文延宝の頃に始っていたので少くとも江戸三〇〇年はこの地にいたことが確実とされている。糸井乙本家④や小牧本家⑧、永浜本家⑨が同様の形勝にある点からみてまた相当に古い土着ということができるし、これらはともに上八枚に参じた家柄であるが、小牧氏、永浜氏が糸井氏一族の本拠たる部落の中心から離れて、しかも同じ地籍に隣接して居住したことは一面彼らが糸井氏の従属者の地位にはなかったことを語るが、他面また糸井氏の後塵を拝して土着した家柄であることを示すものと考えられる。しかし以上の四家は江戸三〇〇年を通して存続したことは確実である。なお上八枚を出入した家をあげると、糸井甲本家の第一分家②、同別家③、糸井丙本家⑥、同丁本家⑦、小谷本家⑩、糸井乙本家の分家⑤、松村本家⑪、松村分家⑫、河野矢出身矢野本家⑬である。これらの家が組親を勤めてきた。

さて前述した親方子方制度がこれらの諸法制といかに結びついているかということは注目を要する。すなわち組親たる長百姓の階級はすべて親方たる身分を持ち、その組子のある者を子方として従属させていた。それゆえ

第三図　京都府中郡三重村三重

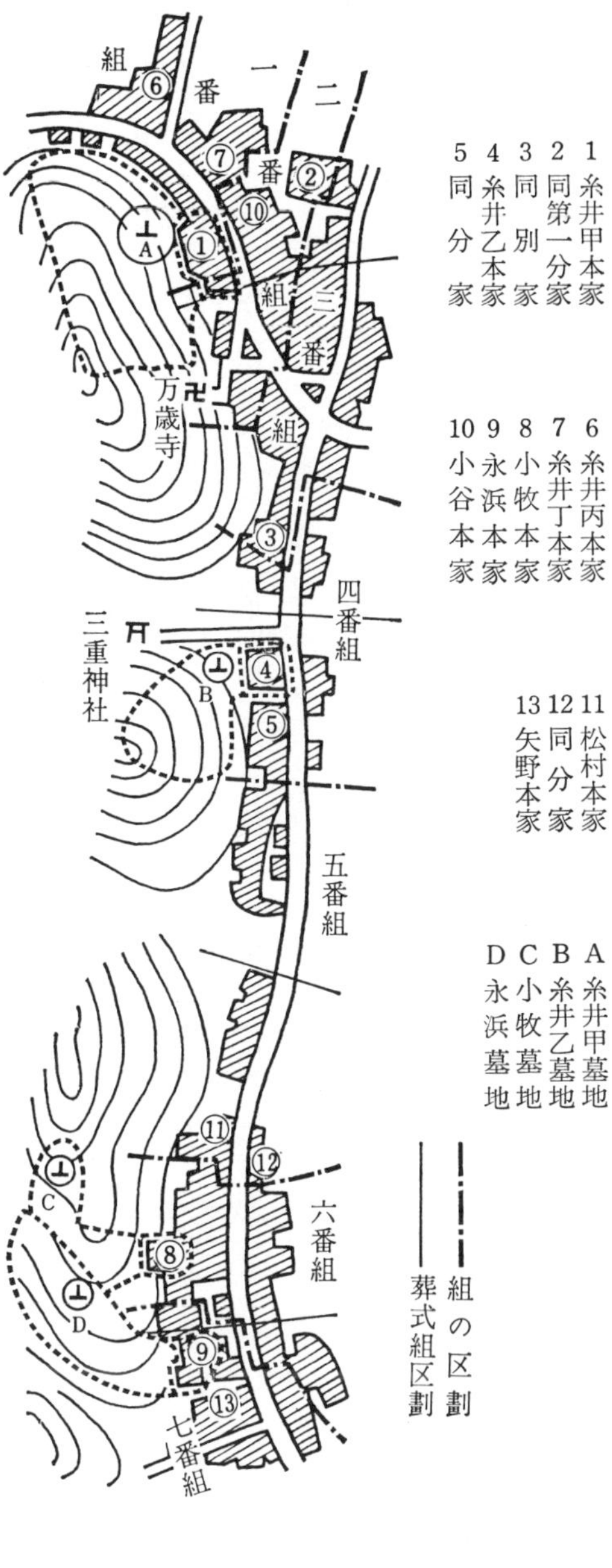

村のすべての人々は親方を持っていた。親方は社会的に勢力があるので、生活上のすべてにつき子方の世話をみた。長百姓の相互間でも盥廻《タライマワ》しに相互に親方子方となった。この関係は彼らが中百姓以下に対する関係とはちがう。親方取りとは男子が一七歳になると、身分相応な者を親方に立て、親方により幼名を成人名に改めたことで、これを烏帽子着という。親類縁者懇意の者或いは村中戸主一同を招き酒肴を饗応し、この時より若連中に加入する。親方は扇子、白米、樽、反物の類を遣わし、親類懇意の者は扇子、白米、樽を贈り祝う。若連中よりは贈る者はない。右の招待ができない者は若者初寄合の際酒一升、豆腐一箱位持参し披露した(京都府町村沿革調)。従って婚姻やその後の生活に関しても世話を受けた。次三男ならば親方から耕地を貸与されて、一家を立てることはその主なものであった。この場合は奉公人分家と同様のものであるが、家督相続者なら親の代の親方の子方たることを継承するものであって、親方の世話を受けることに変りはない。これらの多くは親方の小作人である。それは必ずしも組親組子の関係に合致するとはかぎらない。親方が没落せぬかぎり世襲的であったから親方筋として家格が一貫するのが建前となっていた。親方が没落すれば子方も頼りないし、親方も後見役たる地位を維持することができないので、次の代には親方から誰か徳望もあり有力なる人に交渉し、親方みずから仲介人となって、親方替《オヤカタガ》えを双方同意の上でやった。それゆえ長百姓をやった位の家なら、中百姓または現にそれ相当位の財産にあっても、たいてい子方を若干持っていた。とにかく親方は子方にとっては第一の後見役であって、親類(同族)の首班とみられ、生活一切に関する世話を受けたのであるから、きわめて密接な関係にあって、冠婚葬祭に関しても事実上の指揮を受けた。従って五人組の組親に対するよりも深い関係を持っていた。少くとも親方制度は五人組のごとく藩の指令によって生じたものではなく、村落の内部的な生活組織として創始されたもので、世襲的であるのは本来村の旧家における本家分家の同族結合に根拠があったからである。事実、本家の家格が没落しないかぎり、親方は本家の占めるところであった。それゆえ移住して来て土着した非血縁者はその子方として摂取せられ（小作人となり）、奉公人分家に準ずるものであったが、親方に異動が生じたかぎり、この関係に多大の変化をこうむることがあったのであり、これに田分けや五人組のような法制が加えられて、さらにその関係が複雑化されたとしても、内部的な生活組織においては依然として親方制度が基本となっていたのである。むしろ五人組制度が村の制度として定着するためには親方制度に結び付かねばならなかったというのが正しい。五人組制度が伍長の形態を備えながら、組親と組子の関係を本幹としなければならなかった理由もそこにあるのであって、実際の生活機構は親方の統制であったから、親方である組親を存置して実際の生活機構との調和を図ったのである。それゆえむしろ伍組がその制度固有の要求に近い活用を得るに至ったのは親方制度の厳存していた旧藩時代よりも、それの権威が著しく失われた現在においてであるが、現在でさえ親方制度は完全に消滅してはいない。それはむしろ潜在的に村落組織の根となっている。

　移住者が土着する場合、その者を世話をして土着させた者をヌレワラジという。これはその土着の世話をした家で濡《ヌ》れ草鞋のひもを解くことであるが、それが素封家や徳望家ならば部落の住民の資格が得られるが、水呑等の下級の百姓の家がヌレワラジではすぐに村の住民となることは困難である。この移住者は世話になった家の子方となるのであるが、しっかりした家の子方なら、組親はその組子として伍組の加入を許し、住民たる資格を得るのであるから、親方たるヌレワラジはその身元保証人となる者である。これは五人組と親方との関係をよく示しているものと思われる。しかし他から移住した子方が村に住みつくには、以前には親方の小作人となることが生活の根拠となったのだから、それは有力家等の場合に可能であって、水呑等の場合には不可能であったという事情を考えるべきである。もちろん、月給取や日傭労働や商業等で独立の生活が可能になってきた新しい時代には、移住土着が実質的には安易になっているので、形式的な世話人でもすむというのはいずれの土地でもみられるところである。それには土地経済の支配的な情況から次第に解放されてきた経済事情の変遷が力強く作用している。しかし旧時土地経済が支配的な場合に、親方は大手作を行っていたので、子方の労力を多く必要とした。無高の水呑《ミズノミ》というのは表高《オモテダカ》を所有しなくても、親方の小作人たるところにその生活の根拠があったが、それは同時に親方の大手作にその労力を奉仕して（賦役）、それに依存することによって家計を立て得たのである。小高《コダカ》のものも高《タカ》だけで生活していたのではなく、親方の小作人となることに生活の根拠を持ち、親方に対する労力奉仕は当然あったのである。そこにその生活の根拠があったが、親方の世話になったので、一方において親方の大手作にも何らかの形で多少の労力を提供したのである。しかし三重においては田分け制の結果であるかどうかはわからないが、幕末には小作人から親方地主へ手伝う農業上の労力提供は比較的まれであった。田植時はもちろん多くの手伝があったが、明治中期以後親方地主の大手作廃止後は、親方地主は農業上の手伝をまったく必要としないようになり、現物小作料を中心とする小作関係に到達している。これらの変遷を考えると、村開発者の同族的発展を骨子として後の移住者を摂取して行く過程に村の生活組織の根幹があったのであって、田分け等によって長百姓の数が増加し、村生活の統制は遙かに変化したとはいえ、それは古い基準である親方制度（すなわち同族団体）の上に発展してきたのだということが理解される。

　これらの場合小作慣行がいかようにあるかというに、現在は親方でも地主ではなく自作農もあるし、親方でなくても小作に卸《オロ》す地主もある。しかし地主を田親《タオヤ》といい、小作を下作《シタサク》というのは、親方慣行に関係があることは明らであって、親方が依然として地主である場合ももちろん存続している。旧藩から明治初年にかけての田分け制度下における田親・下作の関係は、親方子方間に結ばれた場合がはなはだ多かったが、必ずしも親方子方のみに限らなかった。耕作地が田分けのために変更されても、田親と下作との関係は変更されず、耕作者は耕地に固定せずに持主に属していた。従って籔二本以上の大地主になれば籔のまま子方に託して、適当な小作人を彼ら同士の間に分配したことさえあったと伝えられている。田分け廃止以後は耕地が変更されないというだけであって、その関係は同様である。旧藩時代の小作料は籔本二五石に付小作料二五石、貢租米一七石で田親の得米《トクマイ》八石であった。貢租は三重村より岩滝の浜まで約一里を運搬せねばならなかったが、この運搬を地主は小作人に課した。小作料は全部米納で麦豆納や金納はなかった。定額制であって不作の場合にのみツボメン（毛見《ケミ》）を行う。小作契約は口頭で行われてきた。年季も定めない。地主より肥料、田植飯米《ウエハンマイ》の給与はあまり行われず、田植飯米や荒《アラ》起《オコ》し飯米《ハンマイ》を拝借するのは村に対してで、村米を借りることは今でもある。しかし田親が肥料や田植飯米を小作に給与することは絶無というのではなく、田親の田植時期が切迫して特に依頼してきた場合はそれを与える。小作料皆納の際は地主はネングザケを出して振舞う（永浜宇平氏）。

奈良県山辺郡丹波市町大字別所

古くは田部別所と称したので田部の新開地であろう。また明治初年までは萩別所ともいった。この村に萩村という旧家があり、寺小屋の師匠及び官幣大社石上《イソノカミ》神宮の神官を世襲して権威があった。村にオモヤ（本家）と称する家筋が四軒ある。西田、東田、村田、萩村である。オモヤの次位にブンケまたはインキョと称する家筋がある。それぞれ系統があって西田の系統に奥村二軒、乾一軒、村田の系統には村田三軒がある。東田、萩村系統のブンケはない。西田系統の奥村と乾との先祖は兄弟であったといわれ、ともに西田の血縁分家であり、乾健治氏より五代前の創始であるという。これらの血縁分家が三一戸であり、市場垣内が九戸（これは旧時の移住者と思われる）ほかに新しい寄留者六〇戸余であるが、オモヤ四軒を最も古い土着ということができる。オモヤは旧幕時代より田地を相当に持っていた。また分家した家も相当に分与されたので、これらの家は今でもほとんど皆中産以上である。ただオモヤ西田氏は衰えているが、村田氏は地主である。村の鎮守は式内山辺御県座神社《ヤマノベミアガタニイマス》で、宮座が構成されている。宮座には旧座と新座とあって、旧座は昔からの宮座筋をいう。現在一〇軒でオモテ、ブンケがそれで、後の移住者は絶対に加入を許されない。宮座筋の家の分家であれば座の株を得て加入することはできる。宮座筋の者でも他村へ移住すれば宮座を退くことになる。また嫁や養子を何度も離縁した家や、村の「離れもの」（絶交された家）等は「宮座をすべる」といって座を脱退させられる。昔は旧座が村の氏神祭祀を司ったが、大正年間に新座が成立して氏神祭祀はそれに委譲され、旧座の者は頭《トウ》の家で祭祀をするに至った。新座は村全部が加入する。毎年籤で二戸ずつトウヤに決定し、祭日の神饌供物の世話をする。村のイチロウ（男の最年長者）が祭主となる。もちろん現今は社掌たる神官は別にいる。移住者は旧座には加入できないが新座には加入する義務がある。加入すれば村人の饗応のため若干金を出す。すなわち会所で村全戸の一戸一人の出席者に酒肴を出す。この垣内《カイト》入《イリ》は漫然としてはできず、必ず誰かの世話または紹介により、その披露をする。村の開発は不明であるが、オモヤ四軒は古い土着とみられる。ともかくオモヤの血縁分家の増加を村の発展の本幹とした。古い部落はオモヤを中心として四つの垣内《カイト》に分れている。垣内はオモヤの同族団体によって構成されるとまではいえぬが、これらの同族団体は本家支持の力となってきたし、オモヤの地位は動かなかったので、オモヤが政治的宗教的に優位を占めた時期は長く続いた。しかし一方また移住者は増加し、明治時代に入ってはいっそうその勢を増して新戸数は一躍増加した。分家や移住者の中にも有力なる家が生じてきたから、宮座を古い同族団体の一部にのみに閉鎖して祭祀に参加させないことによっては彼らを統制することは不可能になってきて、新座を設けて新しい分家もしくは移住者を一般的に祭祀に参加させるに至った。別所におけるオモヤは近世、経済的に他と大きな懸隔があったのではない。大和地方は古くよりこの傾向がみえている。それにもかかわらず宮座は厳格に近年まで保持されて、これにおけるオモヤの優位は明らかに認められていた。それは決して経済的な根拠にのみよるものでないとされており、実際にもオモヤが同族団体の首班として氏神祭祀の最も重要な位置を占めてきたので、そう信じられる。新座が生じた後も旧座は村落自治において依然有力である。

同族団体の結合は必ずしも弛緩していない。農業経営は各戸が似た程度であり、地主としても特に大きなものはないので、労力の依存はあまりなく、ほぼ同等である。従って田植時の協力などでも親類間でユイを行うとしても、相手が本家だから余分に手伝いに行くということはないが、それでも有力な本家に対する場合、生活上何らかの意味で世話になっているから、手伝も多くすることはあるが、これは同じ分量の手伝を返してすますというのとは異なっている。普通各農家の間に行われる協力はそれぞれ各戸を中心として順番に行うのであり、大手作を行う家でもこのような手伝を求めもするが、田植時には山間部から田植人夫を多く雇うのは、各戸それぞれの経営が高度に集約的なので、部落内の協力をあまり期待することができないことに理由がある。すなわち手作の小さい家から余分の労力を一方的に多く吸収し難い事情が生ずるからである。しかし地主と小作人の間では、地主が大手作をやっていれば、小作人は不断生活上世話になるので、とにかく農繁時に手伝に行く。もっとも現在は田植以外にはまったく行われない。もちろんこれには現在小作料の代償という意味を持っておらず、単に手伝である。それくらいのことは地主から手伝を受けなくても手伝に行く。他に期日を定めて手伝に行くことはない。小作をしていなくても、地主や総本家のような有力な家の世話になっておれば、冠婚葬祭等に手伝に行くことは普通にあるが、とにかくこれらは手伝に行くものの主観的な考えでは必ずしも義務的のものとしてのみてはいないとしても、互助的の場合でも労力による手伝は小作人の方から出す方がはるかに多く、一方的なものは奉仕という気持が抜けていないということであるから、賦役の残存変質したものであることは疑いない。大和地方のように早く開発され、従ってまた中世に早くも貨幣経済が農村へ深く浸み込んでいて、旧藩時代にすでに村落の各戸私経済が確立していた土地においてさえ、こういう風習の見られることは注目すべきである。

小作慣行は物納を主とする。金納でも穀物の時価で換算したものである。小作料は定額制はあまり行われておらず、毎年地主側と小作側が別々に相談して、地主の要求額と小作の希望額とを決定した上で、仲介人数名が両者を折り合せてその年の小作料を定める。反当り平年三石位の収穫で、小作料は一石五斗位である。しかし定免制を採る地主もある。不作の場合は刈分を行う。裏作は小作人が取得する。小作契約は大部分口頭による、小作年季はない。小作地の取上や返還は時の都合によるが、取上の際は多少の弁償を地主から出す。小作人は暮または年始に地主へ品物を持って挨拶に行く(乾健治氏)。

大阪府泉北郡上神谷《カベヤ》村字豐田

豊田部落の開発は不明であるが、部落の檀那寺たる福徳寺に古来七人衆という七軒があって、これは福徳寺の支配をする座である。記録はないが豊田最古の家と称されている。宮座の記録として正平六年より明治五年まで続いた座記録にはこの七軒が記録されているが、詳細は不明であるから、七軒のどれが中でも古いのかどうかは判明しない。しかし平家の後裔と伝えられる小谷家は七人衆の上席とされてきた。現在では七人衆は寺から離れており、寺には明治初年以来世話人ができたが、村の人は小谷家を旧家として重んじホンケサンと称している。和泉地方では一般にホンケという呼称は村の開発者或いは村の中心の家という意味に用いるようである。豊田部落の神社は和泉神名帳に豊田社と誌されているが、元来小谷家の氏神で、明治一〇年小社合祀令のときに合祀移転の紛争が生じたが、結局移転せずに小谷家の屋敷内に存置されている。他に同族神等はない。寺の座は七人衆の家の戸主のみの組合であったようである。座頭は代々相伝で、年少者であってもそれを勤めたが、その役割は寺の管理を行い盆行事や年末の斎米《トキマイ》（寺への給米）もその管轄に属していた。旧藩時代に七人衆はすべて年寄以上の階級にいた。みな庄屋を勤めたというのではない。これらの家は血族の分家の外にデイリニン（出入人）と称する譜代家来を持っていた。奉公人分家である。小谷家は五人組帳によれば旧幕時代は五人もしくは七人の譜代を持って来た。これらは代々のデイリニンであって、明治四〇年代に大手作を廃止するまでは、その耕作は主としてこの譜代によって行われ、労力の不足する場合に一般の出入の者（普通の小作人等）が雇われた。譜代には日給はなく、その他の者にのみ賃銀が支払われた。すなわち譜代は無償で主家に来て働く代りに屋敷年貢は免除され、その他小作地を給されていたほかに、生活上万般の世話を受けた。また主家から年末に一斗を支給する風習であった。普通の小作人には移住土着者も含まれている。村入はドウギョイリ（同行入）とかカイトイリ（垣内入）とかいう。近来は世話する人により村入をし、自己の属する垣内の人々を招いて酒肴を供するが、一〇〇円程度を必要とする様子であるから相当の饗応であるが、移住土着も安直になった。今農業をしている人々の中には「紀州もん」と呼ばれた人々の子孫がいるが、小作人として土着した人々であったと考えられる。垣内入というのは、部落約百戸が南垣内《ミナギガイド》（ミナンジョともいう）中垣内、北ワキの三垣内に分れており、それに仲間入することが村入として承認されることである。垣内は主として葬式を執行する組であって、垣内の年寄が葬式の際その役割等を定めて指図全般にあたる。年寄には有力者がなるのであって、要するに七人衆とか垣内の年寄によって村の統制が行われたので、旧五人組は形式的におかれていたにすぎない。現在は一般の小作人は地主に無償の労力を提供することはなく、また旧来の譜代においてもそのことのないのは、地主大手作を廃止したことと、一般経済の進展によって譜代が地主に依存することは失われたからであり、それ以前地主大手作のあった頃には田植や秋の収穫等には必ず手伝に出た。小谷家が大手作をした頃は下男が五、六人いても、田植初めの大田植にはデイリニンが一五、六人来たほどであった。しかしこれらの者には皆この賦役がなくなって、物納の定額小作に移った。これは一般の小作人においてもそうであったようである。

現在（昭和一〇年）の小作慣行では、小作料は玄米をもってする。現在金納も現物の時価換算で行われるが、維新以前にはそういうことはまったく行われなかった。小作料は定額制であり、不作の時は検見によるが、検見で双方折合わなければ刈分をする。率は田は地主取得六分から五分の間であり、裏作は小作人の取得である。小作契約は一般には口頭で行い、小作年季はない。小作人から地主への手伝もない。年始にはデイリ人のほかは地主に行かぬ（小谷方明氏）。

石川県鹿島郡高階村字池崎

家数一〇〇戸ばかりで、垣内《カクチ》組名として上手《カミデ》、下手《シモデ》、門前手《モンゼンデ》、向手《ムカイデ》とがある。下手は現在約一七戸であるが、この小部落が池崎での開発者の居住した所である。後に発展して上手向手ができ、さらに一向宗の寺ができて門前手が生じた。最初の開発は垣内《カクチ》様《サマ》、兵衛様と称する二軒と伝えられ礪波山敗軍の平家落人という。垣内様の系統は衰えて今にあるが、兵衛様は屋敷址のみで断絶した。これらの従者は不明であるが、これには「地《ヂ》の者《モノ》」と称した多くの小農が従属し一団となって大耕作を行っていた。しかし池崎の開発者は天正初年の一向宗一揆に打撃を受けて居を失っている。その後天正年間前田の入国とともに、土着の勢家を役人に引き立て、居を移させて他所より秀才を抜擢して入村させ、土着の旧家（親分）とその子分とを隔離させる手段を採った。すなわち旧家の有能な男子を遠地に任官させて婦女子のみを残し、村の統治は新来の役人に委任させたために、実権もなくわずかに家の敬称を残すに止めた。これらの旧家を何様、何ドン、何親分といった。これは旧家の権勢と旧慣の税法を打破しようとした政策から出た。こうして天正年間に池崎に入村した家として次郎右衛門、又右衛門等がある。次郎右衛門は小田氏の祖先である。先住者との関係は不明であるが、先住豪族の残党と新入勢家の混在とみられ、元和年間には一七人が池崎村の百姓として名前があげられている。今ではそれが旧家とされている。しかし垣内や兵衛の全盛時代は一戸に従属する耕作者（地の者）が二〇軒ほどはあり、中世的親方百姓として権勢があったに対し、加賀藩の改革は村の高持百姓を殖やして、それぞれに二、三の従属耕作者（頭振と呼ばれ地の者と同じ、百姓に非ず）の家を附属させ、一村の納税を百姓一七人に連帯させた。この政策は加賀藩のいわゆる改作法によって徹底的に押し進められた。小田氏の先祖次郎右衛門は天正七年能登池崎に来て帰農し、相当に田畑の開墾を行った。子分式《コブンシャ》も四軒あったらしく今に伝えられている。血縁分家は約一〇戸である。次郎右衛門等土着の際まで村落の政治経済宗教上の実権は垣内、兵衛の二軒に集中していたのを、新入者の土着とともに神社のお鍵取りと寺家役《ジケヤク》（垣内の役）は又右衛門に、祭礼の上座役《ジョウザヤク》（兵衛の役）も他に移され、そのほか村の役職は一七人に配分されて、その主座に又右衛門が坐った（小田吉之丈氏）。加賀藩では、元禄六年切高仕法を許してより村百姓の数が次第に多くなり、元禄一六年には頭振までも取高をなし、遂に寛延年間には二升三升の名高《ナダカ》にせよ持たない者はなくなったが、これらはいわゆる乙名百姓《ムラオヤジ》でなく、請百姓《ウケビヤクショウ》であって、百姓としての権威のないものであった。改作法と田地割制度とはきわめて密接な関係を持っているが、それは一面において中世的な親方百姓の勢力を打破すると同時に綿密な検地によって税額の増加をはかり、村方の高持百姓を増加して、平均負担により貢租増額の重圧感をできるだけ減少しようとしたのである（小田、加賀藩農政史考。栃内礼次、旧加賀藩田地割制度）。それゆえ池崎村においても古い親方百姓はその地位を譲らざるを得なかったが、新しい高持といえども小規模ながら彼らはすべて子分を持って彼らの農業経営を行った。子分はすなわち頭振と称し初めは無高であったが、後に僅少の名高を持つに至った。それでも寛延年間には藩中において総戸数の二分五厘の頭振があったと伝えられている（小田、前掲書一三二ページ）。しかも僅少な名高を持って百姓となった頭振が実際には請百姓にすぎなかったのは、僅少な高では独立はできなかったので、実質的には依然として子分の境涯にあった。すなわち当地方において地主小作を親作子作《オヤサクコサク》と称するのはこの伝統によるものであり、それは中世からの親分子分の関係を継ぐものであることは疑いない。ただこれにおいては、改作法及び田地割制の結果旧親方のような固定した土地の支配は不可能であり、かつ彼らの支配地は制限されていたので、旧親方に比して遙かに小規模であり、さらに江戸後期においては子分も名高を持つに至っているので、この親分子分関係は旧親方のそれに比して支配従属の度合いがいささか浅かったようだ。田地割制度は旧来の濃厚な親分子分関係を弱めるための役割を果していたものと考えられるが、しかしこの田地割制度も旧来のこの関係を無視することができなかったことは、その鬮割《クジワリ》をみれば十分に明らかである。すなわち田地割の鬮一本は高が平等に配当されていても、百姓の持高は平等ではなくて、一本を一人ですべて所有することもあり、それを分割して数人で所有することもあって、新しい割替においても常に持高だけはそのままに認められたのである。従って請作人（子作）は新しい割替ごとに親作について改めて請作をきめた。それゆえ、これによって親分子分関係は消滅せずに、小作人は親分に結びついてともに耕作地を移動させたのである。これらの農業経営は親分のそれに子分がその労力を徴集されたのであって、子分は親分に依存したが、一方親分からその支配地の一部を借りて物納小作料を出したのである。加賀藩以前の中世の親方百姓においてはそれがさらに大規模に、また子方はさらに強い従属的関係において親方百姓に依存したものと考えられるが、江戸中期以後は子分も名高を少量ながら持って、独立の百姓の体面を獲得したかにみえても、それは実際は独立するに足りないほどのものであったことは明らかである。地租改正や経済組織の漸次的変化によって親分百姓も明治四、五年頃より四〇年頃までの間に大手作を止めて、その耕地は彼らの旧子分等の小作に移したので、旧子分らは親方からその私経済を分離してきて、このため小農が多数成立した。親方が大手作を廃止する過程に応じて賦役もまた消滅していった（小田吉之丈氏）。

小作慣行については、小作料は米納であり、小作人が自家飯米用にするために金納することもあるが、それは時価に換算する。このことは旧藩時代にも行われた。すなわち或る親作（地主）の御収納米計《ゴシュノウハカリ》（御収納米を藩倉に納めること）を行う日において親作と子作とが相対できめた。労力に換算して支払うようなことはなかった。小作料は定額制であるが、旧藩時代のままではなく、すなわち折返しのない田は小作するものがない。折返しとは平年にして並作で小作料の二倍以上収穫のあることを指す。小作料は上田、苗代田は一歩につき五合五勺、上田五合、並田は四合半より四合、中の下は三合半より三合、下田は三合以下である。明治七年地租改正当時の六尺三寸の竿で量った歩（土地台帳面）であるから実際は余分にある。旧藩時代の年貢は村免により一石高に対する斗《ド》代《ダイ》が定っていた。池崎部落は一石高に子作が親作に収める米は六斗八升二合であったが、免《メン》四ツ六歩であるから、その差額が親作の得米となったのである。これは次の田地割まで約二〇年間は据え置かれた。明治六年地租改正以来土地は各自の所有に移ったから、地主は土地の権利を主張して、土地の作り合せを勝手にし、毎年手作地を換え、交互に売買し交換する等のことが行われ、土地子作についての習慣は自然破れた。それゆえ国会開設以後自由に振舞い、小作料の手上げを成すものが秘かにあった。それは旧藩時代の年貢小作料を秘して二升か三升を増加して卸した。これを聞く子作は「シャッポ被《カブ》った田」といった。それが日露戦で増税されてから、公然と親作は地味の増進した田に見込をつけて小作料を上げた。この頃は一割位であったが、良田はその後二割増位となった。欧州大戦の頃の好景気に田作を捨てる者が多く生じて親作も閉口し、双方和協の上旧藩時代の折返しの有無を標準として、並作りで折返しのある程度にし、歩卸《ブオロシ》の約束ができた。換言すれば池崎一千石の田の小作料の平均は旧藩時代の斗代に約一割増前後に当るといえる。近年金肥を用いまた合理的な作合《サクアイ》をしている小作人は三倍の収穫を得ており、身代をよくした小作人も少くない。収穫検分は不作以外には検分見立《ミタテ》のことなく、また刈分はさらに行われない。裏作は古来子作の任意であり、子作が取る。小作契約は口頭で結び証書はない。貧となり土地を売り永代子作する約束のものはたまに約束証文を作る。小作年季はない。ただ小作料を滞納すれば耕地を取り上げる。地主から子作に飯米または植付飯米を貸すこともある。一般的ではない。旧藩時代には作食米《サクグイマイ》といって悪心より貸付けた手合もあるが、多くは両者間の信用で貸したものである。小作料を親作に納入する時は子作に簡単に酒食を出す。酒は一人二合位、膾、煮物位でする。近年はゴシノーヨビ（御収納招）といって日を定めて子作一同を饗応することが多い。小作料納入の運賃はない。旧藩時代には小百姓は肝煎役の宅へ年頭に行ったが、現在は子作が地主へ年頭には行かない（小田吉之丈氏）。

富山県下新川郡石田村字堀切天神

明治初年において大手作を行う地主は一一軒で、その持高は一〇〇石から三〇石の間にあった。村第一の高持である長右衛門は明治一〇年頃に脇村高約二〇石を全部小作に預け、残高八〇石は村高だったが、うち五、六〇石内外を手作した。長平衛は嘉永年間には石高七〇石を持っていたが、うち三〇石は小作させ、維新の改革とともに、その業（質屋と手代）である手代を止めたため、小作地を取り上げて手作を増したことがあるが、村における地主はほとんど例外なく手作を行った。この場合石高の多いものは小作に預けた土地も若干持っていたと考えられる。これらの地主は家族の労働力の外に、年季奉公人を中心として小作奉公人、季節奉公人、日傭奉公人を使用して手作を行った。ために当時の小作人は小作地の過少に悩まされ、必然彼らは進んで子弟を年季奉公人として、地主の家に住込ませ、或いは自らも季節労働者、日傭人等になるほかなかった。約一〇軒の地主が各自何人位の奉公人を雇傭したか明瞭ではないが、一〇〇石の長右衛門では男二人ないし四人、女二人位で、その膳前は一七、八も並び、村第一の豪家であった。長平衛では明治五年頃から一〇年すぎまで家族三夫婦が健在し、男二人、女一人で一時一五人に及び、それらが皆耕作に従事した。三〇石の興法寺では寺男一人、女一人、三〇石の長次郎は男一人、九〇石の長四郎は男三人、女二人等である。年季奉公人は住込むのが普通であったが、また一家を持つ者は自分の家で寝泊りをし、通勤して食事は地主の家でする者があった。これは従来住込みの奉公人であった者が一家を持つに至って、通勤の奉公をするようになったものと、そうではなくてその約束で通勤になるものとがあったが、前者の方が普通である。これは主家の奉公人が主人の世話で奉公人同士で結婚して一家を持つ場合もあり、奉公人を配偶としなくても結婚後主家へ出入することが少くないからでもある。住込みと通勤者の間に仕事の上の差違はなかったが、通勤者は「馬使い」等に多くみられた。しかし通勤者も一年中奉公する点で年季奉公人に包含される。年季奉公人の生活状態はよいものではなかった。彼らは一カ月に二回ないし三回の休日が与えられ、これをヒキコンビ（引込日）といった。しかし全一日休むのではなく、午後の仕事とヨナベを休むのであって午前中は普通に仕事をした。彼らの或る者は主人から少しの田を下《オロ》して貰い、この引込日に耕作した。この田は普通「水口《ミズクチ》の田《タ》」または堀田《ホリタ》（沼田である）といわれる荒地で、小作米も年貢も納めるだけの価値もないようなもので、奉公人は自分で手入れして収穫も全部自己のものとした。かかる田から収穫の一部を小作米として主家へ納める場合もあったが、田の多くは荒地でまた余暇の少い彼らに十分手入れができたとは思われないほどのものである。しかし大部分の奉公人は引込日には彼ら同士集ったり、町へ出かけたり、親元へ帰って手助けしたりした。夕飯は主家で食べるが、主家に泊ると突発の用事に使われるのでよそへ出かけた。月に二、三回の引込日も農繁期には流れ勝ちであったが、田植、稲刈の後には丸一日の休日が与えられた。奉公人の給料はきわめて少いものであった。ほとんど全部現物給付で、男は五斗俵二俵が普通で、三俵の者は少かった。ただしこれは年季奉公人として契約した時の相場であるから、何年もおれば四、五俵に昇給した者もある。食事と仕事着は雇主が持ち、「馬使い」は春田の耕作や秋稲の運搬に馬を使って一番多くの給料を貰った。また盆と正月には下駄を、祭礼には小遣銭四、五文も貰うことがあった。この二、三俵の米は普通一二月二〇日に主家を辞する時給与されたが、先借で貰うこともあり盆と師走に分けて貰うこともあった。それは生家の重要な飯米となるものであるが、時折「若い衆」(奉公人)が貰い受けた米を、途中で自分の借金に充当して問題を起した例もあった。いずれにしても子供を奉公に出すような家ではこの二、三俵の米は大切であること疑いなく、彼らの家ではなお小作もしたであろうが、年貢、小作米を支払って手に残るところは少く、しかも小作し得る者はなお幸いであったといえる。

小作奉公人とみられるのは、小作人が地主の田植、田の草取、稲刈、大掃除、その他不幸日や祝日に手伝にきて、食事をするのみで何ら給料を与えられぬのを指すが、一地主に四、五軒位こういう労働関係に立つ者があった。すなわち彼らは小作地を受けているかわりに、地主の請求に応じて時々労働奉仕を負うたのであり、一年に総計して一五、六日が普通であった。明治における一般経済の発達により貨幣経済が著しく農村に及んで、米価は昂騰を辿り、労賃もまた騰貴して、地主の商業資本家を兼帯するもの多く、さらにはそれに転換するに及んで地主大手作は廃止され、それはすべて小作に預けられるに至った（吉川精、地主手作の一考察――土屋喬雄、日本資本主義史論集一〇三―一三三ページ所載）。上に述べた奉公人のうち、奉公人同士結婚して一家を持ち主家に奉公する者は、主家から小作地を与えられないので主家に従属して家計を立てる者である。小作人となればその小作地に依存しつつ一面主家にも労役を提供するので小作奉公人となることができる。これは主家から離れて小作人となることでは独立の生計を立て難いので、主家に依存し、労役を提供して生活上の種々の便益を受けるのであるから、その意味において彼らの成立は共に密接な関連を持っている。さらに小作人の中には季節奉公人さえある。これは主家との関係の薄くなったものが季節働きに出て労賃を貰うのであるが、年季奉公をしない小作人から出てくる場合には賃銀を受けるもので、主家と深い関係にあれば多くは賦役となったのであることは前掲のごとくである。それゆえ地主が大手作を廃止すれば、小作人は小作地が増加して自家の耕地に専心その労力を注ぎ、賦役はもちろん奉公人として労賃を取ることさえ回避する必要が生ずる。これは地主においても同様で、賦役や奉公人の必要が減ずる。そのことは普通小作が成立する条件でなければならない。

群馬県多野郡日野村字小柏

当部落の大家《オオヤ》小柏家は平維盛の庶子惟基が壇浦から没落して紀州に逃れた後、さらに当地に落ちて小松重盛の小松を小柏に改めた者と言い伝える。当時からの家臣がこれに従属して一〇〇戸ばかりになった。これを家抱《ケホウ》または小前《コマエ》と称した。旧藩時代には大家は所有地五方里位に及んで、大手作を行うと共に他村の小作人も多く持っていたが、明治中期生糸貿易、鉱山経営等で大部分を失い、現在は数町の屋敷付山林等を余すのみである。分家は日野村の中に三軒（今は孫分家共数十戸）三波川村に二軒（今は一〇戸余）入野村に一軒（今は一〇戸余）あるが、古くかつ婚姻関係を持たないので現在はほとんど親族関係を絶っている。これは大家の所有地を分与し分家させたものである。大家は小柏部落には全然血縁分家を持たず、家抱のみ居住を許し、また他からの移住を許すことはなかった。大家は家抱から上《アガ》った多くの奉公人を使用して大手作を行い、また家抱からオテマまたはオヤク、オテツダイと称して、一定の労役を徴して農事および家事を働かせた。奉公人には家抱の家から若い男女を取った。この男女が相当の年齢に達すれば、適当に選んで夫婦にし、家抱として分家させた。初め四八戸の家抱（この数と年代は不明だから不確かである）が明治初年までに一〇〇戸近くに増加したのはこういう分家によったものである。これらの奉公人には給料はなかったが、小遣銭や仕着せは与えた。家抱は分家に際し大家から若干の田畑と屋敷付の山林、または屋敷および家屋を与えられた。田畑は家抱の作取り《ツクリド》で、現物小作料を出さず、その貢租は一切大家が上納した。家屋は大家が作り与えたものであるが、修理は各自がした。家抱には一軒前と半軒前との別があって、これは家族の人数や生活状態によって定め、オテマ等に相違が生じた。すなわち家抱は大家から生活一切の世話を受けているかわりに、毎年納金とオテマと年末には歳暮を出したが、納金は一軒前は二分、半軒前は一分二朱、オテマは一軒前三六人、半軒前一八人、歳暮は一軒前日野紙一〇〇枚、半軒前五〇枚であった。この皆納をすると大家は家抱に正月仕度をしてやったが、滞った際は正月をさせず、お飾りや門松を取り除かせた。オテマは蒔仕付《マキジツケ》、養蚕時にかわるがわるツトメさせ、農事以外の家事用をも加算したが、祝儀、葬式、屋根葺等の手伝は加えられなかった。大家は家抱に対して一切の裁判権を有していた。しかし初めは衣食住一切の助力を与えたが、後にはその程度は軽減されたようである。出産、婚礼、葬式は互助的であるが、大家から家抱に対しては指図をなし、その執行を計り費用のかからぬ方法を取るとか、経済的助力を与えたが、家抱から大家に対しては全戸が手伝に参上した。従って家抱の縁談婚姻は一切大家の指図にまつのであって、これに叛くことはできなかった。若い衆、娘の仲間入は男は一五歳、女は一三歳で、若い衆は酒を買い、娘は肴を買い、正月或いは祭典等に仲間入ができた。この時期からヨバイも行われた。また大家に奉公するのもこの時期からで、娘を大家に入れて主人の側に置き人にして返す（一人前にすること）という風習であった。しかしその婚姻はもちろん大家が一切世話をして、生計の心配もし家抱に取り立てたことは前述のとおりである。従って家抱の女を大家の主人が自由にすることもあった。一般には早婚で離縁も苦にせず、私生児も多かった。家抱は正月、盆等には大家に参集し饗応を受けた。村の氏神は野宮神社、小松大神、諏訪神社であるが大家が司祭した。部落行事はすべて大家が中心となった。家抱を六組に分けていたが、これは五人組ではなく、五人組は全然なかった。維新の際上司の命令により家抱の解放が行われ、家抱は大家から受けた土地の私有を許されたのであるが、しかしそれは僅少なものであって、独立の生計を営むに足らぬことは旧藩時代と変らなかった。すなわち以前にはそれは彼らの所有権に属さなかっただけで、それの耕作をすることに彼らの生計が依存していたのではないから、大家の経営に参与して彼らの生活が可能であった。明治初期における状態も同じで、彼らは自己の所有耕地の僅少な耕作経営では足りず、依然として大家に依存し賦役を出していた。この情勢は明治中期に大家が商法に失敗するまで続き、その後は部落における土地の帰属が旧家抱に移るに及んで変化した。こうして部落における親方地主が消滅したので、新しい小作関係は発生しても、地主は大家のような大量の賦役を要することはないし、旧身分関係からくる重圧の存在するはずももはやないので、賦役もまた消滅して普通の小作関係が発生するに至った（松田鎮氏）。

茨城県久慈郡中里村字入四間《イリシケン》

平安朝の初期に開拓されたものといわれるが、この年代は明確ではない。関家の伝承によれば開発後織豊時代以前に勢力があって一時白河館を占拠していたが、織豊時代に戦敗して再び入四間の地に帰還し、以後この地に居住したと。金川、宇野、鈴木の各本家は白河館より敗退の折に関氏に従った従者と伝えられ、このために当時四軒が存在したので部落の名称が生じたものと考えられている。この三家が従者であるという傍証としては、関家は部落の氏神賀毘《カビ》レ礼神社の山元に古来居住し、他の三家は約半里を離れた下流に居住し、関家のみは他部落の同格の家と縁組するがまだ三家とは縁組したことはなく、関家のみを部落で「本宅」と呼び、関家のみが旧藩時代を通じて庄屋を世襲してきたこと、またこの三家が古来関家の小作をしてきて、現在でもわずかながら小作をしていることなどをあげることができる。関家の血縁分家八戸のうち六戸は関姓であるが、二戸は他姓（中村、椎名）を名乗る。この理由は不明だが、二戸とは古来しばしば縁組したことがあるから家格は同格であったとみられるが、他の血縁分家は本宅との縁組もなく家格は低くみられてきた。ほかに奉公人分家四戸はすべて関姓を名乗り、この四軒は門松が竹と松のみで本宅のそれのように香葉を加えることはしない習慣であった。金川四戸、宇野七戸、鈴木九戸は家来各本家よりの血縁分家を主とするが明白には解らない。旧藩時代には大字の全戸より仕付時に一日、秋収穫時に一日、合計年二日の賦役を徴したが、これは庄屋役扶持として藩主より許されたものであって「庄屋人足」と呼ばれた。明治初年までは耕地一五町歩、山林六〇町歩を有し、手作として時には水田二町歩余、畑一町歩余を耕作し、作男女三、四人、馬四頭位を飼養するほかに、六九男《ロックオトコ》とて六と九の日に、すなわち一ヵ月六日雇男を二、三人も使用していた。農繁期の田植と収穫に庄屋役扶持としての村賦役を徴したので、上述の雇人で手作は間に合い、奉公人分家や小作人から賦役することはなかったらしい。明治となり三〇年頃手作を縮小するまでは庄屋役による村賦役としてはすでになかったが、田植の手伝としてそれは存続したので、奉公人分家や小作人の賦役を特に徴することはなかった。彼らに貸し付けた馬は一時四〇頭を越える時があった。明治四〇年頃に至り、農業より銀行業に転じてまったく手作を廃止するに至り、手作の土地はもちろん小作人に預けられて普通の小作関係が結ばれた。

六九男というのは二、七でも、五、八でも結局一ヵ月六日ずつの労役に来る雇人を指し、これをロックと呼んでいる。この人達は無産者であって、それによって生計を立てている日傭人であるから、雇主を三、四軒定めておいて、異なる日にそれぞれ働きに行き、一年に二〇〇日から二五〇日出る。ごく勤労の者は二八〇日に達することもある。彼らは無産者であるから多くは前借りをしたのであって、年末に雇主を歩き明年の契約をなし、半金または全額を借りた。普通は金で勘定をするが籾で計算することももちろんある。中には多くの雇主に向って全部で一ヵ年三八〇日以上の契約をする者があって、これは結局二、三〇日も雇主を倒すものもあった。現在は前借りは行われない。ロックは小作人が出るとはかぎらない。これに対し住込みの作男や女は奉公人分家もしくは小作人から出るとはかぎらなくても、結局その方が多いのであって、給料は一ヵ年何程という給金のほかに仕《シ》着《ヤ》せ三反というのが普通であった。仕着せ三反とは夏単衣一枚、冬袷一枚（表一反裏一反）である。関家ではそのほかに袷羽織（表・裏）と年末賞与として繻絆または帯を支給して来た。現在（昭和一〇年）は作男はなく女のみであるが、給料のほかに満三ヵ年目に箪笥一重《ヒトカサネ》を与える。

小作料は現物納であって、金納の場合には協議して普通時価に換算し納める。小作料以外に賦役することや農事手伝を受けることはまったくなく、また小作料のかわりに一部労力を提供することもない。小作契約は以前から口頭で行われ、期限も小作料を未納しないかぎり無期限の習慣であったが、近来は小作証書を取ることになった。地主から小作人に肥料を分与または貸与する慣習はない。当部落は山間で林野が多く、維新前は農家に普通二、三頭の牝馬を飼い、草を刈って厩肥を沢山に作った。現在でも普通一、二頭を飼養しており厩肥もまた豊富である。金肥も施用するが、地主から肥料を支給することはない。これらの牝馬は仔馬を産ませて売却する目的で飼うが、馬は地主より借りる者が多かった（関右馬允氏）。

秋田県由利郡笹子《ジネゴ》村字間木平《マギノタイ》

当部落は由利一二地頭の一、矢嶋大江五郎の領地となり、その前後（おそらく天正頃か）佐藤弥左衛門の開発にかかり、ついで弥十郎、甚右衛門の二軒の末家が生じた。佐藤家の氏神は稲荷様であった。しかるに元和年間矢島藩にかわって生駒氏がこの地に転封されて後、延宝の頃いわゆる万石普請と称する藩命による開墾がこの地方に企てられ、子吉川上流（笹子《ジネゴ》川）の二部落を通過して間木平に到る灌漑堰が完成し、間木平にも開拓が行われた。その際、梶原姓のもの三戸、赤川姓のもの二戸、佐藤姓一戸が成立したが、梶原姓は隣村瀬目の梶原本家から分れた。この梶原本家は隣村直根村にその先があり、現在一四代である。

この開墾の指導者は佐藤秀徳といい、佐藤家は旧矢島藩時代にすでにこの地の地頭であったといわれているが、生駒侯の転封した元和八年から延宝までは約五〇年であり、開墾当時も地頭であった。間木平の先住の佐藤本家がこの開墾においてどのくらいの力があったか不明であるが、佐藤家はこの開墾当時を境として衰退に赴いているから大して力を持っていなかったかもしれない。佐藤一族は後すべて廃絶に帰した。しかし瀬目の梶原本家はこの開拓に有力に働いていたように思われる。すなわちそれは間木平の地頭見舞を梶原本家が勤めていたことから考えられるのであって、地頭見舞とは秋収納後に開拓者たる地頭佐藤家を藩の家中町に訪れ、煙草、大豆、小豆、米以外の穀物を二人くらいの小者に持たせて土産物とすれば、佐藤家より酒肴その他の下され物のある例であり、この際連行する小者はかならず間木平の者が選ばれていたとのことであったというのは、梶原本家がその開拓に関係のあった事情によるものではあるまいか。間木平における梶原姓はすべてその血縁分家であって、間木平の近隣部落にその血縁分家の多いことも、梶原本家のこの開拓における地位を語るもののようである。すなわち本家所在の瀬目に一戸、峠ノ下に五戸、平林に一戸、上杉沢に一戸、間木平に八戸を数えることができる。もっともこれらの分家は同時のものではなく、四、五世代位にわたって行われたものであるが、この地方における一大勢力たるを失わない。江戸中期に赤川一族の盛んであったこともあるが、梶原一族が結局勢力があった。従って旧藩時代における梶原本家の権威は大きく、分家は生活上その支配を受け、氏神祭には本家に参集して祭祀し、婚葬等においてはその指図を受け、年賀盆礼には第一には本家に参候し、また旧正月一六日には鍵のお礼として本家に進物を持参し、田植初の日のサビラキのお礼として鯡、昆布、朴の葉に包んだ黄粉飯（サツキ飯）、濁酒一樽を持参した（鍵というは飯、汁を煮たきするイロリの自在鍵のことであって、分家の時は必ずこれを本家より貰い受ける。「鍵をつるす」というのは独立の生活を営むことを意味している）。これらは分家の時やその後の生活において世話を受けたからであるが、さらに分家に際し耕地山林等の分与もうけていて、本家の婚葬等には手伝に行き、

第四図　秋田県由利郡笹子村間木平

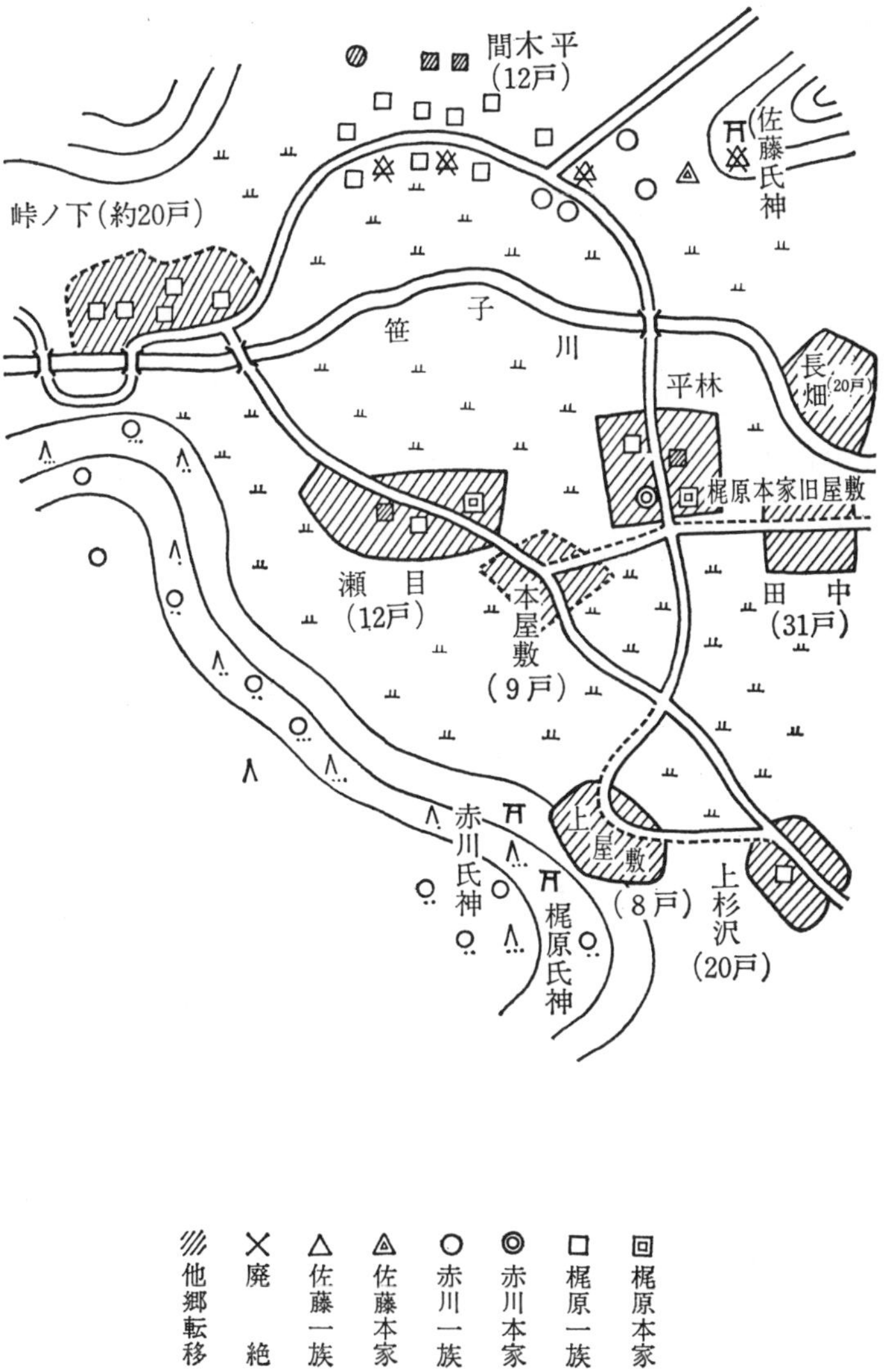

田植にはサビラキの祝のみならず田植労働に参加し、またそのサナブリの祝にも招かれ、さらに田草取、収納等にも労力を提供した。また家運救済の無尽講も本家が主として世話方になった。梶原本家の家運が衰退した今日においても、婚礼祭祀の場合は一応相談し挨拶するとか、年賀盆礼は依然として第一にするとか、小正月のお鍵の礼さえ行われている。田植または田草取などの互助は、経済組織が昔と異なりかつ本家が大手作をするのではないから、各戸別々に行い、早く終了したものが手伝に出るか、対等に互助する。葬式も総本家と同族の間は旧時ほど密接に関係があるとはいえない。梶原一族には氏神として山の神(石像を安置する)があり、これを本家が古来その屋敷に祀ってきた。神社合併の際にもそのままにおいていたが、最近に至って一族の某家の山に御堂を建立した。これを梶原一六家が祭祀しているが、昔は本家の司祭であった。次に赤川一族は平林の赤川を本家として一時勢力もあったが、その本家と共に多く衰退して、間木平に現在血縁分家四戸を残すのみである。それゆえ間木平は梶原八戸、赤川四戸、計一二戸であるが、間木平部落の成立は単にこの一二戸のみをかぎって観察しても理解することはできない。たとえば名主も間木平にはなかったのは、名主は三、四ヵ部落を単位としておかれていたので、間木平のように分家のみで部落を成す場合は、他部落の本家が名主役を持ったからであり、その支配下にあって二、三の組頭をおいたにすぎない。本家分家関係をたどってみなければその生活組織は十分には明らかにはならない。明治以後は梶原、赤川両本家共に衰退しているので部落の勢力関係は新興の有力家の手に移り、本家との経済的な関係はほとんど消滅した。間木平における各同族内の各戸の相互関係は、彼らはみな分家であり、親戚関係であるから本家に対する関係とははるかに異なり最初から対等であった。農業上の協力も対等であり、地主に出す賦役のごときものはもちろんなかった。この部落における小作関係は普通の現物納を行うものであった。そして旧時本家に対する場合に経営上の不平等からくる余分の労力提供でも手伝と考えられていたことが注意される。しかし瀬目における梶原本家と瀬目部落の他の家々との関係は、間木平の分家間の関係とは異っていた。梶原本家は初め平林におり、後に瀬目に移った。そしてこの両部落に血縁分家を各二戸ずつ出した（現在は各一戸）。両部落とも、その他の家は新しい移住者であり、これらは多くは梶原本家をワラジヌギバ（草鞋脱ぎ場）として土着したものであり、赤川本家のも少しある。ワラジヌギバというのはそれを本家分とする意味に解しているから準分家である。これらの家は土着してその小作人となったものである。本家に相当の賦役を出していたことはもちろんであるが、本家の家運が衰退して新しい地主が生じたことやそれらの地主が大手作を廃止したことによって、一般に賦役は少くなり、或いはまったく消滅するに至った（梶原久作氏）。

秋田県仙北郡雲沢村字雲然《クモシカリ》

部落開発の事情は明白ではない。角館《カクノダテ》町とも接近しており、これとの関係もあるかもしれないが、北部に坊沢金山があり、それとも密接な関係があるらしい。下《シモ》町屋、上《カミ》町屋等の字があり、門口に当時金鉱磨砕に使用した石臼などがのこっている家もある。また鉱山の墓と称して村内に正保頃からの墓石のある墓地もある。農業が主業で発展したものか、鉱山からか、半農半鉱からか、的確には判らない。鉱山は現在も相当に発掘されているが、永徳頃から発掘されたと伝えられている。古い時代のことは村ではほとんど判明しないが、岩手県の鬼柳文書に次のように村名ばかりみえている。

陸奥国和賀郡内並出羽国山北山本郡内安本郷阿条字郷雲志賀里郷等事為勲功之賞所宛行者令支配一族等守先例可致沙汰之

状依仰執達如件

観応三年十月七日　　　　　　　　　　右京太夫　花押

和賀薩摩守殿

享保の郡邑記には「雲然邑総名に唱也山口三軒、山崎二軒、寺信田一軒、上町屋六軒、下町屋七軒、荒屋舗十三軒、谷地田三軒、田頭三軒、中嶋八軒、中野一軒、田野尻一軒、八雪車野二軒、田中三軒、碇十軒、元禄十一年起返り利兵衛忠進開云々。と見ゆ」とある。全体の開発者というべきものは判明しないから小字について述べれば、右享保郡邑記に記載された利兵衛に関しては菅江真澄翁「月の出羽路」（一写本）に「頭書に云御遷封のとき頃にや石井雅楽頭とて常陸より来りける家士と見えて官の為めところところ新墾して其村こらなりしか、あし分身のさはりありて、字かれ人となりしかは、石郷岡利兵衛に伏支示し来る。石郷岡これを開き石井氏の事成り、今利兵衛開といふはこれなり、石井家後栄して今角館の御給人としてなおあるなり」とある。利兵衛家は相当栄えた豪農であったが、最近は倒産した。分家は二、三軒あり、小字碇《イカリ》を開いた。小字田頭《タガシラ》の阿部清一家はいつ頃の来住か判明しないが相当古く、田頭の開発者であることはいうまでもない。記録のみられるのは文化文政の肝煎時代である。阿部家は古く清兵衛と称し宗家《ソウケ》といわれ、分家二七軒であるが、内八軒は血縁分家でこれらをヒワカレ（火分れ）という。孫分家をヒワカレノパッカ（火分れの別家）といい、一八軒である。奉公人分家はこれをニワワカレ（土間分れ）といい、一軒あった。その系別を示すと次のようになる。

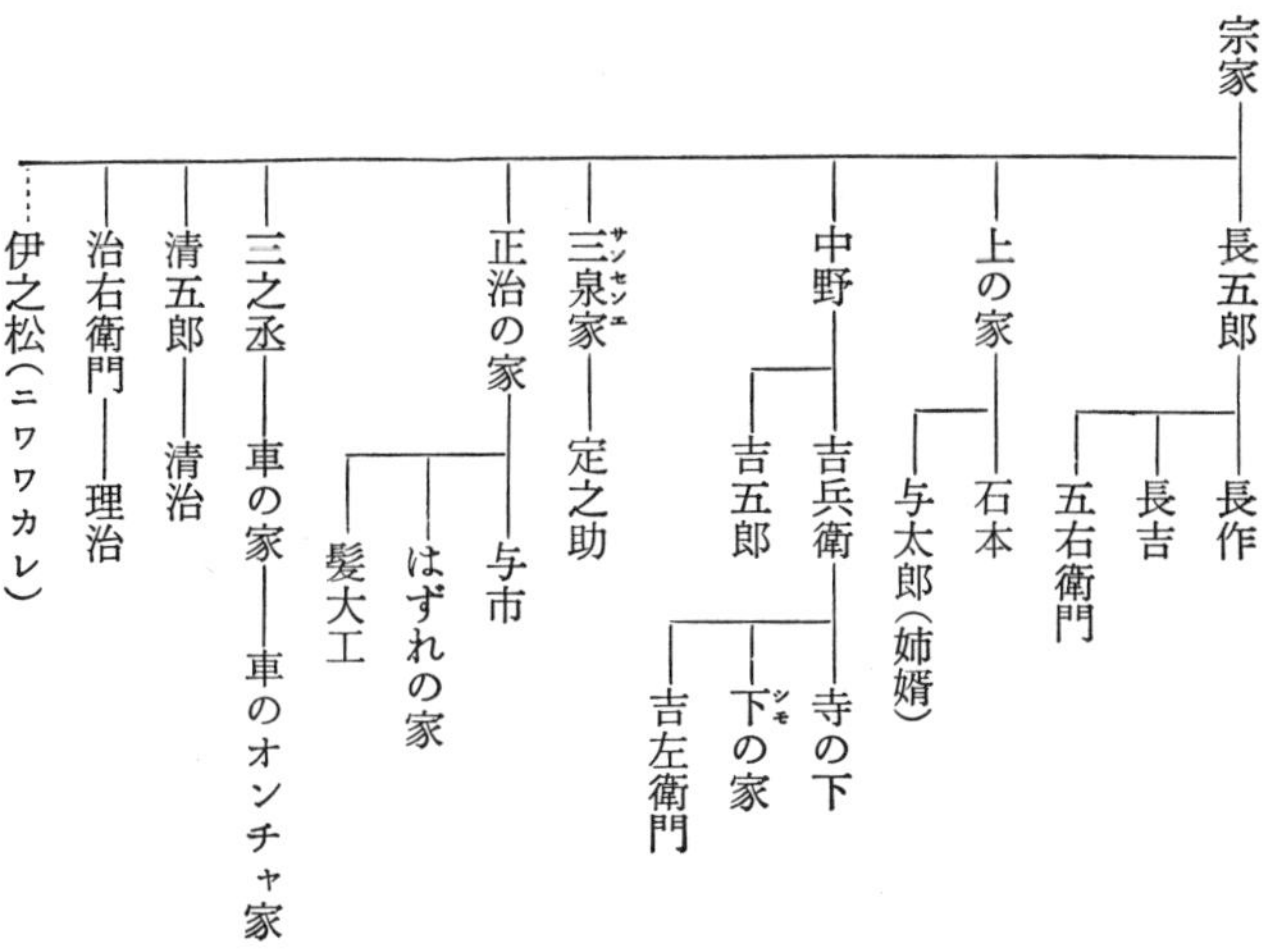
宗家
長五郎
長作
長吉
五右衛門
上の家
石本
与太郎（姉婿）
中野
吉兵衛
寺の下
下《シモ》の家
吉左衛門
吉五郎
三泉家《サンセンエ》
定之助
正治の家
与市
はずれの家
髪大工
三之丞
車の家
車のオンチャ家
清五郎
清治
治右衛門
理治
伊之松（ニワワカレ）

伊之松はニワワカレである。すなわち奉公して宗家の下女を嫁として分家したものである。これは断絶して今はない。

字碇の高橋幸右衛門家については次のようである。火分れ四軒、その別家八軒であるが、一戸は火分れからのニワワカレである。

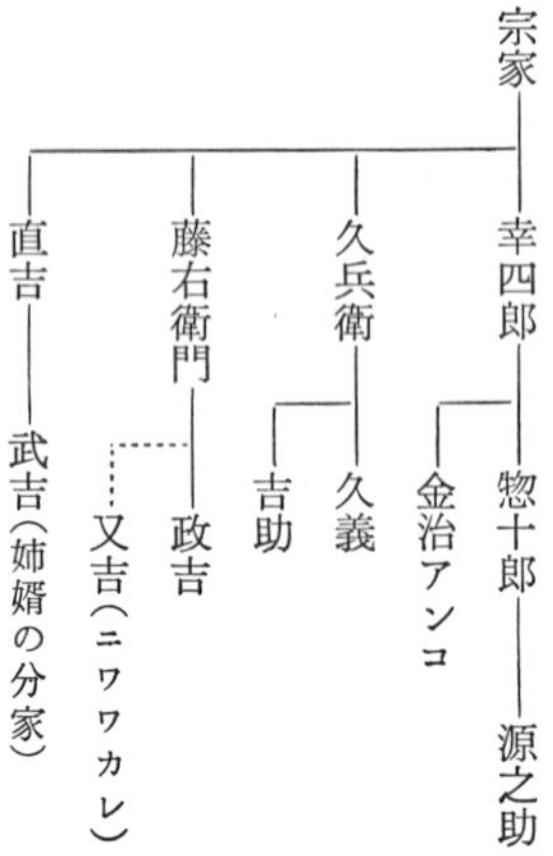

右の両例に示すように奉公人分家は少い。また移住土着者も少く、血縁分家とその孫分家による血族の発達がきわめて多いことが注意される。

鉱山には鉱夫が移住しているが、これらは鉱山の坑夫長屋に居住し、村方には住居していない。宗家から分家(火分れ)を出す場合には家屋敷土地家財等を分与した。孫分家する場合も分家でそれ相応のことをしたから、バッカ(孫分家)には家を建て、嫁を貰ってやった程度のものがあり、小作地の小作権の分与を受けている場合がある。宗家の次三男は結婚して後に分家するから、宗家で同居の生活をしばらく続けることは、ニワワカレの場合と同様である。宗家は別家に対して冠婚葬祭に関して一切の相談にあずかり指揮をした。分家に対してもそうであった。これらの宗家は旧藩時代は肝煎《キモイリ》をしており、分家のみならず村全体に対して勢力があった。前述の石郷岡家は開発者としての功労のため本田堰《ホンデンセギ》に沿うた雑木を伐採する特権を与えられていたほどであった。しかし現在は右の宗家が悲境にあり、分家が栄えているから宗家の勢力は殺《ソ》がれている。旧藩時代は宗家が土地を支配し大百姓を行っていた。宗家で手不足の際は分家は無償で労力を提供した。これは現在でもあるが小作料のかわりという意味はない。宗家から生活上世話になっていたから手助けに出るのであり、農事や冠婚葬祭において行われる。それらの場合分家の主人が棒頭《ボウガシラ》（頭取《トウドリ》）となって働く。宗家では分家等の手伝人には三食と酒とを振舞う。これらの場合の手伝（テッディア）に行くことを、婚礼なら「祝食いに行く」といい、また葬儀なら「茶毘《ダミ》食いに行く」というのはこの関係を表現しているものである。こういう場合に参集した分家等の人達は宗家を中心に家格順に参列するのが常であった。宗家は始め開墾開発を行ったものであり、その土地を分家に分与して独立させたのであるが、後にはそれが少くなったので分家に与えるためにしばしば開墾を行ってきた。バッカ（孫分家）には宗家の小作をしたものもある。またバッカは直接の本家（すなわち宗家の分家）の小作している耕地を譲り受けて小作することがあった。その場合に他の地主との関係も密接になった。分家やバッカでも十分な土地の分与もなく、また小作権の譲り受けでも十分には分与を受けない場合がある。不足分は宗家などへ手間取り（賃労働）に行ったのであるが、宗家が開墾地の大経営をしていた場合には当然宗家に依存することが多かったようであるが、近来ではそれはみられない。それは宗家が昔日の勢力を失ってから生じたことである。永い歳月の間に宗家が衰えて分家に勢力のあるものが出てくると宗家へ疎遠になり、はなはだしいのは自ら宗家と名乗ることさえあり、宗家の幼主を利用して系図さえ借り放したり、巫女《エチコ》或いは法力者《ノリギ》に、系図を庭の木に吊しておけば家の災厄を免れる等といわせて、系図を借りたままにして宗家を称した者などのあることを聞く。阿部、高橋両家も衰運に向ったので、現在では同族に号令するほどには行かないが宗家の称呼は厳然としている。

小作慣行は古来物納である。しかし宗家の親方が公職にあってあまり農事に没頭できない等の場合に、分家が宗家の馬を連れて来て、宗家の田も自家の田も一緒に耕作し、刈上げのとき分配することがある。また宗家の分を調製までやってしまうことがある。それはたいがい宗家で早く籾にして売りたい場合である。小作料は定額制で、稀に立毛《タツケ》（検見）で刈分をやることがあり、その場合だいたい見当をつけて坪刈し、束数を四六、七三、五五などに分配するが、四六の場合が一番多い。小作契約は口頭でし、小作年季はない。小作米納入の際は地主は小作人に酒食を供するか、酒代として一俵に付一〇銭位とか与える。また地主は肥料、食い継ぎ米を分与もしくは貸与することがある。旧正月一二日に一二日礼といって小作人は地主に挨拶に行く。これは町に住む地主の場合に盛んに行われ、部落では今はあまりしない（武藤鉄城氏）。

岩手県二戸郡荒沢村字石神《イシガミ》

部落戸数三七戸であり、なかで大家《オオヤ》斎藤家は石神の開発者である。斎藤家の先祖加賀助は加賀よりこの地方に来て慶長年間には浄法寺村谷地屋敷に居住し南部藩の士格に列していたが、石神の開発は八代惣四郎が士格から帰農して寛永年間にこの地に居を定めた時に始まる。斎藤家が本来士格であり、現在も士族であることは斎藤家の郷士的性格を語るものであるが、別家（血縁分家）七戸（内二戸は隣部落中佐井居住）、孫別家（血縁の孫分家）五戸

（内三戸は中佐井居住）があり、奉公人分家としての分家名子は一二戸、また屋敷名子は七戸に及んでおり、この部落のほかの家も全部この大家に密接な関係をもつ。大家は現在田一町二反歩余、畑約二町歩を手作し、ほかに漆器業を営んでいるので常備の奉公人のほかに名子から賦役を徴しているが、分家名子の成立の経路をみるに、開発地主たる大家に召使として奉公し、分家させてもらったものである。昭和一〇年、大家には二家族の召使が

第五図　岩手県二戸郡荒沢村石神大家斎藤家

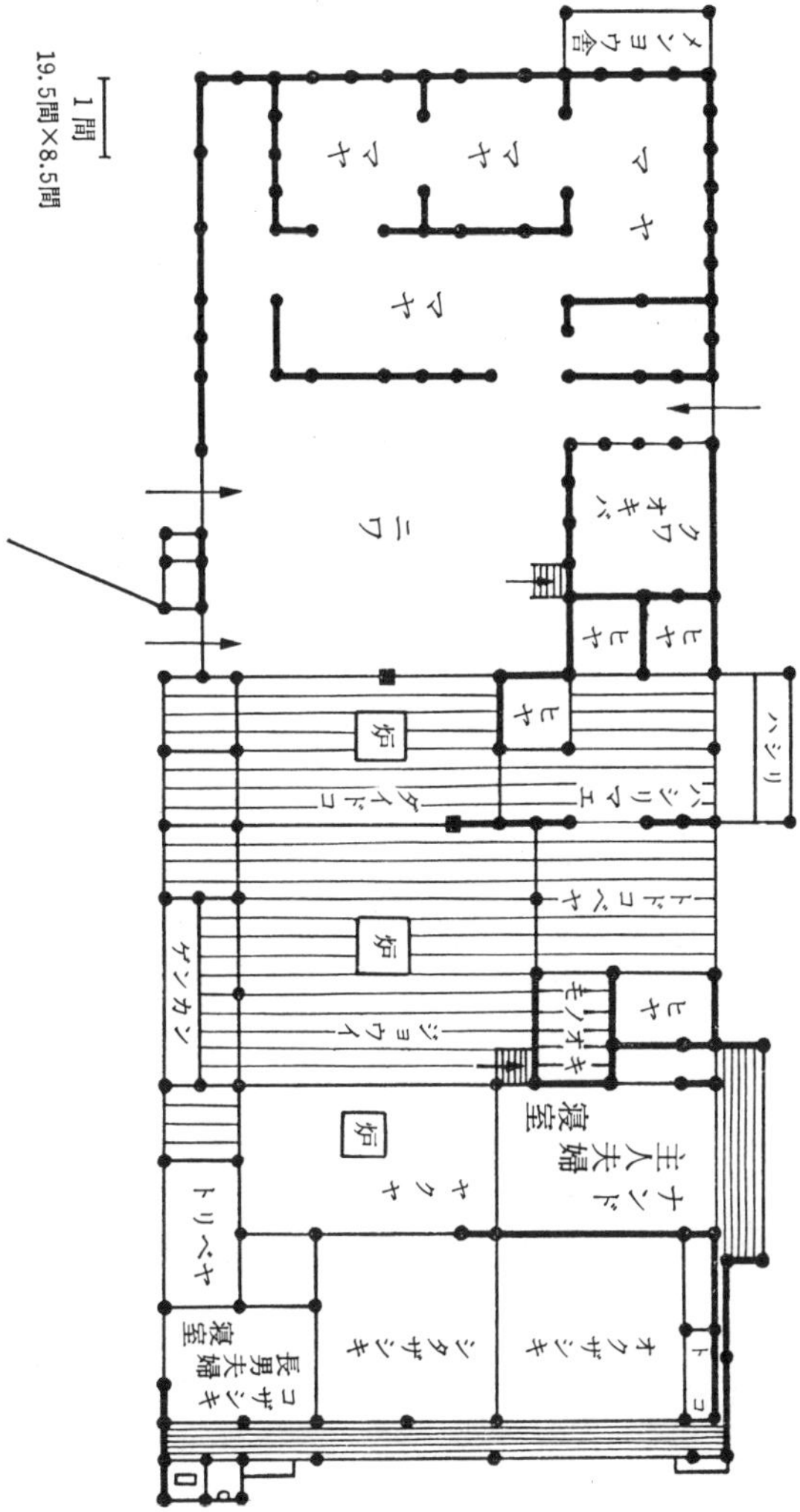

り、これらの者は主人の一切の世話により、大家の内部で結婚し子供を持ち、ヒヤと称する部屋を与えられて、それぞれ同居の家族を形成している。もちろんこれは大家に従属しその生活を保護されるかわりに、その労力は大家の経営に充当されるのであるから、奉公人であることは明らかであって、この意味で大家は奉公人家族を含む大家族制を持つといえる。明治初年において召使家族が四個に及んでいたこともあり、また大家の次三男がそれぞれ配偶を得て子供を持ち、なおも同居しているという、血族の傍系家族をも含む大家族であったこともある。すなわちこれらが分家するまでの期間は彼らもまた大家の経営に参加するのであって、召使家族が分家して分家名子となるのと非常に似たものである。血縁分家に対しては家屋敷、家財、田畑山林等を適当だけ分与する。別家（血縁分家）との間に農業上の互助関係はまったく生じない。召使の分家（名子）に対しては家、家財、農具を分与し、屋敷のほかに稲田二人役位（一人役は五、六畝）、畑一反歩ないし二反歩を役地《ヤクズ》とし、田三人役位、畑適宜を分作《ワケサク》地として貸与する。ヤクズというのは名子が自用する屋敷地とその収穫物の全部を名子の収入とする耕地とをいい、分作《ワケサク》地は刈分小作地として小作料を納めさせる耕地である。分家名子と大家との間には生活全般にわたり種々の関係があって、前述した耕作地の貸与以外に、大家は名子に対して生活上広汎に助力指図をする。無利息の金融、食い継ぎ米、衣類、家財道具の貸与等で、肥料、種籾の支給は往昔行われたが現在はまれにしかない。出産婚姻葬式には必要品の貸与や穀物の分与等がある上にそれらの一切を指図して進行させる。縁談の成立は大家の指図によることが現在でも非常に多い。名子からは大家に対して農業上のスケに行く。スケはテスケともいい、これは必ずしもいわゆる賦役のみを意味していないが、名子から大家に対する次の場合には賦役を意味している。すなわち名子は一般に農事は田打《タウチ》、田掻《タカ》き、田植、草取、稲刈、稲上《ア》げ、稲こきにつき各二日位大家に行き労役する。薪切は一日一人《ヒトリ》一《ヒト》モリである。ほかに屋根茅《ヤネガヤ》の茅運びがあり、また、すべての名子にではないが、家事のスケがある。同じ分家名子でも大家の近所に居住して特別に深い関係のある者は、他の名子よりスケも多いかわりにその生計に対する大家の保護も厚い。

分家名子の家督相続は、明治の民法ができるまでは、彼ら自身の父から受けつぐ形を取らず、父は息子を年少のうちに（一〇歳前後）大家の召使として上げて、大家の世話で嫁を取り大家に同居していて子供も生れ、長年季の奉公の後適当の時機に大家から名子分家する形で自分の生家に帰る。それゆえ次三男の場合にのみ新しい分家名子が生じたというのではない。大家から血縁分家をするとき、すなわち別家を出すときは「カマドヲワケル」といい、名子を分家するとき「家ヲモタセル」といって「カマドヲワケル」とはいわない。しかし名子の間では大家から分家するとき「カマドヲワケル」といい、明らかに分家の意味を持たせている。名子がその子女を大家の召使にするのは、どのような意味においても、彼らの生活が大家に依存する必要があるからである。彼らの中には自己の所有耕地を有する者もあり、また他の地主の作子《サクゴ》（小作人）であるものも少しはある。しかし大家はこの地方では比較的大きな地主であるから名子が他の地主の作子となることはあまりない。彼らは時には次三男を自力で分家させることもある。そういう場合にその彼らが所有地を持ち、それを分家の屋敷地とするときは名子の分家はいずれの名子ともならないが、彼は自活するためには若干の耕地が必要であるからいずれかの地主から借りる。この場合はその地主の作子となる。もし屋敷地を持たなければ地主から屋敷を借りねばならない。このような場合にその新分家はその地主の名子となるのである。すなわちこれは屋敷名子であって分家名子ではない。大家においては屋敷名子が七戸ある。屋敷名子も大家から役地を借りて分家名子に準じ、大家に出すスケも分家名子と大差はないが、作子の場合にはスヶは約その半分ですむ。しかし石神における全戸は何らかの意味で大家と関係があって、例えば屋敷名子はもちろん、作子においても、大家の分家名子の子弟であり、大家から小作地を借りるという場合が少くない。また他村から移住土着した三戸についてみても、大家の世話で屋敷を借りて土着しており、その屋敷名子となり小作地や役地を大家から借りている。別家の名子にも大家の小作をするものがあり、これらの各戸の成立の由来を尋ねるなら、大家と直接間接に関係のある家のみである。それゆえ別家と分家名子の成立が本幹となり、それに屋敷名子と作子が加えられて現在の村落組織に発達してきたのである。旧藩時代に名子も高持の者はあったが、無高の者が少くなかったことは享保一三年の小高書上帖にみられるが、高持は形式上独立しているとしてもその高は僅少であり、彼らが大家に依存する生活を持っていたことを推測させる。従ってこれらの家が大家の持高の中から請作《ウケサク》として支給せられた耕地の耕作以外に、大家の手作、漆器業等に労力を出すことによって、その生活を存続することのできたことは疑いのないところである。現在の名子のうち旧藩時代より存続したものは七戸で、それはすべて大家の名子であるが、六戸は分家名子で一戸は屋敷名子である。旧藩時代における名子の家運は凶作のため変動激しかったが、屋敷名子は少かったとみられている。それは屋敷名子は地主へ出すスヶは分家名子と大差ないとしても、分家名子ほどには生活の保護を得られず、またその保護なしに存続するほどに、農事以外の稼ぎは多くなかった点に理由があるが、明治以後の経済事情の変遷はこの点を緩和してきたので、小作地が少くても独立の生活が相当に可能となり、屋敷を求めて分家を出す風が名子の間に生じ、屋敷名子や名子でない作子も多数できてきたのであって、昭和九年においては分家名子一四戸に対し屋敷名子九戸、名子でない作子四戸、なお名子の分家で自作農二戸を算している。すなわちこれは貨幣経済の進捗によって、各戸の私経済が大家に依存する度合を次第に弱めてきたことを示すものである。このことは分家名子の間においてもみられるのであって、旧藩時代において僅少の高を持つ者があったとはいえ、彼らは大家の土地を若干分与されて耕作する以外は大家にスヶに出て三食とコビリ(中間食)をする。その際母親がスヶに出れば子を連れて、子供の食も大家から与えられるというようなことが常であった。これは昭和一四年までは続いていた。そのほかに名子が大家に遊び、御馳走または普通食を与えられる日が年中行事の各節季にすこぶる多いところからみて、彼らの生活がいかに多く大家に依存していたかを考えることができる。年中行事の祭祀に名子が大家に集り、大家の司祭でそれを行い、食事が与えられたので、名子は自家においては年中行事の祭祀をほとんどしない。近年の分家名子はとにかく独立の家計を持つということが言い得られるとしても依然として大家への依存度は多かった。ただそれは大家から借りた耕地の収入や、大家からの助力のみで生活し得ないので他の副業によって補足されている。大家からの生活上の助力は、なお相当に残されているとしても、その関係は旧時の如くでないから賦役も著しく減少している。賦役の減少した理由としては、大家における手作の縮小と漆器業の衰退が第一のものであるが、炭焼、炭運搬、藁細工、養蚕等による彼らの副業収入等による稼ぎの多くなったことである。

今日大家に賦役(スヶ)を出すのは別家を除き、分家名子、屋敷名子、作子である。分家名子に対しては分家の際かならず役地が与えられる。屋敷名子は分家でないが、分家名子より少し与えられる。そのある者は分家名子と異ならぬだけの面積のものが与えられている。また作子においてさえ少しの役地が与えられている。作子は名子に比してスヶは約半分であることは前述したが、それは田打、畑ごと、草取二回、稲刈、稲上げ、稲こき、薪きり、各項につき一人で、稲こきのみ二人である。このほか田植もたいていの場合は行くことになっている。作子は屋敷を借りていない点で名子と異なり、かつスケもはるかに少い。名子のスケは役地、小作地の面積に比例してその多少が生ずることはまったくない。近所の関係深い名子が標準以上にスケに出るのが通例であるが、特別の用事の場合にのみテマ（賃労働）となる。しかし農繁期に無制限にスケを取ることは困難であるからテマを雇うことも少からずある。しかしスケは名子から大家へ出すいわゆる賦役のみを意味していない。別家や名子等の屋根葺、葬、婚等に大家から名子へ助力を与えることもスケであり、これらは双方からスケをしあうのであるから、農事や普通の家事におけるスケとはちがって互助的である。別家、名子等の葬、婚においては、大家の主人が指図を行う慣習であり、物心両面の援助がいろいろ行われていたことに注意すべきである。ただ現在においてはそう強い指図が行われるというのではなくなっている。しかし葬式でも、婚姻でも大家の規模は大きいので、労力の必要は他の家より著しく大きいことは変りはない。だから互助的であっても別家や名子は大家より出されるスケよりも多くを出さねばならないのである。

分作地の物納小作料に関するかぎり、その条件は名子と作子とを問わず同じである。作の豊凶にかかわらず常に一定の料率と分け方とが行われている。すなわち分ける率は田畑を通じて主要作物の全収穫を折半することで、分けるには耕作人が所定の方法において準備して地主に申し出で、これに地主が立ち会う。稲は六把《ワ》一束《タバ》とし束にて分ける。稗は田稗でも畑稗でも九把一島《シマ》とし島分けにする。畑物は麦を除いて島分けで九把一島とする。麦のみは六把一束にて束分けをする。耕作人は束または島を作り、立会に来た地主がまず一つおきに印をつけて自己の取分を定める。ハシになった分は小作人に与える。耕作者によってはハシをも二分するか、他の束や島に適当に振り分ける。束または島は不作部分と良作の部分とが平均するように作る。取分が定まれば地主は自分の取分の運搬を地主方で行うが、耕作者が名子ならば名子がこれを行い、作子なら地主の名子が主としてこれに当り、作子がそれを手伝う。すなわちこれらも名子作子のスケによるのである。しかし名子作子のいずれも畑の主要作物の間に他の作物を栽培する。それは主要作物収穫後においても行われるが、これらをヨコギリといい、さらに田畑の畦畔《ケイハン》等に作るものをクロサクというが、これらは右の島分けの対象とならず、すべて耕作者の取分となる。あるいはまた屋敷畑における作物も同様で、屋敷狭小のため屋敷に畑のない場合、地主は他の場所に畑を貸与することがある。この場合も全部が耕作者の取分となる。これらは役地に属するものとみなすからであり、この屋敷畑をサイモノバタといって多くは野菜物を作り、稗とともに彼らの主食となるものである。この部落において小作地の定免制は古来まったく行われていない。この部落は二戸郡山地に属するとはいえ、段丘で安比川の流域に小盆地の田地を比較的多く持ち稲作に恵まれている。しかし高度三〇〇メートルに近く南西から北東に渓谷が走り、しかも南西に山岳を控えているので冷害の原因たる北東風《ヤマセ》の影響を受け易く、冷害凶作もしばしば経験している。このことが刈分小作の存続に大きな理由を与えているが、またそれは地主大手作が依然として残されているので、奉公人及び賦役が比較的豊富に用意され、地主側において刈分制度の煩雑を少しも意に介しない点にも他の理由があるようである（斎藤善助氏、佐藤源八氏）。

青森県三戸《サンノヘ》郡階上《ハシカミ》村大字赤保内《アカボナイ》字野沢《ノサ》

野沢総本家を地頭《ジドウ》と呼んでいる。一二〇—三〇年前の火事で古文書が焼失し、また他の伝承も多くは伝わらないので開発の年代も明らかでないが、当地方の大きな開発地主である。現在（昭和一五年一一月）における家族は当主三蔵夫妻、長男勝蔵夫妻、その子六人、次男夫妻、三男、四男夫妻、長女、婿養子豊吉夫妻、その子六人、奉公人男女各一人の計二六人であり、婿養子豊吉の妻は当主の従妹を養女としたもので、それに婿養子をした血縁関係である。また奉公人の男女はともに野沢一族の者でミウチ(親類)である。野沢家で奉公人をとるに必ずミウチの者をもってするのが他の部落にみられぬ特色で、これは古来そうであったといわれている。このことは野沢家の奉公人分家がすべて血縁につながることによって明らかである。現在野沢部落はすべてが野沢家の血縁者であるとはいえない。すなわち部落二八戸の内一三戸は野沢姓、二戸は伊藤姓、六戸は桑原姓、三戸は鹿糠姓、その他樋口、赤見内、坂、中屋敷の各姓は各一戸である。これらの内桑原姓は階上村寺下の地頭桑原家のカマド(分家)とその孫カマドで寺下から移り住んだものである。野沢家と寺下桑原家とは同格の大地主として親交があり、野沢家の承諾により土着したものである。伊藤姓の一軒は同村鳥谷部の地頭伊藤本家が野沢家と姻戚の縁故で来住、他の伊藤姓はその一族である。鹿糠、樋口、赤見内、坂、中屋敷の各姓は深い縁故はなく来住し、土着について野沢家の世話になっているものであり、その内自作農は桑原姓と鹿糠姓、赤見内姓とに各一軒あり、桑原姓一軒は寺下桑原家当主の弟である。自小作は桑原一戸、鹿糠一戸あり、その他は野沢家の小作である。野沢姓以外のこれらの各戸はすべて明治以後の来住であり、その大部分が二、三〇年以来の来住である。家族制度全集第四巻(史論篇)「家」において中川善之助が野沢部落を野沢姓一五戸のみにかぎられているごとく誌したのはやや誤りがあるが、これらの他姓の来住せぬ時代(明治初年以前)にはまったく血縁部落であったことに誤りはない。

野沢本家の屋敷は七六四坪で、家は一六間に七間(一一二坪)の平屋建である。財産は所有宅地二六五七坪八四、田四町六反二畝三歩、畑二六町七反四畝一九歩、山林一二八町六反一歩に及ぶ大地主である。このほかに長男名

第六図　青森県三戸郡階上村　野沢家

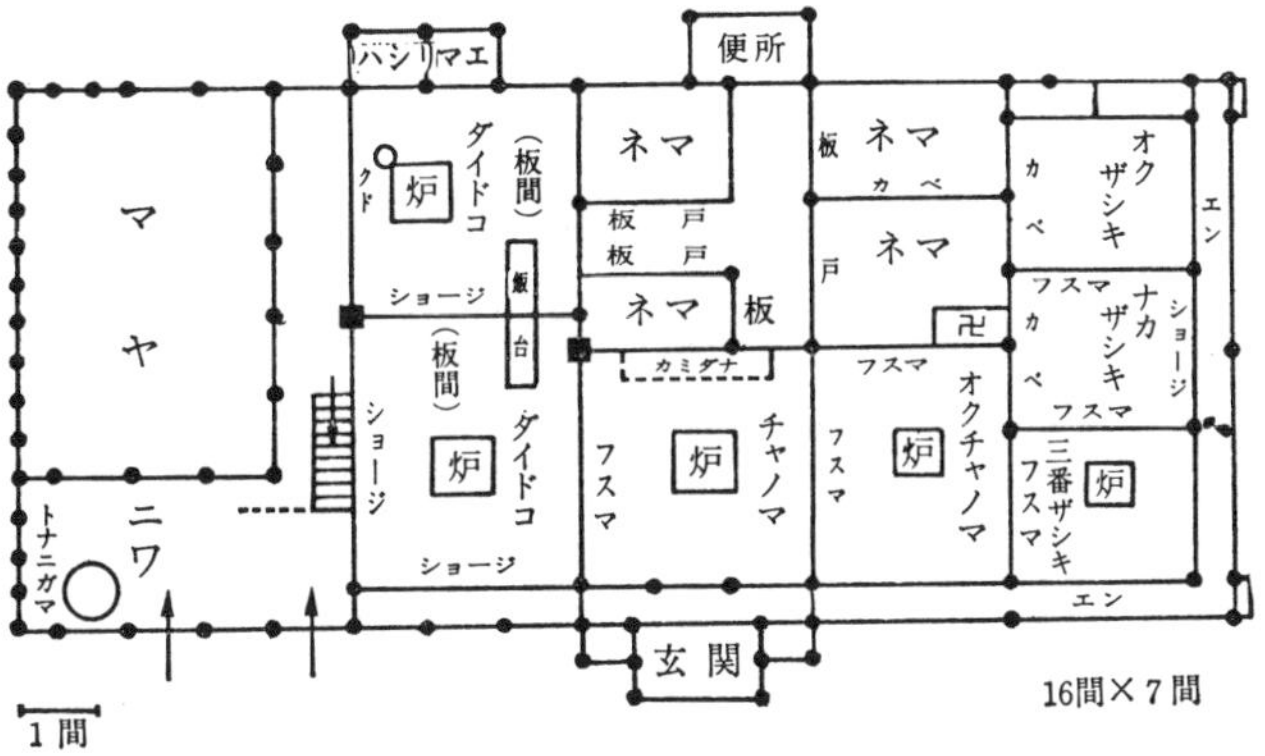

義のもの田畑五反歩余、原野若干がある。このうち手作田一町六反、畑二町三反余である。この田畑の収穫は、田から玄米五俵半（平年）、畑から稗七俵位、豆二俵半、小麦三俵位、蕎麦自家用を充たすくらいであるから、特に米の収穫のいかに貧弱であるかがわかる。これは階上岳の北東斜面に太平洋に面してある村落として北東風《ヤマセ》の襲来に曝され易く、気候からみて稲作には不適であり、しかも田の沃度はきわめて低い。それだけ畑作に依存せねばならぬが、これとて同じ条件により収穫率低く、従って労力を多く使用してできるだけ広大な面積の耕作を行うよりほかに途がない。この傾向は一般に東北地方北東部の農業の特色ともいうべきであるが、この地方は特にそれがひどい。このことがこの地方に賦役農業制度を残存せしめる根拠である。昭和一五年一一月における野沢家の家族中不在者四人で、次男夫妻は官吏として他にあり、三男は当時兵役中であり、長女は女学校在学中であり、耕作は当主、長男、四男、婿養子、奉公人をもって当る。もっとも当主、長男は村の公用に従事するので、四男以下が主力となる。そのほかカマドから地頭役《ジドウヤク》とて賦役がある。これは一年に二九人で薪と

り二人、田打二人、苗代一人、田植六人、稗蒔（五月）二人、粟蒔一人、豆蒔二人、麦の土寄せ（四月）二人、田草取一人、畑草取一人、草刈（馬草刈）一人、蕎麦刈一人、稲刈三人、豆ムクリ一人、豆打一人、蕎麦打一人、ハセ（稲架）から作業場へ運ぶ一人である。稲をハセへかけるときはスケニンと呼び地頭役でない、カマドがスケ（手伝）に出る。地頭役をとった日には食事を出す。三食とコビリである。スケニンは野沢家の山野の木を伐り草を刈らせて貰ったお礼に来るので、特に田打、田植、稲刈等である。それはカマドのみではなく、他の家からも来る。また他の部落からも来るので三四軒に及ぶ。スケニンにも同様に食事が与えられる。スケニンの礼に藁四束（一束は六把）を与える。

野沢家の次三男は年頃には結婚し親と同居し、農事家事を勤めつつ四一歳の春分家する。分家に際して田は一反、畑は一町位、家屋敷、農具、家具、米穀、味噌、醤油、肥料等を分与される。家は五間―八間位で小屋をつける。屋敷は一五〇坪から二〇〇坪位である。山林は与えぬ。田畑は登記する（この地方では慣例にて登記しないことがしばしばあった）。このほかに畑の小作地を貸与する。田の小作地はきわめて少い。本家ではたいがいの場合、家の子供だけでは農事家事にこと欠くので、このほかにミウチの家の息子なり娘なりを養子、養女とする。年頃になれば地頭家でこれに配偶者を求めて、そのまま同居させ、これも四一歳の春分家させる。奉公人というも元来はすべてこういう人々を指したのであるが、明治の戸籍法制定以来は特に養子養女の手続をしない場合が多いので、それをする場合と区別されるに至ったが、村の内から取る場合はこの手続をしないのが例であり、村外の縁者を取り結局村に土着させる場合に養子の手続が必要であると考えたのである。旧藩時代には地頭家で子（カマド）として取り扱うものがすなわち子（養子）であり、地頭家より分家して実親の家に入るとしても、それは地頭家の子にほかならないのであった。奉公人に出すことは親がその実子の躾《シツ》け、一本立になることを地頭に依頼し、一生の世話をたのむのが例であったし、地頭もその身柄について一切の権限を持ち、世話もし、使用した。それゆえ給料はなく、時々の小遣いや着物を支給するのみで、分家の際はそれに要する費用一切を負担するのである。奉公人分家に与えるものは次三男に準じ、まったく同様な取扱いをする。これもカマドと称し、分家後もミウチまたはスマキ（同族）として附合いする。

　これらのカマドは地頭役のほかに地頭にスケニンに出るのは前述のことのほか婚礼、葬式等の場合であるが、婚礼、葬式には地頭からもスケに行く。カマドの婚姻は近い関係では縁談の相談に来るが、遠いカマドでは近頃はそれはしないが、婚礼の時には地頭の指図を必ず受ける。葬式にも地頭の主人が行き指図をする。地頭からこれらの際米一斗位を与える。屋根葺のスケニンはカマドとはかぎらない。野沢部落のほかに大字赤保内の各部落ほとんど全部から来る。これは地頭の家が大きいことと、関係が広いこととによるもので、野沢の他の家のスケニンはこれより少い。しかし地頭の場合にカマドは何日もスケニンに出る。田植の時地頭はカマドから地頭役を六人取るとしても、地頭もカマドにスケニンに行く。カマドの田作はきわめて少いから田植はいくらも人数を要さないが、それでも地頭からスケニンに行くのであって、これをユイコという。屋根葺と同様に、カマドから地頭への労力提供は、地頭よりカマドへのそれよりはるかに多い。

　地頭では年中行事の各節句に仕事を休む。すなわち旧暦正月七日間、八日が仕事始め。同一〇日村社祭日、同一六日から二〇日まで、二月一日より三日まで、三月三日、四月一七日村社祭日、五月田植後一日、七月一〇日村社祭日、七月一四日より一六日まで盆、新暦九月一日八戸市三社合同祭等である。これらの日は地頭で休むのみでなく、カマドでも、また野沢部落の全戸で休み、カマドはもちろん他の家の者も地頭に遊びに来て御馳走になる。カマドの者は子供まで連れて来て二食位して帰る。地頭にはラジオや蓄音機もあるから、これがこの村における最大の娯楽となっている。カマドが地頭役をするときにも女が行けば子供がついて行き、子供も食事をして帰る。村の者が地頭家で頻繁に食事をする慣例を知るのでなければこの種の村の生活を理解することはできない。このために消費する米穀の量は少いものではない。カマドの生活はこれを当にしている。カマドが地頭から受ける恩恵はそれに止まらない。日常生活の万般にわたるもので、家事の諸道具を借りることもあり、礼服が必要のときに紋付羽織など借りることもある。吉凶等のあるとき必ず不足する物があるので借りる。病気等の際薬品または金の時借り《トキガ》は常にある。地頭家は彼らの経済生活の支柱であると同時に精神生活の支柱であって、何か難しいことがあれば必ず相談に行く。この関係は地頭名子という言葉を単に支配被支配の関係に解釈する人々には到底理解できない。

カマドの小作地については、分け作であり、田においては稲二束ずつ一山にする。一束は六把である。この一山を半分ずつ分け取る。最後に三束だけ特に小作人に与える。これはカマドの小作に限られていない。畑作はどの作物でも九把ずつを一シマといい、一〇シマずつ並べて、その内三シマだけ地頭が取り、他を小作人に与える。地頭は肥料や種子を小作人に与えることは最近はしない。しかし地頭の山野から緑肥を取り、馬草を刈ることは自由である。カマドが分家直後においては当分肥料や種子等も地頭から助力して貰うことが多い。カマドの小作は他の移住者が小作する場合より地頭の助力を何かにつけ受けることが多い。しかし移住者の小作でも緑肥、馬草を貰うことやまた田畑の修繕、開墾等に要する木材等を貰うことは普通である。また食い継ぎの米穀を借りて出来秋に無利息で返すことも行われている。このような小作人は八人で、そのうち屋敷を借りているもの四人であるが、これらのものは地頭役はなくスケニンに出るのみである。これは地頭家においてはカマドの地頭役で十分というのではないが、他は不定期のスケニンで間に合ったからである。しかし近年は他所に出る者が多く、手不足となって日傭をたのむことが多くなった。日傭は野沢部落の内外からたのむ（野沢勝蔵氏）。

第三節　大家族制度の意味

以上の諸例において小作慣行が村落の発生とその発展の形態にいかに相応しているかをみてきたが、これらの諸例において部落の発生が開発者の家とそれに従属する血縁分家もしくは奉公人分家の一団によって成立する一類型をまず取り出すことができる。それらは次の場合に分つことができる。第一に開発者自身の家が大家族形態を持つ場合、第二は、開発者の家が大家族形態を持たない場合である。ともかく大家族の概念が明確でないと結局これらの家の集団の性質がわからないので、叙述の煩を厭わずその基準を明らかにしたい。

戸主の直系を家族成員として成立する家は、今日われわれが普通にみる家であり、もっとも単純な形を成すから、これを単一家族と呼ぶ。これに、傍系や非血縁者がそれ自身の配偶者や子供を持たず戸主の家の成員として同居する場合も単一家族に含めておく。これに対して戸主の直系成員のほかに、これらの傍系や非血縁者がその配偶者や子供を持ち、戸主の家の成員として一家計の家に属している場合を、複合家族と呼ぶことにしたい。これらの場合における家の形態は次のような分類が可能である。

(1) 単一家族（戸主および戸主直系の尊卑属のみが配偶者を持つか持ち得る形態）

イ　直系の家

ロ　直系傍系の家

ハ　直系非血縁の家

ニ　直系傍系非血縁の家

(2) 複合家族（戸主直系のみならず傍系、非血縁も配偶者を持つもの）

イ　直系傍系の家

ロ　直系非血縁の家

ハ　直系傍系非血縁の家

（複合家族にして成員数大なるものを便宜上大家族と呼ぶ。従って成員の限度を確定し得ないが一五人位以上が適当か。）

この場合に非血縁者を家の成員に含めることの可否が問題になる。このことは第一章第四節の終りで家の社会学的取扱いを述べる場合に譲るが、家を社会関係として捉える場合に、それに含まれる夫婦という性の関係や家の成員である血縁の関係は単なる自然的事象ではなく、人間的文化的事象としての意味にあるから、宗教、経済、法律、道徳、芸術等の文化的契機と結合する。このように結合することによって、これらの文化的契機は家という社会関係の内部的条件となる。従って家のこのような文化的社会的性質はその条件によっては夫婦や血縁成員をこえて存在することも可能である。非血縁者が家の成員となる場合は必ず何らかの文化的契機による条件を媒介とするのである。

家という社会関係を他の社会関係と区別させる内部的条件としてもっとも重要なものは、もちろん夫婦、その子供、両親、その他直系傍系の近親者であり、それらが多かれ少かれ包含されるのであるが、家の血縁成員が家に所属する数は、家によって非常に差異がある。このことは血縁そのものに家の成員数を定める自然的性質が本来具わっているのでないことを示すものである。この数は家が社会関係であるという性質によって決定されるものにほかならないから、家の成員が血縁をもって根幹とすることでも決して自然発生的ではない。従って家の成員数は宗教的、経済的、法律的、道徳的、芸術的等の文化的契機による諸条件によって決定されるのであり、家の成員が血縁のみで構成される場合でも、それに非血縁を交える場合でもそれは同様である。それなら宗教的にはどうか。それは家の神の祭祀に共同する条件による。経済的には一家計とそれを成立させる生業及びそれを維持する独立した労働組織を結成する条件による。また法律的には一定の戸籍法（成文でない場合もある）を通して、このような家の限界や成員が決定され、それに伴う身分法が成立する。道徳的にはこういう家を維持する道徳規定が成立し、さらに芸術的な面からは住居――家屋――を通して居住の形式も生ずる。それらはすべて密接に関連している。それゆえ家という社会関係の形態は時代と民族ないし社会の諸条件によってそれぞれある特定の表現が生ずるのであって、他の社会関係と混同することはありえない。そこで前掲した家の諸類型が生ずるのであるが、この類型は特に日本の家についてのそれであることを注意しておく。

そこで非血縁者が家の成員となる道筋は、家の内部的条件として摂取されている諸々の文化的契機と結合した結果にほかならない。例えば養子を見れば、養子には戸主の家督相続をなすべき養子とそうでないものとある。

前者においても血縁者と非血縁者とある。しかしそのいずれであるとしても、家の成員として摂取される根拠は家の宗教的、経済的、法律的、道徳的等の諸契機と結合することである。家督相続者とならない養子は前者とは当然その社会的地位は異なるが、これにも血縁者あり非血縁者あり、いずれにせよ文化的諸契機を通して家の成員に取り入れられるのである。例えば一家の経営を支持すべき経済的理由を主とする場合であっても、彼らは家の成員となれば家の祭祀に共同し、その道徳的支持者とならねばならない。また何らか道徳的理由を主として家の成員となった場合でも、宗教的、経済的な共同に参加せねばならない。家督相続の養子が多く婚姻を媒介として家の成員となるとしてもその意味は同様である。また家督相続者とならない養子は経済的な理由を主として取り入れられ、いわゆる奉公人として成立するものがあるが、これは古い時代には養子としての観念を含んでいたことは後に明らかにしたい。

家の分類における複合家族としての大家族は、単一家族が複数だけ集合した形態と似ているが、それが一家計、一労働組織、一つの家の神の共同祭祀等により一つの家として存在するかぎり、数個の単一家族の集合したものとみることはできない。しかしながらそれは多くの場合単にかかる単独の複合家族として存在するのでなく、その周囲にそれから分枝した血縁分家や非血縁分家を持ち、それらの系譜的関係を一丸とした同族団体を結成している。それは他の種類の同族団体と家の連合する性格を同じうしている。すなわち他の同族団体は中心となるものが複合家族でなく単一家族であるが、それが本家であり、それより分枝した家々をその系譜関係によって結合している。もちろんこの系譜は父系を辿るものであり、血縁も非血縁も含んでいる。それゆえ日本における同族団体は必ずしも血縁団体ではない。六親等以内を親族とするものとすれば、同族団体は必ずしも親族団体ではない。同族団体は同一の氏神（同族神）祭祀を中心とする父系を辿る系譜的関係の家の集団であるから、姻戚と血縁の近親関係とを根拠とする親族関係と合致するとは限らない。或る点まで合致することもあり、触れ合うこともあるが、また離れることもありうる。親族は遠隔することが可能であるが、同族団体は一定の地域内——すなわち同一村落内部——に聚合居住することを要件とする。遠隔して居住しても系譜関係が消滅する訳ではないが、同族団体の団体的機能は著しく薄らぐ。このことは同一村落内部においてもその各戸がたがいに近隣居住をする場合と散在している場合とでは団体的機能の緊密さに差異あることによってもわかる。同族団体の団体的機能はもちろん同族の氏神祭祀を中心とするが、それに伴って生活上諸般の協同連関の行われることは、系譜関係発生の所因を見れば十分に理解される。それゆえ分家と本家との生活上の関係がこの協同を内容づけるのであって、それが近隣関係にあるとき同族団体は十分な機能を発揮する。従って居住が散在すると他の同族の家との近隣関係が介入するのでそれ自身の同族との関係はそれだけ薄らぐ。居住の散在や職業の異なるに従いこの傾向が強められる。それは家の存立が単に系譜関係に依存しないような多面的な関係を持つようになるからである。それにもかかわらず同族団体が存在するとすれば、それは同一系譜に属する上に生活上何らかの協同が存するからにほかならない。同一系譜に属しても生活上まったく協同が存在しなければ、それは同族団体としての機能は失われる。しかし遠隔分散によるのでなければこういう状態は生じない。都市の同族団体といえども元来は居住が集合的であったことは同業組合の存在した地域においてもっとも顕著であったことでもわかる。同族各戸が比較的分散居住している場合でも、生業における職場の協同が同族団体の機能の低下を防止している場合もある。このようにみるとすれば、日本においては言葉の正しい意味において親族団体は存在しない。それは同族団体と重なる親族関係を仮称するにすぎない。親族関係そのものは婚姻の当事者およびそれと繋がる近親者の死亡により、両家の関係は次第に疎遠となるが、同族団体は本支の系譜関係と地縁関係とに繋がることにその基本的性質があるから、それらの家の成員の新陳代謝とは関係なく、同一の氏神祭祀を中心として生活の協同関係を持つ社会関係として存在するので、絶戸ないし村落外へ移転しないかぎりその関係の消長は比較的少い（及川宏、同族組織と婚姻及び葬送の儀礼。喜多野清一、甲州山村の同族組織と親方子方慣行。共に民族学年報第二巻所収）。従って同族団体は日本の村落生活の主要な要素をなすから、これを無視することはできない。

このように同族団体は独立した家々の連合体であるから、それ自身は家と異なるものであるにもかかわらず、それに含まれる家々の結合する性格は複合家族ないし大家族に共通する。それは大家族の内部における家長と傍系、非血縁の夫婦関係との結合とその性格は共通であるというのみでなく、大家族を本家として結成する同族団体ともその性格を共通にするのである。これによってみるも大家族がその内に持つ性格はその外に結合する性格と同じであることがみられ、それが同族団体の母胎であることは象徴的に言い得るし、現実にもそうである。このようにみるなら同族団体に属する個々の家は、その内部的契機によって家を成立させているが、それは系譜の性質を同じうする他の家と必ず結合することによって存立するし、その家の発生は必ずこの系譜を辿って成立したものであることが理解される。決して任意な、あるいは自然発生的な道筋に拠ったものではない。このことを新田村についてみればよく理解される。武士または町人の大規模な請負新田において新たに入って来て村を造った小作百姓が開発地主を御本家と立てることがあった。例えば大阪府河内国深野新田において、明和五年に小作百姓より地主に差出した覚書のなかに惣地主本家の語を用いている（小野武夫、農民経済史研究二五八頁）。この附近の地方において開発地主をオモヤと称することは泉北郡豊田の項に挙げておいたが、オモヤは同じ意味の言葉として用いられている。これは明らかに地主の系譜に拠って土着したことを示すもので、一種の同族結合として、性格的に脈絡がある。これとはちがって同格の自作農が大地主に依存せずに集合し開発した新田も少なくないが、こういう場合にはそれらの家は本家として立てる家がなかった。村における勢力関係は伯仲であり、彼らの合議でその村落生活が行われたのである。しかしその村が古くなるに従って彼らはそれぞれ同族団体を例外なく結成した。そして衰亡に瀕した最初の土着者がそれ自身の同族団体を結成する力がない場合には、その血族は他の同族団体の中に包摂されることがあった。すなわち、他の富裕な家の奉公人となり分家させて貰って、その同族団体に入ることを許された。これらの例をみるなら、新しい土地に移り住んだ個々の家は同族団体を結成しないときでも、同族結合を成立させようとする性格を常にそれ自身の内に潜在させていたと考えることができる。それゆえ、この家にとって、同族団体発生の条件が具備してくれば必ず同族団体を結成したのである。この家が成立したときすでに同族団体の伝統を持っていたからこの性格は潜在していたのである。そこで単一家族は複合家族ないし大家族とその性格を共通にするということができる。そして単一家族は条件さえ具備すれば同じ性格の大家族に転換することができる。大家族から分家した単一家族が大経営を持つに至って、大家族に転換することもあれば、大家族が分解して、同居諸家族を分家させ、それ自身は直系の単一家族に転換することもあった。それらは家を内部と外部とから規定する諸々の文化的契機によってそうなった。前述した家の諸類型はこのようにして相互転換のできる可能性を持つので、それらの性格は共通している。それゆえ家を外面的にみれば、前述の諸類型の分類が可能であり、そこで止まるのであるが、これを内面的に——すなわちその性格から——みれば、単一家族は同族的結合の性格を顕在しもしくは潜在させる点で、大家族や同族団体と共通の性格を持つ。そして単一家族がその内に持つ性格はその外に結合する性格を規定するということができる。だから大家族と同族団体は、これを性格からみると共通であり、大家族は同族的結合の性格を持つし、同族団体は日本に特有な意味の大家族的性格を持つということができる。そしてこの意味で日本の古代から現代に至るまでの間に現れている大家族は外面的には単一家族に連関し、内面的には同族団体に連関する要点に立つのであるから、日本の家ないし村落組織の性格を知る上にきわめて重要な位置を占めているということができる。

上述の大家族形態は血縁のみを含むこと三戸郡野沢のようなものと、血縁のほかに非血縁たる奉公人家族を含むこと二戸郡石神のようなものとに分つことができる。厳密にみれば野沢の野沢家は複合家族の（1）「直系傍系の家」に当り、石神斎藤家は昭和一〇年には複合家族の（2）「直系非血縁の家」に当り、さらに以前に遡れば(3)「直系傍系非血縁の家」にあたることがしばしばあった。これらの大家族形態は決して固定不動のものではない。これは両家の歴史をみれば明らかであり、大家族形態が一大家屋に同居する形態から分居する形態にも転換したのをみる。すなわち野沢においてカマドが分家した直後二、三年の間はカマドの独立は事実上ない。これはカマドの人の能力次第であり、早く独立家計に入るものとそうでないものとがあった。独立家計と一応はみえても本家からの完全な経済分離がすぐにできたのでないことをみる必要はあるが、ともかくそのあとでは分家は成立した。独立家計に入るまでの間は地頭本家から分居している形態としてみてよい。このことは石神斎藤家のカマドたる名子の場合にもしばしばみられた。それについては後に詳論するが、これらは正しくは分家ではなく同一の家の分居形態であり、それは分家への過渡形態とみることができる。つぎに開発者自身大家族形態を採るとかぎらず、しばしば単一家族でもあり得るが、その周囲に血縁分家または開発当初随従した家来もしくはその後の奉公人分家をおいた場合である。家来をひきいて土着した場合は田川郡A_2、鹿島郡池崎、多野郡小柏、久慈郡入四間等にみられる。これらにおいて主家は家来を支配し、家来の生活は主家の経営を離れては存在し得ない。小柏の小柏家ではそれ自身の大家族形態を明治初年まで維持していたといわれる。他の家においては詳かにしえないが、池崎、入四間においては、少なくとも多数の奉公人がいたことは明らかである。これらの者の多くは奉公人分家としてその村に土着し、主家の小作人となり常に主家に出入《デイリ》していた。田川郡A_2の名子に同様のものがあるから、最初家来として土着した古い家でないものが主家の奉公人であったことはほぼまちがいない。そしてそれらのものが古い家来と等しく緊密な同族団体としてあったことが注意されるが、これらのものが最初から独立家計の家として立てられていたかははなはだ疑問である。それは後に詳しく触れるであろうが、分家は本家がそれに独立家計を採らせることが本来の目的であったということは、あらゆる時代のあらゆる場合にあたらない根拠があるからである。特に奉公人分家においてはいっそうそうである。このことは開発当初に随従した家来と主家との関係の性格をも推測させることであり、家来は必ずしも独立家計の家として主家と経済的に分離していたということはできない。久慈郡入四間では家来も武士であり、単なる土百姓ではなかったので、これは別居し、ほとんど独立の経営を持っていたようであるが、池崎、A_2、小柏においてその最初はそうではなかった。特にA_2、小柏のごときその従属状態は濃厚であった。それゆえこれらの村々において近世は各戸はほとんど独立の家計をとっていて、緊密な同族団体であったとしても、主家との関係は大家族的紐帯により結ばれていた。これに対して本家の周囲に血縁分家のみをおいた場合は三池郡渡瀬、苫田部沢田、中郡三重、仙北郡雲然等にみられる。しかしこれらはその後の発展が著しいので、その後においてはもはや単純な血縁村落としては存在せず、また本家分家間の関係にも著しい変化があるので、ただちに分家が本家に従属するものとみることはできないが、同族団体が大きな力で存在し、ことに渡瀬、沢田においては同族の氏神祭祀があり、その司祭は古くは本家に属し、同時に本家が政治的経済的中心としてあったということは、この同族団体の性格を示すものである。三重においては氏神は部落全体の総氏神として三重神社のほかにはなく、早く同族団体を超える信仰上の統一ができ上ってしまったが、本家は親方であり、血縁分家は子方として本家の統制に服する同族団体が存在している。先住者たる糸井一族についてはもっとも明瞭であるが、後に移住土着した小谷氏、永浜氏等の親方百姓においてもそれがみられる。ただこれは田分けや五人組制度、もしくはそれと連関する経済的変遷のために著しく影響を受けており、同時に奉公人分家を子方として加えたので、純粋に血縁的な同族団体とはいえなくなった。このことは同族団体の内に摂取される非血縁分家が血縁分家と性格的に連関のあることを示すのであって、その性格を決定するものは奉公人を摂取する本家の家としての性格にほかならない。そしてまたこの性格が血縁関係をも同族的結合に転化させる力であったことも明らかである。三重において本家は必ずしも大家族形態を持つのではない。もっとも永浜宇平氏に従えばかつて大家族形態を持っていたといわれる。すなわち次三男が配偶者を持ち同居したことも、奉公人がそうしたものであったこともあり、それらは個々の家のその時々の状態に応じて決定された。しかしこれらの事実は三重の親方百姓の家が同族結合の性格を示すことであり、それが大家族形態をとらぬときでもこの性格を潜在させていたことを示す。それゆえ戸主の直系家族員と非血縁の奉公人が家を構成するとき、それは単一家族の「直系非血縁の家」であるが、この奉公人は三重の慣習によれば正規に勤め上げれば奉公人分家が予定されていた。そして子方として本家の同族団体に加入し、本家から生活上の世話を受けた。分家直後、家の経済的基礎が固まらぬうちにより多く世話になることが必要であり、本家としても彼らの労力を常に必要としたので、このような関係に絶えずおくことが必要であり、彼らを同族団体の一員として確保した。この場合に同族団体の性格を決定するものは本家の家としての性格である。もちろん単にそれのみに止まらないとしても、それが基礎的なものであることは変らない。このことは血縁分家の場合にも同様であるが、分家が早くその経済的基礎を確立できるような条件が豊富であれば、それだけ早く本家から独立しやすい。しかし経済のみが家存立の根拠ではないから、これのみで独立が整うのではないが、土地経済の支配的な環境においては、分家する場合に特に耕地の分与が伴うので、それを通しての本家への従属感は農以外の場合よりも濃厚である。これは財産分与に伴う伝統的感覚であるが、分家直後における本家からのあらゆる助力が存する実生活を通しても得られる感情である。これが血縁分家とその本家との関係を規定するのであって、血縁分家が本家からまったく独立してしまった後でも、その同族団体の性格はやはり本家の家としての性格によって最初の根拠が与えられるということは確実である。野沢部落は明治初年までまったくの血縁部落であったが、この地方は経済的に発展する条件が少いので、分家の経済的独立は不十分であり、地頭家への依存が依然として強く現在に至っている。すなわちこの同族団体は大家族的紐帯を濃厚に保存しているのであって、地頭本家の家としての性格がいかに強くそれに働いているかを知ることができるので、これを他の諸村落の血縁分家と比べて、家の性格を考えさせるよい例を提供しているとみたい。

そこで私は以上の諸形態からまず大家族形態（すなわち大きな複合家族）を取り出すことができると考える。それは大家屋に同居する形態をもつものと比較的小家屋に分居する形態をもつものとに分つことができる。分居する形態は大家族の分解する過渡的形態としてきわめて一時的な存在であるともいいうる。少くとも近世はその傾向がはなはだしいが、昭和一一年頃までの福島県河沼郡金上村における小林家のごときは十分な意味で分居大家族であった。また古代においてもそれはみられると思う。これは別に論ずるつもりであるが、ともかくこれらの大家族はさらに血族のみを含むものと家来もしくは奉公人らの非血縁を含むものとの二種がある。次のように分類される。

同居大家族制
- 血縁的
- 非血縁的（血縁と非血縁とを含む）

分居大家族制
- 血縁的
- 非血縁的（血縁と非血縁とを含む）

ある種の村落の発生がこれらの大家族をもってすることは、以上の諸例においてみられるところである。そして大家族は例外なく同族団体に発展する。村落によってはこの大家族が複数に存することもあるが、そういう場合にはそれは同時的でなく先後に存在したものである。同族団体については多少異なる。しかし他の種類の村落はこういう大家族によって発生したのでない場合がまた多く存在する。すなわち単一家族の同格の数戸、十数戸が同時に村落を開発したのはそれである。これらの場合でも、そのまま固定して発展しなかった場合のほかは、分家が生じ、入寄留者を子方とする同族団体に発達することがきわめて多かったことは周知のことである。新しくできた多数の家に対し先住者の数戸または十数戸が旧家としての権威を生じ、相当の期間存続することがあった。鹿島郡池崎における天正以後に入村土着した新しい親方百姓についてこれをみることができるし、また泉北郡豊田や山辺郡別所においても同様である。豊田の場合は七人衆の中、小谷家が或いは最も古い土着としてみられぬこともないが、七人衆もすこぶる古い土着であるらしいからほぼ同等の家格と考えられる。池崎においては例えば小田家では血縁分家を約一〇戸、子分《コブン》四戸以上を有している。また他の旧家においても同様である。豊田において小谷家は血縁分家の外に譜代《フダイ》（出入人《デイリニン》）と称する奉公人分家を持っている。また別所においては西田家は血縁分家三軒、村田家にも三軒ある。奉公人分家については不明であるが、オモヤ（本家）の家格を持つものが宮座の旧座にあり、村における重要な位置を占めて、古くは入寄留《イリキリュウ》者の土着の場合、旧座にあってオモヤの家格をもつものの承認を欠くことができなかった。このようにみてくれば、これらの村々における村落構成の基準は同族団体におかれ、それがいかに大家族の性格に類似するかが明白になるばかりである。

私はもちろん日本のあらゆる村落が大家族制をもって発生したものであるとは考えない。また現在支配的に存する、単一家族をもって構成する村落がすべてこのような大家族制分解の結果であると強弁するものでもない。しかし日本の村落にほとんど例外なく存するといってもよい同族団体は本家を中心として結合する性格を持っているのをみる。そこでは同族の氏神への共同祭祀を持つことが非常にしばしばみられる。その祭神が不明であっても、また他の豪族の氏神を勧請《カンジョウ》したものであるとしても、本家伝来の氏神として存続してきたものである。それが同族神たることを超えて村落の氏神となることもあるが、それはその本家の位置が村落においてきわめて優位にあった場合が多い。同族氏神の祭司は古くは本家の権限とされたのが通例である。このことは同族団体における本家の地位を示すものであって、本家は信仰において、また村の政治経済において優位が失われても、本家筋をもって誇とし、その伝承のいささか不明な場合に本家争いが真剣に行われることは、同族団体には常に本家を中心として結合する指向が潜在するからにほかならない。これは大家族制とそれから発達した同族団体にみられる結合の基準とまったく同じ性格を示している。それゆえ私はこれらの同族団体が大家族的であると表現することさえできると思うが、その意味は日本の社会関係の性格に同様に規定されるので、同族団体は大家族と共通する性格を持つということにほかならない。このことは他の方面からも立証することができる。すなわち同族団体が大家族的性格を持つということは、それを組織する個々の家がそれぞれ同様な性格を潜在させているということであって、その条件が単一家族に適当な状況にあるときは単一家族としてあるとしても、いったん状況が変化してくれば個々の単一家族も大家族形態に転換することができる。たとえば私経済の発展によって大規模な農業経営を持つようになれば、次三男の家族の同居も生ずれば、或いは奉公人が摂取されてそれらの家族も生じ、同居か分居かの大家族形態を取るに至ることがしばしば生ずる。この大家族形態はその家の経営の規模や当時の一般の社会事情に影響されて決定されるものであるが、その基本的な性格は同族結合の内に潜在する性格と明らかな脈絡を持っている。従って新たに生ずるこれらの大家族は日本の他の場合に全然みられないような性格の異なったものが現れるわけではない。時と場所による外的条件の多少の相違によってわずかな相違はあるとしても、それは性格的に相違するものでないことは明らかである。何となれば単一家族といい、大家族といい、同族団体といい、すべて日本の政治的・社会的条件に規定されているからである。そこでわれわれが日本の家を知ろうとする場合、それを規定する社会関係の性格が具体的に示している日本特有の大家族とは何であるかがまず取りあげられなければならない。これにより村落における同族団体を理解することができるであろう。しかし今日すでにこの結合が弱められつつあるともいわれている。またそうみられぬこともないが、それが何らかの形で村落の生活を強く結びつけていることも事実であり、村落の生活を知るほどの者なら、それが簡単に日本の村落から消え失せるとは到底考えることはできない。ところで今私がこれと同様なものが都市にもみられるというなら驚く人が多いであろうが、それは事実である。東京でも地方の都市でも、新しい外来者を除いて、古い土着の町人の間では、村落とは多少形を異にするとしても、或いはさらに大規模にこういう同族団体が同じ性格をもって緊密に組織されている。京都、大阪、堺または長崎等においてその例を私はあげることができる。近代の急激な都市の発達によって大規模な軍隊、工場、会社やその他の社会施設の組織が新たに成立しつつあるから、おびただしい人口の新しい流入によってこのような同族結合に示される都市生活の古い一面は解体しているようにみえるが、新たに都市人口を構成するものは都市生活の新しい一面において、このような同族的結合を示すべき機会に恵まれるほどまだ都市生活になじまないからである。しかしこの人々とてほとんどすべては村落出身者であるから、必ずや同族結合への指向を潜在させているにちがいない。もし言葉の本来の意味における同族結合が得られる機会がないなら、それに代るべきものが必ず要求されるであろう。その新しいものは何であろうと古いものと性格的に脈絡を持つものにちがいないのである。私はそれを指摘することはできるが今は触れない。

とにかく個々の家が同族結合を何故に必要とするのであろうか。このことは日本の家の性格を知る上にきわめて重要な事柄である。われわれは家を知るのに都鄙にみられる個々の家を切り離して、それを外面的にみることでは決してその性格を捉えることはできないのであって、家の存立する社会関係の性格を同時に摑むことによってそれを達成するよりほかはない。そこでこういう社会関係の性格は日本に特有な性格にほかならないから、単に現代とか近世とかに限られるものではなく、遠く上代から現代に至るまで共通するものでなければならない。それゆえここでこれを詳論する余裕はないが、試みに上代の氏族制度を取り上げてみる。氏族制度は「氏上《ウジノカミ》」を中心として結成された血縁集団であるといわれている。日本の同族団体に私が意味するところは決して単なる血縁集団ではないが、氏族制度が血縁的な同族団体を中心としたことはほぼ推測できるところである。この結合の組織は日本の社会組織にとって実に深い意味を持つことが注意されねばならない。一般には氏族制度が大化の改新を契機として崩壊したとみられているにしても、それは古い形として存続しないというだけであって、氏族制度を結成させた性格は日本の社会関係のあらゆるものの内に潜在しているのである。言い換えるなら氏族制度そのものが日本特有の社会結合から産み出されたものであると考えるのが正しい。それゆえ特定の氏族制度が新しい社会条件によって崩壊してしまっても、新しい条件の下に構成されて行く家や同族団体はその形は新しくとも性格的には氏族制度と脈絡がある。たとえば、皇室やその他の氏族の部民《ベミン》が大化の改新を契機としてその大部分が解放された。それらは各地方の村落に居住していたのであるが、そこにみられる家は氏族と明らかに脈絡ある性格を持っていた。正倉院文書の戸籍残簡にみられる郷戸はそれである。この時代において村落の生活組織が郷戸をもって単位としたことはほぼ言い得るが、郷戸には房戸が含まれていたものと考えられる。郷戸は多くは複合家族であるが、単一家族であることもあり、また同族団体であることも明らかである。房戸が独立してくれば、大家族に代るものとしてそこに同族団体が成立したことは推測できるし、また論証することもできるが、それは日本の社会関係の性格に規定されると考えても無理ではない。庶民階級がすでにそうであるから、氏族中の最も正統な位置を占めた皇室の家族制度や或いはそれに伴う公家のそれが氏族制度と直接の連関を持ちつつ、同じ性格において発展してきたことは当然であって、皇室こそ日本民族社会の伝統的根幹として国家を形成したことの意義は明白である。中世において武家の示した家ないしは同族団体が同様な性格を持つことも興味あることである。われわれは中世における庶民階級のそれについて知るところが比較的少いのは遺憾であるが、中世末については必ずしも知り難いということはできない。これに接続する近世の庶民階級と上代のそれとの家ないし同族団体を比較してみて、性格の上にいかに多くの類似がみられるであろう。しかし私はこういう一般的な比較を行う前に個々の問題について十分な検討を加えることが必要であると思う。従って資料に最も恵まれている近世や近代の家の問題をとりあげることが順序であると考える。そこで私がこの研究のために最も重要と考えるものは大家族であって、日本における大家族とは果して何であるか。その性格を知ることは同族団体を知ることであり、日本の家を知ることであり、ひいては村落を知ることであり、都市構成をも知ることであり、さらには日本の一般社会組織や国家を理解する基礎ともなるのである。従ってわれわれの宗教や政治や経済、または道徳や法律や言語がこの面を通して理解されなければならないことはきわめて多い。すなわちそれら諸現象の存在形態に対して家がいかに基礎的に作用してきたかを知ることは大切である。私が小作慣行をこの面から解明するのはその一つである。しかし私はこのような全面的な大問題を前にして、一時にそれに突き当ることはできないので、今は基礎的ではあるが、小さな局限された問題として近世や近代の農村の大家族とそれに関連すると考えられる小作制度とをこの書の課題としようと思うのである。

そこで大家族制による部落発展の事情を辿ってみると、血縁的同居大家族制である野沢部落の野沢家では血縁の奉公人を取るのみであったから、その発展は血縁分家によるだけであった。だから野沢部落はかつては血縁部落として成立していた。野沢家の戸籍をみると、養女某に対し聟養子をとって子供六人を持つ一同居の家族員を取り出すことができる。この養女は近い血縁にある、また血縁の奉公人二人を含むので、純粋の血縁的大家族であり、この聟養子は四一歳になれば分家することは予定されている。これに類似する養子分家は他の大家族制においても少からずみることができる。野沢における血縁分家による部落の発展は野沢家の経営と密接に関係のあることは前に指摘しておいたが、それは本家の経営に分家からの賦役を取る点に重点をおくのであるから、分家は独立の生計に十分な財産を分与することには重きをおかれていなかった。当地方は水利の悪い段丘及び峡谷が多く、昭和九年においては水田は階上《ハシカミ》村全体で耕地の一二%を有するにすぎず、野沢部落もその南方の浅い谷に僅かの水田を持っているだけである。畑は南方階上山麓地帯まで拡がり、広大であるが、集約的栽培はみられず、稗、大麦、小麦、大豆、蕎麦等で一般に粗笨な経営にある。稗はきわめて多く畑面積の三六%を占め、常食として第一位にある。稗、麦、豆は輪作で二年間に三毛作をする。山林原野は南方にある階上嶽に到る間にきわめて広大であり、松、栗、杉、楢等を産し、楢は薪炭用としてことに重要であり、冬季には炭焼が副業として重要である（松原健之助、青森県階上村誌）。このような状況においては土地経済はきわめて支配的であり、分家も本家から財産の分与を得て一戸を立てるとはいえ、独立するためにはなお多くの耕地を必要とするので、本家の助力を受けねばならない。ここに彼らが本家に依存せざるを得ない理由がある。それゆえ分家は生活上本家の指図を受けることが多い。従って野沢家が持つ血縁的同居大家族が発展した野沢部落のある部分はその過程においては一時的にでも血縁的分居大家族を形成していたということができる。明治以後、特に大正年間において、一般経済発達の余波を受けて相当の変化を生じた。分家の独立性はそれだけ増進したことは明らかであるが、その根拠は特に薪炭業による貨幣経済への進出である。それにもかかわらず薪炭業を行う山林は本家の所有地であって、その保護なしに仕事はできないのであるから、本家への依存が依然としていかに多いかは想像できるであろう。また同じ条件は移住土着者を若干増加した。これらは僅少な耕地にたより薪炭業を営むか、桑原姓のように本家地頭を別に持ち、その助力を受けつつ、野沢地頭家の助力をも受けて畑開墾や薪炭業を試みるものもあり、とにかく野沢部落が血縁部落の封鎖生活から解放されていったことは大事件ではあったが、それにも限度はあり、移住した非血縁者の経済力は微々たるものであったことが、野沢部落を依然として地頭家の支配下に置き、古い血縁部落としての生活に根本的な変革を与えることはほとんど生じていないことには注意すべきである。

次に非血縁的同居大家族制である石神部落の斎藤家をみると、この部落の発展は同居の血縁家族（すなわち次三男の家族）は血縁分家たる別家となり、召使家族は分家名子となっている。別家に対しては通常独立の生計を営むことのできる財産を分与しており、別家は農事に関して大家に賦役を出すことはない。しかるにその他においてはなお大家の支配から離脱しきっていない。すなわち正月礼、節句礼、盆礼の際、別家は名子らと共に大家に参集し大家の神仏を祀り、婚姻には縁談より婚礼に至るまで、また葬式においても共に大家の指示を仰ぐなどのことが廃されていない。婚姻においては婚約のキメ酒、結納、婚礼の盃事は大家が立ち会う。また、婚礼後、別家の新夫婦は必ず大家に挨拶に来るし、別家から他へ嫁する場合も大家へ暇乞いに来るが、大家の婚姻において新夫婦が別家に挨拶に行くことはしないのと比較して大家と別家との社会関係をよく示すものである。婚姻は新夫婦の社会的位置（すなわち大家との関係）を示すものとして注意されねばならない。さらに別家に関しては、元来必ず独立世帯を確保するものとして分家したか否かを疑わせる資料がある。すなわち享保一三年小高書上帳に別家である酒屋の祖甚兵衛が無高として書き上げられていることである。名子も多少の高を持つ者のほか無高であったことは前述したが、甚兵衛もまた無高として別家を創立している。このことは別家が大家に依存したことを思わせるが、この酒屋は後には大家につぐ大地主としての位置を築いている。なお維新までは氏神八幡社の祭祀において大家は単独宮座を占めていた。それは大家の氏神にほかならないが、血縁たる別家においてもなおかつ拝殿に昇ることは許されなかったという。大家が別家を対等の独立的位置に昇らせなかったことを意味している。農事以外における大家別家間の互助関係は婚、葬、屋根葺等にみられる。年中行事における二、三の前述の祭祀は互助ではなくて、別家が大家に手伝に行く。婚、葬、屋根葺は互助の形態を取るが、大家のそれは規模が大きいので、別家の方が大家へ多く手伝をしなければならない実情にある。それゆえこれは、野沢において血縁分家の出す地頭役が農耕を主とするのとは非常に異なっており、石神においては血縁分家が本家の農業経営に現在関係のないのは、別に多くの名子が存するからであろう。しかし前述の無高別家の存在したことによってみるなら、名子が少数であった時期には血縁分家も農業に関する賦役をしていたのかもしれない。農事以外の家事においては別家が大家にスケに出ることは、彼らが血縁であり、大家と特別な関係を持つので、祭祀のような重要な家事を名子の手にのみ委ねることはできないから、これらのスケが残されたのであろう。開墾や漆器業の拡張による大家経営の進展によって名子は増加した。だから農事や漆器の労働には名子の賦役を当てることになったのであるように推察される。しかしここにはもう一つの理由が存している。それは名子の増加によって農事や漆器のスケを分家が出さなくなったのは、別家(血縁分家)と名子との階級的区別をすることにもなったからである。別家が村の生活においてこのような区別をするのは別家の経済的独立がその条件になっていたことに注意しなければならない。それゆえ旧藩時代においてはそれは持高の上においても表現されなければならなかったし、藩政においてもそれを認める種々の条件が具わっていた。しかも貨幣経済の幾分の進展はそれを可能にしたのであるから、大家も別家を立てるに際し、なるべくその経済的独立を条件とするに至った。しかるに名子においてはそれがみられなかった。従って別家自身の立場においても農業経営において大家から分離し独立することは、一般経済の発展と共に、この必要を強めたのであって、血縁分家も初めは本家の経営に参加させる必要から行われたことは野沢ともまたあまり差違はなかったと考えられる。名子については後に説明するので詳しく述べる必要もないが、同居する召使家族の分家により分家名子が生じた。さらに屋敷名子、作子（小作人）が生じた。また有力となった別家も大家とは別の同居大家族制を結成したので、それから分家（大家からは孫別家）、分家名子、屋敷名子、作子が生じた。名子の分家から右の屋敷名子、作子も生じ、いずれにも属さない自作農も生じた。名子が屋敷を買い取れば名子ヌケとなり、自作農または作子となる。移住土着からも屋敷名子が生じた。石神における同族系譜による部落の発展形態を図示すると次頁のようになる。

大家名子のうち斎藤姓を名のるもののうちで、別家格名子三軒、うち一軒は始め乳児を引き取り養育して召使とし、分家したものである。野沢の場合は現行法により血縁より養女したものであるが、石神においてはまったく血縁外より養子したものであり、しかも現行親族法にいう養子とは異なり、大家で幼児を引き取り養育したものをいうのである。成長すれば他の召使と大差のないものであるが、主人側の特に深い愛情をもって分家の際に別家格を与えたものであり、斎藤姓は明治初年に許した。別家格名子の嘉太郎（A）はそれであり、文久二年の分家である。名子のうち分家名子が大家と特に関係が深く、かつ屋敷名子に比べて古い形態を持つことは前述し

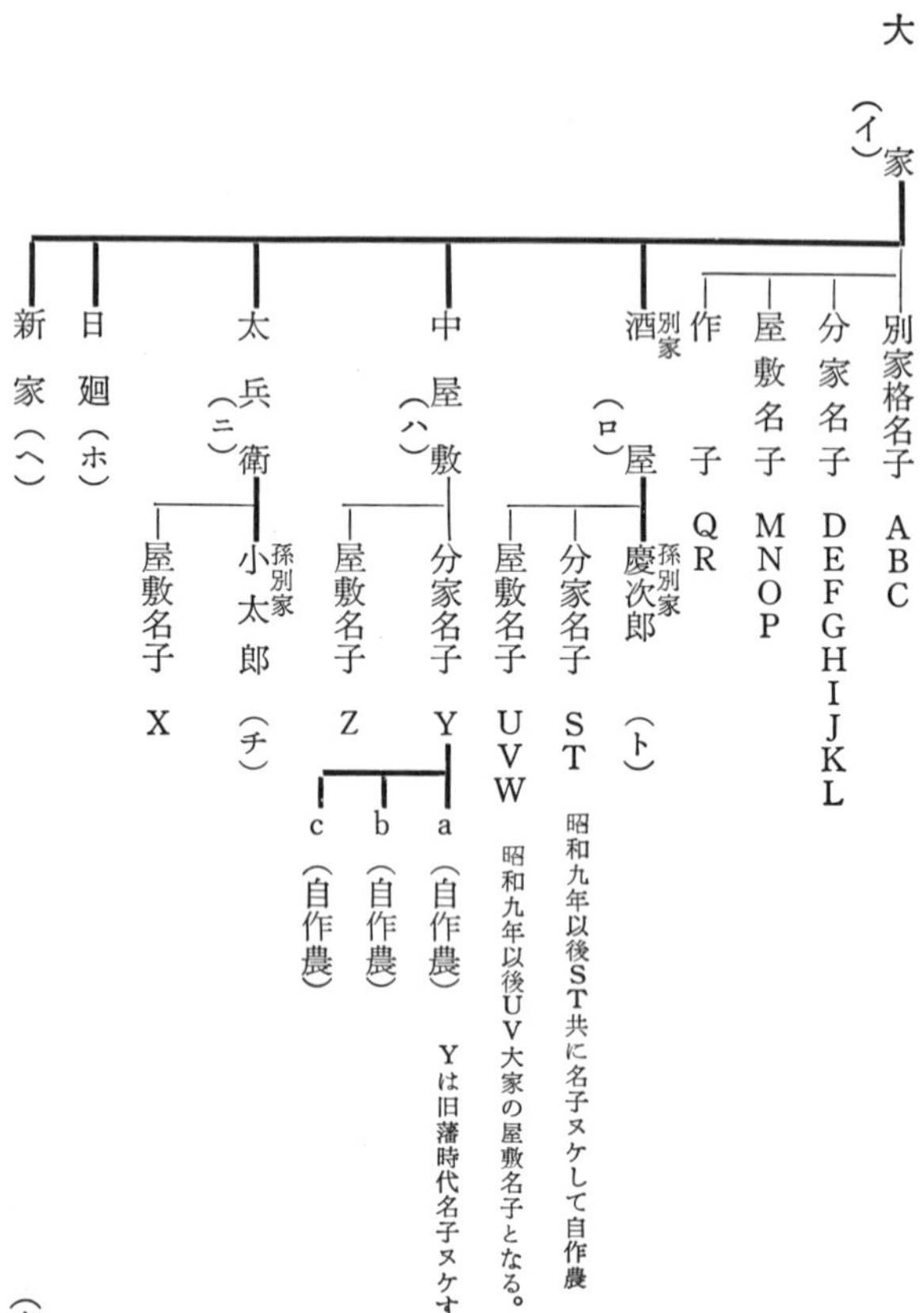
昭和九年以後UV大家の屋敷名子となる。Wは名子ヌケ

（太線は血縁分家を示す）

たとおりであるが、それらは等しく大家の経営に参加しつつ大家に依存する。それゆえ分家名子の存在もまた血縁分家の場合のように、名子に与えた役地や分作地は必ずしもその独立に十分なものとするわけではなく、その分家はまったく大家の経営に参加させるために行ったものであることは明らかである。

石神部落において、屋敷名子は外面的にみれば大家から屋敷を借りることによって生ずるのであるから、それだけの関係においては他の地方における借宅地の小作人と異なるものではない。またそこに共通面がみられる。石神においては大家または酒屋は大地主であり、大手作をしており、他の雇用は少くて土地経済の残存が強く、分家名子が多く存在したから、分家名子以外の小作人が成立するとしても、名子に類似する形態を取るほかなかった。多少の貨幣経済の侵入もあって、分家名子の形のみが名子の子弟の分家として取りうる道筋ではなかったので、地主に頼んで名子は宅地を借り、自分で子弟の分家を計った。それとともに地主に依存する面をはなはだ多く持ったので、その子弟は地主とほとんど主従関係に近い関係になったし、屋敷の貸与は分家名子の場合は借地料として意識させるようなものを風習上持たなかったし、地主の大手作経営は多くの労力を必要としたので、この新しい関係においても賦役の生ずることは必然であった。しかしこのことは、経済事情の変遷につれて分家名子から発展した新しい形態であることを認めなければならない。これらの場合、名子本家が自己の土地を持ち、それを次三男の屋敷として分家させることができるなら、その分家は地主の屋敷名子になることはない。しかし彼は実際土地を沢山持つのでないから地主の小作となったのである。大家の分家名子が自己の土地を所有するようになるには、他の雇用が少く土地経済が支配的に存続するかぎりは不可能である。すなわち貨幣経済も多少なり進展して名子にも土地以外の収入が生じなければ可能でない。旧藩時代大家の漆器業に附随してその下請手工業が行われたことは少くともその根拠となったのであり、前掲別家中屋敷の分家名子Ｙは明治初年において相当の土地を所有しており、後、自作農分家を三戸創立しているが、現在も田六反歩、畑一町五反歩、山林二町歩を所有している。Ｙは屋敷はすでに自己の所有であったから早く名子ヌケしている。しかし大家の作子をしており、山畑一反五畝歩を借りているが、これは役地として受けて現物小作料はなく、少しの賦役を出すだけである。それゆえ小作人である作子も、その成立の社会的条件は屋敷名子と同様であり、地主との関係においてその形態が決定するので、地主が大手作であるとか等々の前述の条件によって物納小作料のみを出すとは限らない。すなわち石神においては一般に賦役があり、物納小作料は賦役と結合しやすい刈分小作がそれと併存する形態を取り、定額制の物納小作料はまったく行われていない。これもまた分家名子から発展した形態であることは明らかである。（第七図参照）

次に非血縁的分居大家族をみるに、近世においては分居大家族制は永続的存在を持つことができなかった。本家から分居した直後の経済力の薄弱な間がそれに当り、多くの場合、分家は直ちに一応の独立をするから、その過渡形態である傾向がすこぶる強い。本家の近親の血縁分家が行われるほかに非血縁の奉公人分家も行われる。主家に従属して土着した家来もその子弟を主家の奉公人分家とする場合があり、自ら分家を行う場合があった。なお外来者を土着させて子方とし、もしくは奉公人分家に準ずるものとした場合がある。田川郡A_2において本家から血縁分家が二戸派生している。文久二年一つの血縁分家に対しては本家はその名子五戸を分属させている。本家においては奉公人分家による名子のほかに、少くも二戸の移住土着による名子が含まれていた。これらは分家に名子の分与をした後において補充されていることは明らかであり、幕末に本家の名子二十数軒を算したといわれている。血縁分家を分家させる際、財産と共に名子をも分与することは本家の統制する非血縁的大家族制に対してさらに小規模のそれを併存させることであり、分家は本家に対して独立した形態を獲得した。それは現在野沢における分家に比べて、はるかに独立性を持ち、少くとも血縁分家が独立するに十分な財産分与を行ってい

第七図　岩手県二戸郡荒沢村石神

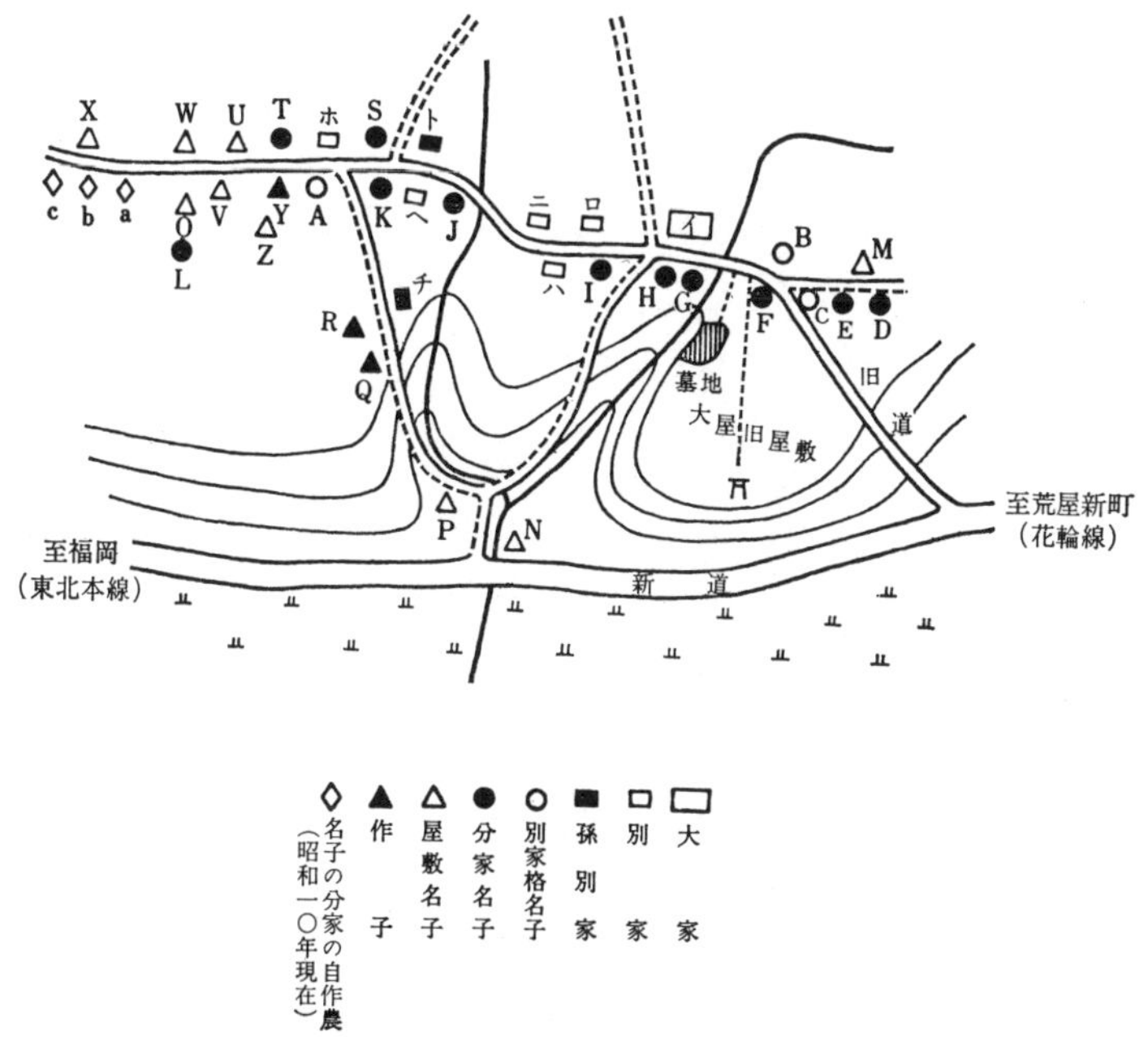

る。このことはすでに石神について述べた場合にも注意しておいたが、土地経済そのものの発展や貨幣経済の進展に沿う近世領主の徴税政策の強化と各戸私経済独立の可能性の増進とを条件とする。しかしここにおいても血縁分家の独立に対して名子は十分な独立を獲得することができなかった。多野郡小柏においては部落内への血縁分家をまったく行わず、部落は家抱のみ居住を許した。この血縁分家は大家の支配地たる他部落に行われたもので、日野村に三軒（今は孫分家共数十戸）三波川村に二軒（今は十数戸）入野村に一軒（今は十数戸）計六戸になる。これが同部落内にある場合にはそれだけ大家の支配から脱れ難いから、このことは

それだけ分家の独立を認めようとする結果となることは疑いない。これに対して家抱はまったく大家に依存した。大家の支配地が広大であったから、これを支配するのに血縁分家を村外へ行かせたのであり、これに家抱を何戸かずつ従属させた。一般に村落の開発が飽和的となってきた近世においてはこのような大きな村外分家は中絶して小さな村内分家となったことは、熊谷家伝記にみられる下伊那郡諸村落にも現れている。鹿島郡池崎においては前田氏入国と共に旧親方百姓の勢威が地に堕ちて新しく一七人の親方百姓が簇立した。これは旧親方百姓の持高の分割分担であるが、その総持高は旧持高に比してさらに増加している。これは加賀藩のいわゆる改作法のねらいどころであり、各百姓は血縁分家のほかに頭振《アタマフリ》とよばれる子方百姓を従属させて小さな非血縁的分居大家族制を擁していたが、まず分家に持高を分割し、ついで頭振にさえ取高させるに至った。もちろん、この間、開墾による持高の増加はあるとしても、また租税の辛辣な増徴が企てられたのであって、元禄年間には頭振が二升三升の名高《ナダカ》を持つまでに至っている。しかしこのような僅少な高持は名義上でだけ独立しているのであって、実際上親方百姓に依存するほかないことは明白である。このことは、これを請百姓といって、名実共に独立した乙名百姓と区別していたことによっても十分推察できる。血縁分家が先ず独立してきたが、頭振といえども必ず独立できなかったのではない。その主な根拠はもちろん貨幣経済の進展にある。久慈郡入四間においては本家と家来三軒から次のように発展した。すなわち本家は血縁分家八戸、奉公人分家四戸、家来は金川から三戸、宇野から六戸、鈴木から八戸が分立している。これらの部落全戸はすべて一年に二日総本家の関家に賦役を出した。これは「庄屋人足」といわれ、庄屋役扶持として藩主より許されたが、それはたまたま本家の関家が庄屋役を世襲した結果で、元来、関家の経営において大きな賦役を必要としなかったはずはない。これは元来行われた賦役が公法的にあらためて領主より認可されたものと考えられる。それゆえ或いはその際賦役の形式に多少の変更があったかもしれないという推測もなしうるが、これは論証を要する。とにかくこれらは関家の支配に対する従属的形態を幾分なりとも残存させたものであるが、賦役が庄屋人足として行われるということは関家との私的関係における意義は薄められて公法的な形態（すなわち年貢）としての意義が強められた。そのことはこの賦役を出す人々の公法的位置に密接に関連する。すなわちそれらの人々が高持の位置を持つことを示すものである。しかるに奉公人分家や小作人（奉公人分家も小作をする）は僅少の高では生計を維持することができないので関本家（またはその他の地主）に子女を奉公に出した。このことは本家へ従属する一つの形態としてみられることはすでにみたところであるから、彼らと血縁分家とは公法的には等しく高持の百姓であるとしても、その独立性においてははるかに差異があった。ともかくそれは非血縁的分居大家族制の解体に伴ってあらわれてくるとみてよい。われわれはこれを田川郡A_2、池崎、小柏等と比較して理解できた。それゆえ非血縁分居大家族制は分家が本家から分枝の当初、家の祭神や生計を共同に（すなわち従属）する場合にのみあてはまるのであって、家の祭神を別にし、食事を別にし、生計も分離すれば真の分家となるが、分居しているのでそれらのものの分離は比較的容易であるから、貨幣経済がある程度発達してくればこうした状態が長く存続することはできない。生計が本家の経営に相当部分まで依存していても、それは分家として認める方が適当である。そこではたちまち非血縁的分居大家族制はうしなわれて、かわって来るものは非血縁を含む同族団体にほかならない。このことはつぎの血縁的分居大家族制にも当てはまる。

最後に血縁的分居大家族制についてみれば、それはいかなる進展過程を取るであろうか、はなはだ興味がある。

すなわち以上の諸種の大家族形態においてみられることは、血縁分家であっても最初から必ずしも独立世帯を持つべきものとして分家したとは考えられないことである。このことは少くとも近世農村における分家の基本的な一類型であるということができる。これを言い換えるなら、この場合は血縁分家が本家と対等に対立して、独自の経営を行うのを目的として分家が行われたのでないから、いかなる分家といえども本家に対して従属的な関係なしには存立せず、生活上各種の密接な交渉を持ってきたのであって、ただ村落の政治的、経済的、宗教的な事情の変遷に応じて、その関連に部分的に変化が生じて、ついに分家は独立世帯を持つべきものと一般に考えられるに至ったのであろう。このことは奉公人分家に対してもあたるが、ただ奉公人分家は血縁分家と比較すれば、血縁分家が早く独立の位置を占めたのに対し、一般に奉公人分家ははるかに遅れていたということは明らかである。地方凡例録《ジカタハンレイロク》にいう「分附《ブンヅケ》」とは、血縁分家を創立して本百姓となる以前、親と同居してしかも自己の持分となるはずの高を有する場合に「分附」と肩書するものであり、同書において「分家百姓一軒になれば分附にあらず本百姓《ホンビヤクシヨウ》なり」といって、血縁分家たるべき「分附」は分家と共に独立することを記すと同時に、「家抱《ケホウ》」についてみれば「家抱は百姓譜代之下人也門屋《カドヤ》と言う所もあり」というのは、分附のように主家に同居するものとはしていない。それなのに「分附家抱ともに内附《ウチヅケ》たるによって年貢諸役も惣領式《ソウリヨウシヤ》え渡し本家ゟ一緒に勤む」としているのは、「家抱」は公法上「分附」と同然であるが、「分附」は分家独立すれば一軒前となるのに、「家抱」は主家から分家してもなかなか一軒前にはなれないことを示している。このようにみてくるなら血縁的分居大家族制は非血縁的大家族制よりも比較的早期に解体される条件におかれていたことは明らかである。それゆえ野沢部落にみられるように土地経済が支配的で、他との社会的交渉が少いとか、もしくは自然的条件が劣悪であって経済生活に発展性がない場合に、為政者の進歩的政策が働きかけても、血縁分家といえども生活上独立の形態を取ることが難しい。従って旧来の生活組織を発展させる力はきわめて緩慢にしか現れず、古い生活形態が濃厚に残存するのであるが、一般にはこれに反して貨幣経済の発展により土地経済の併存進展が行われ、それを根拠とする為政者の徴税政策の精密化が大きな力をもって覆い被さってきた。三重における宮津藩の田分け、池崎における前田藩の改作法などは少くともこれらの一般経済進展の上でなければ施行されることは困難であったということを理解せねばならない。なぜならばこれらの政策は各戸の持高を基準とするものであるから、野沢の場合にはそれの施行を試みたところでまったく意味をなさないからである。それゆえこれらの政治的経済的条件が最初に血縁分家への持高分割として現れたと考えられる。しかしこの場合、そのすべてが血縁分家の独立をもって分家の必須条件としたものであるとはいいえないが、経済的発展は比較的容易にその独立を可能にしたものと考えられる。たとえば石神部落における血縁分家甚兵衛は最初無高であって後に大きな高持となった。しかしこれらの持高分割が為政者側の積極的な指令であったかどうかは疑われる。それは周知の分地禁止令にもみられるように極小の持高分割は法令の上では禁止していたが、そうでない分割は原則的に許容していたからであり、なおまた近世検地の共通の目的として、厳密な検地により村落の総石高を増加することは絶えず意図されたところであるが、村落の内部関係に対してはこの重要な意図に支障のないかぎり干渉しないことが通則だったからであって、実際において極小の分地さえ黙認されていた事情を考えるべきである。それは分家による持高の分割は一面種々の条件によって総石高の増加に至ることがしばしばあったという事情により、極小分地の黙認が行われたとみられないふしもないではない。それゆえ持高の分割は村落生活の内面的事情に最も重要な契機があったにちがいないのである。すなわちそれは領主の精密化した徴税政策に対応しようとして採った手段であったように考えられる。何となれば親方本家が統制する大経営は比較的粗笨であり、そのままでは強化される租税に適合して経営することは困難であった。それゆえ増加した持高の一部は血縁分家に分割されて、分家をして納租の責任を取らせたものと考えられる。このことは一面公法的に一軒前の百姓の体面を持つことになるが、それだけで独立の実態を持つとはかぎらないことは前に述べた。しかし分前《ワケマエ》の持高が相当に多ければ独立することは容易であろうし、少いとしても他の経済的条件が次第にそれを可能にしたから、持高の分割は血縁分家独立の第一の社会的根拠であった。持高の分割はその経営が集約的になるから、新しい租税の担税力を可能にする。それが持高の分割が領主によって原則的に承認された理由であろうと思う。従ってそこでは分家は本家の経営にもはや参加せず、少くとも農事に関する賦役を出すことはなかったであろう。苫田郡沢田においては分家が本家の小作をしてきたものが少くない。これは分家への財産分与が十分でなかったので本家の持地の小作によって生計を立てたのである。本家以外の他の地主の小作をする者ももちろんあった。これらの分家が本家へ出すテゴは明らかに賦役の意義を持つものであったが、本家の手作の縮小によりこのようなテゴはきわめて減少したし、分家の経営が大きくなり余裕を生じてきたので、テゴは講組の互助を主とするに至り、テゴを従属関係として解することはなくなった。このことは小作料を物納で出すことと密接に関連する。石神において別家の大家に対する関係においてもほぼ同様であって、別家は自作農または地主であるから農事以外のスケを賦役としてみない。沢田においては分家が自作兼小作の場合小作地に対して物納小作料を支払うことは本家からの経済的分離——分家の独立——として解釈しているから、テゴは互助労働としてみられるのである。由利郡間木平において梶原姓の家は瀬目部落の梶原本家から、赤川姓の家は平林の赤川本家からの分家である。梶原姓についていえば他部落への分家であるから、本家との経済的分離は相当に顕著であるにもかかわらず、問木平の開拓は本家の宰領にまつところ大きく、分家は本家に従属していて、田植収納等に必ず手伝に出た。ことに田植には鮭、昆布、サツキ飯、濁酒一樽を土産に持参した。そして氏神祭への参加とお鍵のお礼は特に分家の従属的地位を表象するものである。しかし農事の手伝は賦役としてみられていない。これらは血縁的分居大家族制の解体の過程を示すものとしてみられる。

血縁的分居大家族制の解体の過程においては少くとも本家の支配的位置が残存するものと信じられるが、私はまったく別の分家慣習が存在していることを忘れているわけではない。すなわち特に本家のみを優位におかずに財産の等分もしくはそれにちかい分前を与える分家形態や隠居分家の形態がそれである。しかし隠居分家の中には長子相続を行い長子に多く財産を分与して、隠居は残りの少い財産を持ち、本家の屋敷内または附近に父母が次三男と共に分居する形態を採るものもあるから、必ずしも本家と分家とが対等であるとはかぎらない。例えば茨城県多賀郡高岡村字大能では田一町歩とすれば長男の本宅が七反位で、父親の隠居が三反位である。しかるに父親が元気なあいだは本宅の長男もその指図を受けている（大間知篤三、隠居について、社会学第五輯）。それゆえこれを隠居分家と称しても、父親の健在なあいだは原則的には父親に家族の統制権はあるので、隠居分家は実態としては分家にならず、むしろ旧宅が分家となるのであり、父親が老衰して真に家督を譲った後において、初めて隠居分家は次三男の住居として分家としての実を取る。この種の隠居分家は多くは長男に嫁を取った直後か、その後のある期間内に行われるので、父親は老衰に至らないのが普通であるから、隠居分家の分前の少い土地において は、父親が次三男を連れて別居するのは、幼弱な子弟を助力しようとする心情によるようである。三宅島坪田村では同様にして親は結局末子にかかるが（同上）、これは隠居分の財産がごく僅少であるから、独立するには親の稼ぎを必要とするところに理由があるように思われる。五島本山村野々切において長男が嫁を取ると両親は家を長男に譲り新しい家に次男を連れて住むが、やがて次男の生活が安定すると長男の家に戻るという例もある（五島民俗図誌）。同島細石《サザレ》流のカトリック教徒野浜氏のように財産を子供に平等に分与する場合（旅と伝説九ノ十二）でも親の心情は同様である。鹿児島県出水郡大川内村で一般に長男が嫁を取り二、三年すると親が次男以下を連れて隠居する。次男以下もそれぞれ分家させるが、隠居にあてがう田は隠居田ともマツボイ田とも隠居作りともいう（大間知氏論文）。マツボイはヘソクリの意であるから、大方隠居田は本宅に比して少いものと考えられる。親が上田を持ち出すということはよく聞くが、それにしても本家並でないことが多いらしい。これらの隠居分家においては最初は親は健在だから家族全体に対する統制権を持つことは必定であり、老衰に至って初めて実際に家長権を子供のだれかに譲れば（形式的には長子が相当年齢に達すれば家督を譲る風習が旧藩時代に行われた土地もあることは民事慣例類集にある）親のかかるどれかの家が真に隠居たる実を獲得する。それは長子の家であることもあり、末子の家であることもある。その場合、彼らの屋敷内に隠居を作るとか、その家に部屋を増設するとかいうことが行われた。このような隠居分家が末子相続である場合は、いかにして生じたかというに、家長権とそれに伴う先祖或いは氏神の祭祀の司祭が、末子の家に同居する父親の真の隠退と共に、そのまま末子に嗣がれる場合であって、それは父親の意思表示によって可能であるとしても、もちろん村落の社会的認容を裏づけとするものであり、村落の事情によってその認容形式が異なることはいうまでもない。このようにして真の隠居が始まるので、それはやはり親が老境に達した後である。大間知篤三氏のように分居と隠居とを混同することは正しくはないように考えられる。しかしこのような隠居分家がいかなる社会的根拠を持つかはいっそう大きな問題である。これは少くとも上述の分居大家族制においてはみられない。何となればその場合は分派家族は本拠家族の戸主の統制によりその経営に参加してその生計を立てるのであるから、その親が別家計の本家を離れて隠居する形は生じないからである。しかし非血縁的大家族制が発展して奉公人分家が生じている場合には隠居分家がありうる。それはいささか変った形態を持つ。例えば二戸郡石神部落において大家の作子たるRは、その父親が元大家の召使として、名子Hの現在居住する家に、大家からの分家名子となって出た。しかるに父親は長男Rを連れて、自己の所有地に家を建て名子ヌケして、大家の作子となり隠居分家を創立した。旧居は、そのとき大家から名子として分家した次男Hの住居として与えた。父親は長男Rと隠居分家したのは、次男Hの生活は大家に依存して安泰であったからである。しかし石神のような村落組織においては、名子各戸の生活が大家に依存する面が少くないし、また隠居分家をつぎつぎに創立するほどに各戸が自己の所有地を有していない。だから隠居分家が生ずる条件は、各戸が隠居分家に分与するだけの土地を持たなければならないが、それがあまりなくても、隠居分家が本家から離れて独立の生活を立てることのできる他の稼ぎがなければならない。海村においては漁業はその条件となるが、農村においては新開墾地か、もしくは貨幣収入を持つ副業が条件となる。それゆえ場所によってその条件は少しずつちがうであろうが、同じなのは分家各戸の独立が先行条件でなければならないことであって、大家族制が先行すると否とにかかわらない。大家族制が先行する場合には、その発展的解体による分家各戸の独立を必要条件とする。しかも親方百姓のように大きな財産を持つものは、その血縁分家もたいがい比較的余裕ある財産を持つので、隠居分家の形式はあまり必要でない。多くの場合奉公人分家やその他の小百姓の間に行われたものと考えられる。五島細石流の野浜氏は維新の前後にかけて一代に三分家を出し、本家共四戸に分属する耕地の開拓を行ったが、畑四反をもって食うに足るものとして、親の家にかかる間に子供三人分に分けてやる分として九反を開墾した由である（旅と伝説前掲号）。それについて他の生活条件が報告されていないので詳細は不明であるがこれは一例である。出水郡大川内村では戸数約六五〇の内約二五〇位の隠居分家があるという（大間知氏論文）。これらも小百姓の隠居分家の多いことが推測される。同じことは三宅島においてもいわれるが、このような隠居分家が盛んに行われて、すでに隠居を持ち得ない家が非常に多いという（同上）。隠居分家によらずとも分家をしばしば行うことは持高もしくは財産の細分となってその生活を危くする。旧藩時代の分地禁止令が分地の最低限度を定めたのは担税力の減少を恐れたからであるが、一般にその限度を超えて細分化された。この情況の下で隠居分家は何の必要によって生じたであろうかというに、それはまったく新夫婦の住居すなわち婚舎のためであったと考えられる。もちろん一般に分家は、言い換えれば婚舎にほかならないが、先ず隠居分家についてみるなら、長男が嫁取りすれば親の居住した家屋を新夫婦の婚舎にあてて親は家族をつれて他に家を持つのである。次男の妻帯においても同様に行う。末子が妻帯した後は元の本宅に帰ることもあり、末子のかかり人になることもあるが、用もなくなった老人はこの家の一部に別居をする風習が多いようである。それゆえ隠居分家をする風習は、親の住居を先に結婚した子供の婚舎にあてるために、親が他に分居する形態である。それが大百姓において比較的行われ難いのは、その経営の規模が大きいので家長が他に分居することは困難だからである。従って大百姓において隠居分家が行われる場合は小百姓のそれとはまったく異なり、それは一種の大家族分家であり、広大な土地財産とそれに附属する下人または小作人とをもってするものである。島根県那賀郡伊南村大字後野の岡本家は由緒古い郷士であるが、弘治以後において毛利家より後野、大迫両名《ミョウ》を恩給せられて今福に居住していたが、元亀三年に後野に移るに際して、長男綱邦に今福を継がせ父俊綱が後野を支配した。さらに俊綱の子俊氏は後野を長男俊次に与え、自分は次男綱次と大迫名に移り分家して支配地を分っている。これらのいずれにも譜代小作である株小作《カブコサク》が従属している。大迫の岡本家の方が財産は少かった（小野武夫、石見に於ける「名」の遺制、社会経済史学七ノ七）。石川県石川郡田井の田辺家は朝倉氏の一族であり、寛文末年の村由来書出帳に十村《トムラ》としてみえているが（加賀藩農政史考三八頁）、中期に隠居分家が行われて長男が田井に居住し、父親と次男は金沢に移り仕官しているから、双方の田辺家が他方をもって本家としている（田辺寿利氏）。長野県下伊那郡豊村和合の大家《オオヤ》宮下家の一番古い分家は西ノ平の大家《オオヤ》らしく、これは親が分家して出たため、半分位の土地を分割しているということである。これらの場合を「立隠居《タテインキョ》」と称しているが、文政五年には本家宮下家は被官四軒、門《カド》一軒を従属させており、西ノ平の大家は小百姓二軒を従属させていた（南伊那農村誌九四頁）。同郡大鹿村梨原には被官《ヒカン》を持つ御《オ》家《イエ》が二戸存したのであるが、一戸は他の隠居分家といわれ、文化一五年において本家伊右衛門は一三戸の被官を持ち、分家は五戸の被官を持っていた。天保四年においても同様であるが、分家当時隠居免《インキョメン》に出された土地に被官が伴っていたものと考えられる（関島久雄、古島敏雄、徭役労働制の崩壊過程二八三頁）。北九州英彦《ヒコ》山の山麓地帯の名子制度の残存していた地方において、本家の隠居にして名子持《ナゴモチ》であるものがあり、この場合本家の名子持をオモヤ、ホンケと呼ぶが、隠居たる名子持をそう呼ぶことはない（伊藤兆司、小倉領中津領及び日田幕領々境地帯に於ける隷農制度、農業経済研究四ノ二）。田辺氏の場合は仕官であるから土地、百姓を多くは必要としなかったであろうが、少くとも譜代下人《フダイゲニン》が武家《ブケ》奉公人《ホウコウニン》となったことは疑いないところである。これらはすべて従属百姓を持っていたことが子方百姓の隠居分家と異なっており、大家族分家ということができる。これらは普通の分家においても親方百姓がしばしば子方百姓を従属させて次三男を分家させるのと対応する。とにかく、親方百姓においては次三男の普通の分家が多く、それは同族結合をする重要な分家習俗であり、隠居分家慣行よりもはるかに広汎に行われている。そこで同居大家族制をみるなら、同居する各夫婦は各自の寝室を持っている。野沢において野沢家の四つのネマは同居各夫婦のものである。二個が主人の家に従属する同居二夫婦の根拠であり、いわば主人の家の内部における彼らの家である。これは彼らの結婚によって与えられた部屋——一種の婚舎——である。しかしこれは十数年後に分居して、別居の婚舎に入れば完全な意味で婚舎となる。独立すれば初めて婚舎は真の意味の分家となる。また石神の斎藤家では、四個のヒヤ（部屋）を持つ。これは召使の寝室であるが、夫婦の者には一個のヒヤを与える。主人夫婦、長男夫婦の寝室はそれぞれ別に定めてあり、次男が結婚しても、分家までは召使のヒヤ以外の別の部屋《ヒヤ》を使わせる。同様にヒヤは召使夫婦の婚舎の意味を持つ。次三男夫婦も召使夫婦も何年か同居の後に改めて分居して、別居の婚舎たる家屋に入る。これらは単に婚舎として存するかぎりは完全な独立を持たない。なぜなら、それは寝間の延長にすぎず、彼らの生活は本家の統率のもとに本家の経営に参加することによって営まれるから、婚舎は本家と別棟に建てられていても、それは寝小屋の意味を出でないからである。それゆえ、彼らの生活は農業、祭祀、食事のいずれにせよ、大家に参集することによって行われる。婚舎にカマド（すなわちカマド神）を分祀することは、独立の生活が行われることを示すものであるが、これらの分離もすぐに成立しないことはすでに述べた。しかし本家からの経済的分離が進展するに従って単純な婚舎としての意味は消えて、次第に独立した家となる。この意味で婚舎と分家とは密接に関連する。大家族制の発展的解体の場合においては、新夫婦は結婚後に財産の分与を受けて分家する。すなわち、本家に同居もせず、また本家に従属もしないので、婚舎と分家とはただちにその意味を合致させる。隠居分家もこの段階において現れるのであり、長男の婚舎として本屋をあてて親が分居する際に財産の分与が行われるのは、同様の意味を示す。ここで注意したいのは、三宅島では若者や娘仲間の寝宿を婚舎にあてている事実であるが、それは隠居分家があまりに多く行われた結果、すでに隠居を持ち得ない家が非常に多い（大間知氏論文）という事情が自からその理由を示すようである。すなわち寝宿とよばれる未婚者の宿を婚舎に流用することである。大間知氏らは、寝宿は婚舎なりとの主張を持つようであるが、これに対しては疑問を提出し、これらの関係については他日改めて論じたい。

財産の平等な分与を行う分家も大家族制においては多くはなかったと思われる。なぜなら上述の大家族制においては本家は分家を統制してその経営を行うところに特質があったからである。それゆえ大家族制からさらに一つの大家族分家を出す場合のほかは、すべて大家族制の発展的解体の後において初めて生じた。それはこの段階においては本家が分家を支配することは最大の要件とはならないからである。もちろん伝統的に本家が優位であることはあっても、それはしばしば転倒したのであり、単に血縁分家ばかりでなく、奉公人分家でも本家より優位となることはあった。それゆえ、次には大家族制の発展的解体の形態を明らかにすることが問題となる。しかも、すでに血縁的分居大家族制の解体をみてきたのであるから、非血縁的分居大家族制における奉公人分家やそれに準ずる家の独立の過程をみる必要がある。このことは、本書の主要な目的であるからこの章においては省略せねばならないが、ここを除いては小作慣行の発生を考えることが困難になるからいちおう説明しておく。

そこで非血縁的分居大家族制における非血縁分家をみるに、奉公人分家の含まれていることは当然であるが、その部落が切添《キリソエ》の開墾で土地経済を多少ずつ発展させる間は多少の奉公人を入れて奉公人分家を立てて行くだけで労力は十分であるから、これらの奉公人は村落内の家来や奉公人分家の子弟子女を召使として当てることで間に合う。多野郡小柏において適例を見出すことができるが、石神においても最初はまったくそれであった。野沢の場合であるなら、部落内の血縁分家の子弟を養子とすることになった。しかしやや大きな開墾が行われるか、小さくても市場宿場への転換が行われるかの場合には、他部落からの労力にまたねばならない必要が増大した。この場合に、それをまず奉公人として取り入れて後、奉公人分家として土着させることもあるし、最初から一戸を持たせる場合もあった。しかし、旧藩時代に他の部落に出て稼ぐことは比較的困難であったから、彼自身の生活条件が劣悪でなければ出郷することはなかったとみられる。ところが、これを要求する側では他所者の村入にはいずれにせよ不安を持ったのであるから、それに安全感を持たせるために、出身部落に身元請人の必要を感じたのであるが、身元請人がその村落の有力なる家格であることを要件としたのも当然であろう。しかるに、そのような請人もない他所者の土着も行われた。それは入村しようとする村の有力者にたよってその世話で土着が初めてできたのであり、前例の苫田郡沢田や中郡三重におけるヌレワラジが親方取りの形式において行われたものがそれである。これらを奉公人分家に準ずるものとするのは、奉公人分家のごとく多少の土地を親方から請け、同時に親方の経営に賦役を出し、その生活は親方の支配の下でその保護に依存したからである。石神の屋敷名子の中に三戸だけこれと同じ家がある。それは他所から流れ込んできて土着するには彼自身の生活条件があまりに悪いので、大家のような地主の保護で屋敷を借りて家を建てて貰う。したがって生活上の大家に従属する関係を結ばなければ、村で生活することはできないからである。移住土着に関するこのような風習の残っていることは、村落の発展を考える上にすこぶる重要である。ただこれらの場合移住土着者の経済的位置は部落の経済の程度によって異なるのであって、一般経済の発達によって奉公人分家も本家と経済的分離が著しく促進される場合には、移住土着者も最初は本家に従属的な関係を持つとしても、やがて経済的独立を強める可能性が多いのである。ただ相当な格式を持つ者の移住土着はいささか異なるものであるとしても、先住者を征服する以外はその承認を何らかの形で得ることが必要であったと考えられる。移住者が従属形態をとる場合においては、多くは本家の周囲に集合する形態をとるが、格式ある移住者の場合は、彼らもまた分家または家来を持つから、同じ部落の他の場所を占めるということがしばしば生じた。苫田郡沢田における産賀、田淵、和仁、大林等の諸氏が地域を別にして土着し発展していることはこのような事情によるものであり、また中郡三重において糸井一族の居住地に対する小牧、永浜両氏の居住地も同じ関係を示すものである。このことは三池郡渡瀬の田中、宮本両氏や大島郡長崎における岡本、山本両氏の居住地においてもみられるし、鹿島郡池崎における天正以後の一七軒の親方百姓の土着により上手、下手、向手等の垣内《カクチ》組名を生じたこともそれを示すものである。長野県下伊那郡豊村和合は本村、大槻、西ノ平、山度、寺村、木曽畑、上和合、中川、田代等の諸字からなり、各字に大家と称する家があり、各々小百姓を従属させていたが、本村には郷主たる宮下氏が最も古く土着しており、江戸初期には武士として半農半兵の生活をしていた。大槻の大家については、明徳二年に山名氏の家臣金田直秋が落ちて来て、郷主たる宮下家を頼みこの地を開発したものであり、幕末頃には三戸の小百姓が従属していた。田代の大家も同様であることは熊谷家伝記にみえているが、田代の大家は退転してその被官が本村の大家に属するに至った。その他の大家も、ほぼ同様な情況によるものと思われる（南伊那農村誌七二頁）。親方百姓が入村土着することは、開墾による村落の土地経済の発展を根拠とすることもあり、市場宿場等への発展によることもある。それは、奉公人分家やそれに準ずる子方百姓の土着の場合とちがって、親方百姓の入村は村落組織をいっそう複雑にする。何となればそれは先住の親方本家に従属せず、彼らも同様に分家や子方を持つ独立の大百姓であり、それ自身大家族制を持つか、持たなかったとしても必ず同族団体を結成する力があるので、経済的にはもちろん、宗教的、政治的にも旧土着者と対抗するに至るからである。それゆえ親方本家がその血縁分家に子方を与えて独立させた場合、親方本家と拮抗する情勢を持つようになることはいっそう多かった。また一般経済の進展によって勢力の転換が生ずる可能性が多かった。これらの親方百姓の入村は農村の場合なら、もちろん開墾による土地経済の発展によるものであるから、開墾によって増加した村高を彼が分担したことはいうまでもない。

それでは奉公人分家はいかにして取高をしたであろうか。とにかく高を持つことは公法では独立の百姓を示すことであるから、高なしに奉公人分家が独立することのできないことは明らかである。詳しくは後に述べるが、要するに奉公人分家であるかぎり、彼らは血縁分家と同様に親方本家より持高の分割にあずかることは一般にはないのであって、まれには特別の縁故によって相当の分前を受けることがあったとしても、多くは彼らが自ら高を買得しなければならなかったのである。しかし親方本家は租税に対応するために血縁分家に持高を分割したが、依然として存在するその大経営は、奉公人の労働や奉公人分家の賦役によって行われたので、その経営をさらに精密化すべき要求に当面した。奉公人に対しては若干の田畑もしくは田畑の隅や荒地等を与えて彼らの休み日に耕作させ、その収穫物は彼らの所有とする風習が広く行われていた。下新川郡堀切天神の「水口の田」「堀田」と称するものはそれであるが、石神においてもこれをホマチと称した。奉公人のホマチに対応するものは、奉公人分家の場合には石神におけるいわゆる役地である。役地とはその全収入が奉公人分家の所得となる若干の田畑が屋敷と共に貸与されていた。これは小柏においてもみられた。このかわりに親方本家に賦役を出すのだという説明が彼らのなかでは行われていた。しかし一般経済の発達は、彼らといえどもいつまでも親方本家の従属下にあることを望まず、血縁分家のように身上の向上を企てるに至ったし、またその可能性を増加させた。親方本家といえども、租税への対応上、直属の農地を彼らに請負耕作させて、収穫の増収を期することの利益をはかり、自己の手作を縮小して、手作以外のものを奉公人分家に耕作させるに至った。しかし、これは親方本家の持高の内附《ウチヅケ》において行うものであって、その耕作は公法上何らの資格も義務も伴うものではなかった。すなわちそれにより奉公人分家と領主とのあいだには公法的な関係は生ぜず、内附はただ親方本家と奉公人分家との関係にすぎなかった。地方凡例録にいうように「分附《ブンツケ》家抱《ケホウ》ともに内附たるによって年貢諸役も惣領式え渡し本家ゟ一緒に勤む」という場合である。これらの場合において両者の間にいかなる新しい関係が生じたであろうか。それ以前においては、奉公人分家は若干の役地の耕作を行う以外は、すべて親方本家の経営に参上した。それゆえ非常に大きな賦役を出し、その他の休み日に役地の耕作を行うにすぎなかったが、親方本家から新しく耕地をあずけられれば、賦役を減らしてもらわないかぎり、この耕作は不可能であった。親方本家においても直属経営地が減少すれば、賦役は減少しても差支えはなく、それはまったく相対的な関係によるのであった。それゆえ、請負耕作によって生ずる新しい条件は、その収穫量のなかから貢租と親方の作得《サクトク》と子方の生活費とを出す約束がなされたことである。その耕地を親方が直営すれば子方は食事ないし生活費を託して労力を出すのであり、貢租はもちろん親方が納めたが、子方がそれを請負う場合はまったくちがう。すなわち子方は自己の生活費を取ったほかに貢租と親方の作得とを出さねばならない。しかし子方は親方に従属するから収穫の内から最初に貢租と親方の作得を出すように命令される。その率はその際の社会的事情に左右される。それゆえ、ある場合に子方の取り分《ブン》が自家の食料ないし生活費に満たないこともあるかもしれないが、親方は子方の生活を保護すべき立場にあるから、必要な食料ないし生活費は支給される。これらは分居大家族制か、もしくはそれに準ずる同族団体において行われたのである。この場合、親方への賦役は皆無とはならない。何となれば親方が必要とする賦役は単に農事にのみかぎられていなかったからである。また農事においても多少の賦役が残存したのは、親方は相当の大手作を行っていたからである。それにもかかわらず、減少した賦役のかわりに生じたものは子方から親方への収穫物の給付にほかならない。すなわち物納小作料がそこに出現した。これについては前述しておいたが、賦役慣行の多い場合には刈分小作として出現の可能性が多かった。検見《ケミ》、定免《ジョウメン》の小作制度がこれから発達することは後に詳説するからここでは述べない。

子方のこのような請負耕作は直ちに子方の取高《トリダカ》とならないのは、請負耕作は親方との内部関係であって、親方作人に対する子方作人としての資格でのみおこなわれているものだからである。奉公人分家が取高するには高の譲り受けによる以外にないのである。これは彼らが親方本家に従属しているかぎり不可能であるが、彼らは従属しつつも彼ら自身の稼ぎをするから、経済事情の進展によって自身の財産を作るものが次第に多くなる。また親方百姓においても、その血縁分家においても、倒産するものが生じ、土地を手放すものがあり、場合によれば彼らに対して土地の譲渡を行うものさえ生ずるから、彼らもまた屋敷や田畑を買得することができる。このようにして彼らは高を持ち公法的独立を獲得する。しかし一方において旧親方本家の小作人であることはある。それに対し多少の賦役を物納小作料と共に出し、生活上密接な関係を保つこともある。旧親方本家から離れて自作農となることもある。これらの場合、高の多少により種々の階級を設けることがある。前例の大島郡長崎における本百姓に、本軒、半軒、四半軒の別があること、鹿島郡池崎において乙名百姓と請百姓とが分けられていたことなどはこれであるが、そういうことは一般的であった。それゆえ奉公人分家の取高は奉公人分家が親方から独立する一つの条件ではあるが、高の表示は単に領主に対する彼の関係を示すだけであるから、彼の生活の実態を示すものでは決してない。彼が生活に十分な高を持ち、経済的にも親方本家から独立しても、彼らの家が成立するまでの社会的根拠を親方本家に負うことも相当に多く、親方本家が社会的に有力ならなおさらであるが、たとえ親方百姓がそれほど有力でなくても、対等なつき合いができないような関係がその間に多少とも残ることは事実である。従って彼らが高を持っても、親方本家の小作人をしているあいだは旧来の関係が残り、実際に彼らは親方本家なしには生活のできないこともまたある。非血縁的分居大家族の発展的解体の過程には、このような関係が比較的多くみられた。

第四節　江戸時代の小作制度

私はここで江戸時代における小作形態を顧みておく必要があるように思う。江戸時代のそれについては小野武夫博士の分類があるからそれをあげると、

㈠小作地の性質に基き
- (イ)小作地所有権の性質に基く名称
  - (1)名田小作
  - (2)質地小作
  - (3)鬮田小作
- (ロ)小作地の名目に基く名称
  - (1)株小作
  - (2)端小作
  - (3)寺田小作
  - (4)受山小作
- (ハ)小作地の権利に基く名称
  - (1)永小作
  - (2)作株小作
  - (3)株権小作
  - (4)鍬先小作
- (ニ)村落制度に基く名称
  - (1)出小作
  - (2)入小作

- ㈡小作者に基き
  - (ホ)社会階級に基く名称
    - (1)門分小作
    - (2)門小作
    - (3)被官百姓
  - (ヘ)小作地の管理方法に基く名称
    - (1)家守小作
    - (2)受負小作
    - (3)仲小作
    - (4)又小作
  - (ト)小作人数に基く名称
    - (1)散掛小作
    - (2)連帯小作
- ㈢小作料又は租税に基き
  - (チ)小作料納入の諸形式に基く名称
    - (1)敷金小作
    - (2)刈分小作
    - (3)見取小作
    - (4)定小作
    - (5)傭役小作
  - (リ)小作地の租税負担に基く名称
    - (1)盛控小作
    - (2)余米小作
- ㈣小作期限による
  - (ヌ)小作年期に基く名称
    - (1)一季作
    - (2)年季小作
- 其他

（農村社会史論講一四七頁）

これらは小作形態の外面的属性に捉われすぎた分類であるから、これら諸形態の相互関係を理解するにはかえって不便な感じを受ける。たとえば、㈠小作地の性質、㈡小作者、㈢小作料または貢租、㈣小作期限、に大別したのは一見合理的であるし、各項別にみれば穏当にもみえるが、きわめて関係の深いものが別名で各項に散見されることは煩雑というべきであろう。たとえば、(ホ)の門分《カドワケ》小作、門《カド》小作、被官《ヒカン》百姓は私のいわゆる奉公人分家における小作であり、その地主はいうまでもなく親方本家であるから、(イ)の名田《ミョウデン》小作にも相通ずるものである。彼らが、(チ)の(5)傭役《ヨウエキ》小作もしくは(2)刈分《カリワケ》小作を行うことは、重要な関係を持つのであるが、そこにはまた見取《ミトリ》小作も定《ジョウ》小作もあり得る。(ロ)の(1)株《カブ》小作は、小作地のなかに田畑、屋敷、山林等を含み、さらに農具、家畜等をも与える場合を指し、石神における名子においてもこれがみられるが、そういうことは子方百姓に通有する条件であって、(ホ)の被官百姓にもある。この名称は山陰地方に行われるものであるが、実態はこれらの場合にはなはだ近似するものであり、移住土着して地主の子方となる場合にもしばしば生じている。つぎに、(ハ)の(1)永《エイ》小作は、もちろん種々の場合があるが、開墾等の場合に小作権が強められてしばしば生じている。また永小作が名田小作の長期にわたるものにも生ずるのは、旧来の密接な主従関係が存在するからである。一般に小作年期が無年季であるのはこの伝統を引くもので、それと永小作とは密接な関係があるものと思われる。このような関連を尋ねることは小作慣行の理解にきわめて必要であるが、この分類においてはその関連がまったく説明されていないのは、外面的な特殊な性質に基いてできた名称に従って分類しているからである。それゆえわれわれは小作関係に最も基本的な性質に従ってまずこれを把握しなければならない。この点からみて、(イ)における小作地所有権の性質に基く名称を重要なものとする。それは土地所有を通して存在する地主の経営の形態は、小作形態の性質にとって最も基本的であるからである。そこで名田小作、質地小作、鬮田小作の三つを得るのである。

(1) 名田小作

イ　名田小作の分類　名田《ミヨウデン》小作というのはいかなるものを指すであろうか。小野博士によれば名田《ミヨウデン》は中世の名主《ミヨウシ》田《ユダ》、すなわち或いは重平名《ミヨウ》といい、または村上名《ミヨウ》といい、その開発したる人の名《ナ》を冠して自己の所有地名とした慣習が江戸時代まで残って名田《ミヨウデン》となったもので、名田は言い換えれば所有主のある土地の義であるから、普通の土地であり、これを小作するものが名田小作であるという（前掲書一四九頁）。しかし質地《シチジ》もまた所有主があるから所有主の有無という点を標準として説明することははなはだ曖昧であることを免れない。そのように解する場合に、名田は質田地《シチデンジ》や割替田地《ワリカエデンジ》とまったく異なる種類のものと解釈される恐れがある。名田が、所有主のある通常の田地であるとしても、質田地や割替田地もまた元来は同様のものであり、一は金融の対象として質関係におかれるにすぎず、一は他の社会的事情によって割替を必要とするために所有権が特定の田地に固定しないというだけで、所有権が無視されたのではないから、それを所有する百姓の名請高《ナウケダカ》として認められることはいずれも同様である。このことは名請の田畑を持つ制度が存在する事情において成立するのであって、江戸時代においてこれらの田地が名田といわれたのであるとすれば、名田とは田地所有の基礎形態と知るべきである。ここで所有権というのはもちろん封建的意味のそれであり、明治以後の資本主義的所有権とは政治的法律的意味を異にするものである。そこで名田が通常の形態におかれている場合と、質関係や割替制におかれている場合、双方の小作関係に形態上の相違が生じてくるのは当然であるから、小野博士の示すような小作の分類が可能となるが、それらは厳密にはすべて名田小作にほかならず、名田小作におけるそれぞれ異なる場合として分類されることが正しい。

名田小作
1 普通小作
2 質地小作
3 闕田小作

ロ 名田の起源 この問題を明確にするために一応中世の名田との連関を尋ねてみることが必要であるが、先学によるその的確な説明は今日未だみられないように思われるし、それは実に困難な問題であって、中世研究の躍進によって果されねばならないが、中世の名田研究に関し管見の及ぶ範囲においていちおうの見通しを試みて諸学者の御教示を得たい。

名田の起源は口分田の崩壊期に遡ることができるようである。新見吉治博士はその著「武家政治の研究」において、その起源を次のように分類している。

（1） 名田の起源は開墾者がその墾田に自分の名を附したことに基くもの（小宮山綏介、名田考、国学院法制論纂。中田薫、板倉氏新式目に就て、国家学会雑誌三七ノ八）

（2） 開墾のほかに買得地に買得者が自分の名《ナ》を附したるに基くもの（栗田寛、庄園考、栗里先生雑著中）

（3） 開墾起源説を否定して、庄園領主の公田侵略、課役の対捍により発生したもの（清水三男、初期の名田、史林一八ノ二）

（4） 口分田制の崩壊により口分田が耕作者の世襲地のごとくなり、その所有者の名を附したるに基くもの（新見博士の追加）

（5） 庄園内の田地でも庄地を耕作する者の名を耕地に冠することにより発生したものありとする（新見博士の

追加）

名田の発生にはこれらの道筋があるものとしてあげており、これが承認されてきたようでもあるが（水上一久、荘園に於ける佃に就いて、歴史学研究四三号、日本荘園の研究）、最近清水三男氏はその労作「日本中世の村落」において、新見博士の右の見解を批判し、旧作「初期の名田」において示した名田の開墾起源説否定の見解をさらに発展させているのは傾聴に値する。いま私は清水氏の所説に啓発されて、以下少しく述べてみたい。

開墾をもって名田の発生とする説によれば、結局名田は荘園内部においてのみ発生したものとみることはできないから、名田は荘園と別個に発生したものとみなければならない。従って班田制下の墾田に跡づけられなければならないことになるが、開墾はあらゆる耕地の発生に通有する現象であるから、特に名田が発生する理由とはならないことは清水三男氏の説くとおりである（初期の名田）。そこで名田が開墾によって発生したとしても、その耕地が名田と呼ばれるべき特殊な性質ないしはそう条件づけるような社会的事情が指摘されなければ説明とはならない。この見地からみれば前述の分類には名田の発生にとって間接の意義しか持ちえないものが混在していると認めねばならない。これはただ開墾発生説にかぎられるものでなく、買得発生説においても同様であり、開墾や売買は耕地がその経営者の占有に帰する手段として、禁制さえなければ、常に存在する所であるから、われわれは、経営者が占有する土地が「名《ミョウ》」という表現を持つ特質は何であるかを決定するのでなければ、名田の発生を論ずることはできない。

いま私は国衙《コクガ》領において名《ミョウ》が発生した場合を取りあげたい。この場合を新見博士は口分田の崩壊により口分田の耕作者がそれを世襲地のようにして、その名《ナ》を附したことによって生じたものであろうとしている（前掲書二四〇頁）。そしてこの資料として博士があげている文永二年若狭太田文に示されるところは、各名《ミョウ》の列挙にそれぞれ国衙領または国領と朱註が施されていることであるから、そこにはすでに公領としての口分田は存在しないのであって、口分田がいかにして名田となったかを窺いうる何らの痕跡もないが、もし国衙領が律令制における意味において実際に存続するものとすれば、口分田はそれがいかに長年月にわたり世襲のように伝えられるとしても、そのままでは私領となりまた名田となることはできるはずはない。それゆえ、かりに百姓の私墾田のみがそのままで名田となりうるものとすれば、それはすでに奈良時代においても現れていなければならないはずであるが、それはみられない。墾田は天平一五年以後は養老七年の格に定められた墾田の三世一身をも放棄されて、私有地として認められた（続日本紀）。しかし寺社田、勅旨田等のような特別な除外例でないかぎり、それは一般には輸租田であるから、口分田が班給され、また返還されるのに対し、自ら開発し、永く所有しうる（最初はそうでなかったが）点で異なるのみで、律令制の制約を受けることに変りはない。それゆえ、墾田が私有地だからといってただちに名田たる性質を持つとは考えられない。言い換えるなら、班田制が施行され国衙領が厳存するような政治体制の下において、墾田がそれに条件づけられた性質をどうして失うことができるであろうか。名田として成立した土地が墾田のみでないことはすでに指摘されているところであるから、元来公地たる口分田（註）も、新しく私有化された墾田も、ある時期において名田として成立したものであることは明らかである。従って律令制の田地が律令に規定された性質を失うことに名田が成立する主要な根拠があると考えないわけには行かない。しかし大小の百姓の用益する田地が名田たる性質を獲得するという重大な転換を百姓自身が一挙にして果し得るものと考えることはできない。そこでこの重大な政治的転換を推進して行くものとして荘園の発達が考えられなければならないのである。

(註) 中田薫博士は「律令時代の土地私有権」(法制史論集第二巻)において、口分田、位田、職田、賜田は園地、宅地、墾田と同じく官物、官地でなくて私地、私田であり、後者が無期永代の地主権であるのに対し、有期の地主権であることをその時代の資料について論じている。続日本紀天平一五年の詔勅に「墾田依二養老七年格一。限満之後。依レ例収授。由レ是。農夫倦怠。開レ地後荒。自今以後。任為二私財一無レ論二三世一身一。悉咸莫レ取云々」とある文中に「収メ授ク」とあるものは、もちろん収公して授けることを意味している。養老年代には墾田にしてしかりであり、口分田なおしかりであった。口分田を中田博士は私田として説明している。私田と記した資料の存することは明白であるとしても、それが収公されることは一定期間私に用益されることが許されたということであって、天平一五年以後墾田が私有を許された場合と比較して見れば、口分田は有期の地主権なりと説明されるとしても、一定期間経過の後にそのまま他の人に地主権が移り行くのでなく、一旦収公されることに法律上の意味があるので、墾田私有もしくは園地宅地の私有における地主権とはまったく性質を異にするというべきである。それゆえ田令荒廃条義解や集解釈説等に私田として説明してあったとしても、それをそのままに受け取ってよいとは考えられない。そこで、口分田、位田、職田、賜田はやはり公地であって、一定期間だけ私に用益を許された土地とみるのが穏当であると思うから、私はこれらを律令時代における用益権とみて、これに対し天平一五年以後の、私有を許された墾田ないし宅地園地を、律令時代における所有権として区別するのが便宜であると思う。

荘園の発達には種々の過程があるとしても、それが不輸不入の特権を獲得するに至った最大の導火線は墾田の発展にあるということができる。口分田、位田、職田、賜田以外の寺社田はそれが荘園の根拠となることはできたとしても、それだけではさほど大きい特権を得るに至らないことは明らかである。何となれば寺社田のような不輸租地は私領たり得べき性質が最初からきわめて濃厚であるとしても、荘園は律令制下において生じたものであるかぎり合法的存在であるから、そのままでは決して国権から独立した私領となりえず、従ってまた律令体制をゆり動かすような大きな力に発展することはできなかったであろうと思われるからである。しかるに実際は寺社は、勅旨田の設置に伴い、大きな墾田を経営して経済的実力を増大するに至った。それと同時に大小の墾田開発者はしきりにその私墾田を寺社に寄進して、寺社領の不輸権の特権にたより、その実質的利益を確保しようとする風潮が生じ、また一方では墾田の売買による兼併も行われて、寺社領荘園はますますその経済力を巨大なものに発展させるに至り、律令政府の力の減退と共に不入権をかち得て行ったのである。王臣勢家の荘園も同じ社会的事情において設立され発展した。

このようにみるとすれば荘園の発達にとって墾田の持つ意義はきわめて大きいといわねばならない。そこで墾田について一瞥すると、一般百姓においては、その耕作は班給された口分田と公私諸田の賃租と私墾田とによるものであったが、その墾田は必ずしも小さな割合を持つとはかぎられていなかったように思われる。天平神護二年の越前国司解によれば（大日本古文書五ノ五六〇頁）、丹生郡椿原村の東大寺荘園に編入された私墾田として、加茂郷戸主宇治部公足の戸荒浪は一町二段二四〇歩、同諸浪は二町四段一四四歩、酒井郷戸主佐味敷浪の戸玉敷女は二町九段二八八歩、同足羽小綿女は三段歩を計上されている。これらは東大寺荘園に編入された分であるから実際はまだ広かったかもしれないし、また同様に墾田を持つと思われる各戸主については知ることもできないのは残念であるが、一町歩以上の墾田は各百姓にとって少からぬ面積であると考えられる。そのような墾田がすべての百姓にとって可能であったとは考えられないが、郷戸もしくは同族の結合が強力であるかぎりは相当に大きな墾田も可能であり、またそれが房戸の独立に役立ち得たことも考え得る。郷戸が分解した場合、各戸の持つ労力は一般に少くなるので、労力に恵まれた家のみ墾田を増加させ得たのであろうが、一般百姓において墾田が増加したとしても、各戸においてはその発展には限度があると思われる。たとえば前掲の越前国使解にみられる田辺来女の墾田で没官田となり東大寺に編入されたものが、一一町一七歩とあるようなものはその限度に近いものではあるまいか。田辺来女は右京四条一坊戸主従七位上上毛野公奥麻呂の戸口としてみえている（同上五ノ五六七頁）。従って相当の資力の背景を持ち、他の戸の百姓や寄口《キコウ》、家人《ケニン》ないしは奴婢《ヌヒ》を使役して開墾を行ったのであるかもしれない。しかし一般百姓の持つ墾田の総数は非常に多かったとしても、それのみでは積極的に新しい政治力となることはできなかった。

　これに比して寺社荘園における墾田はどうであろうか。これらの開墾は大規模ではあるが、従来ある村落の近傍を中心として発展したと思われる理由がある。たとえば東大寺の越前の諸庄における開墾をみても、庄田は百姓の口分田と近接または介在していた。桑原庄に関する天平宝字二年の越前国使等解《ゲ》（同上四ノ二五〇頁）に、「応損熟田壱町捌段並伯姓口々分」とあるのはそれである。また溝江庄（同上五ノ五四七頁）、子見庄（同上五ノ五四八頁）、道守庄及び鳴野村（同上五ノ五四九頁）についても同様のことがみられる。前掲した天平神護二年の解には東大寺諸庄に編入された百姓の口分田と墾田とが非常に多くあげられているが、これは寺領に介在錯綜したこれらの田地を寺領に編入して庄地を一円化したのであって、このことは寺家の企画した墾田がこれらと近接していたことを示すものである。これは、開墾が何らの拠り所もない原野の中央に、突如として行われ難いことを示すものであって、その拠り所とは、主としてそれに要する労力と密接な関係のあるものである。これらの場合、口分田や百姓墾田が村落から遠く離れていたという説もあるが（石母田正、王朝時代の村落の耕地、社会経済史学一一ノ三〔九一頁〕）これは疑わしい。越前足羽郡糞置村田図をみると（大日本古文書五ノ六一六頁）、寺領以前の口分田と百姓墾田とは寺地に介在しているのであって、百姓が口分田を持つところで、墾田も可能であるような地籍は、決して村落から遠く離れているはずがない。離れているとすれば、出作小屋でも使用するかでなければならない。このような百姓地の存在が寺家墾田の拠り所となったということは注意すべきである。糞置村田図によれば寺家墾田はまだ開始されようとしているばかりで、多くは原野として占有するにすぎない。これにより荘地の一円化は既墾地に企てられたばかりでなく、開墾予定の未墾地をも含めて行われたことがわかる。そして開墾が従来ある村落を何らかの拠り所として求めたことは、それが奴婢の労力にのみよろうとしたものでないことを示すものであり、それ以上に一般百姓の労力を目当にしたものと考えられる。

桑原庄において天平宝字二年通水溝の掘鑿や樋の架設に際して使役した人夫に功稲人別一束、食料稲人別四把を支給している（大日本古文書四ノ二五〇頁）。沢田吾一氏は当時普通の雇夫としては功賃食料合せて一束ないし六把位であるから、一人一日一束四把は割高の日当であること、従ってここでは設計工のごとき特殊技能者に対するものであるように考えている（奈良朝時代民政経済の数的研究五四五頁）。これに対し天平勝宝七年の解に「開田廿三町功稲二千三百束町別一百束」（大日本古文書四ノ五三頁）とあるものは、賃金支払の方法を異にするもののようである。天平宝字元年の解にはこの双方がみられる。

（前略）

雑用稲伍伯捌拾捌束

治開田四町　充功稲四百九十束段別充十束

理宮□幷垣四箇
単功七十人　充功稲七十束人別日一束
食料稲廿八束人別日四把
板屋一間長三丈口尺五寸 広一丈七尺
作夫十五人　充功十五束
（下略）　　（同上四ノ二四七頁）

これらは功稲として町段別何束を支払うものと、功稲、食料稲として人別日に何束何把を支払うものとの二通りある。藤間生大氏は人別一日の功稲、食料稲を支払い、しかも単功何人と延人員を記載するものに比し、他の町段別に功稲のみ支払われる人夫は人格の認められない奴婢――奴隷――であろうとしている（北陸型荘園機構の成立過程、社会経済史学一一ノ六、四頁）。しかし開田人夫が奴婢を主としたものとは考えられない。何となれば奴婢であるなら、寺家に所属するから功稲を支給する必要はないが、食料稲を支給することは絶対に必要だからである。功稲のみ支払うことは弁当持の近在の独立百姓を使役することを思わせる。板屋の建築をする作夫も功稲のみであるのは近在の者であろう。これに比して溝の開鑿（大日本古文書四ノ二五〇頁）や理宮□幷垣の構築（前出）に、人別の功稲日一束と食料稲日四把とを支給することは沢田氏の指摘するような特殊の技術者であるためかもしれない。藤間氏はこれを奈良から招致したものではないかと想像しているところをみれば、これらが功稲と食料稲とを支払われることは当然であるが、前者が面積を、後者が人別を基準とするのはまったく仕事の性質によるのではあるまいか。治開田において町別一〇〇束、段別一〇束であるから、当時の普通日当が功稲食料合せて一束ないし六把とすれば段別一〇束は一〇人ないし一六人の日当に当るが、一段歩の開田労力がそれで十分なはずはないから、このいわゆる治開田がきわめて粗笨な基礎作業をおこなうに止まるものであって、実際稲作を始めるには、その技術がいかに幼稚であるとしても、これを賃租する百姓がさらに手を加えなければならなかったものと思われる。このことは大規模な開墾事業に通有の現象であり、個々の耕地の担当者が定められて後、その人の特別な手入れによって初めて耕作は可能になる。かくて治開田の人夫は奴婢であるよりむしろ近在の百姓であるという方が正しいであろう（註）。このことはこの庄の実際の管理者が、この地方の豪族である生江東人であることからも容易に推論できるが、このように口分田を耕作する一般の百姓をこの種の開墾に使用することやまた新田を賃租させることは百姓の側に労力上の大きな余裕のないかぎり限度があるので、比較的広範囲の開墾ができても、それを十分経営耕作することは不能に陥ることもありやすいし、また未墾地の広大な占有はしても、その多くは手もつかないという結果となった。これらは開墾に口分田の百姓を多く使役した当然の帰結といわなければならない。これら百姓を一律に奴隷的なものと考えることは私の採らないところである。また東大寺の諸庄における広大な占地にもかかわらず、荘地に多くの百姓墾田や口分田を編入しているのは、必ずしもそれを母体とするのでなくても、それと密接な関係のあることを示すものである。このことは新開田と熟田との交換にも現れている。すなわち新開田が熟田に比して収穫率の悪いことからみて、そのような田地を熟田と交換するを利としたのであるが、それを行いうるには百姓地と介在しているということが条件なのである。天平神護二年、坂井郡故大領品治部公広耳が墾田一〇〇町を寄進した際にこの種の整理を行っている。「今検田籍、海辺百姓遠陸置口分、寺田交潮、傍相換無損、各有便益」とはこれである（大日本古文書五ノ六二六頁）。

（註）　赤松俊秀「公営田を通じて観たる初期荘園制の構造に就いて」（歴史学研究七ノ五、日本荘園の研究所載）、及び清水三男「日本中世の村落」一五頁参照。

中央近辺の諸荘園においてはどうであったか明徴を得ないが、諸々の大寺社の本拠に近い荘園においてはその開発はそれに所属する奴婢の力によったものもあるらしい。しかし奈良時代における奴婢の数はすでに多くはないし、田地耕作にのみ使役したのでもないから（竹内理三、奈良時代に於ける寺院経済の研究八八頁）、寺社荘園が奴婢の力にのみよったものでないことは推察できる。当時の一般百姓が窮乏状態にあり、また多く浮浪者にもなったことはしばしばいわれているので、寺社地へ逃げ込む以外には荘園開発に参加し得ないものと考えるべきであるかもしれない。しかし百姓が口分田や賃租田の耕作以外に、私墾田を開発し得たことは上述の資料が語るところであるから、寺社地その他の私有地に所属しなくとも、その開発に参加し得たことは明らかである。奈良時代においては、百姓は郷戸を形成していたか、或いは郷戸から房戸が独立する形勢が生じていたかであるが、それと共に同党の存在していたことは（大日本古文書一美濃戸籍）、独立した房戸といえども強い同族団体を結成していたことを示すものである。従って郷戸ないしは同族団体の間において生活上の協同があり、農業に関する労力の協同は当然考えうるところであるから、これらにおいては後世の単一家族よりも労力に恵まれていたと考えてよい。これが奈良時代の百姓の間において案外墾田が成立しやすかった理由であろう。このことは中央近辺の荘園においても口分田の百姓がその開発に参加したと考えられる理由でもある。それゆえこれらの荘園が百姓の口分田や墾田或いはその賃租する公私田と近接介在していたことは当然であろう。近畿地方のように早く開けた地方ではすべての耕地は口分田やその他の輸租田または不輸租田に編入されていたので、奈良時代においては新たに開墾する余地が他の地方に比してはるかに少く、従って残された空閑地は比較的小規模な開墾の対象にすぎなかったものと思われる。これらの開墾はもちろん多くは寺社、王臣勢家の企てるところであったが、また一般百姓の小さな墾田となったものも多かったであろう。従ってこれらの地方で公田のほかに成立する荘園は必ずしも最初から大きな一円地として成立し難いのであり、その売買や寄進による兼併から成立した荘園でも、それに属する地籍が散在している場合もあったと考えられる。例えば天平一五年山城における弘福寺領をみるに、これは四里の間に散在しており（大日本古文書二ノ三三五頁）、天平神護二年伊賀国阿拝郡における東大寺領は一は七里、一は一一里、一は四里の間に散在している（三国地誌二ノ二四二頁）。かような荘園は口分田と近接または介在していたと考えられる。口分田やその他の公田に介在して成立した墾田が自から散在形態になることは上述のとおりであり、その売買や寄進による荘園も散在形態をとるとすれば、荘田が口分田や百姓墾田やその他と介在するに至るのは当然である。それゆえ荘園の地籍が散在形態をとることは直接に班田制の継受であるとはいえないが、その影響は大きい。それは単に荘地の散在形態に影響するという点から考えられるのでなく、その開発と耕作（賃租）とが口分田を耕作する一般百姓の労力を最も大きな要素とする点で特に重要なのである。そこで荘地が百姓の墾田や口分田、または百姓が賃租する公田などと近接介在していることがその当然の結果として現れたのである。例えば前掲の弘福寺田数帳にみられる弘福寺領は定田五町八段二六七歩、荒田四町一段三三一歩からなり、それをとりまく百姓の田が東西南北別に列挙されているが、寺家領が一円地ではないので百姓田はその間に介在錯綜していたとみることができる（大日本古文書二ノ二三六頁）。前掲東大寺領伊賀国阿拝郡柘植郷の天平勝宝元年柘植郷長解、中常《当カ》地売買墾田立券事に

神田漆段上は限東紀寺田　限西石亭大万公田　限南京敢朝臣鯁方公田　限北物部広万呂田

とある（三国地誌二大日本地誌大系本二四一頁）。この寺領は預野庄と柏野庄とであるが、天平二〇年に小治田藤麻呂より栢植郷の中八条、九条、十条、十一条にわたる家地二町、墾田七町一段を売得したのを始めとして、何回かの墾田買得によって成立したもので（竹内理三、日本上代寺院経済史の研究一六〇頁）、その地籍が散在していることは前述したとおりである。またいささか年代は下るが、仁寿年間、紀伊国在田郡の郡司の墾田は和佐村、丹生村では百姓の墾田や口分田または公田と錯綜している（東寺文書礼一之一二在田郡司解、石母田氏前掲論文所引）。

一所和佐村七段二十六歩

門田田五段　四至東至百姓口分田　南至細道　西至百姓口分田　北至藪原

阿弥陀道田百四十四歩四至東至百姓口分田　南至竹原　西至竹原　北至百姓口分田

垣内幡田西圭一段四至東至藪　南至畠　西至口分田　北至口分田

垣内幡田七十二歩　四至東至畔　南至公田　西至公田　北至公田

大町南圭一段　四至東至岡　南至岡　西至藪　北至公田

一所丹生村九段七十二歩

荒木田二段二百十六歩四至東至子午畔　南至卯西畔　西至百姓口分田　北道

中荒木田二百十六歩　四至東至大溝　南至紀臣豊継治田　西至百姓口分　北至道

高苗代田二段　四至東至百姓口分　南至百姓口分田　西至百姓口分　北至大溝

畠田二段　四至東至坂上清水地　南至百姓口分　西至大溝　北至百姓口分

北町班原田二段　四至 東至紀臣常島畠 西至班口口分 南至紀臣常島治田 北至紀臣常島畠

郡司墾田は、いずれは荘園と同様のものになったであろうが、墾田の成立する過程は同様であり、一般百姓の労力の得やすいことがそれを容易にした点は争い難い。そこでこれによって知られることは、初期荘園の荘田の耕作者は必ずしも荘園に専属する百姓のみでないということであり、また専属の百姓を持つことが必須条件ではないということである。そこでは一般には荘園は不輸不入権がなお完成せず、私領として確立していないのである。そのことは、言い換えればそれ自身が律令制の内にあって班田制口分田やその他の公田等に囲繞されているので、それを地盤としなければ成立することができないという事情によるものである。荘園が発達して百姓がその内に完全に専属させられ、荘民となって行く過程をみればそれはよく理解されるはずであって、不輸不入権が確立したことはすでにそれが異なる政治体制の下にあることを示すものであり、百姓の政治的法律的経済的意味はその制約を受ける。耕地についても同様であるから、名田もこの観点よりみることが必要である。しかし私はこのような場合に奴婢労力が全然参加しないというのではなく、奈良時代における奴婢の数の案外多くない事実からみても、これの参加を一般的であると過大視することは誤りであると考えるのである。

このようにみることができるとすれば、口分田やその他の公田等の間隙を縫うて墾田が成立するのであるから、口分田が散在していることは荘園の耕地を散在形態にさせる最初の条件となる。もちろんここで口分田の散在という意味は、口分田の班給における各戸の持分の耕地地籍が相互に錯綜していることを指すのでなく、全体としての口分田の分布が散在している場合をいうのであって、すなわち条里において口分田がそのあらゆる坪を占めているとはかぎらず、口分田に介在して原野山林あり、河原あり、荒蕪地ありという情況を指すのである。これらの未墾地は次第に開墾されて行き、そのあるものが初期荘園の耕地として加えられて行ったことをみるのである。そこでは口分田は荘地として編入され難い条件の下にある。そういう場合に荘地の一円化は困難であった。律令制がその力を失って、口分田が私領化してきた場合に、口分田が始めて荘園に編入される情況においては荘地の一円化ははるかに容易となったと考えられるが、こういう場合でも近畿地方のように、早くより散在した地籍にまたがる荘園が多く存在した場合には、荘地の広大な一円化は実現が困難であったと思う。

それでは、口分田はいかにして荘地ないしは私領と化したのであろうか。荘園は律令制下において合法的に成立したにもかかわらず、結局不輸不入の特権を獲得し、公領に対し私領たる性質をかち得た。不輸不入権の成長の過程においては、公領と私領とを区別して私領の存在を是認する方向に傾いて行った法制の順応変遷がみられるとしても、それは律令への不合法的行為が次第に強く働きかけた結果であった。それは合法的私有地たる荘園がその領地の拡大のために公領を侵略押領したことにあらわれている。このような押領はいろいろの形で生じたが、その主なものは、土豪がその口分田や私墾田を私領とし、またその他の公領を押領して寺社もしくは王臣勢家に寄進して、その安全と実利とを謀ったのがそれである。律令制下においては私墾田は私有地であるが輸租地であるから私領ではなかった。口分田は私有地ではなく用益地であったから私墾田とはその性質を異にしている。それゆえ、律令に従うかぎり、これらの土地の領有権は国家にあって、土豪自身にはなかったのであるから、これを私領化することは何らかの意味において国権に対する干犯なしには可能でなかった。すなわち押領という言葉の生ずるゆえんである。(註)

(註)　中田博士は律令において二種の所有権を認めている。一つは永代所有権であり、園地、宅地、私墾田、大功田、永

代賜田等の常地の地主権がそれであり、他は有期所有権であり、口分田、位田、職田、上中下功田、賜田の上に存する一定の期限ある地主権がそれである。なお有期所有権の背後には常に国家に属する期待的所有権もしくは類似の物的権利が潜在しているとした（「律令時代の土地私有権」法制史論集第二巻一四頁）。中田博士はその有期所有権と規定した事実が古い註釈書において「私田」と表現されているところから、当時の人々の持つ観念を辿らねばならぬものと主張して、それによってそれが公地でなく私田であり、従って所有権と解すべきだとされたにもかかわらず、それを説明するのに「所有権」なる今日の言葉をもってせざるを得なかったのは、歴史の解釈にはわれわれの持つ合理観を何らか投入せざるを得ないことを示すものである。ところで博士がその一つをもって有期所有権なりと規定しても、その根柢に収公という事実のあったことは所有権なる概念を特殊化するのでなければ実際は解釈し得ないのであるから、われわれはこれらを「律令時代における所有権」という特殊な意味をもって解釈しなければならないのである。しかるに博士が荘園領主を説明する場合に、領主職は不動産物権の最も完全なる所有権にして、土地を絶対に支配するの権利であり、その客体たる土地は単に所領に非ずして私領である。他を排して已れ独り支配し得る土地であると説明する場合（「王朝時代の庄園に関する研究」同上七五頁）、博士が律令時代の地主権を規定した「所有権」は、これと較べるなら、完全ならざる所有権と解釈され得る。

もし領主職なる観念が平安時代末期に現れたとすれば、この時代はすでに律令制の事実上の崩壊期であり、武家時代の成立期であるから、土地の権利に対する政治的意義は律令制に示される観念をもって示すことができないものと考えられる。この見解が正しいものとすれば、領主職なる「所有権」をただちに律令時代の「所有権」に比することはその政治的法律的意味を異にする点で不穏当といわざるを得ない。領主職を「所有権」と表現するとすれば、これも特殊な時代的意味において限定して示されることが必要である。荘園という時も同様であって、各時代における差別的規定が必要であって、それゆえに、荘園の領主といっても、律令時代におけるそれと武家時代におけるそれとでは異なる規定をもって示されなければならぬことは当然である。中田博士が荘園は一私人の所有権の対象たることを規定する場合については私も律令制下においてはそれが適当な解釈であると考えている。律令制下の寺社田について博士がいかに規定しているか、見聞の狭い私にはまだ気がついていないが、荘園に対する右の規定からみても恐らく寺社の所有権とみられるのであろうと思われる。それは律令時代の「永代所有権」に比して不輸の特権を持つことが異なるだけであるが、律令により国家主権の支配が及ぶかぎりはいかに不輸の特権があるとしても、それは公法により認許されていることにほかならないから、その土地の占有が所有権であると規定されることは穏当であると思う。そして荘園の設定により寺社田ないし寺社地が拡大してもこれは同様であったはずである。一般に荘園をみる場合にその土地支配者が領主と呼ばれ、または領主が三位以上の身分である者は領家と呼ばれたりする。また、領家あるいは本家へ荘地を寄進している開発者を根本領主と称したり、その土地がその人にとって根本私領であるというような表現もあった。中田博士の「王朝時代の荘園に関する研究」にはこれらの例を多くあげている。この研究においては、荘園が一私人の所有権の対象として規定されているのであるが、果してこの規定をもってすべての場合に押し通すことができるであろうか。私領または領主等の言葉は実際はそれを担う政治体制の性質に頓着なく使用されている。もっと正確にいえばその言葉が始めに用いられていた時代と政治的意義がちがった時代になってもなお用いられているのである。すなわち律令制の或る時代から始まり、武家時代に至っても用いられているのである。もし中田博士に従ってその言葉の意味に忠実であろうとすれば、いかなる意味をとるべきであろうか。試みにそれを一私人の所有権なりとすれば結局名主職や作職も領家職と同視せねばならなくなるであろう。それは外面的に「私領」、「領主」等の意味を追うた結果にほかならない。それではあまりに通俗的見解であって、少しも科学的ではない。この混同を防ぐには、律令時代と武家時代（鎌倉時代）とにおいて土地の領有、所有に関する政治的意味が異なることによってその概念を区別することでなければならない。何となればこのように観るなら、同じ言葉でもその意義は明らかに異っているからである。すなわち律令制下においては、領主もしくは私領という言葉があるとしてもそれは武家時代のそれとは異なり、律令における概念によって解釈しなければならない。また武家時代において私領はすでに不輸不入がその内容となっている。国衙領においてさえそれがあるとすれば、これらを規定する概念としての私領ということの意味は律令時代と自から異ならざるを得ない。従って武家時代における土地に関する権利の諸形態はその相互関係に従って適当な規定をもって表現することが可能であり、必要でもある。しかしまたそれらの権利の諸形態が、先行する時代の形態と連関する点があるのであるから、それを注意することはぜひ必要である。これに関しては本文で触れるとして、ここで便宜上私の規定による学術用語の使い方を挙げておきたい。

律令時代。（1）用益権——口分田、位田、職田、賜田等。（2）所有権——園地、宅地、私墾田など及び不輸租の特権を持つ寺社田（寺社荘園も含む）等

武家時代（鎌倉、室町）。律令時代はすべての土地に律令政府の支配が及んでいたが、平安時代末期以後不輸不入の土地が荘園及び国衙領の内に発達し朝廷の勢力が及ばなくなった。すなわち幕府は朝廷に対し下級の支配者として政治の実権を握り、朝廷の直属地以外は私領化した。この時代に荘園及び国衙領は私領化されたと規定する。

（1）領主権——私領の支配者が持つ権利、下地の支配を指すが、この支配権が、形式上、階層的に分化する。本家職、領家職または地頭職のようにである。（2）所有権——名田の所有すなわち名主、下地の経営。それも後には階層的に分化する。名主職、作職、下作職のようにである。これらの場合に相伝の私領などの言葉がまた用いられているが、領主権とは区別する。

中田博士は名主職を用益権と規定している。これらの当否は本文において明瞭となると思う。清水三男氏は荘園領主権と名田所有権を挙げ、前者は貴族の名義上の荘園領有を示すものとし、後者は武士が荘園や国衙領における実際的領有を示すものとしている（日本中世の村落一八頁以下）。しかしこれでは武士領における武士領主権の上向やまた下の所有権者との関係を明白に規定できないように思う。

押領は律令政府の威令の衰えるに従って頻繁となり、かつ公然となって行ったのであるから、一時に行われたものでないことは周知のことであるが、だんだん公然化して行く過程において、最初は寺社や権勢家の荘園として、その不輸権に隠れることが必要であったところに寄進が行われた理由があるとみてよい。しかし荘園は、律令制下において大きな特権（不輸権）が与えられていたにしても、私領（領主権）ではなく私有地（所有権）であ

ったとみなければならない。すなわちそれは国家権力の支配を免れなかった。国家権力の衰退と共に不入の特権を兼帯するようになって私領としての実を得たから、武士たる土豪が実質的に土地を私領化して行く情勢と連関しているのである。そこで土豪が後に荘園の事実上の支配を完成するに至ったその途上においては、荘園領主の力の存在を無視することはもちろんできない。それゆえこれを外面からみれば荘園がその領地の拡大のために公領を侵略押領したこととして現れており、これを内面からみれば土豪が押領した土地を荘園領主への寄進によって私領化を確実にしたものとしてみられる。口分田の崩壊とはこの種の事情のもとに生じたのであるから、口分田はただ押領によってのみ私領化されたのである。もし名田が私領において成立するものであるとすれば、口分田は何らかの意味で私領化されるのでなければ名田となることはできない。清水三男氏によれば平安末から鎌倉時代にかけて、荘園の不輸不入権の確立による荘園の変革期において、荘園が非常に増加したにもかかわらず、国衙領はそれに劣らぬ程度において存続していたといわれる（国衙領と武士、史林二七ノ四）。国衙領が存続するかぎり口分田もまた存続すべきはずであるが、班田制は平安時代中期にすでに行われなくなっていたので、口分田はもはや口分田としての存在を続けることが不可能であったとみられる。このことは国衙領が律令制に規定された性質を失ってきたことを示すものであり、国衙領の名目が存続し、国司、郡司、郷司の組織もまた名目上存したとしても、それらがそれぞれの地方において何らか領主たる実を持つに至ったために生じた結果であるから、それは荘園の私領化と相応ずる事態にほかならない。清水氏が国司、郡司、郷司の領主化した資料の一つとして勧修寺家本「中右記部類記」の裏書なる一写本に、平安時代末の国衙領には国佃、庁分田、郡司分なる佃《ツクダ》の存すること、また同文書で得永郷田の除田を列挙するなかに郷司佃の存することを示しているのは興味深い（同上）。

このことは口分田の班給を受けていたすべての百姓がその用益地や私有地（墾田宅地園地等）を自己の私領としたという意味ではなく、国司、郡司、郷司のような旧来の高官が自己の管掌する地域の内外を私領としたのであるから、百姓は従来の負担からまったく免れたというのではなく、領主化したこれらの官吏に対して何らかの税負担を負うことは依然としてあるのであるが、両者の関係は律令に規定する性質から解放されて新しい関係に次第に入って行くため、土地に関しても両者の身分関係についても変化したのであった。たとえば国司が従来国家の官職として受けた職田などは口分田の百姓が耕作するとしても、百姓と国司との間の個人的関係としてそれが行われたのではなかった。しかるに、このような職田も私領化し、また別に佃を持つようになれば、国司はそれを耕作させる百姓を自己の専属として従属させることが生ずるから、両者の間に新たな身分関係が結ばれねばならない。そして百姓が経営してきた各種の権利を含む土地も、やがては一律に百姓の名田としてその所有権を承認すると共に国司への従属が確保されるようになったのであるから、私領化するということには重大な意味があった。それゆえ、国衙領として存続してもそこには事実上の押領が行われて私領化していたとみることができる。従ってこのような条件において初めて口分田は名田たり得るのであり、この政治的変革なしに口分田が名田となることはできない。

ハ　初期の名田　このようにして荘園または国衙領における土地(註)は、開墾、買得、押領のいかんにかかわらず、名田となることができたのを知る。

（註）　厳密には耕地のみが「名《ミョウ》」となるのではなく、田地、園地の外に宅地も名《ミョウ》として表現される（石母田正、王朝時代の村落の耕地——社会経済史学一一ノ二所載）

そこで初期の名田はどうであろうかというに、文治二年における大乗院領出雲庄（大和国）では作人が自己の所有する土地に自己の名《ナ》を冠したものを名《ミョウ》といったのである（水上一久、荘園における佃に就いて、歴史学研究七ノ五日本荘園の研究）。班田制下において百姓は口分田の用益権を有したが、これに自己の名を冠して呼ぶことがあったのではないかと思われる。天平神護二年一〇月二一日の越前国司解に、

（前略）然図田籍帳、誤付縄麻呂之名（後略）

とある（大日本古文書五ノ六一四頁）によってみれば、少くとも田籍帳には口分田もしくは墾田の用益者もしくは所有者の名《ナ》を記していることがわかる。また同じ年の八月一九日の越前国足羽郡司解は次のごとく記している（同五ノ五四三頁）。

足羽郡司解　申伏弁人事

別鷹山部下上家郷戸主

所訴田八段西南四条七桑原西里八坊　栗川庄所

右人申云、以去天平勝宝元年八月十四日、郡司判給大領外正（五脱カ）位下生江安麻呂、擬主張无位槻本公老等、鷹山親父豊足已畢、以同年五月、寺家野占寺使法師平栄、造寺司史生大初位上生江臣東人、国使医師外従八位下六人部東人、郡司擬主帳槻本老等、寺家野占畢、而以天平宝字二年二月廿二日国司守従五位下佐伯宿禰美濃麻呂依郡判給畢、鷹山此乎、寺田勘使佐官法師平栄、造寺司判官上毛野真人、国司史生紀朝臣真木等、宛直買取、而為寺田、件田事、以天平宝字四年、校田□（駅カ）使石上朝臣奥継授己名治田、又以天平宝字五年、田班国司介高丘連枚麻呂亦授己名、今国司検勘図幷券文寺地占事在前、今竹山所給在後、加以所給直、而所進寺田、更己名付申事、竹山誤無更申述所、仍注伏弁状進如件、謹解、

天平神護二年九月十九日　伏弁別　鷹山
大領正六位生江臣東人　主政少初位下大宅　人上
少領外従八位下阿須波臣東麻呂　主政外少初位下出雲部　赤人
(別筆)郡印卅四町　国印四町
□(国)判
従五位下行介多治比真人長野　正六位上行椽佐味朝臣吉備万呂

これらは土地台帳において土地占有者の名前を記すことを示している。田籍帳に記載される形式は不明であるが、前掲した天平一五年の弘福寺田数帳に示される記載に近い表現が用いられていたのではないかと思われる(同上二ノ三三六頁)。

東列栗郷戸主□広庭田、同郷戸主並栗臣族手巻田、同郷戸主山背忌寸□郷戸主日下部連広足田、同郷戸主並栗臣族君田、南西同郷戸主六人部連小坂田、薬師寺田圃、同郷戸主並栗臣族嶋足田、同郷戸主栗臣族手巻田、同郷戸主並栗臣豊前田、北圃乗田、同郷戸主並栗臣族手巻田

上代において名《ナ》が所有物と同一視される傾向の強いことからみて、名田の先行形態があったと思われる。しかしこれらの名《ナ》が名田《ミョウデン》と同じ性質を持つのでないことは、前述したごとくまったく異なる政治体制において意義づけられている点から明白である。清水氏はこれら両者を比較して「後の名《ミョウ》は国衙への課役の免除、又は租の免除を内容とするに対し、田籍図帳の名《ナ》は寧ろ国衙への租の負担者を記すもので、形の上の関係は認め得ても、本質上の聯関は別箇の問題」としている(日本中世の村落二四頁)。ところが後の名《ミョウ》は租を負担する単位としても現れて

いるから、このことは国衙領の名田や出作負名などにはあてはまるとしても、その他の名《ミョウ》については必ずしもあてはまらず、従って両者の相違は名田が私領に規定される特定の土地の所有権たる内容を持つのに対して、上代の田地の名《ナ》は国家支配の下における土地が各種の占有形態をもって示されるにかかわらず、占有者の名を冠して呼んだところにその意味がある。寺社地の耕地は田籍帳には寺社家の名前が記されていても、個々については実際は耕作者の名をもって呼ばれていたものと思われる。これらが名田の呼び名の先行形態であったということは推測できる。

名《ミョウ》という呼び方は「な」に名の字があてられて後かえって「な」の呼び方を改訂してしまった結果であろう。例えば重国名田《シゲクニノナノタ》という呼び方があっても、それが呼びにくいところから名《ミョウ》または名田《ミョウデン》となって行ったのではないかと思われる。このことは名主が中世を通じてミョウシュともナヌシとも呼ばれていた所から想像してみたのであるが、後考にまたねばならぬ。

ともかく荘園領主は荘園が私領として確立した場合に形式上はその領主権を持つのであり、荘園内の作人である名《ミョウ》の持主は所有権を持つことになる。清水氏の説くように平安末の荘園は、多くは地方の豪族が私領化した自己の土地の利益を確保するために寺社、勢家に寄進したことにより成立したもので、寄進後も土地に対する実権は地方土豪の手にあったといっているが（日本中世の村落一三頁）、荘園領主としての本家を立てる必要があったかぎりは、自身の力でそれを私領化するには政治的な力の不足があったと考えなければならない。荘園領主を本家または本所とするのは単に名義上であったとは考えられない。武士たる土豪が自己の力で土地を私領化しても、第三者の確認を得るのでなければ私領としての位置が不安であるから、そのような社会的確認を要請する手段として本家を立てたのであって、国衙領においてこのことの少かったのは、元来国司、郡司、郷司などは国家の官吏として、ある領域の支配的位置が承認されていたので、それを私領化してもその職権と判別することが困難であったから、第三者の侵害を比較的免れ得るような有利な位置を持っていたことに理由があったと考えられる。それゆえ土豪が争って国衙領におけるそれらの地位を占めるに至った風潮（清水氏前掲論文）も肯けるのである。ところで従来本家または本所の意味を比較的軽く解してきたように思われる。平安時代の荘園において本家・本所たるべき家は院や寺社を除いては、摂関家とそれに繋る少数の家のみに限られていて、これには大きな社会的権威のあったことを認めなければならない。鎌倉時代においてさえ誰でもむやみに荘園の本家・本所になり得なかったことは頼朝の地頭補任のことにも容易に察せられるところであり、玉葉巻四二、元暦二年九月二五日の条に、藤原忠実が、保元の初め鳥羽院に寄進した荘園の預所となるようにという勅意を受けた際、鎌足以来数十代の間摂籙の任を担うてきたのみで、領家の職に補せられて田舎を知行したことがなく、その任を受けることは家の瑕瑾となる旨を申し上げて辞退している（国書刊行会本巻三ノ一〇〇頁）。このことは荘園に対して常に本家・本所たる領主権を有する家柄であることを示すものであり、その権威を自覚していたものである。従って地方における土豪が実力によって支配し得る領地を新しい領主に附するにあたって、これを本家といい、本所というのは、単なる思い付きではなく、この関係をそのような身分関係に投げ込むことによって私領を確保しようとしたのである。それは法律契約とは異なるものであり、日本の家における同族組織に示される本家・分家の観念と連関するものにほかならない(註)（この連関の根拠については後に触れる）。

（註）　中田博士は「王朝時代の荘園に関する研究」（法制史論集第二巻一一六頁）において、本所は公式令にみられる本司・

本属と同義で、庄官及び庄民が支配者たる領家を呼ぶに用いたものであり、本家は寄進者が自己の所領を保全しようとして権門勢家に対し自己の有する所当の一部を寄進し、彼らをもって土地の名義上の支配者とする特殊な契約を結ぶ場合に、権勢家を名づけるものであるという説明に帰している。中田博士の両者の区別に関する説明は十分には理解できないところもあるが、本所という言葉が「荘園の直接の支配者たる領家と名義上の支配者たる本家」の双方に混同して用いられていることの少くないことは、双方の性格に共通する点があるからであると考えられる。名義上の支配とは中田博士によれば庄民に対して直接には何らの命令権のないことを意味するのであるから、本家は庄民を直接支配する領家がその上に権勢家を戴く場合にそれを称するものであるとされ、本家が領家に対して無力であると説明されているのではない。またこれに対して本所は荘官荘民と領家との関係において、荘官荘民から領家を呼ぶ場合に示されるとしているから、預所を通して結ばれたのであろう。その場合、武士たる荘官が実力を持つ場合に本家・本所の力は比較的弱いとしても、事実上の支配者たる荘官が名義上本家・本所を立てなければならなかった心理には根拠があると考えられる。それは日本における社会結合に示される民族的性格にほかならないが、私は荘園における寄進と恩給との関連によく示されていると思うので、後に触れたい。ところで注意しておきたいのは寄進荘園において寄進者たる荘官は荘園の実際の支配者であるから領主権を持つが、彼は領主に荘地を寄進しているので、形式上、上級領主に対して下級領主権を持つ者と言い得る。またこれらの場合、上級領主権が分化して二つになることもあり、一つに止まることもあるが、このような場合に荘官（下級領主）はすぐ上の領主権者を本家と仰ぐのであり、さらにその上に領主権者が設定されても、それは中間の領主権者にとっての本家であって、下級領主権者（荘官）にとって直接の本家というのではあるまいと考えられる。次の事実はこの事情を暗示するようである。寿永三年丹後国大内郷開発領主平辰清は所領保全の目的をもって自らこの郷の地頭職を留保して、その領主権を八条院女房弁局に寄進した。しかるに新領主弁局は文治二年に至り所領保全の目的をもって本郷の本家職を八条院に寄進し、自らは預所職を留保している（東寺百合文書ホ二一至三五――中田薫、法制史論集第二巻一一八頁）。平辰清が弁局を本家・本所と呼んだとは書いていないが、八条院は弁局が勝手に本家としたのであって、辰清には直接の関係がないから、辰清が最初弁局に寄進した時には、弁局をもって本家としたものにちがいない。上級領主権が分化しないかぎり本家はそこに留まるはずである。上級領主権が分化してきたから、区別した名称が必要になって来たのであると考えられるが、本所という言葉が本家と混同して用いられているのは、区別し難いものが元来あったからであろう。それにもかかわらず両者を区別するに至ったのは、後世において分家の分家（孫分家）が宗家を自己直接の本家と区別して特別の本家を意味する言葉で呼ぶ風習（後出）と脈絡のあることを注意したい。

そこで荘園に対する何らかの力を持つ領家（本所）は荘園の現地においてその代表者たる預所《アズカリドコロ》を持つことができたのであって、荘官が実際の力を持つとしても預所が多かれ少かれ荘官を牽制するということはあったと思われる。これに比し国衙領において国司以下の官吏が国衙領を私領化した場合に、それらは荘園のように本家・本所のような上級領主を持つ必要が幾分は少かっただけに自己の力を伸ばすのによい条件に恵まれていたと考えられる。清水氏が国衙領における武士領の発生を重要視するのは賛成できる（清水氏前掲論文）。

律令制において口分田の耕作が用益権であるのと並んで、墾田は所有権であると規定されるとしても、墾田のみが名田（所有権としての）に継承されたわけでないことはすでに述べたとおりである。土地耕作の実態は継承されるにもかかわらず、土地に対する権利の意義がちがうのであって、すなわち荘園たると国衙領たるとを問わず、土地が国家権力の支配から離れて私領の内に編入されるところに名田成立の根拠があるので、それは口分田でも、墾田でも、買得地でも何でも継承するのである。ところで荘園における名田には私領としての荘園の成立形態が影響するので、各種の名《ミョウ》が複雑に現れてくる。すなわち一般作人の名《ミョウ》のほかに預所名や荘司名（公文名《クモンミョウ》、下司名《ゲシミョウ》など）が成立する。寄進荘園においては寄進地主が荘官となるのが普通であり、荘園経営の実権はその手にあるので、その名《ミョウ》は単なる所有権とはみなし難い。預所においても、それは本所を代表する地位にあるので同様である。

預所名や庄司名《ショウジミョウ》が給田《キュウデン》の形をとるとしても、旧領安堵《アンド》の形をとるとしても、その経営形態は佃《ツクダ》であって、直営する場合には下人を使役しまた一般作人の夫役《ブヤク》を徴するのであり、そうでなければ一般作人に請作《ウケサク》させるかであるから、一般作人の名田とは明らかに相違があった。文永年間の乙木荘では預所名、下司名はみられるが、百姓《ヒャクショウ》名《ミョウ》はみられない（西岡虎之助、中世荘園における土地配分形態、史苑一〇ノ四）。ここでは明らかに両者の区別が認められる。この場合、百姓田を名と呼ばぬとしても、その実態は名田である。佃についてみれば、たとえば後平太佃と作人の名を冠しているから、百姓田は後平太田と呼んでいたのであろう。しかしこの時代に名はすでに一般的に行われていた。自墾荘園は領主の直営に始まるとすれば、荘田は先ず領主の佃たる形態におかれるはずである。弘仁一四年の太宰府の公営田《クエイデン》が近江依智庄の庄佃の経営に類似し、範を庄田経営にとったものとすれば（赤松俊秀、公営田を通じて見たる初期荘園制に就いて、歴史学研究七ノ五、日本荘園の研究）、領主の直営形態もこれらと共通するものであろうから、使役する作人に生活費を含めた食料を支給して庄田の全収穫は領主が取るというような形態となるはずであろうが、荘園の成立には先行の諸条件があるので必ずしもこうした単純な形をもって始まらなかった。すなわち荘民となるものには口分田の百姓があり、彼らはすでに古くより土着しているので、口分田百姓が荘園専属の百姓とならぬかぎりは、食料は支給せずとも功稲が支払われなければならず、また寄せ集めた浮浪人なら荘園に専属するので、生活費として食料を支給せねばならず、場合によっては種子を与えることも必要であった。しかしそれらは総じて作人の最低の生活費を領主自ら賄う場合に、全収穫が領主の手に入るのであって、作の豊凶による直接の影響は作人には及ばない。佃は、領主の佃であれ、預所荘官の佃であれ、先ずこの性質を継承するものである。年代は下るが嘉禄二年二月肥前国佐嘉御領小地頭等の言上状に、惣地頭分として雇作町別一斗八升を掲げ、その説明として次のようにある（竜造寺文書――大日本史料五ノ三、六九七頁）。

件雇作者、伊豆民部太夫殿之時、恒松名内田一町高柳前、催集御領住人等、下行種子、被耕作畢、其後号催作、切宛名々、弁済町一斗八升、但於末吉者、毎年四反弁之、分米三石六斗、除種子定也

これは惣地頭の佃設定である（水上氏前掲論文）。これだけでは詳しいことはわからぬが、その経営は前後の変化がみられるように思われる。すなわち初めは垣松名の一町に領内百姓を催集《モヨウシアツ》めて、種子を与え総耕作を行わせた。後には百姓の各名に町別一斗八升を負担させて惣地頭の収入としたらしい。佃の耕作を領内百姓にさせるのに種子を支給するのみであるのは、別に名田をあてがってあるからであろう。従って賦役耕作の形態である。佃耕作に農食料はおろか、種子も与えぬ形態もあるが（三上氏論文、歴史学研究四三ノ一〇〇頁。新見氏前掲書五一頁。東寺百合文書二、ほノ一七、寛元元年若狭太良庄の空佃のこと）。一般には種子農料（食料を含む）が支給された（水上氏論文）。これは佃領有者の直営形態から生じた形であって、賦役は必須であるから、賦役労力の源泉たる百姓をして領内の名田を耕作定着せしめることが必要となる。

ここで私は田堵《タト》を引合いに出してみたい。清水氏によれば田堵は名主の先行形態であるという（日本中世の村落三〇九頁以下）。また氏によれば荘園領主と田堵との関係は、領主に対する田堵の力役奉仕関係が中心であることを指摘し、田堵の領主に対する朝夕召使なるものは、名主が領主直営地たる佃の耕作をなすことにより、名田を保有したのと似ていることを注意した（同上三一五頁）。田堵が主従関係をとる相手は必ずしも上級の荘園領主にかぎられておらず、荘官であることがある。東大寺領越後国石井荘における天喜五年解状によれば、多くの隣国百姓をひきいた古志得延が、荘司兼算に名簿《ミョウブ》を捧げ、これに朝夕召仕え、田堵となったとみえている（京大蔵東大

寺文書Ⅲ51、日本中世の村落三一四頁所引)。ともかく清水氏によれば田堵は名《ミョウ》を有するが、その所有地たる名から年貢地子を徴収することが領主にとって主要なものではなく、佃の耕作やその他の労力奉仕が主であるから、それは名田として固定されず、名役《ミョウヤク》としての課役が確定されていたのであって、従って田井啓吾氏が注意したように(「田堵に就いて」歴史学研究七ノ五、日本荘園の研究)、田堵の雑役免《ゾウエキメン》が国衙に対して、荘園領主から要求されたことがはなはだ多かったとしている(日本中世の村落三一五頁)。私はこのような関係は上級の荘園領主との間におけるよりむしろ荘司との間により多く現れたものと考える。何となれば、荘司は自ら大規模に農業経営をしていたものと考えられるからである。このような関係においては田堵の労力奉仕が大規模に要求されるから、田堵は自分の下人を率いて領主乃至荘司の佃の耕作やその他に労役を出したとすれば、自己の名《ミョウ》には十分にその労力を注ぎ込むことはできなかったはずである。それゆえ田堵に許された名は、その一族郎従の自用を賄うほかには荘司はそれから何ら年貢地子を期待してはいなかったと思われる。そこでこれは荘司から許された田堵の自用地ではあるが、荘司に名簿を捧げて主従としての身分関係を結んだ表象としてその土地(恩給として)が許されたので、荘司に労力を奉仕させるのが主な目的であった。しかし荘司は自己直営の佃を無制限に拡張する必要もないし、また不可能であり、また種々の必要によって佃を縮小することもあったと思われるから、田堵の請作が発生し発達したものであろう。田井啓吾氏の前掲論文に預作人と示され、また治田《ハリタ》の所有者と説明されているのはこの段階を示すものであると思われる。名田の形態上の確立をこれにおきたいと思うが、資料の明徴を得ない。清水氏は地主としての田堵と名主との連関を説いているが、形態的にはこのように考えるほかには連関すべき根拠を発見することはできない。ともかく史上にみられる佃耕作は、領主荘司による賦役とそれを担当する名主が名田の年貢を負担することとが混在する形態や、佃も名田化して請作が支配的となった形態や、さらに佃も名主が売買し得るほど完全に名田となった形態がみられ、領主荘司の直営が廃絶されてきた方向に進んできたものとすれば、田堵の性質は推測し難いものでもない。従って名主と荘司との間にも最初は主従関係をもって結合することがきわめて多いということも考えることができる。むしろ主従関係をもって結ばれたというのが真相ではあるまいか。

さて名田の名主を領主（荘司）の佃耕作に使役する条件が苛酷であれば、名主の逃散する恐れもあるが、種子農料または食料のある部分が支給されなくなるのは、佃が名主の請作に移る過程に現れる条件であると考えられる。佃の耕作は直営から請作に移るのが一般的情勢であったと思われる（水上氏論文）。前掲した佐嘉領の佃も初めには地頭直営のある形態を示しており、それが名主の請作に転じている。末吉はその完全な形を示している。それゆえ雇作という言葉は地頭直営に名主の労役を賦課して耕作させることから起っており、少しも賃銀労働を意味しているのではない。これはヤトイサクと呼ばれる。奈良時代において賃銀労働としての雇、傭等の文字は用いられているが（滝川政次郎、奈良朝の雇傭制度と賃銀の種々相、史学雑誌三八ノ五）、しかしここではヤトイには別の意味が生じていることを注意したい。これは荘園にかぎらず私領の領主（預所、荘官、国司、郡司、郷司等をも含めて）に作人を専属せしめる過程において生じたものと考えられる。奈良時代において功稲を支払う場合は、まだ十分に荘園ないしは土地所有者に専属しない作人に支払う賃稲たる意味を持つのであって、食料または農料種子を給与する場合は、それに専属する意味が濃厚となるのである。

これらの佃も先に触れた国司、郡司、郷司の佃も同様であると思われるが、これらの人々は実態としては武士であり領主であって、何らか私領を支配していた。その下に名田の所有者である作人が存在したので、佃が名《ミョウ》であるということはこれら領主の直営においては存在し得ないはずである。ところで荘園における本所の権利が領主権であるとすれば、実権を持つ荘官の百姓名田に対する支配は下級領主権にほかならないから、前述のごとく預所名とか荘司名という表現は必ずしも適切なものであるとはいえない。この喰い違いはいかにして生じたものであろうか。私領における領主の佃はもちろんその直営に始まるが、それはその支配する名田の所有者たる作人の労役を徴発することを主とするであろうから、ヤトイサクであると考えられる。もちろんこれらの領主は自家直属の下人のようなものを所有していて、それを使役し経営することも併存したにちがいない。しかし佃は領地の拡張に応じて際限なく増加することはないし、またその必要もあまりない。これは後にあげる資料によっても知られる。むしろ名田の発達につれて後には佃も退化して、専属する作人の請作地に変化しさえした。それゆえ作人による佃の分割耕作が始まり、やがて一定の現物年貢が定められて請作地に変る。このような場合は佃も作人の名《ミョウ》のうちに編入される（水上氏論文）。佃が名であるという表現はこのような場合に初めて普通の形として捉えられるが、荘園の下級領主たる預所や荘官の直営地である場合には二重性格をもって現れていると考えられる。すなわち、それは佃であると同時に名田であることである。特に荘官の佃はそうであって、これは荘官の性質がそうさせるのである。すなわち、荘官は一方百姓であって、自営地を持つと同時に荘内百姓を支配する地位にあり、自営地に関してはそれの領主権を持つと同時にその所有権を兼帯していた。それゆえ佃は彼の名田としても存在した。このことはそのような下級領主権者が名の発生につれて成長してきた経路をみれば、その下級領主権の核となるものが直営による名田の所有権であって、このことが上級領主との明らかな差違であることが了解される。それゆえ佃が、もとからの私有地であっても、また後の給田《キュウデン》であっても、その直営に彼が支配している名田の作人（名主）を使役することが必要でもあり、またできるのであって、それが佃といわれる理由でもある。そしてこれはヤトイサクにほかならない。延暦一六年八月三日の太政官符によるに、荘長がその権力を利用して自己の田地の耕作に百姓を使役することを「私に佃《タツクル》」といって禁制されているが（旧国史大系本類聚三代格八二七頁）、律令制下の荘園の佃と私領としての荘園の佃とがその内容を異にするとはいえ、この事実のうちに後の荘園の佃に発展する先行形態としての意味が含まれていることが注意される。言語の意義の変化には社会制度の変化が織り込まれている好適例として示される。私は従来名田の性質の捕捉し難かった理由の一つとして、上に指摘した佃の二重性格を無視したことをあげうると思う。

二　名主職、作職、下作職の分化　平安時代には名田の持主を名主といわず、作人《サクニン》、作手《サクデ》と称した。これは名主が自作農であったからであるといわれている（新見氏前掲書二四一頁）。そうならこれは恐らく出雲庄にみられる名主と同様のものであろうから、名主とは名田の所有権を持ち、かつ自ら経営する作人を指すのであって、鎌倉時代に名主を百姓と区別する記録もあるが（清水三男、日本中世の村落二八頁）、また百姓と呼ぶこともあったのは（新見氏前掲書四〇頁）ここに根拠があろう。それゆえ名主は名田の作人であり、その身分は初め名田の所有権者にして経営者として定められたが、名《ミヨウ》は田地に固着して変更することが少かったから、名田の持主と名の表現とはまもなく一致しなくなった。出雲庄では文和三年には文治年間の名がそのまま残ったにもかかわらず持主の名は異《ナ》なり、名《ミヨウ》が半分に分割されたものが四例に及んでいる。さらに延文三年には変化して三名または一名半を兼併したものが現れている（水上氏論文）。従って文治年間における持主の子孫でないものが名主のうちにあると思われるのであって、名主は作人としての身分たる意味を失いつつあり、一方では身分から離れた田地の単なる所有権たる名主職《ミヨウシユシキ》として示されてきて、名主職の分割や兼併が現れてきた。従って名田の所有権としての名主職がさらに極めて小さく分割されることも、さらに大きく兼併されることも可能になったのである。しかし荘園においては名主職の獲得はその手段が事実上譲与、寄進、買得の如何によらず、形式としては本所からの補任によった。補任状の文句から見れば名主職の給与は授与者の御恩《ゴオン》によるものであり、その土地が恩領ならば自由処分は許されないはずであったが実際はそうでなかったという（新見氏前掲書二四七頁）。名主職の獲得が本所からの補任の形によったというのは、名主が初めには預所ないしは荘官との身分関係を通して本所と結合されていた慣習の残存であって、恩補《オンポ》の場合にそれが明らかに現れている。すなわち恩補は授与者と受給者との間に主従関係が成立したので、名主職の授受は身分関係と結合した。中田博士は補任が宛行《アテオコナイ》もしくは恩給《オンキユウ》と同義であることを指摘しているが（前掲書一八九頁）、宛行や恩給は身分関係と密接な関係があるということを理解することができる。この意味で名主の恩補には名主の原初的な意味が現われているが、その半面において身分から離れ得る所有権としての性質をすでに含んでいたので、名主職の分割移譲は可能であった。移譲した場合に身分は別箇のものとして存在するので、いったん生じた主従関係がそのために失われたのではない。それゆえ一方では身分としての名主はもはや存在していなかった。

　そこで名田を持つ者が名主であるというものの、それは個々の田地について名主職《ミヨウシユシキ》として表現され得るものであって、一部を他に譲渡しても、残りの名田について名主職を持つことができるはずであると考えられる。名主職の負担はその名田について地子《チシ》（年貢《ネング》）と公事《クジ》とを出すことであり、彼が作人でなくても一定の得分《トクブン》はあるので、名主職の移転が可能であれば、それを兼併する風潮が生ずるわけである。預所や荘官のように名田を支給された者もさらに名主職を兼併したし、文治以後地頭や守護が設置されて、これが荘園内に勢力を張ってくると、これらの者も盛んにその兼併を行った。貞永式目第三十八条には惣地頭押妨所領内名主職事と規定しているほどであるが、この兼併にはほかに寄進も買得もあった。本所ははじめ下地《シタジ》の進止権《シンシケン》を持つので、その領内の名田から名主を通して一定の年貢は徴収できたが、また別作名のような名田を直接に持ち、作人からその得分を収取した。この名主職は本所が兼ねていたので名主がないといわれている（新見氏前掲書二五〇頁）。しかしこれは、佃に類似した直接の支配地ではなく、名主職の得分を所得するのみであって、こういう名田を直属せしめた理由は明確ではないが、本所が名主職を兼併した事実のあることは注目しなければならない（新見博士前掲書二二九頁所引、東寺百合文書リ、六一―七二売申名主職事、参照）。これは鎌倉時代以後地頭または守護が請所となり、あるいは本所は地頭と下地を中分《チュウブン》しなければならなかったような社会情勢において、本所の収入の減少を防ぐ対策として取られた場合もあったのではないかと思われる。ともかく、このような場合に本所が名主であるということは、名主がもし身分であるとすれば、高い身分と低い身分とが結合したことになり、はなはだ珍奇な現象といわねばならないから、そこでは名主は身分として存在せず、領主権と兼帯された名の所有権として示されるものと解するほかはない。

本所が名主職を持つという場合に注意すべきことは本所と作人との関係である。新見博士は名主職の下にある作人を小作人であるとみる意味から、本所（名主）領の作人は小作人であるが地主的地位にあるという矛盾した説明に陥っている（前掲書二五〇頁）。そこでさらに新見博士の説明を聞くに、名主職は年貢（地子）、公事を領主に上納する義務を持ち、一方、作職《サクシキ》からこの年貢に当る額を収取すると同時に、さらに加地子《カジシ》を収取する。もっとも年貢は作職から領主に直納することが多いのであって、この加地子は厳密にいって今日の小作料に当らないという（前掲書二六七頁）。もしそうならば作職は小作人でないことを示すものでなければならない。ところが加地子についての新見博士の説明によれば、小作人が年貢と加地子とを合して地租同様に考えていたらしい点からみて、それは小作料とは同じでないと推論するのであるが、鎌倉時代に小作なる言葉はみられるとしても（田代文書、応長二年三月、和泉国大鳥庄田地注文の内吉貞名につき「名主自作分五反二百六十九歩、百姓小作分一町三反二百三十一歩」とあり）、作職《サクシキ》が小作人であるかどうかの問題を解明しないと、このことは明白にならない。そこで名主職、作職、下作職《ゲサクシキ》の関係を知ることが大切となる。

　ところですでにみたように名主職を持つ者には本所あり、預所あり、地頭、荘官などもあるのであるから、名主は必ずしも一定の身分として本所や地頭、荘官等が別個に持ち得た地位でないことは明らかである。たとえば地頭は幕府が鎌倉御家人《ゴケニン》をもって補任したという場合、地頭給として名田が与えられたとしても、それは名主という別個の身分地位として表現されたものではない。地頭は御家人としての身分の者に与えられた職務であり、世襲することにより権利としても固定したが、ともかく、その職務を持つ御家人と幕府（将軍）との主従関係において、恩給として名田の所有権をもってしたのであり、それが名主職にほかならない。名主職がこのような意味を持つ場合に作職、下作職はどうであろうか。作職を名主職の下にある小作人としてみる人もある（新見博士前掲書二六七頁）。ところが永正一七年の革島文書によれば、革島庄の地頭革島氏はその所領の多くの田地において本家職（領主権）を有し、数カ所の田地においては名主職を持つにもかかわらず、次の土地では作職を持つにすぎない。

広野箕塚

二段　本所新免西園寺殿地頭太秦桂宮院加地子安楽寺　（新見博士前掲書一五三頁）

革島氏のごとき豪族武士が安楽寺の小作人でないことは明らかであり、本家職を持つものが小作人であるはずはない。新見博士も、革島氏は地頭であるから作人職を有しても、また小作人を置いて小作させたものであろうとしている（前掲書二七〇頁）。このことは厳密にみれば作職が小作人と同じものでないことを示している。また地頭である者が本家職を持ち、同時に名主職、作職を兼帯し得ることは、それらが一種の権利として譲渡できるものであることを示している。すなわち、同一人がそれらのものを同時に持ちうることは、名主職が固定した身分にのみ附着するものでないことを意味している。それゆえ革島氏が下人を使役して田地を経営する場合、作職を持つのは革島家当主であって、その下人ではない。下人は革島家の下人としての身分であって、作職とは関係はないのである。また別に小作人があるとしても、小作人は地主の内附であって、地主の持つ作職とは関係がない（このことは後に説く）。

次に、下作職についてみるに、これはまた小作としてしばしば説かれている。ところが次のような例がある。

売渡申　下地之事

合一段在所水田三坪北縄本ヨリ四段目也 字釘貫ケ内号

右件之下地者依レ有二要用一直銭二貫五百文ニ限二永代一所二売渡申一実正也、但本所御年貢者夜刃神方大方分也、名主分者稲荷法楽之時一貫百文出之、作職分者十二月八日御仏事足寺家ニ拾参合升参斗定也、此外者作得分也、仍為二後日一永代売券之状如レ件

康正参年丁丑卯月廿二日　上総寺主

増　祐　判（東寺百合文書、京、一六―二四。新見前掲二二九頁所引）

これは上総寺主増祐が下作職を東寺に売り渡したものである。増祐がまた小作人のような身分のものであったかどうか不明であるとしても、売り渡した相手方の東寺がそうでないことは明らかである。増祐も一寺の主であってみればそれほど低い身分とも考えられないが、いずれにせよ僅々一段歩の下作職の移動によってその身分が変化するということもあり得ない。このような例を新見博士はなおあげている（同上二七三頁註七、東寺百合文書、ッ、五二―六一、文明十八年下作職の売券――後出）。

そこで名主職を持つものが名主職を他に譲渡した場合にどうなるかというに、名主職を持っていたものが、新しい名主の作人となり、作職を自己の手に残しておく場合がある。

売進　私領田地事
合壱段者
在高野山御領大籔村字長田
四至在二本券文一
件田地者、沙弥妙念相伝領掌之地也、而依レ有二要用一、銭拾五貫文仁、限二永代一、奉レ売二干持明院検校御房一畢、不レ可レ有二他妨一、綿代銭加地子等課役、自レ昔更無レ之地也、但妙念為二定作人一、不レ論二干水損一、毎年ニ一斛伍斗片子米お無二懈怠一可二進上一、若云二片子一、又於二此地一違乱出来者、可レ召二取余所私領一者也、為二後代亀鏡一放二新券文一之状如レ件
永仁四年十二月六日　売人妙念（略押）

（大日本古文書高野山文書五ノ五八七頁。新見氏前掲書四〇頁）

また作職を譲渡することがある。

謹辞申売渡進新放立券文

合一反者在和泉国近木郷之内水江里十七坪之内

四至本券面在之

右件田地者、行貞先祖相伝之私領也、而今依レ有二要用一、直銭宛二伍貫文一、相二副本券文七通一、売渡事既畢、全不レ可レ有二他妨一、但彼田地者、行貞作人、而毎年地頭国家所当公事銭之外ニ八斗地子米可レ令二運上一者也、但彼田地者、以二本銭一可レ請二返一者也、仍為二向後亀鏡一、新立券文之状如レ件

元享元年辛酉六月廿六日　　売人行貞花押

買人僧

（同上七頁。新見前掲書四三頁）

この場合は作職を譲渡して下作職を保有したかどうかは明文がないが、本銭請返しであってみれば下作職を自己に保有したことは推測できるところである。上述の二つの場合について注目すべきは名主職の場合でも作職の場合でも、ともに相伝領掌之地とか相伝之私領とか記する点である。もしこれが地主であることを示すとすれば、名主職も作職も地主でなければならない。もっともこの種の売券がすべてこうした表現をとるのではないから、この点のみからいい得ないが、これらは下地に附着した所有権である点において共通点があるという逆表現なのである。前掲の上総寺主増祐が下作職を売り渡した場合は、その後、増祐がその田地といかなる関係を持つか明

白ではない。多分は無関係であろうが、もし永享九年東大寺領河上庄荒堀田一反の次郎太郎の売券に現れているように（水上氏前掲論文）、

本所（法花堂）――地主（中院）――作主（師得業）――下作主（筑前）――作所職（次郎太郎）

というような階層分化があるとすれば、増祐の場合もその下の段階の権利者として残り得るものであろう。このように多くの階層がないとしても上述したところにより、下作職が下地に附着した所有権の一種であり、彼が真の作人（耕作者）でないとしても、それを持つことにより得分のあることは明らかである。前掲康正三年の下作職の売券で作得分といい、文明一八年のそれには加得分とあるのはこれを示すものであろう（註）（於二本所之御年貢一者、以二十三合升一五斗納レ之、又名主之方江同升仁三斗納レ之、加得分者以二十合升一五斗納申也）（新見前掲書二七三頁註七）。

（註）　清水三男氏は「室町時代に於いては名主も作人も耕作者でなく地主的収得を受けてゐる者が多かった」「作主職が名主職と同様のものであり、本所を戴いてゐるが、自作農ではなく、地主職であった事は明かである」と述べている（日本中世の村落二六五頁）。

このようにみるなら下地の所有権は階層的に構成されているということができる。しかしそれは複雑であって、それを持つものが常にそのうちの一つだけしか持つことを許されないという性質のものではない。異なる田地についての名主職と作職とを一人で兼帯することができる。また下作職をも兼帯し得る。同一の田地についての上級所有権を放棄すると同時に下級所有権を保有することができる。それゆえ上級所有権はその内に下級所有権を内含しているのであって、所持者の必要によって各階層の所有権に分化することはできるが、未分化のまま存続

することもある。従ってすべての田地において所有権の上下の階層が常に現われているのではない。前掲東大寺の例に示されるように地主以下四階層の分化を持つ田地がそう沢山あるとは考えられない。

これらの階層的に分化され得る所有権を持つものを私はすべて地主《ジヌシ》であると定義したい。(註) 従ってそれは日本における封建的意味においてである。

（註） 清水三男氏は名主を地主と規定し、その代表的勢力を武士なりとした（日本中世の村落二八頁）。

これは初期名田の名主が作人であると同時に地主であるというのと同じ意味においてであり、後期の名田においてはその所有権が分化したという相違があるのみである。それゆえ後期においては下級所有権者が現実の経営者（地主作人）である。そこで地主の経営をみるに、どんな意味においても地主は自ら名田を経営するものであるが、一つの場合においては地主自身が耕作に従い、他の場合には地主自身は耕作に従事しない。前者をしばしば自作農というのであるが、この場合でもその家族員の労働によるのみでなく、下人や同族を使役することがある。後者については下人のみ使役する場合もあろうが、家族員や下人以外の同族もそれに参加することもあるであろう。これらの場合、地主（戸主）と家族員、ないし同族、下人とは身分関係であって、それは所有権とは別個のものである。地主は自己の持つ所有権が何であれ、下地の経営に当面している場合には自己が持つ労働組織を運営するのであって、運営の都合に従って所有権を収得したり譲渡したりするのである。たとえば、革島庄の地頭革島氏は多くの田地の本家職を持つほかに、数ヵ所の名主職を持ち、一ヵ所の作職を持っていたが、本家職とは名田の作人（名主以下）を支配する領主であるとすれば、その名田の経営に直接関与するのでないから、革島氏が常備する労力を用いることは必要ではないが、名主職と作職とを持つ田地の下地の経営に当面していたとしたら、それぞれ下人を使用したものと思われる。しかしそれらの田地も、革島氏が下地の経営をするのでなければ別である。下地の経営をする場合に作職の田地についてみるとすれば、作職は下人が持つのでなく革島氏自身が持つのである。名主職を持つからといって地頭から名主身分に転落したのでなく、所有権としての名主職を兼帯したにすぎない。それゆえ、革島氏は地頭であるがまた地主たる身分を持つのである。上総寺主増祐は僧侶にして地主であった。彼は売り渡した一反田の下作職を持つかぎりは地主でなければならなかった。彼がこの田地一反のみの持主であるとしても、その耕作を自らするなら自作農の地主にほかならない。或いは増祐は他にも田地を持ち、それらの名主職ないしは作職、下作職をも保有していたかもしれぬ。そして寺下人《テラゲニン》を使役して経営したかもしれない。この場合でも名主職や作職と共に下作職は彼の手にあって、寺下人の関与するところではなかった。このことは何を意味するであろうか。すなわち、下人は主人たる地主の内附としての身分関係にあるので、主人から独立するのでなければ封建的所有権の持主とはなり得ないのであって、小作人とはこの内部関係から発生したものであり、それに関連するものであっても、所有権を持たないから、その階層分化によって生じた上級所有権に対する下級所有権を言い表わすものではない。新見博士が、年貢と加地子とが小作料と異なり、地租と同義のものではなかろうかと疑義を感じているのは、この観方からすれば、それらは実は分化された所有権のそれぞれに対する負担として成立したものであるから、小作料とは異なる。従って中世においてこれらの所有権に関して小作という言葉がまったく用いられていないことを軽々しく見過してよいということはない。小作という言葉が鎌倉時代に現れたとするなら、小作制度の起源をそこに求むべきであろうかというに、必ずしもそうではない。初期名田の地主はその家族構成が奈良時代家族の継受であるとすれば、それが大家族形態を採らぬ場合にも、その経営に下人を使役することもあったであろうが、この場合に下人は地主の内附となるのであるから、小作制度はその起源をこれに求めねばならぬはずである。そのような内附の下人は上述のように名田の所有権とは関係がなく、従って文書記録の表面にはほとんど現れてこないので、ここにわれわれが小作制度の起源を知ることの困難があるわけである。しかし私が今ここで小作制度の起源やその発展を云々することは早すぎるので、これは第二章以下に譲らねばならない。そこで名田について残された問題に触れたい。

名田の所有権がこのように階層的に分化したのはいかなる理由によるのであろうか。もちろん名田の年貢を支払い、地主がその生活費を差引いても利益がある場合に、一部の所有権を自己に保有して、実際の経営を他に担当させることは可能であるから、鎌倉時代は前代より耕作の進歩があったと考えることができるが（中村吉治、日本経済史概説二五五頁）、下級所有権の分化は必ずしも現物をもって上級得分を負担する点にのみ成立するものではない。初期名田において名主が名田の地主として耕作を行っていたのは、領主（下級領主を含めて）の支配が大規模な佃経営を通して名主に及ぶ形態が決定的であったことによるものである。すなわち荘園の百姓は主従の身分関係をもって領主に専属することが必須であるから、それを表象するものとして佃の耕作はきわめて意味が深い。佃耕作に関する領内名主の負担は均一的な賦役にあったものと思われる。後には、佃は賦役耕作の継受たる高率な年貢（物納）を負担させているが、これも一律な額に定められていたようである（賦役耕作では種子農料を支給されることもあるが、全収穫が領主に入るのが建前であり、百姓請作になった場合それを継受して他の名田よりはるかに高率な年貢を負担した）。水上氏の研究によれば、文治年間の出雲庄では佃耕作反別は一三名の名主が各々一反ずつとなっている。また上久世庄については、元享四年には一三名のうち三名は佃役はないが、他の一〇名は一名

（二反）を除いて三反または四反となっている。大乗院領楊本庄でも「楊本庄田畠検注帳」に記載の楊本御庄小佃坪付幷段別斗代注文によれば、三三名に一段ずつの佃を割当てていた。同庄には別に本佃、新所佃、堀河佃、内作佃の四種の佃があるが、これらは小佃のように均一的ではないが、二、三段ずつ各名に配分されていた（水上氏前掲論文）。乙木庄では、文永頃に荘内百姓、荘司以下一七人の佃役は各一段となっていた（西岡虎之助、中世荘園内に於ける土地配分形態、史苑一〇ノ四）。またこれに対して各百姓が地主（名主）となっている名田はほぼ均分化されていたらしい。出雲庄では一三名の名田面積はほぼ一町二、三段歩から一町五、六反歩の間にあり、二町歩以上のものは一名である（水上氏前掲論文）。上久世庄では二町歩台三名、三町歩台五名、四町歩台三名、五町歩台一名、七町歩台一名で、必ずしも均分されてはいないが、その差は少い方である（同上）。楊本庄では名によりかなりの差があるが、乙木庄では五段歩台一〇、四段歩台五、他は三段歩台と二段歩台とである（西岡氏前掲文）。

　領主ないし荘官の佃の面積は最初一定しているので、これを領内名主に負担させる場合、均等にすることは容易であるし、佃耕作は彼らが領内百姓として領主ないし荘官に従属することを表象するものであるから、それを均分することはあり得たと思う。しかしこれは荘園ないし私領が最初成立したおりの規模を維持している場合にのみかぎられるであろう。何となれば荘園が領地を拡大して行く場合に、佃も新設されることがあるので、この場合、佃の均分は困難となるからである。水上氏があげている楊本庄などはそれではないかと思われる。それにもかかわらず、佃に比して名田の不均等が著しいのは注目すべきであって、これは荘田の発展が織り込まれているのではあるまいか。上久世庄において、佃の配分が均一なほどに名田の所有が均一でないのは、同じ傾向を語るものである。いったい佃の配分は領主との関係において定められるので、最初均一におかれれば、それを変更することは困難であるが、名田は各名主の経営の必要に応ずるものであるから、均等に定められても不均等に変化しやすいのは当然である。水上氏があげた上久世庄の延文二年の各名田田数は、元亨四年に一三名であった名主数がすでに五〇名を算している上に、各名田の田数の不均等はきわめて顕著になってきている。かつまた、佃も減少して、佃役を負担する者もその半数に充たないが、佃は名別一反または二反位である（水上氏前掲論文）。このようにみてくると、初期名田における名主はその地主（作人）として、領主に専属する身分としての性質が明確であり、佃役はそのような主従の身分関係に附着したものにほかならない。このことは、荘官がすでに平安朝において下級武士の占めるところであり、地主たる名主百姓が彼らと主従関係を結んでいたことからも知ることができる。

しかし佃役が名主の持つ名のほかにある場合や、もしくは名の一部として算入される場合には、名主が領主に対して年貢を負担する請作地としての名はそのほかにあることを示すのであって、それらの土地は領主（実際の支配者たる下級領主）との身分関係によって必然的に生ずる恩補の土地にほかならない。このようなものが何故生じたかといえば、先に領主は佃経営を大規模に行っていたから、名主を従属させる形態はその賦役を多く必要としたので、名主の自用地として名を比較的少くあてがえばよかったが、領地の拡大されて行く過程において、なおまた、商工業の進歩による一般経済の発達の過程においては、佃経営の原初形態を存続することができないので、主従の身分関係における領主と名主との関係には佃経営の縮小や廃絶と並んで請作地の恩給が生じてきたのである。中田博士も請作が、主家より青侍家人等の従者に対しておこなわれる土地給与法と同じく、恩給と呼ばれたことを注意している（法制史論集第二巻二二六頁）。これは領主の領地の経営形態の変化によって生じた現象であり、領主からみれば新しい社会的条件に適応しておこなった対策にほかならないが、半面からみればその新しい社会的条件の一つとして名主の力の増進が考えられ、名主のうちに大百姓が現れただけでなく、大きい商人も現れてきたのであるから、請作形態は必至のものであり、賦役形態は衰退して現物年貢が支配的となったのである。そこで注意せねばならぬことは、このように現物年貢が発達してきたとしても、名主が名田を所有することは佃耕作を継受するかぎり、その原初的形態は領主との主従関係における恩給として許されたものであるということである。これが律令時代と異なる武家社会の結合の特質である。上代においても特定の家に専属する人々は存在した。部曲といい品部といい、もしくは家人奴婢等というのはすべてそれである。それゆえ武家社会において特定の領主に専属する名主、百姓、もしくはさらにそれに従属する下人のようなものは、身分的に専属する点においては異なるものでないといえるが、武家時代の身分関係には必ず恩給を伴ったことが、上代の身分的隷属とは異なっている。上代の奴婢が奴隷であるとしても、これはそれと同じ意味の奴隷ではない。（最下層の主従関係の意味については後に触れる）。それゆえ、名田はこのような身分関係の表象としての意味においてその特質を理解することが正しいのであって、それは律令時代における田地の政治的法律的意味と異なるというばかりでなく、一般に社会的意義が異なるのであり、名主は名田の所有者たることにその特殊な社会的地位、すなわち下級領主との身分関係が示されたのである。

　さてこの場合、名主の所有権とはいかなるものであろうか。それは「下地《シタジ》の知行《チギヨウ》」と呼ばれるものにほかならないが、名田は名主を直接支配する下級領主による恩給であるから、佃耕作を継承する事実からみるとすれば、最初は中田博士のいわゆる経済的恩給ではなくて、むしろ扶持的恩給にあたる（法制史論第二巻二三一頁参照）。それゆえ、下地の知行は領主の恩給によって生じたものであるから、その知行は主従関係の性質によって規定される。すなわちそれは領主の恩恵によるものであるから、主従関係の継続によって保証されるものであり、恩給の年期を終身に定めた場合もあったが（同上二一五頁）、一般には相続によって永年にわたったのであり、相続により被給者または領主が変った場合に安堵状が発せられた（同上二三五頁）。領主に対する奉公義務が順当に履行せられている間は恩給は継続したが、それに違犯するものと領主に認められた場合に恩給は直ちに中絶させられることがあった。しかし、恩給の中絶ないし剝奪は、奉公義務に違犯しない場合でも、領主の意志によって行われることがありえた。これに対し被給者は、主従関係の存続や恩給の継続を歎願する以外に、法律上の救済を求める手段はなかった（同上二二八頁等）。下地の知行がこのような関係に規定されたのは当然であり、それを所有権とすれば、この所有権は武家社会の性質に規定された封建的所有権と決定しなければならない。ここに封建的という意味を摑まねばならない。

ところで、知行にはなお「所当《シヨトウ》の知行」と呼ばれるもののあることを併せ考えねばならない。所当の知行は、下地の直接の経営から離れた得分の権利であるが、それは領主の知行にほかならない。知行とは、中田博士に従えば、下地のそれも、所当のそれも、ともに土地に関する不動産物権の行使であるとされている（同上二五八頁）。そして中田博士は所当の知行を所有権とし、下地の知行を用益権としている。これは知行の外面的な規定であると考えられる。下地の知行と所当の知行との区別は、さらに内面的に把えられなければならない。すなわち下地の知行は実権を持つ下級領主によって恩給されたものであるに対し、所当の知行は下級領主から上級領主への私領の寄進によって生じたものであること、さらに、下級領主はその双方を一身に兼帯する二重性格に示されることを理解することが大切である。そこで、寄進を形態的にみるなら、下級領主は上級領主を本家として立て、主従の身分関係を結ぶことにより、上級領主から恩給される形式により、一定の領地を知行する。その直営地たる佃が旧領安堵の形をとることがそれであり、これに伴って上級領主の預所は上級領主からの給田の形で示される。直営地以外において得分の土地の知行もあるが、これも旧領安堵——恩給の形態をとる。ここに領主における所当の知行が形態的に下地の知行と連関することがみられる。しかしこのことは領主における所当の知行が下地の知行と同じであることを示すものではない。なぜなら、寄進は上級の所当の知行を設定することに終っているからである。しかし寄進が封建的性格を帯びるに至れば、恩給と共通の形態を持つようになることは注意せねばならないことであって、その場合の主従関係において、上級領主をなぜ本家としなければならないかということは、社会関係における日本の民族的性格に条件づけられるものであるから、封建制度と混同してはならない。それは日本封建制度を特質づける民族的性格にほかならない。従ってそのことは同時に下級領主の被給者である名主が、下級領主を本家とする同族的系譜によって下級領主に結合することを約束するものでもある。

しかしながら、新しい社会的条件の発生は名主を一定の身分に固定することを許さず、このような身分関係の内部から名主職という所有権を徐々に発達させたのである。われわれの大きな疑問は一定の名主身分から名主職が発生し分離し得た根拠にある。ところで中田博士に従えば、領家職、本家職はすでに平安時代末期にみえている（同上一八八頁）。このことは前述のように知行地の寄進が早くから現れているので、平安時代中期以後は次第に封建的性格を帯びつつあったと考えられるから、末期において上級領主の所当の知行と化したことは理解できる。この時代において下級領主はなお佃経営を広汎に保持し、従って田堵も少なかったと考えられる。しかし名も発生し、発達し始めていたであろうし、名主が成立しつつあったと思われる。初期の名主が身分として下級領主に従属したのはこのような情況にあったためであろう。ここでは後にみられるような名主職、作職等の観念および事実が存在する余地はない。しかし上級領主と下級領主との間においては必ずしもそうではなかった。下級領主は領主権の階層的分化を生じさせる必要を持っていたのであるから、そこでは早く職《シキ》が発生したのであったと思う。すなわち武士の私領の確立のためにそれが要求されたのである。これに対して名主職以下の発生が後れたのは、その発生が名主の勢力の増大にまたねばならなかった事情にあったからであると考えられる。

清水三男氏の「日本中世の村落」は従来明らかにされなかった中世村落生活を多くの点で解明してくれた優れた書物であって、鎌倉時代以後名主があらゆる方面に発展したことを説明している。それは農業経営者としてのみならず、武士、僧侶、商人として、中世の経済のみならず、その他の文化においても、次第に指導的位置を占めたものとされているから、その社会的位置を無視することは中世社会の理解を阻害するものということができる。これは名主の位置を従来きわめて低く解釈していた説明に対して名主に正しい位置を付与したものということはできるが、もちろん村落におけるあらゆる名主がそうであったのではない。これはすでにあげた諸例によっても明らかであるが、初期の名主は所有する名田の額に大差がないようである。しかるに年代の下るに従って持高に差が生じてきたようである。暦応四年の上久世庄の実検田地名寄帳（後出）でも著しい差違がみられる。下級領主の佃経営においては、それに労役を出す個々の作人（田堵または名主）が比較的差別のない条件におかれる可能性はあるが、請作として名田が確立すると個々の名主の能力の差はますます増大する。そこに名田の分割や兼併が行われることはすでにみたとおりである。それゆえ個々の耕地について所有権が発達せざるを得なくなったと考えられる。そこで最初恩補の名田として特定の名主に結合していたものが、名主職として分割された。その場合に恩給した領主とこの名主との身分関係が消滅するものではもちろんないが、この身分関係に固着することなく名主職は動くのである。新しい主従関係が設定されるとき領主は名主職を恩給する。この恩給としての名主職はその身分関係から離れて動くことができるのである。これらの移動のたびごとにそれは本所から補任される形を持ったのであって、身分関係と無関係に移動する名主職が本所からの補任の形式をとったのは、名主が身分関係において恩補された風習の遺存したものとして、その連関を理解することができる。しかしこのような個々の田畑の所有権を確認するものとしての名主職の補任が身分関係とは関係がないとしても、身分関係はそのために絶滅したのではないから、身分関係のあるところでは、このような名主職の浮動に混在して名主身分が存在したものと考えられる。観心寺文書に、

沽却　売渡田地新立券文事

（中略）

嘉元四年丙午十二月廿一日

売人　僧　慶　順（略押）

名主　友　長（略押）

とあるのは、清水氏によれば名主が田地売買の保証をする役目を担うものとされている（日本中世の村落三二頁）。これは身分としての名主として示され、初期の意味がまだ残っている。朽木古文書坤の中に、文明一三年一一月

二四日付の吉田五郎太夫、同子五郎四郎が瓜生庄千代房名半名壱町壱反を朽木正宗寺に売却した沽却券に「地下之名主物末代請人、加判仕候上者、無相違可有御知行者也」とある（水上一久、荘園における佃に就いて、歴史学研究七ノ五日本荘園の研究）。水上氏は地下之名主を得分の名主の下にある実際の作人であろうと説明し、また東寺百合文書（り六十一之七十二）正長二年三月九日の三郎四郎が名主職一段大を東寺に売却した売券に「本所幷本名主ハ同寺家東寺にて御渡候、此外更下作職なんととては候ましく候」とある本名主はそのほかに名主が考え得るものとして双方を照応している。かかる二種の名主があるとすれば、得分の名主はほとんど職化したものであるにもかかわらず、下地の知行について名主を存続することは名主身分の存続として考え得るところであるから、職化されぬ名主の存続も疑い得ない。清水氏が、東大寺領播磨国大部荘の貞治三年御米目録注文に、

得田四町一段二十代
若宮田一段　今宮田一段
鎮守田一段　名主給五段

とあるもの等について、名主と荘官とは相重なる性質をもっていたといい、地頭や公文、下司等が財産として名主職をもっていたという解釈では（前掲書三二頁）、右に見える名主給の性質を説明することはできない。それでは地頭給、公文給、下司給といわねばならない。名主給とは、身分としての名主である者に支給する名田（名主職）であるはずで、名主職はすでに名主身分から浮動し得る所有権であるから、名主身分がないかぎり名主給は存在し得ない。荘園においてこのようなものとして存在する名主は旧来の名主で、それ自身大きな経営を持つか、商人としての地位を兼ねるか、ともかく村落において中心的地位を築き上げて旧来の名称を維持する者であったに

ちがいない。それゆえ、何らか荘務を担当するか、平安時代の刀禰《トネ》のような役割を持ち、村落において指導的立場にあったものと推測できる。しかしすでに名主職は発生し、耕作の進歩による土地生産力の増進があり、諸負担は律令時代より軽減され、その上に商工業の発達による経済の進歩が加えられていたから、下地の知行は職として分割されると同時に、さらに得分収得者と下地経営者とに分化した。そして名主職の成立はその下方に成立する主従関係とそれに伴う恩給制度に結びついて必然的に作職、下作職の発生を呼んだ。それゆえ、このような地方においては土地所有権の分割兼併がきわめて複雑に発生してきたので、一つの土地所有者をとってみても複雑な形態を示していた場合が少くなかったと考えられる。そこで、所有権における各種の得分収得者であると同時に下地の経営者であるというような形態があり得た。言い換えるなら、名主職や作職を兼ねつつ特定の田地の下地を知行することがありえたのである。所有権のこのような階層的分化はその兼併をいっそう容易にし、それらの大なる兼併が現れた。それによって富強な名主が現れたのであって、彼らは大きな自営地を持つと同時にその他に広く名主職を兼併し、また作職、下作職にも及んで得分収得者となり、また商権を持ち武力をも兼ねた。清水氏の前掲書にその例が多くみられる。この種の富強な名主は自営地を持ち同時に得分の知行者である点で形態的には佃経営の下級領主と類似していることが注意されるが、その経済的実力はさらに多方面的で相当に強力であり得たから、それらのある者は下級領主となり、やがては上級領主に成長したものもあった。そうでないとしても、村落の中心的勢力としてこれを支配し、郷村の連合においては代表的位置を占めるものであった。すなわち名主が統率する同族団体が、一面、政治集団としての性質をも持つことを示している。

しかしこのような名主は一つの村のなかに多く存在するものではない。そこで一般の地主百姓についてみるなら、階層的に分化した所有権の若干を持ち、それによって表現された高を持つのであるが、所有権が分化しているので、名主職を持つ者であって下地を知行する者もあり、作職を持つ者であって下地を知行するものもあり、また下作職を持つ者であって下地を知行する者があるという情況であった。換言すれば、下地経営の実際の高は名《ミョウ》ないし名主職の表現するところとは異なるのであり、個々の地主についてその所有権の如何にかかわらず、作高を知る以外に実際の高はわからない。このことは本所ないし領有者からみればきわめて不便であり、実際の作高を知る必要があったにちがいない。この間の事情を水上氏は春日社領山城国菅井庄と上久世庄とに関して明快に説明している（前掲論文）。すなわち暦応四年の上久世庄の実検田地名寄《ナヨセ》帳はこの意味において重要であり、そこでは百姓別高が示されており、名をもって示すことはすでにおこなわれていない。たとえば、

一 左近充
一段出六十歩　本名　三斗代
三　反　同　同
三反出卅歩　同　同
一　反佃　同　八斗代
一　反　宗方名　五斗代
已上八段九十歩内出田九十歩
八斗代一反　分米八斗
五斗代一反　分米五□

三斗四升代六反九十歩、分米二石□升五合五勺
已上御米三石四斗二升、五合□勺

左近允以下三〇人の百姓について、年貢上納分に基きその作高を見れば次のようであるという。

一石以上五石迄	一九人
五石以上十石迄	七人
十石以上十五石迄	一人
十五石以上廿石迄	ナシ
廿石以上廿五石迄	一人
卅石以上	二人

右につき最小は孫太郎の一石四斗一升八合二勺、最大が三郎の三八石七斗二升五合七勺であるが、大多数は零細な土地からの収益に甘んじていたことが知られると水上氏はいう。しかしこれらの高がすべて名主職であるとは考えられない。ところで五石以下の小地主（作人）がその生計を保つには当然大地主（作人）の耕地の経営に参加せねばならない。大地主はこれらの土地を直営している場合に、下人のみならず、小地主の労力を必要とする。小地主が僅少の土地の所有権を持つにかかわらず、自存できないとすれば大地主に依存せねばならない。その場合に小地主が大地主に労役を提供する形態は賦役か賃労働でなければならない。これは大地主の使役する下人に近い形態であるが、彼が所有権を持ち名義上独立百姓であることが異なる。これを言い換えれば、所有権によって示される作高は実質上は決してその地主の生計の自存独立を示すとはかぎらず、このような小地主は大地主百

姓の貧窮の結果生ずることもあろうし、大地主の下人の主家からの独立によって生ずることもあると考えられる。後に説明するが、大地主が自己の直営地をこのような百姓に請作させる場合にも小作関係が生ずると私は考えている。しかしこの請作は所有権の譲渡ではなく、所有権を自己に保有したままその耕作のみ請負わせるものである。それゆえにこの請作は地主の内附として、領主との関係には乗り得ないものである。先に触れた佃の請作を名主が行う場合は名田の所有権に関するもので、それは領主との関係において行われ、荘園における公的関係であるから、明らかにこれとは異なるものでなければならない。佃請作の名主が地主であって小作人ではないのはこのためである。このような請作は所有権であり、それが階層に分化し、下級所有権において下地の経営を行う場合でも、年貢は得分と共に直接に彼自身から上級所有権者に上納されるのであって、作職や下作職は領主によって作高を保有することが認められているから、それらが小作人である理由を見出すことはできない。先に述べた売券が示すところと照応せられたい。しかし所有権の多様な分化は近畿地方においてははなはだしかったのではないかと思われる。後に掲げる上総、信濃、伊予のそれと比較することができる。

ホ　郷村と名主　清水三男氏は室町時代における名主の擡頭を精細に述べて、それに関連する新しい郷は、領主と関係なく、自治的な郷民の郷として成立したことを強調している（前掲書一二一頁以下）。郷に関し、われわれに大きな注意を向けさせた清水氏の業績は賞讃されなければならない。ところで郷自治に清水氏が意味するところをみると、それは荘園領主とは別個の性質を持つ点にあるようである。さらにまた「惣」と関連させる点をみれば郷村の内部組織を惣百姓の平等な合議制による組織とみて、それを自治的結合というのであるらしい（同上一一六、一三二、一五一頁等）。この自治なる言葉ははなはだ明確を欠く言葉であるから、郷自治といってもそれが何であるから、文字通りの自治なるものはあるはずはない。いかなる時代の村落でも常に一国の政治的権力の制約を受けるのであるから、文字通りの自治なるものはあるはずはない。それゆえ、その時代の政治的制約の下において限定された意味における何らかの自治は常にあるとみなければならない。それが政治と生活との関連であり、また二つのものが常にそれぞれ、ある限界を持っていることを意味する。それならば郷自治の特質は村落自治が武家社会においていかなる姿で現れたかということにあるはずである。従ってそれが単に自治的結合であるという表現は意味をなさないと思う。清水氏があげた郷自治の例をよくみると、郷民の郷としての組織結合としてあげられている例の多くは、一つの郷村が全村民一致して他の郷村と対立抗争している場合であることを知る。そういう場合にはその内部組織の如何にかかわらず、郷民は一つに結合しやすい。牧健二博士も惣村観念の起った主因として、村と村との紛争をあげている（中世末期における惣村観念の成立、経済史研究一六ノ一）。これはそのような非常事態において郷民がいかに強く結合するかということを説明するが、それは郷の内部組織において各郷民が平等の位置において結合していることを少しでも示しているわけではない。かえってその反対の証拠さえみられる。このような場合に郷民の統率者を持つことは郷の内部組織にそういう不平等な要素の存在することを推測させる。私はこれを清水氏の記述の中から拾ってみたい。すなわち永享五年における伏見荘と炭山郷の山境論では、伏見荘六カ村の郷民は御侍所内本助六、庭田家青侍藤兵衛尉等七人の侍も加わり、沙汰人殿原下人百姓等が団結防衛したのであって、清水氏はこれを単なる百姓の集団でなく、郷士的な指導者を有する防衛団とみた（清水氏前掲書一四八頁）。近衛家領山城国宇治五ヶ荘に文明一五年正月畠山義就の被官小串が侵入しようとした際、「郷々より番衆を居え大将一人然るべき人体下さる可し」と同荘より注進あった旨を後法興院記正月二一日条に記してある場合

(同上一四七頁)、番衆は郷民のなかでも武力をもつ者を指すことはもちろんであり、このような際に郷村における平素の生活組織が反映すると思われる。村と村との対立抗争の場合ではなくても内部組織を推測させるような例を少しばかりあげてみるならば、美濃国多良村は、三輪三人衆といって、三輪氏三人兄弟を先祖とする家柄と、その従者たる郷士によって占められ、天正元年より多良山二一名持百姓と呼ぶ名頭(すなわち名主)の合議により村のことが処理された(同上一五四頁)。そして三輪本家の位置が高かったことはいうまでもない。近衛家領近江国信楽荘は信東、小河、江田、神山等の諸郷からなり、この郷の兵士はしばしば近衛家に番上護衛に当る親近関係にある忠節な郷民であったといわれる(同上一五六頁)。しかもこの兵士となるものは名主であったから(同上二五二頁)、摂関家の大番領(保)における大番舎人《オオバントネリ》が名主であるのと照応するものであり(牧健二、摂関家の大番役及び大番領の研究、史林一七ノ三、四)、郷民の上流に属するものであったことは疑いない。この種の記録は他にも少くない。たとえ、これらが、いずれも郷または村の内部組織を明確に説明しているものではないとしても、郷または村の中心的勢力となったものは名主百姓または土豪であるとしなければならない。それゆえ、清水氏もその著書の一部で次のごとく述べている。「このように表面荘領の形式をとり乍ら、内容は郷制的村落が発生し、その郷を代表する土豪が、守護と主従関係を結ぶ事により、守護領は形成されて行くので、かかる郷を除いては守護領は成立ち得ない」と(同上一五六頁)。

郷と荘、村とは清水氏によれば対蹠的なものとまず考えるべきであるとされている(同上一三三頁)。その理由として、荘は自立的な村落生活をある程度包含せざるを得ないから自然村が荘の内に取り入れられたのであるが、郷が荘に反対的であったのとは異って、荘が自然村を包含したのは村の生活が要求する結合関係によるものであるから、非政治的な関係であるといっているようである（同上一三三頁）。この意味は理解できない。第一に自然村という概念は近来多くの人が用いるようであるがはなはだ誤解を招きやすい用語である。村も人間的文化的事象であるとすれば、単なる自然でないことは明らかであるから人間の造るものにほかならない。いま、村落を社会関係としてみれば、それは内部から規定されると同時に外部からも規定される（この説明は第一章の終りで社会関係の概念を説明するとき、そのなかでおこなうことにする）。村落の成立はその内部的契機と外部的契機とによるものであることを理解するなら、上代においては上代におけるそれらによって規定を受けるものであって、荘に包含された村落は、まず律令による政治的制約の下にその一定の姿を表わし、荘が武家時代に私領化してくるとともに武家時代の政治的意義は村落の内にももちろん浸透してくる。そこでは村落の内部的契機である家の結合を外部から制約するものの性質は前代のそれとは明らかにちがってくるから、村落における結合関係を前代のままに残すということは不可能である。村落における結合は元来政治に無関係にありえたものでもないし、無関係に残り得るというものでもあり得ない。そのことは郷そのものにとっても同様であって、律令時代の郷が国衙領に存続してきたとしても、そのうちには武士の私領となって、荘園本家に寄進されたものがあり、寄進されない郷の場合でも武家時代においてはかなりその性質を変えている。従って、郷と荘・村との間においては、後にはその形態や性質の混交がほとんど区別し難いまでになってきているように思われる。ただそこにいたる過程において両者の区別をある程度は認めなければならない。

武家時代における初期の郷は室町時代のように村と同様な小さなものはなく、比較的大きなものだったのではなかったかと思われる。これは国衙領の地方官が国司、郡司、郷司とあることによって考え得るところである。

また律令時代の郷は五〇戸一郷であり、戸は郷戸であるから、郷の範囲には数村内外を含むこともできる。養老五年下総国葛飾郡大島郷のように三里一三〇戸に及ぶ場合をみれば、おのずから了解されるところである。仁和寺文書には次のようにみえている（同上一二九頁）。

可令早停止為但馬国多気地頭沼田三郎並三方郷地頭渋谷三郎日景地頭越生馬允等巧新儀濫妨御室御領同国新井左事

右訴状云、当庄領散在多気下郷一町七段、三方郷七丁余、日景郷七段之処、各称郷領致妨之間、当庄民等疲両方之責、失廻上之計（中略）

貞応元年七月七日　　陸奥守平（花押）
（執権北条義時）

清水氏によれば、新井荘が多気下郷、三方郷、日景郷に散在するとある場合、これらの郷は土地の字であり、地頭が郷領と称し妨をなすとある場合の郷は地頭の私領としての郷であって、後者は国衙の行政単位ではなくなっているものとしている。地頭が右の地を郷領と称しながら、私領化するところに私の興味がある。そこでは郷が一つの村落しか含まぬような内容のものはあり得ない。清水氏は、鎌倉時代以後の郷が荘園領としてよりも、武士領として存続したと解すべきことを主張される（同上一三二頁）。郷を基礎として武士領が立つとすれば、郷には村よりも広くて、そのなかに村をいくつか包含していたものがあったと解することができよう。

そこで郷には大きいものもあり、小さいものもあったであろう。村とて同様であったろうが、郷よりは比較的小さかったものとしてよかろう。そういう村落が室町時代には同じようになってきて、村であっても郷を称するに至ったものもあった。これらの村落には旧来の名主身分を持つものがあったが、名主職や作職がすでに発達して、大地主や、自作農である地主や、職《シキ》のない作人などが居住し、旧来よりの名主であって職《シキ》を多く持つ者もあり、またはその上に武力や商権まで持つ者もあって、彼らは村落のなかで支配的位置にあったとみられる。信濃国太田庄大倉郷請料状案（金沢文庫古文書一七五頁）をみるに次のごとくある。

注進大蔵郷名々事
合大名二名　小名八名　後免二名
一町六反　弥四郎 権太夫屋敷
一町　馬二郎
三反　弥藤太郎
二反　進藤三
三反　十郎太郎
三反　与三入道
三反　次郎四郎
三反　惣六
四反　中権守
三反三百廿歩　安大夫入道
二反　平七
二反　又三郎
已上五町四反三百廿歩 此外余田九反
右、十二名田畠在家野畠以下、当作人々耕作之分、可被請進退之、殺生禁断等事、同以可被妨禦之状如件

元徳三年十二月廿一日

これにおいては名別の記載であるが、作人各自の持地ははなはだしく差があり、小名《シヨウミヨウ》の名主はそれをもって独立し得る程度ではないので、大名《ダイミヨウ》の名主に依存するほかないのは明らかであり、郷が大名の名主によって統率されていたと推測し得るから、郷単位の年貢上納に容易に移り得る形態にあったということができる。このことは小領主たる武士が郷村内部の有力なる名主を家来として主従関係を緊密にすることにより、その支配を強化したことを思わせる。大蔵郷において弥四郎は一町六反を直営し、権太夫屋敷として恐らく郷を支配していたと思われる。そして彼が北条氏と主従関係を結んでいたのではあるまいか。次に建武五年の上総国新堀郷給主得分注文(同上二五〇頁)に、

注進　上総国市西郡新堀郷給主得分注文事

合田数捌町参段内

除壱町五(六)段

壱町参段不六十歩　分米二石六斗三升三合一夕

参段散使免　分米六斗

以上三石二斗三升三合一夕

定残田六丁六段三百歩内

三丁九段　佃二丁三反　四斗五升代
　　　　　二丁六反　四斗代

分米拾陸石　十合升定　無交分　百姓十三人作之　食料八公畠三反分麦二斗七升ひかへ申候

残田二丁七反三百歩名百姓八人持之
分米五石五斗六升六合七夕反別二斗定
以上米弐拾壱石五斗六升六合七夕十（升脱カ）合定
（下略）

とある。これにおいては郷における土豪の支配はいっそうはっきりしている。しかも佃を耕作する百姓とは別に名百姓《ミョウビャクショウ》がある。佃耕作の百姓が郷給主《ゴウキュウシュ》（地頭）に従属することは明瞭だが、名百姓《ミョウビャクショウ》も二町七反三〇〇歩を八人で分有するのであるから、名《ナ》のみ名主百姓であるとしても、その経営は小さいから郷給主に従属するのであろう。それゆえ彼らは恐らく郷主に夫役に出ることがあったのではなかろうか。中世における小作慣行の発生を考えるのに重要な資料であると思うが、それは後に触れる。ここで注意すべきはこの郷給主が恐らく名主の勢力を得たものであったろうことである。

近畿地方のように一般経済の進歩している地方ではもっと複雑に現れてくることは当然である。ここでは詳論する余裕もないが、こうした名主の勢力あるものが複数に生ずる。このことが郷村の性質をちがったものにする。さらに室町時代のように政権の争奪による生活不安が多い時代においては一つの郷村がみずから強く結合する必要があったばかりでなく、数郷村の連合することが要求された。かかる連合は水利関係から生じたこともしばしばあるが、室町時代の社会情勢がかかる連合を多く生じさせた最大の理由であると思われる。これらの郷村連合が大寺社を中心にして結成されたことは清水氏の書に詳しい。ところでかかる連合の組織はどうかといえば、たとえば興福寺七郷は各郷に主典をおき、元興寺の郷には刀禰《トネ》があった。主典は郷内取締の寺側の俗役人らしいが、元興寺の刀禰は郷自治の代表者だといわれている（清水氏前掲書一四〇頁）。それによってみれば興福寺の場合は寺の側から郷に対する支配力もあったとみられぬことはない。私の問題とするところは元興寺の郷の場合のような郷の代表者となるものはいかなる者であるかということであって、大乗院寺社雑事記康正三年四月八日の条には、元興寺前の薬師堂の郷に関して述べ、同郷は大乗院家領と一乗院家領の入会であり、郷刀禰はいずれかの領分から一人選ばれるのみで、これを一臈《ロウ》とし、郷内の年寄をもって補し、毎年惣郷のことを評議するに、刀禰が薬師堂に会議を招集する。他領分の元老が二臈となるから、宮座の組織に近いものであるが、郷刀禰の位置はすこぶる重い。それが郷民の誰もがそれになり得る資格があるのではないから、郷における郷民の地位は単に年齢によるのみの序列があっただけとは考えられない。このことは近畿地方における宮座の存在にみても、郷村における特権階級の古くから存したことを疑うことはできない。従って郷自治なるものが、特権ある特定の名主達の一種の合議制にほかならなかったことが推測される。そういう名主が一人であっても、二、三〇人に及ぶとしても、各名主が属しているそれぞれの同族団体が村落自治における政治集団たる意味を持つこと、また、各名主がその代表としてあることに注意しなければならない。もちろんその人数の多少はそれぞれの郷村の特殊な条件にまつものであった。（註）このような土豪がそれぞれの郷を代表するものであって、これら土豪が守護と主従関係を結ぶことによって守護領が形成されて行ったというのは興味あることである。

（註）　惣の観念が室町時代に発達したことを私は少しも否定しない。郷村が他の郷村や地頭等と対立するとき全郷民の団結が現れることも惣の現れではあろうが、惣の観念の発生の大きな理由は年貢が名別から郷村単位に移ってきたことにあると考えられる。全郷民の一致団結を緊密に要求する郷の非常時の頻発が郷村内における郷民の地位の差別を次第に

減少させたこともあったかも知れないが、そのために内部組織を変更することになるほどではなかった。郷村単位の年貢徴収が生じたのは職の複雑な分化が名別の徴収を煩雑にしたからであったろう。従って近世大名領の年貢徴収の前駆をなすものであるから、守護領においてそれが特に発達したと思われる。惣の観念はそれにつれて生じたとしても、年貢を取り扱う代表者が領主の側でなく、村の側に必要になってきた。それは当然郷における従来の有力者でなければならず、乙名百姓が存しなければならないわけである。従って惣の観念はまず年貢を郷全体の責任で負担することにあったのではあるまいか。牧博士の前掲論文にあげられている次の記録はこれとはいささかそれているが注目すべきである。

諸預申

東寺御領最勝光院之内法性寺唐橋口北頬壱所

四至（略）

散所方居屋敷事、有限於御地、無懈怠可申沙汰候、万一此内荒不作候共、惣と仕請取申上者、毎年六月廿日十月廿日両度御取納時取沙汰可申候、次御草地夫役以下御公事等、惣庄任諸級旨、無異儀可沙汰候、雖何事、及異儀子納候者、御領内お被払可申候　其時更に一言に納不可申候、仍為後日請文如件

応永廿四年丁未六月日

妙仁（花押）　善満（花押）　兵衛（花押）　妙道（花押）　善空（花押）　衛□（花押）

惣庄とあるところをみれば、これら六人が郷を代表する乙名百姓とみられる。近江国菅浦でも二〇人の乙名のあることが同じ論文に見えている。近畿における座の発達した郷村で乙名百姓の数の多いのは商業の発達に伴って郷民の中に有力な地位を占める者が多くなってきた結果である。それゆえその数の多くなることはその乙名百姓の合議制による村落組織を持つことであるから、単に農業経営のみをする乙名百姓の数の少い、もしくは一人しかないような村落とはその内部組織を異にする。しかし多くの乙名百姓の合議制による郷村のみが惣であるのではない。惣とは村請の責任についての概念であるから、必ずしもその内部組織を指すのではない。ただ、内部組織によって惣――村請の形態が異なる

ということがいい得るのみである。牧野信之助氏が示す近江国甲賀郡今堀郷をみると、この地に通有する惣村の観念がきわめて発達していたにもかかわらず、その宮座は江戸時代中葉において初めて大、新、平、孫、今、姫、出来の七座に増加してきたのであり、しかも初めの三座が神事に対する特権を持っていたが、さらに文明一二年三月に大座衆から平座衆へあてた渡状によれば、この座位を決した支証を知ることができるという（武家時代社会の研究四〇五頁）。元来、大座が最初の特権ある座であり、郷の経済的発達に従って座が増したことが窺われ、下位の多くの村民が政治的経済的に上昇することによって新座が加えられたのであることを知るなら、惣なるものはこの内部組織とは別の概念であることが知られる。また惣の史料においては、惣を全村民の平等な地位における合議制と規定する内容は示されていない。また、牧野氏があげている郡中惣でも、甲賀郡奉行十人惣、伊賀郡奉行十人惣というものとして現れている。郡中惣のごときものにおいては惣の観念は漠然としているが、郡中の郷士の代表的な人々の結合を何らか考えにおかざるを得ない。

さて建武以後は守護がその勢力を扶植してきた時代といわれている。守護は、先には本所から委託された預所の地位を請所として自己の家臣に分封するとか、後には半済の実施権や闕所となった無主地の処分権を持ち、これらをまた家臣に分与したので、荘園領主は年貢の徴収が困難となったのに比し、守護は次第に大きくなって行く家臣団を支配するに至り、自らも多くの土地を知行した。家臣に地頭が含まれていたのはいうまでもない。大きな知行地のなかで名田は守護に直属するものもあり、また家臣の知行するものもあった。これらは要するに守護が名田の侵略兼併をした結果であるから名主職の兼併であるが、守護のような上級の者においてはそれは同時に本家職《ホンケシキ》の獲得であるから、新しい身分として成立した。先に荘官の佃が名田としての二重性格を持つことを指摘したが、この場合も名主職は本家職としての二重性格を持つことになった。前述した革島文書によれば、革島氏は地頭であり、小さくとも独立領主となったから、本家職を有する土地を所持していた。これは名主職の本家化したものである。この事情は革島文書が示しているのであって、革島氏が同時に他の土地の名主職や作職を持つことは彼の本家職が名主職の転化したものであることを示すのであり、かかる転化が行われ得る社会的根拠は単に前述のような政治的変化にあるだけでなく、名主から名主職が分化する半面において、依然として名主身分は存続し得た場合のあったことを語るものである。そして分化した名主職そのものに名主身分の性質が潜在していたことはもちろんであった。守護がその家臣の分封に名主職をもってしたことは名主職が恩給として主従の身分関係に結合し得たからである。名主職の大きな兼併によって本家職が新たに発生した場合、それは新しい身分として成立した。これを名田の地主として表現するなら大名主ということができるのであるが、本家職を持つかぎり、単なる名主的身分ではないのである。それゆえ吾妻鏡や源平盛衰記にみられる大名《タイミヨウ》小名《シヨウミヨウ》や、新猿楽記にいう「数町戸主。大名田堵《ダイミヨウタト》也」の大名と異なる根拠は明らかであり、この二重性格が注意されなければならない。(註)

（註）　西岡虎之助氏はそのすこぶる興味深い業績「近世庄屋の源流」（史学雑誌四十九ノ二、三）において伊予国上山村の土豪日野豊田家につき領主＝名主の二重性格に注意している。

ところでこれら大名主《ダイミヨウシユ》には大小種々あり、大なるものは名田の本家職を多く持つ場合があり、小なるものを家来として支配した。小なるものは主家たる領主の支配地では、名主職、作職、下作職を兼帯し得た。これは名主職が名主身分として復活してきたという意味である。これらは要するに最初百姓に保有された名主職が次第に上級身分に移って行ったことを意味する。ついで作職も次第に上級身分に移ったのであり、さらに下作職が発生してその移動兼併も行われ、下級所有権者が年貢を負担した。そしてもっとも権力あるものがもっとも有利な得分を兼併する傾向が生じたのである。この理由はすでに説いたとおりであるが、室町時代中葉以降は政治的不安が増大して土地法制の統制力は弛緩したので、貨幣経済の発達に伴い、土地の売却、質入が盛んに行われたと同時に、各種の売券にみられるように、名主職、作職、下作職の売買が同じ土地に関し二重にも三重にも行われた。それゆえこのような所有権の分化は、領主もその統治に大きな不便を感じてきたから、年貢の収取を名別から徐々として惣——村請の形に修正することを要求しつつあったし、他面では時代の政治的不安に対する郷村内部の自治的結合を強化しようとする要求と相俟って惣は発達してきた。このように職《シキ》の複雑な分化が整理さるべき予備的条件はすでに具備されていたから、本家職を獲得した大名主の成立によって一挙にしてそれが敢行され得たのであって、近世の郷村制の実現はその要請に応じて生じたものであり、従って大名領知の成立のためにきわめて必要なことであったということも理解することができる。従ってそれに移る過程においては、百姓における名田の所有権の階層的分化を打破して、それを身分に固定させることが必要となってきた。すなわち初期名田の名主に復帰させる政策が要求されたのであって、これが名負《ナオイ》または名請《ナウケ》といわれる新しい制度であった。このようにみるなら近世の名請に至る脈絡は明白になる。

今井林太郎氏は「近世初頭に於ける検地の一考察」において（社会経済史学九ノ一一、一二）、中世末期の農村に階級分化が進展し、領主—名主—作人という形態と共に、領主—名主—作人—下作人という形態が発展しつつあったといい、やはり下作人を小作人と規定して、作人には実際の耕作者と一種の地主的なものとがあったとしている。もし下作人が小作人であれば、作人は地主となり、名主は地主の地主という説明を与えねばならない。しかるに下作人が小作人であるという明徴は何一つ存在しない。作人の下で下地を預ることが小作人であるとしても、本所との関係が年貢直納の名義人であれば、これを小作人と認めることは穏当ではない。このようにみるとすれば今井氏があげている四種の作職売買について下作職が小作人であるかどうかを明示するものは一つもない。今井氏は慶長一九年毛利氏の検地に関する「作付之次第」によって、「検地の名請人がその土地を自ら耕作せず、他人に小作せしめても、検地名請人を以て本作人とする」としている。すなわち検地名請人＝作職所有者＝本作人であり、この規定は「作人の下に更に下作人が存した場合にも作人が検地名請人なる事を示したものと言へる」というのである。「作付之次第」の一規定とは次のようなものである（萩藩閥閲録）。

一作職之儀当検地名請之者ニ相定事

付検地之名請をは仕候而、其者したとして余之者に作せ来候共、検地之名請仕候ハヽ、本作人たるべき事

これによれば、名請人が下地の経営者であることが要件をなすのであって、その経営がいかなる労力――労働組織――をもってするかということを問題とするのではない。このような下地経営者をここで作職と表現したのである。それは基準であるから、下地経営者であるなら名主職であっても、下作職であっても、名請人とする根拠のあることは明らかである。このことは中世の地主百姓を名請人として所有権の階層的分化を整理しようとする意図を示しているのであって、決して単なる耕作者を基準とするものではない。そこに中世の名田《ミョウデン》が近世の名《ナ》請《ウケ》に引き継がれて行く真の意味があると思う。

この問題に関しては古島敏雄氏の論文「近世初期の検地と農民層の構成」（農業経済研究一七ノ一、二）が示唆深い資料をわれわれに与える。古島氏は検地帳上の分附記載を中心に名請の問題を取り扱うのであるが、近世検地の名請人を今井氏のように作職であると簡単に決定し得ないとする。そこで信濃国下伊那郡虎岩村の天正一七年および武蔵国旛羅郡八木田村の慶長一四年の検地帳等により、それらの地方では武士の知行者や地方的領主すら

名請人となったといっている。同氏が資料とした虎岩村の天正一七年と称する検地帳、天正一五年および同一八年の本帳と呼ぶ記録は非常に興味深いものと推察されるが、実物をみないので詳細に論及できないから、古島氏の示す範囲によってみるに、天正一七年と称する検地帳の一部分の記載の形式は次のごとくである。

記載形式	人数
(1) 分附主としてのみ現れた者	一六
(2) 分附主にして主作地を持つ者	四
(3) 分附主、主作、分附として現れた者	六
(4) 主作の形でのみ現れた者	一三
(5) 他人の分附にして主作地を持つ者	二二
(6) 分附としてのみ現れた者	二三
計	八四

このなかで特に注意を惹くのは（3）と（5）とである。古島氏によれば分附主とは名請の田畑を持ち、それを分附なる小作人に耕作させる地主であり、主作というのはその地主の手作地である。これをいっそう明瞭にするために、記載形式の実際を一部分示しておく。

あたり五斗六升六合六勺八才

中小五拾歩　田　とら岩之

源十郎分

あたり之七左衛門作

同所壱斗九升五合

下七拾八歩　田　今田之

小右衛門分主作

ところで前掲（3）は分附主《ブンツケヌシ》で主作地を持つが、他の地主の分附百姓でもあるのだから、分附百姓を持つ分附主（地主）が同時に他の地主の分附でもある。（5）もほぼ同様であってこれは分附であるが、自分の主作を持つ地主でもあると解することができるが、この方は分附を主とする場合であろう。これらの場合をみれば、分附主は分附主として、分附百姓は分附百姓として固定した身分を示すものではなく、同時に一身に分附主と分附百姓を兼ねることが可能である。

そこで分附百姓をみると、われわれはこれをただちに小作人とみることに走りやすいが、分附記載は検地帳上の認許であるから、それがいかに制限付であるとしても、これは公法上の関係であることを知る必要がある。このことは何を示すかといえば、分附百姓が分附である根拠は名田の所有権を名義人たる地主と分担することである。寛政五年頃の信濃国下伊那郡大河原村の御館《オヤカタ》前島家の分附被官が御館に対する関係は、分附地に関しては領主に上納する年貢を御館地主に対して支払うのみで他に現物を支払うことはなかった（関島、古島共著、徭役労働制の崩壊過程一五一頁）。これは御館を通して年貢を上納する形であり、御館に対してはその直営地に賦役を出すのであって、ここに制限付の意味がある。この制限が何故に存在するかということは、両者の関係に関する重要な根拠によっても説明されなければならないのであるが、ともかく分附というものの意味には、下地の下級所有権が内容となっていることが注意されなければならない。このようにみるとすれば分附主は分附地に対して上級所有権を持ち、分附百姓は下級所有権を持つ。また主作地は所有権のこのような分化が行われていないものとみることができる。そこで前掲分附記載の形式についてみると（3）と（5）とは分附主ないしは分附百姓が上級所有権と下級所有権とを兼帯しているものと解釈することができる。

さらに、この場合これらの田畑の分附主としてのみみられる一六名についてみると、村内居住三名、村外居住一一名、不明二名であるが、まず村内地主の平沢勘右衛門についてみると、彼の主作は天正一五年及び天正一八年には記録の上に現れておらず、ただ分附地のみが天正一八年に一九貫一〇〇文とあり、これが八人の分附百姓に分割されている。しかし古島氏によれば、それは手作地がないのではなく、記載が欠けていたのであって、慶長一三年に田二〇石、畑一六石余の手作地と田三六石三斗余、畑八石六斗余の分附地とが記録されていることにより証明されるとしているのはうなずけるところである。そこで天正において何貫文かの田畑が別に加えられるとみて、これらは天正一七年九月の本帳の残簡によれば、他の地主の例にならって、平沢氏の知行として示されていたはずである。また天正一二年には平沢勘右衛門は飯田城在住の菅沼定利の配下に入り、三貫文の加増を受けて軍役を出すべき関係にあった。同一三年以後は徳川氏の配下に属するに至った。従ってその知行地の田畑に対して持っている権利は、中世との関連において示すなら名主職とみることができる。それゆえ勘右衛門は名主職のある田畑の一部を直営し、他は下作させていた。これがすなわち分附地なのであり、それは下地の下級所有権（作職）であるから、分附百姓は勘右衛門を通して軍役を領主へ出すほかは、おそらく現物の負担はなく、勘右衛門の手作地に賦役を出したであろうと考えられる。

次に村外知行者の場合はその主作地があったかどうか、検地帳ないし本帳の実物をみないので想像することもできないが、もし全然ないとすれば、分附百姓から知行者に出す知行者の得分は農業賦役でなくて、家事賦役か現物上納であろう。もしそうならばここでは請作形態が顕著であるが、この請作は荘園における荘官の佃の請作と同じ性質を持つものであって、名田所有権の分担にほかならない。それゆえ知行者に出す負担はいかなる形態であっても、中世の名主職得分上納の継承であることは明らかであり、これを上納する者は作職に相応する。

さてこれら分附百姓は三〇名のうち二四名までは一人の分附主に関係し、他の六名が二人以上の地主に関係している。このことは、分附百姓と分附主との関係がなお身分的関係を多く残していることを語るもののようであるが、他方に多くの分附主と関係する者もあるから、名主職と作職とは相当に錯綜していることも知られる。たとえば七郎左衛門は二貫文の主作地を持ち、ほかに五人の分附主より五貫六〇〇文を受けて分附地を経営している。これは〆めて七貫六〇〇文（一五石二斗）であるから、古島氏のいうごとく「小作者以上」であるとすれば、それは何からきたのであろうか。それは、彼の持つ名主職、作職は彼の身分を表現していないからであって、彼は一面において武士の被官であることを知るべきである。かくみるなる分附地が小作地であると考えるべきでない。これを小作地とみることは大河原前島家などにおける後の小作被官から分附被官に移り得た事情から推測したものかとも思われるが、そうであるとしても分附となることは下地の下級所有権の獲得であるから当らないし、大河原の場合はなお後の発生であると考えられる。そこで思うに、これら知行地における分附なるものは、その田畑の名主職を名請に引き移したので、その下級所有権が分附という制限された所有権として存続する必要が残されたのであろう。

虎岩村において――おそらく伊那地方の一部においても――名主職が名請の基準とされた根拠は十分に明らかにし得ないが、これには地方統治の政策上の必要が反映していることは疑いない。それゆえ、この基準が場所により少しずつ異なることは当然である。

西岡虎之助氏が「近世庄屋の源流」において取り上げた伊予国宇麻郡上山村の豪族日野豊田家に関する資料はこの点についてさらに深い示唆を与える。日野豊田家は初め日野姓を称し、寛永八年以後豊田姓を称した。日野家は永正八年に、光朝父子の武功により、将軍義稙より宇麻郡を所領として恩給され、同一一年、上山村に土着してそこを根拠地とした。大永元年に義稙が阿波国撫養に潜居した際、光朝がお目見の礼をとったことはあるが、戦国時代には完全に宇麻一郡の独立小領主となった。光朝から四代の後、光広の代にあたる元亀元年に秀吉の四国征伐があり、これに降り、福島正則が今治に城を構えるに及んで、その幕下に属し、弟光則を人質に送って上山村一邑の本領を安堵され、同邑の地頭職として据え置かれた。天正一五年、福島正則の検地の際、所領たる一村の知行高を召し上げられ、これまで領主（地頭）格であったのが福島家の諸士格となり、その格式に対する免高二〇〇石をあてがわれるにいたったという。西岡氏は、この高は日野家が直接領有ないし耕作していた田畑の生産高をそのまま承認したものであろうとしている。さらにまたその際日野家の領民であった百姓は、改めて福島家の領民または百姓となり、日野家へ年貢を負う義務はなくなり、新領主福島家に負担すべき地主たる百姓銘々の分米（年貢）が定められたのであり、これが名主《ミョウシュ》または名負《ナオイ》百姓といわれた。日野家は上山村百姓を領主たる福島家から指預《サシアズ》けられ、公用を弁別することを命ぜられ、この役料として二六石を免高のほかに許された。しかるにその後領主は池田高祐、小川祐忠を経て慶長一六年加藤嘉明に移るに及び、寛永八年に再度の検地が行われた。この際、日野家が末家の者へ扶持している田地を今後すべて当主種義の名義とすること、種義の諸士格（武士身分）を停止して一村の庄屋たるべきことが申し付けられた。福島正則以来あてがわれた役料二六石は差許されたが、知行高（免高）を名負の所有地（有租地）に変更することが命ぜられたのである（史学雑誌四九ノ二、三）。

この経過をみると福島正則に臣属する以前は義稙の後裔平嶋公方に出入していたとしても、事実上独立の領主となっていたのであり、福島家によって本領安堵されて以来は、福島家に軍役を出すべき関係に移ったから、元亀以後は領主ではなく福島家知行の家臣にほかならない。天正一五年の検地以後はその格式が下り、免高二〇〇石が給田の形で知行となったのであるから、その格は下っても諸士格として軍役を負担する形は残った。このようにみれば、元亀元年に日野家が福島正則に臣属した事件は天正一五年の検地よりも日野家にとってははるかに重大な変化であったと考えられる。西岡氏によれば永正八年から天正一五年まで七六年のあいだ地頭職として日野家が支配した領地は、領主たる資格において土地を支配する方面と、地主たる資格において土地を支配する方面と二つあり、前者に属する名田は一七、後者に属する名田は四一であり、これらのなかから末家（分家と被官）へ扶持として名田が分与されたものであるという。元亀元年の前と後とで地頭職の名義は同一でも、前においては、戦乱のある時期に独立領主となったのでその性質は異なる。地頭が名田を支配する場合に一見領主と誤認されることもあるが、通例地頭は独立領主であるはずはなく、小さくても真に独立領主である地頭において、はじめて名田の支配は本家職として示されることに注意しなければならない。このような場合でも地頭は自己直属の名田の名主職を持っているから、そこでは名主職と本家職との二重性格をもつものとして現れることはすでに触れた。日野家の元亀以後の地頭職には、もはや本家職はない。名主（諸士格）としての立場では領主福島家に現物年貢を出さないとしても、軍役の負担がある。軍役は一種の夫役であるから、軍役を出すことをもって、名主職とは全然別の意味を持つものと考えやすいが、中世末期のような戦乱の時代においては、名主職にこのような性質が要求されてきたことが考えられなければならない。それは武士の主従という身分関係に結合するから、名主身分に復帰する要求が顕出したのである。従って平和の時代に入り時代が下るとともに、軍役のかわりに現物年貢がまた必要とされるに至り、百姓身分への固定の方向に進んだのである。

いいかえれば元亀以後の上山村一村にわたる日野家の知行は、天正一五年上山村の一部である二〇〇石に限定されたので、日野家の末家一〇人が福島家の直接支配に移され、同時に百姓銘々の分米を定められて、名主《ミョウシュ》（上山村では江戸時代に名請の意味に使う）になった。日野家は、元亀以前は小領主であるから、名田の本家職を持ち、名主職と本家職とを兼帯した。また支配下の末家は彼らの名田の名主であった。しかるに元亀元年に日野家は家臣の格に落ちたので、それら旧領内の名田の本家職はすべて失われて、自身の持つ名田の名主であることだけが許されたにすぎない。これは武士としての知行であるから、免高二〇〇石として認められ軍役を義務とした。日野家旧領内の他の名主はその名田の本家職が福島家に移っただけで、福島家配下の名主《ミョウシュ》（名請）たることは認められた。この時高請したものは日野家のほかに一〇人であり、村高四〇〇余石を分担したのであるから、一人平均四〇余石となり、百姓としては大きな経営を持つものであって、前身はもちろん日野家の家来（武士）であった。日野家の免高二〇〇石は後に日野家の名負（名請）となる方向をはらんでいたが、日野家の上級武士たる格式と伝統と多くの家来百姓を持つ力とが、領主をしてただちに名負を強行することを阻んだのであり、それはまったく政治的顧慮によるものであったと考えられる。こういう格式や力を持たない他の名主武士だけをいち早く名負の本百姓（名主）に固定したのである。これが天正一五年の検地の意義であり、それゆえにここでは名主職が名請の基準となったのである。

　寛永八年の加藤検地は、それを推し進めたのであるが、日野家を名請百姓としたことは、もちろん一日野家に関するだけのことではなく、このような旧領主の経歴を持つ土豪を一斉に整理することは大名領知にとって必要欠くべからざることであったから、結局これを強行したのである。この場合に名主職を名請の基準としたことには政治的顧慮があったとみてよい。日野家の二〇〇石をみると、その全部が日野家の直営地ではなく、その一部は日野家から末家への扶持として分与されていたのであって、これが寛永八年の検地以前の情況である。末家への扶持としての名田は、本家が名主職を持つから、末家はその名田の名主たるものではなく、たかだか作職を持つにすぎない。末家の義務として末家は本家へ現物上納か賦役か、はじめは軍役の義務があったのであろう。末家と称するものには血縁分家と非血縁の被官分家とが含まれていたことは注目を要するが、寛永八年以前においては血縁分家は確実には一戸で、それは横野家であるが、横野家に対しては本家日野家はそれを分家するとき横野名《ミヨウ》ほか三名《ミヨウ》の名田《ミヨウデン》と三〇人の被官百姓とを分与している。これは天正一五年の検地において初めて名主《ミヨウシュ》（本百姓）として検地帳上に登録されている。寛永八年の検地に日野家一統において名主（本百姓）に登録されたものは、このほかに血縁分家に旗岡家（旗岡名《ミヨウ》高一一石四斗五升）、被官百姓に射場家（射場名《ミヨウ》高四石二斗八升一合）と中野家（中野名《ミヨウ》高六石）とがある。これらは名主職の分与であるから、それ以前における末家の扶持が作職であったことは明らかであり、寛永八年以前における日野家の地位からみて、末家の武士的性質は疑いないところであるから、この扶持が名田の作職であることは確実である。(註)末家と本家とは主従的身分関係として伝統的な大きい同族団体を結成していた。そして名主職や作職はこの身分関係と結合して成立した。この結合が上山村の構成の主幹であったことは、その数の上からも、日野家と他の名主との社会関係からみても、十分に了解し得るところである。こういう場合に日野家を新たに百姓身分に下げようとする新検地が、もし作職をもって名負(名主)とするなら、本家日野家の位置は名主的武士身分から一挙にして下級の作人身分へ転落し、末家と同格に並ぶに至るような変化を与えねばならないから、これによって村落統治に大きな不安を生ずることは明らかであり、こうして生ずる混乱は領主もまた望むところではなかったので、これを避けたのである。戦国時代における封建的領主は政治的実践者であったから、村落自治の政治力の基本である同族団体とその統率者である親方百姓の真価をよく理解しており、みずからの大名領を確立するために、親方百姓やその同族団体に対しいかに慎重なる顧慮をもってその革新政策を行ったかをわれわれは知ることができる。それにもかかわらず、この検地によって士格を剥奪された土豪が受けた衝撃は大きいものであった。士格剥奪の取消運動が強烈に行われたこと、及び、その緩和策として、郷士格と苗字帯刀とが土豪に許され、さらに新しい村落組織の庄屋役に任命して、何らかの役料を附するなどの扱いがおこなわれたことは、それに先行する社会的条件を無視しては考えることができない。中世の名田が近世の名請となる根拠も、そういう経過により理解することができるのである。

(註) この作職は下伊那郡虎岩村の分附地に相応するが、この地方では分附という制度は与えられなかった。そのかわり作職を持つ血縁分家や非血縁分家たる被官が比較的早く本百姓になっている。このことには、被官という家来百姓の位置が、日野家の旧領主的位置に応じて、比較的高いものであったことが窺われる。いわゆる奴隷的なるものとしてこの

場合の被官をみることは誤りである。

そこで、名請が中世の名田を引き継ぐものであるとしても、名田の所有権の分化された階層のうち、どれをもって名請としたかということは一定の標準がなかったものと私は思う。それは作職の場合もあったし、下作職または名主職の場合もあった。同じ地方でも、一方には階層に分化された名田所有権があり、一方にはそれが未分化のままである場合もあったから、一律の標準を立て得なかったのだと思われるが、とにかく所有権を地主身分と結合させてなるべく単純化する方向に向っていたということは明らかである。

このようにみてくると、中世において初め名主を地主と呼び、後に所有権の各階層にそれが適用されたのが、近世に至って名請人に固定されてきたので、分附百姓を地主とは呼び難くなったのである。虎岩村における村内地主である唐沢勘右衛門の分附地をみると、天正一七年に一九貫一〇〇文を八人の分附百姓に割り当てていたものが、慶長一三年には田畑四五石四合三勺を二一人に分けた。前には一人平均二貫三八七文（四石七斗七升四合）であったものが、一九年間に平均二石一斗四升余に減少している変化の裏には、これら百姓の境遇の変化が織り込まれている。すなわち唐沢氏自身が武士から百姓となり、他方では、村の戸数増加を反映して、分附地もまた分割されたが、それらの百姓は分附地のみの耕作では足りないから、別に小作地を求めて生計を維持しようとしたのであろう。そこに複雑な生活関係が生ずることは当然であるが、分附地を持つ分附百姓はその土地が細分されれば、下級所有権者としての元どおりの強さを維持できず、その半面では、これまで兼帯して来た小作人としての性質の方が支配的になるから、ますます地主的性質から遠いものとなった、と考えられる。

以上、私が用いた地主という言葉が現在の意味における地主という言葉と必ずしも同一でないように、下作という言葉も、現在残っている言葉と中世のそれとは異なっているのは当然である。従って、近世の記録の上にみられる小作という言葉も、その内容を簡単に決めてかかることは危険である。なぜならば言語の意味は単純に漢字が表現するものを追ってきめることはできないからである。その言葉がいかなる生活形態の表現にあてられたものであるかをまず尋ねることが大切である。すなわち日本語としての意味を溯ることが本道であると思うのである。言葉は、日本の社会組織における特定の生活形態の表現として発生したものであると予想しなければならないから、日本語としての意味と社会組織における特定の生活形態との連関において、その言葉の意味を知るのでなければならない。また、言語の意味と生活形態との歴史的変遷は対応するものである。私が名田の意味の変化についてすでに述べたところもその一例であるから、年貢、加地子、加徴米などの言葉が現在の小作料の意味に用いられているとしても、これをもって中世の小作慣行を類推することはできない。言葉だけはそのまま残っても、その意味は局限されたものになることもあり、拡大することもあり、転換することもあるのであって、それらの変化はそれが結びつく生活形態の変化に順応するものであるから、その歴史的過程が深く追究されねばならない。このような検討を果すためには、記録資料だけにたよることは無理である。なぜならば、記録資料だけでは広汎な社会的連関を求めるには限度があるからである。特に中世の名田の所有権から生ずる生活慣習のように、まれにしか記録資料を得がたい場合はそのよい例であるが、このことは近世の名請から生ずる生活慣習についても大方はあてはまる。これを解明するためには、現代の同様な慣習に残された諸事象——言語も含む——の意味との比較研究をもって補足することがきわめて大切である。過去資料と現在資料との相互関係の意味を知るなら、これらの場合に民俗学的資料の持つ役割もまた重要であると知るべきである。このことこそ、本書において言語の意味の変遷を軽視しない理由でもある。

いま私は近世の小作慣行の究明を果そうとする第二章以下へ導入する一つの道筋として、中世末期における大地主百姓に特に注意したい。それは最初に指摘しておいた下人を含む大家族制度を持つ親方百姓であると思われる。前掲の宇麻郡上山村日野豊田家のごときもそれであり、それゆえこれは江戸時代に残存した郷士とも脈絡することは明らかである。

へ　名主と郷士　つぎにこれと江戸時代における郷士制度との関係を一瞥しておきたい。江戸時代において郷士が山間もしくは辺境の地に多かったことは明らかであって（小野武夫、郷士制度の研究一一八頁）、経済録（享保一四年）の著者もそれを指摘していることは周知のことである（日本経済叢書第六巻二〇六—二〇九頁）。このことは郷士制度がすでに江戸時代において残存的現象として現れていることを示すものである。もちろんこの時代において百姓または町人に士格を与えるために郷士制度を設けた場合もあるが、それは郷士制度としては本来的のものであるとは言い得ないのである。木村荘之助氏は日本小作制度論上巻において郷士を次のごとく分類している（二七二頁）。

一、徳川時代以前の武士にして農村に土着し実質上領主に臣属せず、領主から特殊の待遇を受けたもの

二、領主から土地扶持を給されて農村に居住するもの

三、百姓、主に村役人、或いは町人等が単に郷士身分を与えられたもの

木村氏によれば第一種の郷士は領主に臣属せず、領主に何らの年貢をも納めず完全な土地所有者であったが、次第にその独立性を喪失したものとされている（二七四頁）。他の、領主に臣属しない土豪というのは小領主にほ

かならない。大名の領内にいるかぎり、年貢は納めないとしても、戦時に軍役を出すことは彼らの義務であり、軍役を出すかぎり実は臣属していることは明らかである。それゆえ第一種の郷士は江戸時代には厳密には存在しない。下級小領主で他の領主に臣属していた者の残存が第二種の郷士であり、本来の意味における郷士である。初めには軍役のみがあり、百姓身分に固定させられて、後には年貢のみを上納することになったのであって、軍役を出すことは、独立の士分であるような外貌を取るものとして、上位にみられたとしても、軍役を出すかぎり臣属していることを示すものであり、武士の主従としての身分関係にあるのだから、土地領有者として彼らをみなすことはできない。この場合、彼らの支配地は領主によって許容された扶持にすぎないから、それは旧領安堵の形態をとるとしても、給田の形態をとるとしても、彼らが臣属していることを示すものであり、これらの形は明らかに中世の主従関係の形態に脈絡を持つものであって、江戸時代においてはその残存として部分的にみられるにすぎない。新たに郷士に取り立てる場合にも、このような中世的な形態を取ることは、山間辺鄙な地方以外には余りみられず、多くは士格としての形式的な地位を与えるものであることは、第三種の郷士においてしばしばみられるところである。これはまったく、士格を与えられた百姓町人にほかならない。

それゆえ、江戸時代における郷士が、中世末における武士としての、大なる名主百姓の残存形態であることが考えられるのであって、残存形態であるかぎり、かつてのそれと同一の社会的意義を持つものではない。すなわちそれは中世的な地主の意義を失ったもの。かつて、農地を直営した大地主百姓として一時は軍役を出したこともあるが、やがて名請大百姓として物納年貢を出すに至ったもの。そういう大百姓が苗字帯刀を許され、多くは庄屋、名主等の村役人となっているものである。木村氏は、これらの郷士が、領主からの扶持として許された土地以外に小作地を持つ場合を、郷士兼百姓＝高利貸として規定している（二八三頁）。そして郷士は元来、土地所有者であるから、百姓＝高利貸（いわゆる地主）とは異なるものであるとし、後者を封建的土地用益権者とみるのであって、いわゆる郷士は両者を兼ねるものであるとしている（二八九頁）。しかしながら、郷士の持つ小作地は、扶持として与えられた土地のほかにおいて初めて生ずるのではなく、郷士の支配する土地における彼自身の直営地以外は、分附地のようなものを除いては、経営者たる郷士がそれを欲するなら、すべて彼の小作地となることができる。郷士扶持たる土地以外には土地を兼併した場合に、右の小作地以外の小作地が生じ得るにすぎない。最初からこのような小作地を郷士は必ず所有していたのではない。最初においては彼らに許されたる土地は多くは彼らの直営に属し、彼らは血縁者および下人を使役してその耕作を行ったのであり、一部は分家等に与えた分附地（作職）なのであった。中世の武士としての名主が守護と主従関係を持つ場合、扶持された土地の年貢は免除されるとしても、それが免除であるかぎり、守護の支配から独立したことを意味しない。それゆえ、その免除は軍役を出すことを条件とするものであり、一領具足とか、一領一匹と称したのは軍役を表示するものであるから、臣属の事実を示すものである。これらの軍役に関しては、名主は自己の支配地内の作人や直営の下人をもってするのであるが、彼ら名主がそれら作人・下人を率いて果すのであるから、それは作人や下人が直接領主に出す夫役だったのではなく、名主の出す夫役にほかならなかった。

そこで下級領主たる名主（地頭でもあり得る）に直属している支配地（給田等）では、血縁分家としての家来や非血縁の家来にはその扶持として作職が与えられ、直営地では下人が使役され、また家来が賦役に出るというのであったと思われる。しかし血縁および非血縁の家来（末家）に与えられる扶持は、日野家のように大きな地頭においては、家来が自己の家計の独立をほとんど期しうるほどであることもあったろうし、非血縁の家来のある者には血縁の家来より少くしか与えられないため、地頭本家に依存しなければ自存できないということもあったであろう。一般の小さな地頭においては、きわめてわずかな作職が与えられただけであって、家来はすべて地頭の直営地の耕作に参加する形をとったものと思われる。その種の土地は家来の自用地として地頭本家からの扶持であり、その名主職を持っていたものでなく、作職であったにすぎない。近世検地でこれが分附地になった場合があり、虎岩村の唐沢家の場合はこれであると思われる。そこで前者においては地頭本家がそれ自身大家族制を持つこともあり、持たないこともあったであろうが、同族団体を必ず結成した。その団体の主要部分は地頭本家から分れた末家である。それゆえ、これらのものは元来本家に同居していたのであり、この場合、非血縁者が下人として取り容れられたものであることはいうまでもない。

この家来百姓においては、扶持地《フチジ》(自用地)以外は本家直営地の耕作に出るのであるから、それは本家の采配の下に働くのであって、彼らが上級領主に年貢または軍役を直接に負担することはない。扶持の土地について作職をもつとしても、それが僅少であり、かつ売買により他から獲得したものではなく、本家との身分関係によって分与されたものであって、地頭がこれらの名田の名主職を持つのであるから、その関係は簡単であった。それゆえこれらの百姓は本家の内附たることにその性質があったとみられる。もしこの内附たる範囲において、家来百姓への請作が生ずることがあるなら、それは明らかに特殊な性質を持つ。それは本家の直営地を分割して、家来家直営の耕作は止めて、その部分のみの耕作を家来に請負わせるものである。それゆえ家来からの本家への労力の奉仕から現物納付の方向に向うのであって、私はこれを小作関係と定義したいが、その理由をまだここで述べる訳には行かない。このことは、中世の名田から近世の名請に移った場合でも、名請の内附たる請作《ウケサク》関係であることにその特質があるのであるから、脈絡を持つ。それゆえ、買得した土地でなければ小作関係が生じないということはなく、小作関係の成立はむしろ血縁および下人の分家による請負耕作にあるとみるべきであり、それが名田の所有権の内附として成立したことは明らかである。

郷士の経営がこのような形態を受け継ぐものとすれば、それは血縁者と下人とを使役する大経営であって、こういう経営においては、名請百姓の場合と同様に家来百姓に対する支配と保護とが行われているので、そのかぎりでは家来百姓には親方から独立した土地所有は許されないから、郷士と家来百姓との間において対等の土地所有権の売買は成立しない。対等の土地の譲渡は郷士や名請百姓の間にあるだけである。こうして得た土地は買得者の経営に移るとしても、それは恐らく同様にその直営におかれるであろう。それゆえ前の地主の支配地における小作関係が発達しないかぎり、新しい買得地における小作関係が生ずることはきわめて困難であるから、木村氏のいうような郷士兼百姓＝高利貸が生ずるには郷士の経営における内部的な変化（小作関係への）がまず行われなければならない。すなわち、かかる大経営は家来百姓の従属によって可能であり、郷士たる本家はそれを統制するものであるが、そこでは多量の賦役が子方から徴収される。名請百姓においてはもちろんであるが、郷士においても軍役の代りに物納年貢が発展するので、土地経営の緊密化が次第に要求され、家来百姓への請負耕作が企画されて、家来の賦役は次第に物納小作料に転換されるに至り、郷士百姓の持高はその内部関係においてのみ家来の請作に移される。そこで郷士の地主たる地位は別に変化はないが、家来百姓はその内附において郷士の直営から離れる。すなわち請作たる小作である。それゆえ小作関係が私法的な内部関係であることは明らかであるが、小作人が自己の資力により高を持つに至れば、高の大小如何にかかわらず名請百姓となることができる。しかし彼が他の地主の請負耕作をするなら、その地主との内部関係においては、小作人たることを免れない。この場合、地主が新しい土地を買得すれば、それの名請は地主にあり、それを地主のもとで直営するかぎりそこに働く者はその関係においては小作人ではないが、地主が名請の高の一部を地主手作するほか、大部分をその名請のまま他人に請作させる情勢におかれる場合には、新しい買得地も多くは小作経営に移されるのである。それゆえ郷士が買得地を小作地とするには郷士の土地経営が全面的にこういう変化を受けていることが要件となる。このことは前項田川郡A_2、多野郡小柏、久慈郡入四間、二戸郡石神についてみることができる。このようにみるとすれば江戸時代のいわゆる名田小作なるものが中世におけるいかなる関係に由来しているかは明白であり、それは名田の地主とその血縁分家ないし下人との内部的関係から始まるということができる。江戸時代においてはそれが名請百姓の内部関係における請作を指すものであることは明らかであるから、江戸時代における名田は中世の名田に系統を引くとしても、その内容は必ずしも同一ではない。

(2) 質地小作

次に土地売買に伴う小作関係としての質地小作の発生条件を尋ねることが必要となる。まず質地小作は普通小作とはまったく異なることが注意される。普通小作においては小作人は名請百姓たる地主と主従の身分関係を持つことから始まると推測できるが、質地小作は土地の質入によって生ずる小作関係であるから、普通小作のように親方本家が家来である小作人を支配保護する関係とは大いに異なる。小野博士によれば、質地小作には直小作、別小作、質地年季小作の三種があるという（前掲書一五〇頁）。いずれにせよ土地の質入により生ずるから、質入人が土地を所有することがその先行条件となる。徳川時代において小作慣行が高利貸による土地の買得もしくは質地から発生したとする説さえあり（木村荘之助、日本小作制度論上一九六頁以下）、質地小作はすこぶる多かったことが明らかにされている。質入と同時に小作関係が生ずるばかりでなく、質入地の受け戻しが不可能となって質権者に土地が渡り、それが小作地となるというような土地兼併が行われたことは周知のことではあるが、中世的な親方百姓の大経営が存在しているかぎり、このような地主の土地兼併が頻繁に行われることはまったく不可能である。たとえば第二節にあげた多野郡小柏の例などは、名請百姓は大家たる小柏家のみであり、家抱は名請していない。また長野県下伊那郡千代村野池の大平家は御館《オヤカタ》として延宝五年の検地の際、被官三一軒を従属させていたが、一村一人百姓《ヒトリビヤクシヨウ》として名請は大平家のみであった（関島久雄、古島敏雄、徭役労働制の崩壊過程一〇四頁）。しかるに同年の文書には、三代前に久豊が分家したとき「惣被官竝《ナミ》ニ」の待遇をすると記されている。久豊は村内に血縁分家をしたものであるにもかかわらず、その当時名請百姓とはなっていない。また同郡泰阜《ヤスオカ》村万場の豊島家も、前述の久豊の弟久安が買養子《カイヨウシ》となって行った元和八年には、一村一人百姓として、家来まで買い取ったことが記されている（同上）。このような村落を下伊那郡において他に一〇個あげることができる（同一四三頁）。これらの場合に、村内の家々の間では土地の売買や入質もしくは家来下人の譲渡さえ行われることのできないのは当然である。中世的な親方百姓の間に大きな土地の集散のある場合は、土地と家来である子方百姓とが結合したままに新しい所有者に譲渡されたのであり、この場合これらの子方百姓は親方から受けた扶持に変更なく新しい親方百姓の支配に移され、その家来となった。それゆえ子方百姓は親方百姓に従属するかぎり、親方百姓の名請の内附であるから、売買の対象となるはずの土地を所有するという前提もないから、彼らに対して質地小作の成立する余地はなく、彼らの請作地を他に売却することも質入することもあるはずはなかった。下伊那郡大鹿村大河原の前島家の被官《ヒカン》には、分附被官《ブンツケヒカン》と称せられて分附高《ブンツケダカ》を所有する一種の上級従属農が含まれており、それは名請地の下級所有権で、御家《オイエ》より買い求めた土地であるが、彼らの身分は御家の内附の関係にあるから、その土地の移動は名主《ナヌシ》所の手を煩わさず被官頭《ヒカンガシラ》の加判のみで行われ、御家の認許を経なければ外部の本百姓への譲渡は禁ぜられていた。分附被官がその土地の耕作を持続し難い場合は、返地証文に認めて御家が受け取り一定の代金を支払ったものであり、相続人なく断絶した場合にも、土地は御家の有に帰して他へ渡らなかった（同一八八頁）。それゆえ、質関係が成立するとすれば、それは名請人たる親方百姓の間においてであって、被官同士や被官と親方百姓との間において対等には成立しなかった。時代はいささか下るが、次の例はそれをよく示している。長野県下伊那郡泰阜《ヤスオカ》村金野《カネノ》における金野家の文書に次のものがある。

入置申一札之事

一　此度金野村金次郎持地高弐百九拾八石三斗四升六合之内高弐百六拾石八斗六升五合之分山林竹藪秣場刈鋪山相添当酉十月ゟ来亥十月迄弐年季相定質地に其許ぇ被渡置申候然る処主人覚太夫儀元来病身故耕作茂不相成此節者病気相増身上者困究仕難儀被暮候儀私共一統難敷御座候に付年季中覚太夫夫婦ぇ夫喰米四斗入三拾六表宛被遣被下候様奉頼候左に候はゝ先覚太夫迄小作米六七拾表之分手作被致候砌私共致出精勤来候通其御許ぇ相勤可申候間右夫喰米被遣被下候様達而御無心申入候処御承知被下忝次第御座候尤其御許当地ぇ御引越被成候歟又者下代之人被遣候共何れに茂御手作可被成候間先覚太夫迄私共勤来候通出精いたし其御許に相勤可申候則勤来候趣凡左之通に御座候

一　夜番両人宛年内休日無之順番に罷出尤暮六ッ時ゟ明六ッ時迄夜中之用事相勤夜仕事も米春なれば一斗限わらじは一足馬之くつ者二足位之仕事仕候

一　供使に罷出候節者主人方に而三度之支度給遠方者小遣銭茂被下候

一　近所使唐笠村黒見村万場村打沢村高町村稲伏戸村米峯村毛呂久保村等え被遣候節者私共自分支度に而相勤候帰之節一飯被下候

一　道普請橋かけ等自分支度に而罷出候御廻状継を始村役ニ而人足幷馬差出し候節も私共自分支度に而相勤候尤も米川底之橋かけに者一飯被下候

一　組合村え申遣内廻状村貫きごぜ座頭法師之類次村え送候底之儀を内村継と申候皆私共自分支度に而相勤来候

一　役蕨《ヤクワラビ》と申蕨を取干し而きざみ私共一軒ゟ五升宛主人方え納来候其節者黒米五合宛被下候

一　前田分刈鋪之儀男之分不残人別に而罷出早朝ゟ刈敷申候朝粥昼飯茂被下候九ッ時迄に仕廻申候

一　馬屋入候えたゝ刈之儀男之分一軒ゟ一人宛早朝ゟ罷出刈申候昼飯者被下候

一　田打　小切　あらくれ伏せ　藤手こき　しろかき　田の草取　稲刈　稲こき　麦刈　麦こなし　雑穀蒔付　同取収め

菜園作糞草刈一人五駄宛取り候

田畑普請薪伐垣根結其外数々に而難尽筆紙に候

右何れも罷出出精仕候朝飯者自分支度にて参昼飯小中飯《コジユウハン》被下候尤朝晩之飯代にて代はと申八朔ゟ翌年五月迄籾に稗を交置一日に四合宛被下候六月ゟ七月中者あら麦四合宛被下候夕作とて九ッ時より罷出候ものえ代は二合宛被下候

食物之儀者麦稗干葉《ヒバ》大根干蕨《ホシワラビ》等□を加え雑飯《マゼメシ》に而御座候

右勤に罷出候日数之儀者年々多少有之際限無御座候得共黒見村明嶋村之並に相勤申候

一　田植に者私共老若男女四ッ時ゟ人別に罷出植付申候小中飯被下代は弐合被下候
一　馬飼料に用い候葛葉一軒ゟ二タ背負宛納来候
一　田畑こやしに用い候灰之儀一軒ゟ越後俵一俵宛納候黒米一升宛被下候但し村中三ッ割年番に而相納候
一　役粟と申一軒ゟ一つえり粟一升宛納来候
一　女共茂男同様何時に而も御用之節者罷出相勤候
一　柿落柿《オトシ》むきに者御差図次第罷出申候
一　稲を取入米拵仕候夜臼之儀是又御差図次第罷出申候尤夜食被下候
一　河原田井さらい私共自分支度に而罷出申候茶うけ被下候
一　猿鹿狩に茂御差図次第自分仕度にて罷出申候
一　小作年貢納方之儀者御差日に早朝ゟ相納候米拵俵随分念入申候
附蔵莚一軒に付一枚宛納之候是茂村中二ッ割年番に而相納候
右之米私共に而不残津出し仕候
但明ヶ嶋門嶋黒見野池之辺え津出し仕来り申候
一　小作年貢之儀毎年十一月十日迄に急度皆納可仕候尤皆済無之内者米一升たりとも売出し申間鋪候
一　夜田打夜畑打農道具私共ゟ持参いたし働申候たいまつ者主人方に而被差出申候夜喰被下候
一　荒田荒畑所々に数多有之無勿体次第に御座候已来私共申合致出精御差図を請起し可申候
一　私共年久鋪作来候地面を持米と申候此地面に有之候共杉檜柿之木等我儘に伐取申間鋪候漆之分者不残主人方え納申候
一　峠田之分山住共持米江夫々割付作り候得者已来猥に取替申間鋪候

一　右有増認候得共年内万端不尽筆紙候何れにも時之宜に随御差図被成可被下候少も無違背大切に相勤可申候

一　御差支等有之御手作難被成候はゝ地面不残私共引請下作仕候小作年貢相定之通急度相納可申候尤当覚太夫は病身故手作不仕候に付私共引請作来り候儀に而手余《テアマリ》地決而無御座候前書之通津出し之儀も私共差出し申候

右之通其御許ゑ急度相勤可申候尤質地年季明之節金次郎方ゑ不請戻候はゝ質流地に相成候に付私共茂地所に相添其御許ゑ相渡御被官に罷成可申候間銘々之屋鋪御年貢茂其御許ゟ御上納被成可被下候左候得者前書之趣益太切に相勤可申候尤覚太夫夫婦一生之間書面之夫喰米年々被遣可被下候但覚太夫夫婦之内相果候はゝ残る一人之夫喰米二十俵宛被遣可被下候定に御座候尤右之段主人覚太夫金次郎幷隣村親類中次に私共茂一同立合共に委熟談之上相極候儀に御座候得者後々に至少茂相違無御座候為後証連印を以一札入置申処仍如件

寛政元巳酉年十月

善　太　郎　黒印

（外三十六名　黒印）

大草村
惣右衛門殿

前書之通少茂相違無御座候に付致奥印入置申候以上

酉ノ十月

金野村
金　次　郎　黒印

同人養父
覚　太　夫　黒印

里見村親類
伊　太　夫　黒印

明嶋村同断
又左衛門　黒印

打沢村同断
孫左衛門　黒印
唐沢村名主証人
半左衛門　黒印

（市村咸人氏採集、関島古島前掲書四二一頁にもあり）

これは金野村の親方百姓である金次郎が大草村の親方百姓惣右衛門に、持地の大部分二六〇石余を質地とした場合であるが、それとともに、その経営が惣右衛門に移るについて、金次郎に従属していた子方百姓たる被官が、更めて惣右衛門との関係を規定するために歎願した文書である。この場合、質の対象は金次郎の持地であるから、質関係は親方たる金次郎との間に結ばれた。その結果、土地の支配権が惣右衛門に移るので、金次郎の被官は惣右衛門に譲渡されることになるのである。もし惣右衛門がこの土地を直営すれば、被官はそれにツトメ（賦役）を出すのであって、被官が親方の名請地の請作をしないかぎり小作関係とはならないが、被官をして請作をさせれば初めて小作関係が生ずるはずである。このことはすでに金次郎の経営においてもみられ、地主手作のために多くの賦役をとるとはいえ、被官は分家しており、親方から多くの保護を受けるとはいえ、彼ら自身の生計を持ち、親方の名請地の請作（すなわち小作関係）をも行っている。それゆえ、この土地が惣右衛門に質入される場合、その小作地に関しては当然一種の質地小作が生ずるとしても、それは個々の被官との間に結ばれた関係ではないから、個々の被官は新しい親方に属しても、旧親方に対する関係と異なる関係を結ぶものではない。この証文が金次郎の被官と惣右衛門との間に締結されたもののような形を具えているとしても、これは歎願書であるし、それは後書きにおいて、金次郎父子と親類の連名の存することは、親方の認許を特に必要とするからである。これと同様なことは、上伊那郡南向村大草《ミナカタオオクサ》の親方文内が天明二年に家産整理をした際、片桐村前沢の理兵衛に文内の全財産および被官二七軒を質入れたことがある。ほぼ同じ内容の一札が、これは親方たる理兵衛と文内との間に交わされている。前沢氏もすでに被官を所有していた（小林平左衛門、信州伊那の被官百姓、歴史地理四〇ノ四）。この種の類例は下伊那郡の被官関係の文書にははなはだ多い（関島古島前掲書一五七、一六一頁）。年代ははるかに新しいが、島根県仁多郡八川村大谷の糸原家の小作地は、同地旧家石原氏が古来有した土地財産を明治初年没落の際、株小作《カブコサク》のまま買い取ったものである。それには土地山林家屋の外小作人も附属していた。これを株または丸と称し、かかる譲渡が従来行われていたという（小野武夫、出雲名族の研究、農業経済研究四ノ三六七頁）。こうした大百姓の持高の内部関係においては、売買や質関係は成立しない。それが成立するのは名請地にほかならない。分附地が売買や質の対象となるのは、それが下級所有権であるためであって、中世における名田の所有権の階層的に分化した各職《シキ》が売買や質入が可能であったのは、それが所有権であったからであり、これと相通ずるものである。

(3)　鬮田《クジタ》小作

最後に鬮田小作についてみよう。これは地割制度下における小作慣行であって、前掲の諸例のうち京都府中郡三重村三重と石川県鹿島郡高階村池崎においてみられる。小野博士は、鬮田小作においてはその土地の高持たる地主と小作人とが別々に分れ、しかも高持は不定の作人より小作料を収納するばかりで、土地の実権とは関係なく、実権はむしろ耕作者たる小作人にあり、耕作人は実際にその土地を耕作するから、土地割換の年限が来れば自ら抽籤し、新割換年期における耕作地を決める。こうして小作人は村の小作管理人または庄屋に小作料を納めれば、庄屋がその割振をして村の高持地主に小作料を分配するのがこの慣行の大体であるとしている（農村社会史論講一五一頁）。しかしここにあげた二部落についてはまったく異なっている。小作人は抽籤の正式な資格はなく、高持地主がこれを行い、小作人と地主とが割換ごとに別々になることはまったくなく、小作人は地主が新しい土地の配分を受ければ、それについて下作を受けるから、小作人はまったく地主に従属する。三重においても池崎においても、小作人は地主の子方であることがすこぶる多い。新潟県古志《コシ》郡石津村釜ヶ島における割地制度下の小作慣行は二種あって、一は「鍬高卸《クワタカオロ》し」、一は「普通水入《ミズイレ》」といわれている。鍬高卸しは西蒲原《カンバラ》郡の「軒《ケン》前卸《マエオロ》し」と同様で永小作に近い小作権を持っている。「軒前卸し」は一切の公租公課を小作人が負担し、地主はきわめて少ない小作米を収得しており、これを取逃《トリニゲ》小作という。古来、小作契約証はないが、この慣習は久しく行われてきたので、ほとんど永小作のようになったものである。鍬高卸しも同様であり、小作人が地主に代って抽籤権《チュウセン》を持つ。これに対し普通水入は、貸付土地は何反何畝と反別をもって示し、鍬高、すなわち軒前高をもって卸し付けをしない。これにおいては小作は抽籤権がない（新潟県内務部、新潟県に於ける地割制度二四七頁）。軒前卸しにおいて小作人に抽籤権があるとしても、元来、小作人は抽籤権者である地主について地割とともに耕地を変えるところに地割制小作の特質があるのであって、たまたま地主の土地支配がはなはだ弱くなったので小作人に抽籤権が属したにすぎない。いずれにしても地主と小作人とが結合したままで地割が行われるのが原則的であり、新潟県においてもそれが一般的であった。それゆえ小作人に抽籤権のあるのは地割制小作の本来の形態であるとはいえない。このことは名請と小作人との関係の本来の性質からみても当然考えられることである。それゆえ三重や池崎のそれは地割制小作の本来の姿をみせているものであると考えることができる。従ってそれは親方子方の関係を骨子とする小作関係の上に地割制がおかれたことによって生じた第二次的な変化で、実際には親方本家の名請高は地割制によって変化を受けず、そのまま認められているので、子方たる小作人は地割とともに耕地を変えていたにすぎない。このような関係は普通小作と明白な脈絡を持つことは何人にも理解される。新潟県の地割制においても、持高の平等でない地割制がきわめて多く行われているのをみることができる。すなわち、各部落において地割の単位となる鬮《クジ》一本の高は一定していても、鬮一本が多くの者により分割される場合もあり、一本を一人で占めることもあり、一人で数本を占めることもあるが、各自の全体の持高は、それが続くかぎり、常に変更されずに地割されて行く。これらはもちろん土地所有の移動兼併によって生じた場合もあるとしても、また地割開始当時の持高の不平等をそのまま持ち越している場合も少なくないと考えられる。従来は地割制は各戸持分の均等を目標としたとの説が一般に認められていた。また均等なる持分による地割制の行われていたことも事実であるが、これらは江戸時代における新規の大開墾に際して、新たに部落を創立する際、各戸が平等な条件におかれた場合に多くみられるように思われる。地割開始当時、高持百姓の戸数をもって地割軒前総数とした部落は明らかにそれであろう。新潟県西蒲原郡松野尾村大原新田では、軒前数一四軒前は天明元年新田検地帳名受人一四名と一致しており、中頸城郡旭村六万部においては一四軒前は天和三年検地帳と一致している。このような例は「新潟県に於ける地割制度」になお多く掲げられているが、また古志郡深才村下山の如きは本途二〇軒前、島地（新田）三八軒前で、本途新田軒前数を異にしているのは、新田開墾に参与した無高百姓が土地配分の権利を享けて生じたものであるといわれている（一三〇頁）。このような場合、部落全体についてみれば、新田にのみ地割の資格を持つ新百姓が、他に比してその位置の低いのは明白であるが、少なくも新田については平等の割前を持つ。このことは一般に新田が平等な各戸によって成立する際は均等の割前を持つはずであることを推測させる。しかるに一方においてこれと異なる地割慣行があった。たとえば、古志郡中野俣《マタ》村西中野俣では地割軒前を鍬前と称し、惣数一〇一挺七分五厘として、うち一一分の一は庄屋に割り当て、残りを家格により分配した。また同村東中野俣では惣鍬百挺、うち一〇挺を庄屋前とし、残九〇挺は各戸につき家族員の多少により分配した（一四六頁）。しかもこれには、ごく旧家で特に占有を認めたものを名持地と称して、鍬前に編入しなかった風習が加えられている（五四頁）。西蒲原地方の新田村においても、庄屋は一般に世襲的であったから中野俣においても庄屋が旧家であったことは疑いなく、地割が旧持高をそのまままうけつがなかったとしても、地割余地を設けて、それを特定の家に帰属させることは持高の不均等を示すものである。そしてそれは庄屋役扶持として新たに認められたに止まるであろう。均等配分の慣行地においても、庄屋役扶持が定免などの名称をもって若干認められ、なかには一軒前以上の土地を世襲的に固定的に持つ場合もあり、また個人の開墾による名持地が割地から除外されて存在することは、部落の土地所有形態にとって重要な意義をもつ。個々の部落の成立と発展過程とを精細にみなければ詳細は不明であるが、為政者によって新墾の名持地が認められずに地割地に編入された場合もあり、比較的多く認められた場合もある。いずれにしても、旧家の勢力のあった土地では地割の上に持高の不均等を踏襲している。これは領主の側においては結局地割によって一定の貢租を確保すれば足りるので、村落の内部関係に関して多く干渉を必要としなかったことによる。

江戸時代における主要な小作形態をみてきて、それらの間に歴史的社会的関係のあることや、それらはさらに前述した諸部落における生活形態と密接に関連することをもほぼ了解することができる。そして次の事実が注意される。それは農業経営の形態と家族制度との相関関係であり、しかもさらにそれは村落構成と関連することである。何となれば村落の生活機構は家――同族団体の発展にその根拠を持つからである。それゆえすでに触れたように、現在もっとも多く見られる血縁的単一家族はそれが大家族制からの分枝によって生じたものであると否とを問わず、すべてその成立は同族的系譜を辿るものであるから、現在同族団体を結成していない家でも、それ自身のうちに同族団体を結成すべき性格を潜在させていることは明らかであるといわなければならない。従ってこのような性格は単一家族と複合家族とに共通するのみならず、同族団体に共通するものであり、それらの家は、一定の条件がそなわれば、ほとんどすべて同族団体を結成するのであるから、個々の単一家族、特に血縁のそれを取り出し、これをもって家の基本的形態であるとしてみたところで十分な説明とはなり得ない。いま私は、家の解明についての方法論を詳述する余裕はないので、きわめて簡単に触れておきたい。

家は、人間的・文化的事象として、文化科学の経験的な特殊諸科学の立場で捉えることができる。それゆえ、法律学的な家、経済学的な家、宗教学的な家というような捉え方は、家のそれぞれの一面を明らかにするものである。社会学的立場はそれらの一つであり、それは人間の存在形態としての社会関係を捉えるものであるとすれば、家が社会関係として捉えられる意味をつかむのでなければならない。社会学的概念としての社会関係を私は個人と集団との相互媒介の形態と定義する。社会関係における生成の側面では、個人が創造的・歴史的に顕出し、完結の側面では創造ではなく形成であり、集団的ないし社会的な意味が顕出する。それゆえ、社会関係は歴史性と社会性との相互媒介であると言い換えることができる。そこで個人の構造は常に個人的・社会的であるから、個人間の相互作用をみれば、集団は個人に外在すると同時に内在する。このような緊密な関係においてこそ、初めて個人に対する集団の強制が存するわけである。このような構造によって、社会関係をとらえることが真に現実的、具体的であるということができる。社会関係は一つの民族社会のうちには多数に存在し、社会関係の構造的意味を等しくするので、それらはすべて相互規定する。それゆえ、一つの社会関係の存在はその内部において規定されると同時に、外部からも規定される。外部とは、それが密接に連関する他の多くの社会関係にほかならない。

家もまた社会関係として捉えることができる。この場合、家という社会関係の内部的契機となるものは種々ある。性結合や血がその内部的契機となるものとして一般に解釈されており、それがいわゆる種属的な血縁の家として捉えられるものである。しかしすべての性結合や血が、家という社会関係の内部的契機となるのではないし、また性結合が夫婦関係として、血が血縁の家の成員としてその内部的契機となることは、生物学が対象とする単に自然的もしくは生物学的な現象ではない。それは身体と心意との相互媒介、および個人と社会との相互媒介を含む二重構造における、人間的・文化的意味に転化しているものであることを知らなければならない。従って性結合や血がこの意味において家という社会関係の内部的契機となるところに、宗教、経済、法律、道徳等が家という社会関係の内部的契機としてそれに結合し得る根拠があるのであって、それらが等しく家の内部的契機となることはこのような意味によるのである。

人間的・文化的な事象の本質は自然的な性結合や血の関係を超えるものである。そこに非血縁が、家という社会関係の内部的契機となり得る根拠もあることを理解することができる。非血縁者が家の内に取り入れられるとき、それは常に何らか文化的意味を持つのである。たとえば養子もそうである。日本において奉公人も古くは養子として取り扱われたことは後に説くが、養子には家督相続者となるものと、そうでないものとがあり、これらのものは非血縁者だけでなく、血縁者をも含んだが、家の生活に摂取されることに差はない。このようにして家はその内部的契機により他の社会関係とは峻別される。その混同はあり得ないとしても、家の形態を規定する外部的条件があり、それは家の外部に存して家を規定する。しかし、その内部的なものと外部的なものは相互規定的であるから、単に内部とし、単に外部として作用するものではない。すなわち外部から家を規定するものとしての同族団体や村落・都市の自治体、政治団体、諸種の経済団体、宗教団体ないしは国家組織などの政治的、経済的、社会的条件をみるにしても、それらが家をその外部から規定するだけでなく、同時にそれらが家に規定されるという相互規定の関係をみなければならない。それゆえ、それらの社会関係の性格も相互規定されるから、一つの民族社会における社会結合の性格は、その民族が形成するあらゆる社会関係に浸透し共通する。従って個人と社会（集団）といずれが先立したかという問題と同様に、家と氏族とのいずれが先立したかなどというような論争を私は問題としない。両者は相互規定して存在する事実から出発するのが大切である。

このように考える場合に、初めて現実の家の形態が捉えられる。すなわち家を構成する成員は単に血縁だけにかぎられず、非血縁をも含むので、家は前述の種々の類型において捉えられる。これらの諸類型はすべて相互転換の可能性を持つことは、そこに共通の性格の潜在していることをわれわれに認めさせる。それを規定するものとして、日本の持つ社会関係の性格が問題となる。もちろん、これらの家の諸類型は時代と場所とにおける社会的条件に規定されて、個々の家の形態として現われるので、その条件がいかなるものかは、それぞれ歴史的社会的に究明することを必要とすることは論をまたない。このような両面の把握が、家の究明にとって必要であるというばかりでなく、村落や都市の諸種の社会集団の究明にとっても同じ考え方が必要であるのは、これらもまた同じ社会結合の性格を持つからである。しかも、家と村落・都市との関係はすでに述べたように相互規定の関係にあるから、そこに生じた農業制度や商工業制度が家族制度と緊密な関係にあることは明らかである。すでに述べたように家が現実に大家族を結成しても、しない場合でも、それが同族団体と何らか関係があることに注意しなければならない。そして、同族団体は必ずその内に地縁的要素をも含んでいるから、その地方の歴史的社会的条件を知ることが大切である。

従来主張された地縁関係の概念は、家と家との関係の外面的把握に偏している。実際は、村落や都市において地縁関係を構成する社会関係の性格を知るのでなければならない。村落や都市は単に同族団体の集合ではないから、いわゆる地縁集団の各種のものが多く存在する。しかし一般にいう地縁集団なるものは実は決して単なる地縁関係によって存在するものではない。同族団体すら地縁関係でないことはない。地縁といえば、ある一定の地籍に集合居住する聚落の関係であるが、そのうち、ある者は商業により、ある者は工業により関係を結ぶことは、農村において多く農業がその契機であるのと同様である。それゆえ、職業における労働の共同は社会結合の大きな要素であるが、近代社会における職業の分化と都市におけるそれの構成が労働と居住とをしばしば引き離しているので、これらの場合における社会関係の性格には共通性がないかのように考えさせる傾向を強めた。しかし、これらを歴史的にみると、職業における労働組織と居住とは元来全然別個のものではなかった。都市生活においてもそれの合致している場合は少からずみられる。このことは労働組織と住居とにおける社会関係の性格を同じものにすることを示している。聚落とは浮草が川の瀬に漂い集まるように飄然として成立したものではない。人間の生活には自然発生などということは一つとしてあり得ない。地縁関係の構成を媒介するものに生業や生活の関係がある。同族団体もその中で生じたものの一つである。たとえば、一つの新田村落が生じたのは農業開発のためである。この地縁的村落に、なにゆえに同族団体が発生し、成長したか。それは家を成立させた種々の生活条件によるものであり、そこには民族的性格が存在したからである。それゆえ、各戸間に表面的には同族関係が存在しなくても、地縁関係をもつ各戸は同族結合の性格を潜在させている。そこに結ばれる他の種々の社会関係にも当然共通の性格が潜在すると考えられるから、その条件が具備すると、この性格が顕れる。その条件とは何か。共同関係を結ぶ各戸が同程度の実力を持ち対等の関係にある間は顕われないが、双方の実力に差を生じ、一方が他方へ依存する状態になると、潜在していたものが現れてきて、無力な家は有力な家の同族的系譜的関係に属するようになる。同族団体の一家が生業を求めて都市に行くなら、この地縁関係は切れる。都市における地縁関係をみるに、同族団体もあり、生業の共同もあるが、都市では異なる生業の関係が複雑に広汎に存在している。村落ではこれらの複雑さがなくて、はるかに単純であるというにすぎない。村落におけるもっとも単純な形態は、これらの関係を基本的にわれわれに理解させてくれる。それゆえ、地縁関係を構成する社会関係の性格はそれを構成する家の内に見出され得るということは少しも無理ではない。そしてその性格が生業の共同たる労働組織の内にも浸透して行く。生業の組織が大きくなり、外面的には外来の諸施設を取り入れて、大組織を構成している場合でも、それを運営する人間の相互関係は基本的に私のいう社会関係の性格を持っている。それの骨子として認められるものが家にみられるし、また同族団体に示されている。都市と農村との形態的なちがいは種々あるとしても、もっとも顕著なものは、都市では、農村に比して労働組織と住居とが区別され、労働組織と住宅地帯とがそれぞれ大きな発達を遂げていることである。もちろん両者の合致した地帯もまた大きい。それならば、都市では単なる地縁関係のみがあるのであろうか。それを関係づけるものとして、行政区劃とそれに連なる行政事務を通しての結合がまず存する。今日のような隣保組織〔第二次大戦中の部落会・町内会、隣組の組織をさしている。昭和四一年註記〕の作られる以前をみても、微力ではあっても町会のようなものがあり、何らかの形を通して行政事務に連絡を持たずには、いかなる家も存在できなかった。また旧慣の、力を失った遺存ではあっても、引越蕎麦のような風習も必ずしもなくなってしまってはいなかった。地縁関係を成立させる契機がないということはあり得ない。しかし資本主義経済の発達により、住宅地帯における家と家との関係を緊密に結合させる要因は失われ、彼らはたいてい他の場所に職場を持ち、通勤したので、町住いにあった古い風習はほとんどなくなった。しかも彼らはそこでは職場と異なり、お互いに平等な関係におかれたので、弛緩した関係を成立させただけである。彼らの多くは田舎から出た者で、都市生活になじまず、都市生活にも同族組織や同業組合のような強固な協同体があるのを知らず、自己の勤務する職場（生業の共同）においては、上下の、准系譜的な強固な結合を持っても、居住地帯における横の関係にはすこぶる無関心を示した。これを江戸時代と比較すれば、江戸時代においては長い間に沿うた漸次の発達のなかにあったし、政治や経済組織も異なり、住居に法制上の強い制限がおかれたので、地縁関係ははるかに緊密であった。それゆえ五人組や町役人の組織が大家店子《オオヤタナコ》という社会関係と密接に結ばれた。このような地縁関係に一種の同族的な身分関係が顕れてきたわけである。今日〔第二次大戦中〕は統制経済を基調として都鄙の居住に新しい政治的統制が加えられ、すでに新しい隣保組織が要請されている。都市の新しい住宅地帯もそれに応じつつある。それが未だはっきりした形に落ち着き得ていないとしても、それは古いものと必ずや性格的に脈絡を持つものに成長するであろう。このことは地縁関係は必ずやそれを成立させる要因によって成立することを示すものであって、単なる地縁関係というものはあり得ない。従って私が地縁関係の性格を決定するものを重要視するゆえんである。このようにして私は産業制度、すなわち農業、工業、漁業、および商業などにおける各種の制度においても、それに従事する家と家との関係や、人と人との関係、ないし労働組織などの性格を日本の家の性格との連関において捉えることができるとみるのである。

これらはもちろん社会学的捉え方であるから、私はこれをもって家の全面的な究明であるというのではない。特殊科学はそれぞれ特殊な立場と対象とをもって成立するから、いずれにしても事象の全面的な究明でないことがその本質である。それゆえ、家の全面的な究明は、人間的・文化的意味における家を究明しようとする諸科学的立場のそれぞれの成果を総括することによって、初めて可能なのであるが、このことは個々の立場を否定することでもないし、個々の立場を混同させることでもないから、特殊科学の研究はあくまでも個々の立場から進めることが科学的な精密さを期する道である。従って、一つの立場にとって他の立場は常に予備的意味を持つ。この関係を理解することが根本的である。それゆえ、小作慣行という現象を究明しようとする場合に、これを経済学的に、もしくは法律学的に摑むことを私が排斥するのでないことはもちろんであるが、これらの場合において、それを経済的制度または法律的制度として摑むことが、その全面的な捉え方であると考える者があれば、その誤りであることを注意したい。経済学にとっては人間的・文化的事象を経済学的につかむことにその立場があるから、その他の法律学的、宗教学的ないしは社会学的などの立場は、それに対しては単に予備的意味以上に出ることはない。他の特殊科学の立場にとっては経済学もまた同様である。経験的な特殊科学とは、その諸分科がすべて同一平面において特殊な対象を分担するのであるから、ある一つが他のものに対して基礎的地位を持ち、他はそれに対して従属的であるという関係に立つのではない。ただそれぞれの立場は、いわば分担とその幅が異なるというばかりであって、それぞれのもつ科学的本質に変りはない。たとえば、社会学の場合は人間の存在形態としての社会関係を対象とするので、宗教、経済、法律、言語、芸術などの諸事象に広汎に関係するとしても、その諸事象を社会関係として形態的に捉えるというに止まり、特殊科学たる立場においては他の諸分科を綜合する機能を与えられてはいないし、それらに代位するものでもない。社会学が「社会」を研究する科学であるという常識的見解は、社会科学という表現の内でも見出されるものであって、このような常識的な意味の「社会」ないし「社会的」という言葉は、人間的・文化的事象の総括的表現であるから、それは実は文化科学のすべての特殊諸科学の対象となるものをさしているにすぎない。従って、私が「社会学的」と定義するものとは明らかに異なっている。これは単に「社会的」なるものではない。これらの概念の区別が不明であることは社会学自体を曖昧にするばかりでなく、その他の特殊科学の立場を混乱させる結果をもまねくことを注意したい。社会学というとき、それが人間の存在形態としての社会関係を対象とする一つの特殊科学であるとすれば、厳密には社会学は社会形態学と表現するのが正しい。(註)社会学が経験的科学であるかぎり、特殊科学たるべきことは必至であり、そのかぎりにおいて特殊な対象を持つべきこともまた必要である。

(註) デュルケムが社会学を社会生理学と社会形態学との二部門に分けたその概念は綜合社会学的なる点で私の考える所とは異なる。私はその社会形態学という言葉に注意し、それをさらに特殊科学の基礎の上におきたい。従って一般社会

学と歴史社会学とを併存させるような社会学の概念も私の採らないところである。なぜならば、それでは社会学の本来の目的である実証的研究は到底なし得ないからである。

このことは経済学にとっても同様である。経済学が他の特殊科学に対して基礎的であるなどということもなく、また経済学的研究が人間的・文化的事象の全面的な究明でないことも明らかである。それゆえ、いま小作慣行を経済学的立場においてみる場合に、これを農業制度と解釈することは少しも誤りではないが、単にそれのみであると考えるなら大きな誤りである。古島敏雄氏は「農業制度としての御館被官制度、その分解」（農業経済研究十二ノ一、二、四）において、小作慣行を単に農業制度とする見解を披瀝しており（農業経済研究十二巻一一六頁）、関島・古島氏共著『徭役労働の崩壊過程』においても同様であり（一四二頁）、またその後の同氏の目覚ましい諸業績――「近世初期の検地と農民層の構成」（農業経済研究十七ノ一、二）、「徳川初期に於ける農民の家族形態」（社会経済史学十一ノ二）、『日本封建農業史』――においても依然としてその説を堅持されているようである。しかし小作制度に関してはそれ以外の見方が可能であり、また必要である。それは、家を単に法律学的、または経済学的にのみ捉えるべきでないのと同様であり、経済学的研究にとっては、その他の立場が予備的意味を持つに過ぎぬとしても、それを理解することはまた経済学的研究を深め、その業績を豊潤にするであろうし、このような理解こそ、問題の全面的な究明に達する道標として掲げられるのである。農村において家族制度から離れた農業制度はあり得ない。なぜなら、村における個々の家はその内部と外部とから規定されるからである。すなわち、それが持つ社会関係の性格は農業制度の形態を規定する。これこそ農業制度が社会学的にも把捉されねばならぬ理由である。

次に私は、明治初年における地租改正を転機とする明治以後の小作形態にも一応論及しなければならない。この問題に関しては、数年以前非常に多くの論文が現れ、小作形態における封建遺制の問題としてその論争はあまりに周知のことであるが、本論はそれと深い関係を持っているので、序論においてはもはやこれ以上を説く必要はない。本書は、明治以後の小作形態とその前代における小作形態との社会的歴史的関連を理解するために書かれたものであるためである。その関連が理解されなければ、明治時代における小作形態の一般的変化とそれに遅れて存在する特殊な小作形態との社会的歴史的関連を理解することはできない。それゆえに、特殊な小作形態における前代の社会的意義を強調して、これを小作慣行の本質として、一般化しようとする試みさえ現れるに至ったが、そのような方法論の誤りであることは明らかである。このことは、江戸時代における郷士制度と名請百姓との関係におけると同様である。

第二章　名子の名称

わが国の小作人のなかで、特定の地主に従属する小作人は現在でもなお存在している。標題に掲げた名子もその一つであるが、地方によってその名称も一様でない。つぎにその名称とそれの行われる地方とをあげる。しかし、つぎに掲げるもののなかにはすでにその地方において消滅したものも含まれているが、しばらくそれを問わない。

名《ナ》子《ゴ》　青森県下北郡、三戸《サンノヘ》郡（青森県ニ於ケル特殊小作慣行）。三戸郡長苗代《ナガナエシロ》村（小野武夫、森嘉兵衛、旧南部領に於ける名子制度、政治経済研究一ノ二）、階上村（農務局、旧南部領ニ於ケル名子及之ニ類似ノ制度—以下農務局調査書と略称する）。

岩手県二戸《ニノヘ》郡福岡町、金田一村、斗米村、浪打村、姉帯村、田部村、一戸町、鳥海村、浄法寺《ジョボウズ》村、爾薩体村、小鳥谷村（岩手県特殊小作制度名子制度刈分小作の実情）。荒沢村（土屋喬雄、日本資本主義史論集）。九戸《クノヘ》郡晴山《ハルヤマ》村、軽米町、小軽米村、中野村、大野村、侍浜村、夏井村、戸田村、山形村、山根村、野田村、葛巻村、江刈村（岩手県調査書[1]）。長内村（前掲政治経済研究）。久慈町、宇部村（木下彰、日本農業に於ける徭役労働、社会政策時報一八六号)。下閉伊《ヘイ》郡普代村、小川村、岩泉町、茂市村、川井村、津軽石村、豊間根《トヨマネ》村(岩手県調査書)。小国村、安家村(地理学五ノ二)。大川村、有芸村、田野畑村門馬(前掲社会政策時報)。上閉伊郡金沢村(岩手県調査書)。気仙郡下有住村、世田米村(同上)。岩手郡御堂村(同上)川口村、沼宮内《ヌマクナイ》町(前掲社会政策時報)大更《オオブケ》村(農務局調査書)。稗貫郡外川目村(前掲政治経済研究)八重畑村(前掲社会政策時報)。和賀郡谷内村(同上)。

新潟県西蒲原《カンバラ》郡四ッ合村(新潟県ニ於ケル割地制度)。三島郡来迎寺村(同上)。中頸城《クビキ》郡津有村(野口孝徳氏)。西頸城郡根小屋村(北安曇郡誌)。

島根県簸川《ヒカワ》郡(島根県鳥取県小作慣行調査書)。

徳島県名東《ミョウトウ》郡日開村(日開村名子下人離面付帳)。美馬郡祖谷《イヤ》村(全国民事慣例類集)。

岡山県久米郡倭文西村、大塀村(農務局、大正十年小作慣行調査[2])。苫田《トマタ》郡香々美南村(美作国西北条郡村々宗門御改帳)。

広島県世羅《セラ》郡甲山町、大見村、津久志村、津名村、上山村、吉川村、福田村、神田村、東村、東大田村、西大田村(同上)。広定村(農務局、大正元年小作慣行調査)。

熊本県葦北《アシキタ》郡水俣村(大正元年調査書[2])。菊池郡(農業経済研究七ノ四一九頁)。

福岡県田川郡。京都郡。築上郡(伊藤兆司、小倉領中津領及び日田幕領々境地帯に於ける隷農制度、農業経済研究四ノ二、七ノ四)。企救郡(福岡県資料一)。

大分県日田《ヒダ》郡。下毛郡(同上)。

山《ヤマ》名《ナ》子《ゴ》

沖《オキ》名《ナ》子《ゴ》

作《ツク》り子《ゴ》

鹿児島県肝属《キモツキ》郡百引村（方言五ノ四）。

岩手県九戸郡長内村、軽米町（木村修三、旧南部領荘園類似の制度、農業経済研究三ノ二）。晴山村（前掲政治経済研究）。大野村、野田村（農務局調査書）。上閉伊《ヘイ》郡（前掲政治経済研究）。

石川県鳳至《フゲシ》郡住吉村（大正十年調査書）。

北海道札幌郡豊平町、月寒村。紋別郡上湧別村。上磯郡茂別村（北海道小作慣行調査）。

青森県三戸郡三戸町（前掲社会政策時報）。

岩手県胆沢《イザワ》郡南都田村（大正元年調査書）。

秋田県秋田郡戸賀村（同上）。北秋田郡米内沢町、下大野村、小阿仁村（秋田県小作慣行調査）。

十二所町（大正元年調査書）。鹿角郡宮川村（秋田県小作慣行調査）。

栃木県塩谷《シオヤ》郡の一部（大正元年調査書）

千葉県千葉郡及び印旛郡の一部（同上）。

新潟県南蒲原郡本成寺村。中頸城《クビキ》郡黒川村。西頸城郡名立村。古志郡及び苅羽郡の一部（同上）。

静岡県田方《タガタ》郡三島町（同上）。

山梨県東山梨郡西保村（同上）。

長野県西筑摩《チクマ》郡読書村。上伊那郡飯島村、伊那村。北安曇郡会染《アイソメ》村（同上）。

京都府天田《アマダ》郡雀部村。北桑田郡周山村、弓削村（同上）。

和歌山県伊都郡。日高郡南部町。海草郡亀川村、安原村（同上）。伊都郡大谷村。海草郡巽村

（大正十年調査書）。

大阪府泉南《センナン》郡佐野町、信達村、東鳥取村、西鳥取村、下荘村、淡輪村（大阪府作リ子慣行ノ概況）。

徳島県美馬《ミマ》郡貞光町。三好郡三野村、昼間村（大正元年調査書）。

香川県香川郡の一部（同上）。

愛媛県南宇和郡内海村（同上）。

岡山県真庭《マニワ》郡山間部。英田《アイダ》郡江見村。川上郡手荘村。勝田郡北和気村、飯岡村。苫田郡及び久米郡の一部（同上）。阿哲郡矢神村、石ヶ郷村、豊永村。真庭郡湯原村、津田村（大正十年調査書）。

広島県豊田郡上北方村、善入寺村、大崎村、中野村、其他北部村落。双三郡酒河村、吉舎村、萩原村、三良坂村。山県郡原村、八重村。御調郡今津野村、羽和泉村、八幡村（大正元年調査書）。坂井原村、久井村（大正十年調査書）。

島根県八束郡法吉村。能義郡比田村。鹿足郡七日市村、朝倉村。大原郡春殖村（大正元年調査書）。

山口県都濃《ツノ》郡湯野村。吉敷郡名田島村、嘉川村（同上）。

福岡県遠賀《オンガ》郡上津役村。田川郡採銅所村（同上）。

長崎県対馬豊崎村（大正十年調査書）。

熊本県天草郡の一部（同上）。

作子《サクゴ》　岩手県胆沢郡南都田村（同上）。二戸郡荒沢村（斎藤善助氏）
秋田県北秋田郡十二所町（同上）。

カマド　青森県三戸郡浅田村（農務局調査書）。
岩手県岩手郡大更村（同上）。

名子カマド　岩手県九戸郡長内村、葛巻村（前掲政治経済研究）。

家来《ケライ》カマド／家来名子｝　岩手県九戸郡葛巻村（同上）。

デドコカマド　岩手県紫波《シハ》郡（同上）。

代耕人《ダイコウ》　福島県安達《アダチ》郡本宮町（大正元年調査書）。

サンデ小作／サンデ百姓｝　福島県安達郡新殿村（大正十年調査書）。

田作《タヅク》り　秋田県北秋田郡米内沢町、下大野村、阿仁村（同上）。

カリ子　秋田県鹿角《カヅノ》郡宮川村（同上）。

被傭取《ヒヨウトリ》　千葉県匝瑳《ソウサ》郡共和村（大正元年調査書）。

門屋《カドヤ》　長野県西筑摩郡三岳《ミタケ》村（大正元年調査書）。下伊那郡三穂村、川路村、大鹿《オオシカ》村（関島古島、徭役労働制の崩壊過程四一頁）。上伊那郡中箕輪《ミノワ》村（郡誌）。南安曇《アズミ》郡（郡誌）。東筑摩《チクマ》郡（郡誌）。
岐阜県吉城《ヨシキ》郡角川村折敷村。大野郡猶谷村、久々野村、宮村（ひだびと四ノ一〇、五ノ一）。

カド　長野県上伊那郡南向《ミナカタ》村（関島古島前掲書）。南箕輪《ミノワ》村北殿《キタトノ》（市村咸人、江戸時代に於ける南信濃）、宮田村（民俗学四ノ三）。南安曇郡明盛《メイセイ》村（池上平氏）。前掲カドヤと併称することが多い。

被官《ヒカン》　島根県安濃《アノ》郡長久村（小野武夫、郷士制度の研究）。

長野県下伊那郡一市四一カ村、ヒカンとカドヤを併称することが多い（関島古島前掲書）。上伊那郡赤穂《アカオ》村、飯島《イイジマ》村、片桐《カタギリ》村、中沢村（関島古島前掲書）。宮田村（民俗学四ノ三）、南向村（小林平左衛門、信州伊那の被官百姓、歴史地理四〇ノ三、四、五）。

カケエ　愛知県北設楽《シダラ》郡下津具《ツグ》村（夏目一平氏）。

カカイ　長野県小県《チイサガタ》郡長《オサ》村（箱山貴太郎氏）。

子《コ》分《ワキ》　長野県南佐久《サク》郡下桜井村（市川雄一郎、役箪笥から見た下小田切村）。北佐久郡（郡誌）。

静岡県周智《スチ》郡奥山村（大正十年調査書、関島古島前掲書）。

小家　徳島県海部《カイフ》郡。名東郡。勝浦郡。麻植郡。美馬郡。三好郡（阿波藩民政史料一四五三―一五一二頁）。

子分　山口県吉敷《ヨシヤ》郡嘉川村（大正元年調査書）。

小作人　新潟県中頸城郡杉野沢村、上郷村（大正十年調査書）。津有村（野口孝徳氏）。

下作人　広島県比婆郡田森村（大正元年調査書）。

島根県飯石《イイシ》郡吉田村。仁多郡阿井村八川村（小野武夫、出雲名族の研究、農業経済研究四ノ二）。

株小作　島根県能義《ノギ》郡赤屋村、比田村、布部村、山佐村（大正十年調査書）。

株下作　島根県飯石《イイシ》郡吉田村。仁多郡阿井村、八川村（小野前掲論文）但し株下作慣習における小作人を下作人と称する。

借家小作　島根県仁多郡馬木村、阿井村、八川村（大正十年調査書）。

借家者《モン》　島根県邑智《オオチ》郡。

借屋　長野県南安曇郡（郡誌）。

裏屋　長野県上伊那郡中箕輪村（郡誌）。

本小作　島根県大原郡阿用村（大正十年調査書）。

寄り掛り　島根県飯石郡吉田村、来島村、頓原村、志々村、赤名村、波多村。簸川郡稗原村、山口村。安濃郡富山村、佐比売村。邇摩郡井田村、福浦村、福光村、湯里村、大国村、忍原村、水上村。邑智郡日貫村、三原村、阿須奈村、柏口村、中野村、矢上村、浜原村。那賀郡都茂村、江津村、黒松村、杉山村、有福村、安城村、久佐村、都川村、今市村、波佐村、杵束村、西隅村、漁山村、大森村、三階村、木田村（大正十年調査書）。

付ケ下作　島根県能義郡山佐村（大正元年調査書）。

出百姓　岡山県邑久《オク》郡邑久村（同上）。

下《シタ》百姓　山口県都濃《ツノ》郡米川村、鹿野村、長穂村、戸田村、湯野村（大正十年調査書）。

作《ツクリ》百姓　山口県厚狭《アサ》郡二俣瀬村（同上）。

家《ケ》抱《ホ》　岐阜県大野郡大八賀村（ひだびと六ノ一）中北村（同六ノ二）。
群馬県多野郡日野村（松田鎮氏）。
大分県下毛《シモゲ》郡諸村（伊藤兆司前掲論文）。

譜代《フデ》　大分県下毛郡（同上）。
　　　　福岡県築上郡（同上）。
フデイ　長野県小県郡長村（箱山貴太郎氏）。
フダイ　大阪府泉北《センボク》郡上神谷村（小谷方明氏）。
　　　　長野県南佐久郡臼田町（市川雄一郎前掲書）
デイリ人　大阪府泉北郡上神谷村（小谷方明氏）。
高《タカ》下《ジタ》　福岡県田川郡（伊藤氏前掲論文）。
家《カ》内《ナイ》　岐阜県益田郡川西村（ひだびと六ノ四）。
カナイイレ　長野県南安曇郡明盛村（池上平氏）。
内《ウチ》の者《モン》　大分県下毛郡（伊藤氏論文）。
マワリ　福岡県田川郡（同上）。
入《イリ》百姓　徳島県勝浦郡勝占村（大正十年調査書）。
移住小作　宮崎県北諸県《モロガタ》郡高崎村（大正十年調査書）。
人夫　和歌山県日高郡寒川村（大正元年調査書）。
厄《ヤッ》介《カイ》　長野県上伊那郡南向村（小林前掲論文）。
附《フ》籍《セキ》　長野県下伊那郡和田村（南伊那農村誌）。
下《ゲ》人《ニン》　長野県南佐久郡桜井村（市川雄一郎前掲書）。下伊那郡川路村、大下条村（関島古島前掲書）。

広島県高田郡横田村（大正元年調査書）。

地《ジ》借《ガリ》　長野県下伊那郡川路村（関島古島前掲書）。

岐阜県大野郡宮村（ひだびと五ノ一）。

地《ジ》下《ゲ》　長野県下伊那郡大下条村（関島古島前掲書）。

家《ヤン》人《チュ》　鹿児島県奄美《アマミ》大島。喜界島。徳之島。沖永良部島（経友二十二号）。

（1）「岩手県調査書」は「岩手県特殊小作制度名子制度刈分小作の実情」の略称

（2）「大正元年調査書」「大正十年調査書」は各年次の「農務局小作慣行調査」の略称

これらはその名称も多種多様であるが、また地主に従属する度合も必ずしも等しくない。それらのうち同一地方において多くの称呼が一つの従属小作人に対して用いられることがある。たとえば、長野県下伊那郡における被官、門屋、下人、地下などの名称においてそれがみられるが、しかしその間においても従属の実態を異にするために別名で呼びわけられることもある（関島古島前掲書四一頁）。また、古文書における記載と一般の称呼と異なることもある。従属の度合の異なることは同一の名称に属する者の間においてもいわれるところであり、またこれらの特殊な名称を持つものであっても、普通の小作人との差の非常に少いものもあり、また、小作人またはそれに類する一般的名称を持つものであってもはなはだしく従属的であるものもある。後者の例としては、前掲新潟県中頸城郡における小作人はそれであるが、それに近いものも相当にある。また、調査者の標準のおきどころによって地主へ従属する程度の限界は不定であるから、上掲のもののみが地主に従属するものであるとは言い難いであろう。調査漏れについてはいうまでもないとして、これもまた少くないことが想像される。しかしいずれにせよ、一面からみれば、一般に小作人は少くとも何らかの意味で地主に従属しているのであるから、いわゆる隷属小作人と普通小作人とのあいだにいかなる社会的歴史的関係が存するかを究明しなければならないが、両者における従属の程度に差違のあることは厳正なる事実であるから、隷属関係に還元して両者を本質的に同一であるとすることには論理的な誤謬があるばかりでなく、事実認識においてもはなはだしい誤りであるといわなければならない。このことは小作慣行における従属小作が、いかなる歴史的地位を占めるかを明らかにすることによってはじめて理解されるものであり、それは小作慣行の本質を究明する上にもっとも重要な問題でなければならない。

第三章　名子の分類

まず名子についてみると、その成立の所因も一様でないが、その所因について次のように分類できる。

(1)　血縁の分家によるもの。

(2)　主従関係によるもの。

(3)　土地家屋の質流れ永代売によるもの。

(4)　飢饉に際しての救済によるもの。

岩手県の名子については木村修三教授の分類がある（旧南部領に於ける荘園類似の制度、農業経済研究三ノ二所載）。教授によれば、奉公人の分家によって生じたものを、主従関係によるものと区別している。しかし武家奉公人とはいえども兵農未分の時代においては、平時は農業に従事していたのであるから、その奉公関係が農村奉公人とははなはだしくちがうとはいえず、歴史的関連のあることは明らかである。武士も土着して百姓となりきれば、後の生活においては何の選ぶところもないのであるから、これらを主従関係として同じ項目に含むことは不当ではない。また奉公人ないし入《イリ》百姓を取るということは外部からの労力の補充であって、村の内部における生産力発展の結果にまつものであり、これらの移住者がその地主と必ず主従関係を結ぶのであるから、木村教授は名子の成因として他からの移住によるものをも別項目においているが、これもまた大きく主従関係の項目に含めて、小さく分類する方が正確であるといえる。岩手県内務部の調査報告である「特殊小作慣行名子制度刈分小作の実情」においては、大体木村教授の分類を承認しているようであるが、さらに、貧農の子弟を養子としてこれを分家させたことによるものを一項目として追加しているが、それも、その実情についてみれば奉公人の分家とほとんど差別ないもののようであるから、私はあえて別項目とはしない。

小野武夫、森嘉兵衛両氏は、（1）郷士的家人名子、（2）奉公人的譜代名子、（3）家族的血縁名子、（4）社会的救恤《キュウジツ》名子、（5）経済的契約名子としている（旧南部領に於ける名子制度、政治経済研究一ノ二）。この分類は前述のものより整理されているが、用語に正鵠を欠くものがある。すなわちある一つのものに家族的血縁名子と命名することは、他のものがまったく家族的ではないかのような印象をあたえるが、（1）（2）もまた親方百姓の大家族制と密接な関係を持つことは明らかである。経済的契約名子と称するものは、土地家屋の質入売却に伴って生じた場合を指すものであるが、旧藩時代におけるそれらの約束は今日のそれとはるかに異なり、対等契約の性質はなく、一方的な誓約の形態をとるのであるから、契約という言葉そのものが不正確な意義を示すようにとられやすい。社会的救恤名子は、両氏によれば、飢饉の際社会政策的見地から貧農を救済するために、村の長者に資産を提供させ、名子としてそれに従属させたものであるという。これを一項目としてあげるのは適正である。しかし、この場合の名子においては、小野博士のいわゆる経済的契約名子と区別のつかないものが少くない。農務局の「旧南部領に於ける名子及之に類似の制度」においては、成因の一つとして「農民が飢饉或は災厄の為め財政破綻しその所有田畑竝に家屋敷を地頭に売渡した場合」をあげているほどである。実態としてみる場合に、これを区別することは困難な場合もあり、地主側から救済としてみても、名子の側から貧窮による売却としかみない場合もあろう。しかし、分類としては一項目としてあげることは正しい。私の分類において（4）として飢饉に際しての救済によるものという一項としてあげておいたが、昭和八年の拙論「名子の賦役」（上）（社会経済史学三ノ七）においてはこれを欠いている。この一項は小野、森両氏の論文によって啓発されたことを記しておく。総じて両氏の分類は、用語の難点を除いては穏当であり、ほぼ私の分類に合致しているが、私は血縁分家によるものを最初に出し、次に主従関係によるものをあげてこれを三つに分けた。小野博士の（1）（2）は後者の中に包含されている。この方がいっそう論理的であると思う。その理由は本文において説明する。なお農務局の前掲調査においては、このほかに、名子の分家によるものがあげられている。これも一項目とするに値するが、私は実態的にみて主従関係に附属させて説明するので、あえて別項目としないが、一項目としても差支えないことを記しておく。伊藤兆司氏の福岡県、大分県の名子に関する詳細な研究において、その成因として（1）外来者の土着もしくはその子孫の分家、（2）従来の臣もしくはその分家の二項は、名子の分家に関している（前掲論文）。しかしこれらは主従関係に統一して考えられる。

第一節　血縁分家によるもの

最初に血縁の分家についていえば、岩手県九戸《クノヘ》郡侍浜村大字白前の地頭《ジドウ》菅原氏は、名子四三戸を持っており、そのなかには同家の血縁の分家して名子になったものがあるという（木村氏論文）。また、二戸郡浪打村の地主は一般にその次三男が成長すれば配偶者を迎え、四〇歳前後まで自家の農事を手伝わせ、後に分家させる風がある。その際、家、屋敷、馬、農具、耕地四、五反を与えるが、その代償として本家の要求する際は何時でも賦役に出る。こうした血縁の分家したものを名子といい、本家から与えられた土地を名子地《ナゴチ》というのであるが、名子地のみでは耕地は不足であるから、別に本家またはその他の地主から耕地を借りて分作《ワケサク》（刈分《カリワケ》）により収穫物を分配するという（岩手県調査書）。そのほか九戸郡中野村にも血縁の分家して名子となった例がある（同上）。下閉伊《ヘイ》郡豊間根《トヨマネ》村石峠の地頭《ジドウ》豊間根家において、血縁分家にして名子であるものがある。同家の分家は五代以上経過すれば名子となることもあったという（木下氏論文）。これについては他の報告によると、分家した最初においては本家の一門としての関係にあったが、後、家計困難に陥り、本家の経済的援助を受けて名子となったものであるといわれている（小野武夫、近代地主と村落経済、経済志林八ノ二）。

長野県下伊那郡千代村野池《ノイケ》の大平家において、延宝五年の記録によれば、元和元年次男久豊が村内に血縁分家したが、「惣被官並《ナミ》ニ」待遇されていた。別の文書にも家来三一軒と記されており、延宝五年の文書に被官三一軒とあるのに符合する。正系の嗣が断絶したので、万場《マンバ》村の豊島家へ買養子《カイヨウシ》となっていた三男久安を享保七年に生家に呼び戻して、その子久安が本家を相続した。そのとき村高は一二六石余で全部自作であるから、家来の暇を遣わしたもの五軒に及んでいることが記録されている（関島古島前掲書一〇四頁）。一部落全部直営であるが、次男久豊の分家は名請とはならなかった。また、村名は秘されているので不明であるが、同郡の某村に御館《オヤカタ》の血縁分家でありながら被官の位置におかれているものがあった。これは次のような係争において現れている。すなわち□右衛門親△右衛門は□兵衛の祖父の代、元和年間に高二〇石余を分け与えられて分家した。しかし御年貢諸役は本家一人の名前で勤めてきて、分家には惣被官並《ナミ》の地位しか与えなかった。そして「只今迄一度成共御百姓なみにつなき仕たる儀無御座候諸事被官並に勤来」たのである。延宝元年に至り、分家△右衛門は宗門帳へ被官並に判をしたが、五人組帳には被官並に判をしなかったことから係争となり、延宝五年に及んだ。この係争の結末は不明であるが、享保一八年の宗門帳には、本家の被官一三軒、水呑四軒、分家の被官一軒となり、宝暦一一年には、本家は被官六軒、水呑三軒、分家は被官二軒を持ち、この際は、本百姓は六軒に増加し（このほかに被官、地借、水呑合せて一四軒）、本家が名主、分家が組頭となり、さらに天保八年には、本家持高四〇石余被官五軒に対し、分家の持高一〇八石余、被官もまた数十軒に及んでいる（同二八三頁）。こうして血縁分家が名請百姓の位置を得るに至ったことは明らかであるが、その最初においては被官並《ナミ》に本家に従属していた。

さらに、日本民事慣例類集をみるに「飛騨大野郡では子弟を分家するには官許を得る常法にて、高十石地面一町より少く分与せざる例なり、又本家残高も同様なりとす。故に持高二十石以上を所有せざれば分家を許さざる例なり。若十石以下の分地を受くる者は百姓の名跡なく誰門屋《タレカドヤ》と称し、多少権利の劣る者とす。但し高山町は此例にあらず。随意に分家を許す法なり」（二五八頁）とある。これによれば血縁分家の場合でも一〇石一町未満の場合には門屋とせられたものと考えることができる。吉城郡角川村専勝寺の門屋が一軒分百姓となるについて次のような例がある。

乍恐以書付奉願上候

吉城郡角川村仙次郎義高八石九斗九升八合所持罷在同村専勝寺門屋に宗門帳附上来候処今般高壱石弐斗同村佐助より質流

に請取都合拾壱石壱斗九升八合に罷成候間以来壱軒分の百姓に被仰付度奉願上候（下略）

文久元子年六月　（ひだびと六ノ四）

この門屋は、もちろん血縁分家のそれではないのに、一〇石以上を所持して一軒分百姓になることを示しているから、血縁分家の門屋の場合にも同様であったことが考えられる。しかるに飛驒において高山以外において、一〇石一町以下の分家がすべて門屋としての取扱いを受けたものであるかどうかは、はなはだ疑問である。大野郡宮村では高一〇石以下の百姓が少くなく、しかもそれは門屋、地借と共に存在しており、百姓でありながら門屋、地借より小高の者も少からずある。天保四年宗門人別帳より数例をあげるならば、次のようである。

百姓	六石二斗四升七合	孫六	五人	
百姓	二升三合	孫助	十三人	
百姓	九斗三升五合	吉助	十人	
門屋	二石一斗四升七合	吉兵衛	三人	七郎右衛門門屋
百姓	二十五石四斗六升三合	七郎右衛門	三人	
地借	一斗九升二合	善三郎	二人	七郎右衛門ノ地借
地借	三石二斗六升	平八	六人	七郎右衛門ノ地借

（他略）　（ひだびと五ノ一）

同様の例は吉城郡元田村の場合にもみられる（同四ノ一〇）。これらは飛驒において少からずみられるらしいが、日本民事慣例類集の場合とまったく矛盾する小高の分家によって生じたものである。ここでは血縁分家による門屋の存在した例が、ただそれのみ存在したかのように考えられるのを恐れて傍示したに止まる。この問題については後に触れたい。

しかし一般に近親の分家したものが本家に対して従属したことは少ないように思われる。まして本家の従属小作人となることは少ないであろう。これは、近親の者が従属小作人として本家に所属するのは、よほどの事情がなければ、感情の上から到底甘んずることができないためであって、そのことは、下閉伊郡豊間根村の場合によく現れている。しかし前述の場合は、名子の名称を持ち、かつ賦役を出すとしても、これは当事者においては奉公人分家による名子とは感情上異なるものがあると考えられる。これらの地方においては耕地が非常に少ないので、分家して多少の財産の分与を受けても、元来本家は自家の経営を維持し得る範囲において、分家への財産分与を行うので、必ずしも分家の経済的独立を目安とするとはかぎらない。しかも彼らの生活が、土地経済を主要な根拠とするような社会的条件においては、いっそうそうである。それゆえ本家から分与を受けた財産をもってしては生計を維持し難いとすれば、経済的に本家に依存せねばならないし、依存の度合が大きければ結局それに従属することにほかならない。この社会関係における血縁分家を名子またはその他の名称で呼ぶかどうかは、この関係にとって必ずしも決定的なことであるとはいえない。それは、たとえば白前部落（九戸郡）において血縁分家の名子が、非血縁の名子と同等な待遇を受けるものとは想像することができないからである。木村氏前掲論文においてそのことは明示してはいないが、奉公人に関しては、奉公人はよく勤めて三七、八歳になれば、畑七、八反（田は殆どない村である）、四間半―六間位の家、馬一頭位を分与して分家させると記しており、血縁分家に関してはまったく記していない。そのことは却って両者が区別されていることを思わせる。三戸《サンノヘ》郡浅田村大字扇田の地頭中川原家の場合は名子という名称はまったくなく、血縁分家および奉公人分家をともにカマドと称するのは、白前の菅原家の場合と対照的であることは興味がある（農務局、旧南部領ニ於ケル名子ト之ニ類似ノ制度、以下農務局調査書）。カマドはもちろん分家を意味しているが、家来としてのカマドは二種あって、一は奉公人の分家したものであり、二は天保年間の大飢饉に家屋土地を中川原家に渡して生活上一切の庇護を求めたものが、その後引続き主従関係を持続した家である。後者は中途において生じた。前者のうちでは、新しい家は数年前（昭和一一年より）のものもあるが、数代を経過したものもあってはるかに古い。それゆえ、奉公人分家はカマドとして本来のものであることは明らかであり、それはカマドの語義とも合致している。この種のカマドは同家の血縁分家か、または小作人の次三男を奉公人に取り立て、奉公人に年々田七、八畝の収穫を与え、三七、八歳になると田およそ三反、畑およそ一町、牝馬一頭、五ヵ月分の食料を与えて分家させたものである（木村前掲論文）、しかし血縁分家に対しては、奉公人分家の約四倍の田畑を分与した（同上）。この場合、木村氏は明確に注意していないが、血縁分家と奉公人分家とでは分与の意味に相違があり、血縁分家に対しては財産分与であり、奉公人分家に対しては貸与であることを注意しなければならない。それゆえ奉公人分家は本家の小作人たる地位にあるものである。木村氏が小作人と記しているものは奉公人のカマドを指すのでなければならない。この場合には、もちろん二種の家来カマドを包含している（農務局調査書）。しかし血縁分家への分前が財産分与であるということは、その最初からの意味であるかどうか、疑問である。何となれば本家の大経営に参与させる意味で血縁分家が行われたとすれば、分与の土地ははじめは分家の自用地として与えられたのであって、それは分家の名請地であることを必要としなかったから、旧藩時代には本家の名請のままで与えられたからである。すなわちこれは中世の意味では単に作職であるが、明治以後において所有権として登記されることになり、分与の観念が明確になった。旧藩時代においては、奉公人分家の場合と同様に、それらの土地は名請として分家に登録されなかった。このことは、形態的意味では両者の間に差のないことを示すものであり、分与としても、名請百姓たる本家の支配付きの分与であることを意味した。

白前においては地租改正の際に菅原家から名子に家屋敷、畑の所有権を与え、租税は以後は名子が納めるに至ったが、それでも分与の際の条件として、（１）主従関係を忘れまじきこと、（２）土地は失うまじきこと、（３）不都合あらば取り上げることの三ヵ条をもってしている（木村氏論文）。この条件の（１）と（２）とは、彼らの旧来の関係を示すものであり、地租改正によって所有権を確立させた後も、なお旧来の関係を彼らの間において適用させようとしたのであって、ことに、不都合があれば与えた所有権の取り戻しを可能としたことは、名子の所有権は事実上完全なものでなかったことを示している。それにもかかわらず（２）は名子が土地を転売する懸念に対してこれを防止しようとしたものであるから、名子の所有権を半ば認めており、これらの条件は名子の独立に至る過渡的形態である。それゆえ、この財産分与は今日普通にあるそれとは明らかに異なる。二戸郡浪打村における血縁分家の名子は分家に際して家屋敷、馬、農具、耕地四、五反を与えられている。この屋敷地と耕地とを名子地《ナゴチ》というのであるが、現在においては名子の所有地である。これは彼らが血縁分家であるため本家から分与されたものであるが、奉公人分家たる名子の名子地（自用地）は単に貸与にすぎない。当村において名子をコイツコ（小家子）またはカマド（小家）と呼ぶ（岩手県調査書）。これは地租改正以後のことで、旧藩時代においてはこの意味における所有権分与ということは考えられない。これと似ている事実は、東北地方においてはしばしばみられるようであって、三戸郡長苗代村某部落において本家から分与された財産の登記手続を行っていないため、本家没落の際にその犠牲になった話を私はその村において聞いた。これは彼らの間における分家慣行が現行民法に一致することができなかったことから生じた悲劇であるが、分家の生計が本家から完全に分離独立した場合においては、登記いかんにかかわらず財産分与が成立することは明らかである。しかし分家が生計の分離を本家に要求するだけの経済事情にない場合に、血縁分家と奉公人分家とを区別する標識は、土地分与か、貸与かという観念によるものではなく、分与する土地の大小によるか、もしくは単に血縁的感情の有無によるものであった。

この二種の例において血縁分家と非血縁の奉公人分家とがまったく同じ名称で呼ばれていることに注意したい。一方は名子、一方はカマドである。従って、名子という言葉が一般に考えられるように必ずしも非血縁の従属小作人のみを指すものではないということがみられるし、他方においてまた分家なるものが単に血縁分家にかぎられるものでないということも、言語――従って社会意識――の上から明らかである。そこでこれらの場合に、血縁分家が本家に対して相当に濃厚な従属関係を持つことは、いかなる条件において生ずるかというに、これらの地方はすべて山地が多く、交通不便であるために、全体として耕地が不足しており、貨幣経済の発達が少なく、賃労働が多く得られないので、分家は多少の田地を分与されるだけでは家計の独立が十分でなく、経済的にも本家に依存する度合が多い点がそのおもな理由である。一方本家は相当に大きな土地を直営しているが、分家に対して十分な耕地を分与することは本家の堪え得る所ではない。その土地を分家の自用地、または小作地として与えることも多少は可能であるから、そのかぎりで分家を小作とすることがあり、血縁分家に本家と同じ位の財産分与をすることはできないから、本家の直営地の経営に対して奉公人分家のみならず、血縁分家の労力をも必要とするという事情も生じた。これらの場合は血縁分家が奉公人分家と区別されているとしても、その区別は、たとえば、二戸郡石神部落の斎藤家の場合とさえもちがっており、血縁分家でも農事の賦役を出すということが注意される。それゆえに、この血縁分家はそれだけ奉公人分家に近い関係を持っているということができる。奉公人分家がまったくない場合には、血縁分家がその位置にかわることは明らかであって、それを名子と呼ばないとしても、ほぼ同様な関係を持つことは、第一章第二節（一〇一―七頁）にあげておいた三戸《サンノヘ》郡野沢《ノサ》の場合をみれば明らかである。野沢においては血縁分家は本家に従属する度合がかなり強いが、一定の耕地と家屋敷とが分与されたことは、奉公人分家の場合とあまりちがっていない。この場合、私は、この種の血縁分家の従属関係が奉公人の従属関係とまったく同じ感情を持つものであるというのではなく、ただ生活形態において類似することを強調するのである。下伊那郡野池部落の血縁分家については不明であるが、某村の被官となった血縁分家が他の被官並と記されているにもかかわらず、高二〇石を御館から分与されていたことは他の被官と異なるものである。この場合、非血縁の被官にも彼ら自身の自用地、すなわち古島敏雄氏のいわれる被官宛行地《ヒカンアテオコナイチ》が御館《オヤカタ》から与えられていたものと考えられるが、血縁分家の高二〇石に遠く及ぶものでないことは明らかである。御館本家との間に被官関係について係争があったとしても、結局この分家の名請が認められていることは、非血縁被官と御館との同様な係争が被官方の敗訴に帰しているのと比較して、はなはだ興味がある。後者の例は下伊那郡大鹿村大河原の前島家の文書の中にみられる。野池の場合に血縁分家が分家の際に二〇石の分与を受けていることは独立するのに十分な高であるにもかかわらず、被官並にあったことは、この分与という概念が今日の分家の場合と異なり、本家の支配力の十分に及んでいるものであることが明らかである。そこに分家の古い意義が現れていることを知らなければならない。そして所有権の政治的意味は江戸時代と近代とにおいて差異のあることに注目すべきである。

この種の従属関係ないし主従関係をすべて封建的と規定することによって、その内面的感情の内容まで固定化してみる主張が従来多くみられた。たとえば封建的という言葉はしばしば心情の冷酷、態度の強制的であることと同義にさえ用いられる傾向があった。封建的とはこのような意味であろうか。封建制度とは日本においては武家政治体制と私は定義したい。それゆえ、この政治体制におけるいろいろな社会制度がこれに規定されるかぎり、それらは封建的であるというのは正しい。しかし、日本の各時代におけるいろいろな社会制度の批判に当り、それが封建的であるか否かはいかなる基準によるか。漠然とこれを封建的であると片づけることはすこぶる不明確な概念といわねばならない。この基準を得るためには、日本においてはその封建制度――武家政治体制――の性格を知ることが基本であることはいうまでもない。そこでこれを知る方法は特殊科学の各立場にあり得るが、社会学的にみるとすれば、政治体制を社会関係として摑むことができるから、それはその内と外とから相互規定されるとみることができる。従ってそれと相互規定するものとして日本の家族制度の位置は重要であり、その性格を知ることは大切である。武家社会を構成する家族制度が、日本の社会関係の性格に条件づけられるとすれば、その時代の個々の家も同族団体も同じ性格を潜在し、或いは示すことも明らかである。従って、武家社会における主従関係の結合基準もこれに求められることにまちがいない。それなら日本封建制度を性格づけるものは、それ自身の内にあるのみでなく、それは前代から継受してきた民族的性格にも求められなければならない。そして主従という身分関係や家族制度がどの時代においても封建的であると規定することは誤りである。従って封建的と規定するためには、主従関係や家族制度が武家社会ではいかなる特質を持っていたかを検討するのでなくてはならない。この場合、特定の形態においてその特質を見出すとしても、その形態そのものがそのまま人間の内面的感情であるなどということはありえない。この種の形態そのものに心情の冷酷があり、態度の強制があるのでなく、親愛でも憎悪でも、冷酷でも温情でも、特定の形態を通して発現するところに武家社会の特質を見出すのでなければならない。いわゆる経済外的強制が封建社会の一特徴であるなどというような説もこの混同から出るものであって、経済外的強制などはいつの時代にも存するものであり、それは人間と人間との間における各種要素の能力の差異から生じ得るものであるから、封建社会においてはそれがいかなる形態で示されたかが、封建性にとって重要であるというべきである。

そこで前述の地《ジ》頭《ドウ》本家とそのカマドとの間において、財産の分与が本家の支配力から免れ得ないということが明治前期にみられたとして、それが果して封建的であるかどうかはいかにして判定することができるか。時代はすでに明治であり、新政治体制が樹立しているので、これをあらゆる点で封建的と規定し得るかどうか。いま地《ジ》頭《ドウ》本家の経営をみると、その大きな直営地の耕作にこれらカマドの労力を必要とした。そこでカマドに扶持として自用地を与えて賦役を取る。この自用地はカマドの独立経営にすぐに役立つものではなく、親方本家はカマドの生計の世話をする。これは中世における荘官、地頭の佃経営と類似するからヤトイサクに系統づけられる性質を持ち、荘園に特有な性質を受け継いでいるとみることができる。そして自用地は専属する百姓の扶持として一種の恩給であり、御恩であり、地頭本家に対してカマドは服従を誓約する。それは現代社会の契約とは異なるから、その土地に対する権利は分与者の支配の内にあるとみることができる。これらの条件はすべて封建的意味を持つ。しかし、注意すべきことは、恩給が同族結合を通して現れている点であり、それを血縁のカマドにも奉公人カマドにも、まったく同一の意味において与えている。このことは恩給と主従の身分関係との緊密な結合を意味するが、この身分関係が大家族もしくは同族団体として結成されるのは、その社会関係の性格として特定の意味における系譜的紐帯が常に存在するからであって、恩給そのものは封建的であるとしても、恩給の示現する形態には民族的性格が示されるので、これらを混同してはならない。またカマドに対する分与地の権利が制限付であったことは、封建的なものの残存であることは明らかではあるが、これは地頭本家のカマドに対する態度の冷酷で強制的な心情の結果だというわけではない。小規模経済に規定された厳しい条件がそこにはあったからだ。真にそのような心情なら、明治の新法律に準拠して、カマドに土地の所有権を譲渡するなどいうことが行われうるはずはなかったであろう。これは新法律に対応して、旧慣の残骸としてしばらく跡を止めたにすぎず、その後次第に消滅した。これを今日のわれわれからみれば、内面的感情の発表の形に大きな差があるので、感情そのものに多少強制を感じさせるものがあるとはいえ、このことは社会的条件の異なる社会をみるときにしばしば生じうることである。たとえば、歌舞伎にみられる人情の表現が今日のそれと異なっていても、それも人情の発露であることを知るなら、容易に理解できる。あるいはまた文化民族と未開民族との心意の比較研究においても同様なことが現れているのは、この理解を助ける。ともかくカマドに対する扶持の分与を封建的と規定するにしても、奉公人カマドと血縁カマドとにおいて多少の差違をもって現れたのは、その封建的意味はまったく同一であっても、近親への愛情はその制約の下でもより多く示されていたことによって理解することができる。また血縁者と地頭本家とのあいだでは、奉公人カマドほどに本家に対する服従の誓約はあからさまに顕れてこないのは、それが子供として本家の外に出た関係によるものであり、年中行事の重要な節季に、いろいろな形でカマドから本家へ伺候する風習のなかに、その差別が現れているのがみられる。これは後にも触れるが、第一章第二節に掲げられた資料のなかにもある。

それゆえ、これらの分家が、最初から独立の生計を営ませることを目標として行われたものでないことは明らかであり、それは本家の存続と発展のために、その労働を提供する分家を統制する形態であった。それが血縁的分居大家族制の存在しうる理由である。このことについては第一章にも触れておいたが、同じ目的が血縁分家の独立を企てさせるに至ったのは、土地経済の発展と共に領主の収取の強化や貨幣経済の進展が生じたからであって、それが持高の分割として顕れたのは、これらの条件に対する農民自身の対応の仕方がもっとも大きな役割を演じているものと考えてよい。このようにして血縁的分居大家族制は解体しやすく、血縁的な同族団体に移る。ところが最初は本家は依然として相当に大きな経営者であったから、一方において高持の分家を独立させると同時に、それ自身大きな労働力を必要とするから家の内部に別の夫婦の家族員を同居従属させる。これらの傍系成員は子供も殖えて分居に適当するときに分居させるか、もしくは高持の独立百姓とする。可能なかぎり次々にそれを行っていく。地方凡例録などにいう分附が独立して一軒前の百姓になるのはこれを指すものであるが、野沢部落やその他の例がその過渡的形態に相応するものとして残存していることをみるべきである。

これは今日本家分家関係に残る社会意識をみてもわかることであるが、村において分家がまったく独立していても、本家を本家として立てて行く気持は未だかなり強い。由緒ある家系に属することを身の誇りと感ずることは、本家に依存する伝統の名残りであるが、村に住んでは、まだ事々に由緒ある本家を笠に着ることが、その権威を生ずるわけでもあった。また、婚姻に際して本家を親方と立てるほどの風習は消えても、相談くらいはしなければすまないという気持の残る場合があり、子供の名付親・元服親を頼むとか、借金その他の請人を頼むというようなことも多いのである。このように同族の結合が強いので、本家の没落を協力して守ろうとした話などもまた少なくない。これを方言からみると、これに関して柳田国男先生によれば、親類の方言はその重要なものはオヤコとイトコである。オヤコは縦の関係すなわち族長族人の間柄、イトコは横の関係すなわち族人同志の縁故を表わすものであろうというのである。これらの方言は現在かなり通用範囲が広いが、これと同じ位にイッケという方言が行われている。イッケは漢語の借用であるが、これが流通するためにはイトコというような先行語があり、その先行観念を表現するのに好都合な所から、それに代ったものであろうと推測しており、さらにドーケ、ヤウチ、ヤウツ、ウチマ、クルリ、テマワリ、イチマキ、マキ、マケ、ユイショ、ユーショ、イードーナカなどの方言がいずれも同じ観念の表現として、他面一個の労働組織を意味しているだろうとしているのは示唆にとむ所説である（野の言葉、農業経済研究五ノ二）。一家《イッケ》という言葉は外来語であり、それはあくまで外貌に関しているところに注意しなければならない。これに対してオヤコ、イトコは内面的関係に関している点で、親類称呼としては本来的のものであることは疑いない。これに関する説明は後に譲るが、それは同族団体を規定する言葉として生じたものである。

江戸中期以後には小さな分家の盛んに行われたことは寛文の禁令でもわかるが、たとえば西山六郎兵衛の憐民撫育法（近世地方経済史料六）にも「子供大勢持候百姓は渡世の考致し、子供を減し奉公に出、或は職人に預つかわし、独過を致候様に可懸心。大勢手前に抱置わつかに二町に足らぬ田地を二つ三つに割くれ候故土地は同じ広さにて人家次第に多くなり、縦は中の場所十町百石の所にて男女五十有之て大かた可相応には九十百人も在の処有り云々」などとある。しかし、この時代の為政者や経世家は、一般に百姓の貧困のおもなる原因の一つがこういう家の細分にあると考えていたので、この種の分家を禁止しようと焦っていたことは、中央のみならず地方の禁令をみても明らかである。金沢藩の御改作方覚帳（近世地方経済史料二）の中からあげてみるなら「惣て百姓跡高之儀仮令親願置候ても高分不仕惣領一人に申付候、弟共之儀は惣領介抱仕下にて少々高分仕、下百姓等に仕候様申付候事、前々は親願次第次男三男にも高分申付候得共段々少高に罷成百姓弱御座候に付元禄六年年寄迄相達本行之通相極申候」とある。ところが百姓貧困のもっともおもな原因は、むしろ、大名領国の小規模経済の中における領主による年貢のできるかぎりの増徴にあったのであるが、これはすでにやむを得ぬこととして批判の外におくのが一般であったから、そのほかにおいてその対策が考えられたものであり、そのおもなものがこの分地禁制であった。しかし、百姓といえども考えなくして分地を行い、分家を立てたのではなかった。むしろそれは新しい政策や経済事情に適応するためであって、武士は農民を愚民視した伝統が、有為な経世家の態度の上にも現れて来たにすぎない。分家と分地とに関してはすでに触れたごとくであるが、江戸中期以後はいっそうそれが複雑化したのである。これには封建的生産関係の下に農民の離村がはなはだしく拘束されていて、農村が一般に過剰な人口に苦しんでいたことを知らなければならない。近世初期以来城下町が発達し、ことに江戸や大阪が相当に大きな人口を吸収したとはいえ、封建的生産関係における都市の機能には限度があったし、一方では人口の自由な移動を阻止するために、しばしば人返しの窮策さえも行われたことは周知のことであるから、農村人口の飽和状態がしばしば生じており、間引が頻発している。加えるに封建的収取の強化が続いていたので、農耕の集約化が絶対に必要であり、それは一方においては分家による持高の分割によらねばならず、他方においては小作人への請負耕作によらねば可能でなく、前者は血縁に対して行われ、それは一面血縁の独立的地位に対する希求を満足させるものであった。後者は非血縁に対して行われたが、経済的条件によっては血縁に対しても行われた。しかし、それらの場合に持高の分割や小作の請負耕作は、必ずしもそれをもってただちに独立の一戸となる条件を具えさせるものではなかったから、血縁分家に関してみれば本家に対しある程度の従属状態に結びつけられているものもあったと考えられる。持高の少しばかりの分割により一軒前の百姓たる体面を有したところで、その生活が必ずしも本家から独立してしまうとはかぎらなかった。本人の心がけ次第で独立し、あるいは本家以上の資財を貯えた者もあったが、依然として事々に本家に依存する者もあった。しかし何か他所《ヨソ》稼《カセ》ぎでもあり、商売でもできないかぎりは本家に対する従属状態を変えることのできないのが常であった。だからこういう従属状態を完全に独立した家とみる場合に非常な貧農のようにみえもするであろうし、かつまた志ある経世家の慨歎の種ともなったのである。板橋善右衛門は百姓身持之事（近世地方経済史料三）において次のようにいっている。すなわち「田畑少く持、時の商を致し、山川海辺に日を送る者は是又奉公に出し身の代《シロ》を貯へ、末には田畑を求、持来候田畑に足《タシ》、行末一戸の百姓と為し候か又は少しの田畑に候はゝ代官へ得差図、所々の者に売り渡し其金庄屋与頭《クミガシラ》預り借ふやかし、其者を奉公に出し、身の代を貯へさせ、後は相応の商人又は一戸百姓になり候様可申付」と。これをみても一軒前の百姓になり得ないような分地が行われていたことは明らかである。分地禁止令にもかかわらずかかる分家が行われた。このことは各地における一軒、半軒、四半軒など、その百姓持高による階級分化によって十分知り得るところである。幕末における情況は日本民事慣例類集によって窺うことができるが、各地方の類例を示すと次のようである（二五五頁以下）。

山城《ヤマシロ》国愛宕《オタギ》郡葛野《カドノ》郡に於いては、子弟を分家せしむるとき財産分与に定分なし、村方にて持高を分つには其身買得の分を分与するを例とし祖先相伝の分は本家に相続せしむる事なり。

遠江《トオトオミ》国敷知《フチ》郡に於いては、子弟へ資本として動産不動産を分与するには七分三分と唱へ其家産全額十分の三を定分とす。此額を過ぎるときには親類組合より異存を述ぶるの権あり、村方にては宅地に定数あるを以て随意に新家を建る事を得ず、多くは其明き地あるを待つ事なり、戸数増すと雖も官へ届くる事なし。

下総《シモオサ》国印旛《インバ》郡では子弟を分家するは持高十石以下にては許さゞる法なれども、戸主の見込に因って分与の額に定分なし、宅地を増加するは容易に許可せざる法にて多くは絶家の宅地を再興する事なり。

飛驒《ヒダ》国大野《オオノ》郡に於いては子弟を分家するには官許を得る法にて、高十石地面一町より少なく分与せざる例なり、又本家残高も同様なりとす。故に持高二十石以上を所有せざる者は分家を許さゞる例あり。若十石以下の分地を受くる者は百姓の名跡《ミヨウセキ》なく誰門屋《タレカドヤ》と称し、多少権利の劣る者とす。但高山町は此例にあらず。随意に分家を許す法なり。

岩代《イワシロ》国信夫《シノブ》郡に於いては、二三男を分家するは都て官許を受くる法なり、財産分与の額は親類の協議を要す、大凡其三分一に過ぎざるを度とす。

陸奥《ムツ》国津軽《ツガル》郡に於いては、二三男を分家せしむるは其者四十歳以上にあらざれば許さゞる事にて、且つ四十人役以上の持高なければ分地する事を得ず、資本を分与するは戸主の見込に従ひ定分ある事なし。

備後《ビンゴ》国深津《フカツ》郡に於いては、二三男を分家する時は役場へ届け、持高を譲渡する時は名寄帳の書改を為す、分与の額に定分なけれど相続人の苦情なきを程度とし大概十分の三を分つ例なり、町村とも官へ届る事なし。

安芸《アキ》国沼田郡安芸《アキ》郡にて二三男分家する時其者役場へ届く、資本を分与する額は戸主の権にて定分ある事なし。然れども六分四分の通語あれば相続人より少分なる事通例なり。伊予国宇和郡にて子弟を分家する時資本として財産を分与する事は戸主の見込を以て定分ある事なし。

筑前《チクゼン》国早良《サワラ》郡那珂《ナカ》郡には二三男を分家するには七分三分の名義ありて、家産惣額の三分に過ぎざるを例とす。

豊前《ブゼン》国下毛《シモゲ》郡にて持高十石以上に非ざれば子弟に分与するを得ざる法なれども、役場に於いて黙許し分家せしものは家門改めの時戸数の増す事を届出づ。宇佐郡にては分家は株内と唱へ何戸分つとも戸籍を異にする事なし。持高一町五反未満の者は分与を許さゞる法なれども実際之を行ふ者なし。

肥前《ヒゼン》国高来《タカク》郡にて財産分与の額に定分なし、父兄の見込次第なり。村方にては長男を分家し末男に本家相続せしむる事多し。

大隅《オオスミ》国囎唹《ソオ》郡にて二三男を分家するには財産分与の額に定分なけれど大凡三分の一に過ぎざる事なり。

だいたいこのような情況であり、幕末には分家も飽和的となり、宅地の新設は困難となってきた様子もこれにおいてうかがわれるが、高一〇石反別一町歩を限度とした分地禁止令が、単に財産持高の六分四分、七分三分、三分の一という分地に変って来たことも理解できる。中期以後は貨幣経済も発達してきたから、このような小分家も他の稼ぎにより生計を補うことができたであろう。ともかく一般には分家が本家に比してかなり少額の分地によることがあったのは、元来分地が独立の生計をもって基準としたとはかぎらないことに根拠があるからである。そして小高の場合は、本家または他の地主の小作人になることにより生計を立てることが普通に行われたのである。孫分家以下の場合には、大百姓である総本家の小作を行うことも少からずみられた。それゆえ分枝したばかりの条件にある分家においては、本家の支配的位置がなおかなり強かったので、分家の私有財産は必ずしも本家が容喙できるものとはかぎらないとしても、完全にその埒外に立つものといえなかった。前述した三戸郡長苗代村某部落などの場合は明らかにそれであって、分家の家、屋敷、田畑を他に処分するには本家の認許が必要であり、本家が分家の了解なしにそれを処分する場合さえあった。もちろん、後の場合はいささか窮余の策として取られた嫌いはあるが、ともかく分家の私有財産は量においても質においてもかなり限定されていたものであるということができる。分家がこのような条件におかれていたのは自然的条件および社会的条件によるものであって、それは前述した血縁分家が本家に従属的形態にある諸部落においてみられる条件と同様のものであり、これらの分家が近世初頭においてもみられたことは誤りないところである。[註] また同様な条件が、ある程度において存続する地方では最近にも見られるが、このことは、同様な条件が存在すれば同様な分家形態の存続ないしは発生が可能であることを示すのであって、その意味において重要な歴史的社会的意義を持つものである。

（註） 西岡虎之助、近世庄屋の源流、史学雑誌四十九ノ二、三。

そこで私は、これらの血縁的分居大家族制とその発展した形態に見いだされる同族団体において、本家に大きな賦役を出すのは、分家各戸を本家が支配したために、本分家が結成する集団は一つの大きな労働組織として存立していた点にその始原のあったことを指摘したい。分家が単なる分居から独立した分家となることは自己の経営を中心とする一労働組織を持つことである。もちろんそれは単なる経済的分離にとどまらない。すなわち、イロリの分離であり、同時に神仏の分離を意味する。すなわちそれまでは分居家屋は寝るだけの小屋（寝小屋）にすぎず、それは本家に附属していたから、あるいは暖を取るための炉はあっても独立のカマド神はなく、本家の農耕に参与し、食事も本家でとった。それゆえ神仏を分祀することもなく、すべて本家のそれを家長の司祭により祭祀した。分家とは「カマドを分ける」、「カギを分ける」といわれるのは一軒としての独立の体面を持つことであり、独立に神仏を祭祀し自ら祭主となることである。そのような場合に、寝小屋ではすまず、座敷を持たなければならず、それはまた経済的に本家から分離することでなければならない。それにいたる過程が土地の生活条件によって遅速もあり、形態的にも異なることを注意したいのである。それゆえ血縁分家が本家に対して大きな賦役を持つことは、分家として本家から完全に経済的相互分離が行われ得ないからである。私はこのような家族形態を理解するために、飛驒白川村における大家族制をみたい。そして血縁成員においてもいかなる条件のもとでは従属形態が生じるかという点に関しいっそうの理解を深めたいと思う。

　ここで私は飛驒《ヒダ》白川村（岐阜県大野郡）における有名な大家族制度について顧みて、これらの血縁分家との連関を考えてみたい。この大家族は私の前述の家の類型からみれば外面的には単一家族に入るが、これを内面的にみれば複合家族に入るのであって、そのことは以下において明らかになる。戸田貞三博士の「家族構成」にあげたものについてみると、白川村字長瀬の甲家は直系一二名、傍系一五名の血族を包含し（三二二頁）、乙家は直系五名、傍系九名である（三二七頁）。また、同字御母衣《ミホロ》の甲家は直系一一名、傍系一八名（三二五頁）、乙家は直系六名、傍系八名を包含する（三二六頁）。これらはすべて血族であり一大家屋に同居生活を営んでいる。それゆえ、私のいわゆる血縁的同居大家族制であることは明らかである。かかる大家族制がいかなる条件によって生じたものであるかということは従来大きな問題となってきた。戸田博士に従えば、白川村中切における大家族制について次の理由をあげている。（1）世帯主の傍系親または次代に傍系親となるはずの者は公に認められた配偶者を持つことはほとんどなかったが、一定の異性と性的に感情的に相許す関係を保つことを一般的に黙認せられ、従ってこれらの者は異性を求めるために従来所属していた家族から離れなくてはならないというような必要に迫られることはなかった。（2）このような関係のもとに出生した子供は母の家族に所属した。すなわちこれらの子供は母とともに成育した家族に親しみを持っていたから、世帯主はこれを排斥することなく彼らの成人後においても家業に従事させ、その生活を保証した。

（3）この地方には平地が少なく人々は広い範囲にわたって存する山地または傾斜地に応じた農耕業を営んでいるため、各家族は比較的多くの労働力を必要とし、そういう労働力を持つ男女を多く吸収した。従って家系の連続に直接重要な役割を持つことのない世帯主の傍系親も、他により好都合なる生活条件を見出すとか、または世帯主に対して強く感情融和を欠くとかいうことの起らないかぎり、出生以来所属していた家族の家業に従事しここに生活の根拠を定めやすくなっていた。（4）交通の不便により他に出る機会が少なかった。（5）傍系親がその配偶者並びに子供と同居していたならこれらの夫婦および親子は互いに感情的に強く相結ぶと同時に世帯主夫婦に対し多少隔てをおく小集団を大家族の内に形造りやすくなり、やがてこれらの者は小集団を単位として世帯主の家族から分離しやすくなったであろうが、事情は反対であったから家の全成員は互いに感情融和を保って家族的共同を支持し得た。（6）分家を容易に許さない慣習が行われた。分家は、一には、部落共有地に対し入会権を持つ者を増加させ部落民一般の利益を多少阻害するゆえであり、二には、分家することは一人当りの生活費を増加させやすくなるからこの地方のように普通作に適する耕地が少なく増収の見込の立ちにくい所では分家は許され難くなっていたというのである（同四一一―四一三頁）。

これらの理由は次のように整理できるであろう。（1）の場合に傍系成員が普通の意味で配偶を持つことができないことや（2）のようにその子供が母と共に世帯主と同居することは（6）のように分家が許されていないということによるものである。（3）の場合に、このような自然的条件が何故に多量の労働力を要する農業経営を選ばせたかという関係が殆んど説明されていない。戸田博士も指摘するように庄川上流の荘川村や白川村の他部落とは異なった家族形態を持つとすれば、その農業経営はどうしてこのようなものとなったのであろうか。その説明がなければならない。博士の挙げた（6）の理由はたしかにそれに関係がある。しかし分家禁止がその結果であるのか原因なのか、明白には説明されていない。（5）の場合といえども、血族的感情の強弱が分家禁止の結果であるか原因であるか、はなはだ疑問とせねばならない。（6）の二において、分家が一人当りの生活費を増加させるものとするのは一見首肯させるかのようであるが、一人当りの生活費が分家によって増加することよりも、分家による宅地の増加によって耕地の相対的に減少することの方が、彼らの生活にとってはるかに大きな障碍となる点を考えなければならない。（6）の一における部落共有地入会のことは理由にならないように考えられる。中切の一部木谷において山林はいずれも共有であり、建築材でもハルキ（薪類）でも山草でも木谷七戸の者が自由に採ることができるほどで（ひだびと五ノ三）、それは中切全体についても同様であろう。このように山野は広大であるからこれを平地の民家の密集した地方と比較することはできない。それゆえ分家の禁止はおそらく宅地の減少を理由としたものであることが考えられる。

これについて興味のあるのは木谷部落の発展である。木谷の開発については明白でないが、現在七戸の大家族があり、元禄七年の検地水帳においては六戸であるから、それ以後安永二年検地以前において一戸が生じている。これは作倉家から坂下家が分家したことになっている。他の六戸については東屋は新谷家から分れており、また三島家、森下家はオリガセから移住土着したものと伝えられているから、古い土着は新谷、作倉、田中であり、新谷、作倉がもっとも古いものとされているらしい（ひだびと五ノ三）。これによればこの部落において分家が絶対に禁止されているということはないが、その分家は普通の分家とははるかに異なることを注意しなければならない。すなわち一般的な単一家族の分家でなく、大家族形態における分家が行われたのである。この場合どのように分家が行われたかというと、新谷家から東屋が分家した際は、アンサ（家長の長男）が出て田畑はフリワケ（半分）にしたのだといい、作倉から坂下が分れた時は田畑三分の一を分けて貰ったのだといわれている。平瀬部落についてみれば元禄以前に森下家の財産を二分して坂本家が生じ、森下家の四分の一をもって坂次家が起り、高島家から梨谷、小坂両家が財産分譲により興っている。平瀬には初め森下、高島、山梨の三軒があり、分家により七戸にふえている。また御母衣でも同じ時代に遠山家より谷口家が興っている。これらの分家はいずれも大家族の形の分家であり、元禄以前において多く行われているようである（ひだびと五ノ三）。一般的な単一家族の分家が行われていないということは注目に値することである。この木谷民俗誌の筆者江馬三枝子氏の推論によればこの理由は一つの大家族が人口過剰になった場合、いいかえれば当時の村落における大家族世帯のなかにおのずと与えられた平均点を超えた場合、そして分つべき財産がある場合には自然と分家を行ってきたものとしている（同上）。このことは同時にまた血縁的同居大家族を発生させた条件を暗示しているように考えられる。すなわち部落の発展が行われる場合に普通の単一家族の分家を抑制していたのは、宅地設定による耕地の減少を免れようとすることにあって、分家の必要が生じた際に大家族の形の分家によってそれの減少を最小限度に留めようとする努力の顕れであったと考えられる。木谷において移住土着とみられる森下、三島両家の土着がやはり大家族の土着であったかどうかは私の知りたいところであり、それについて知り得ないのは遺憾であるが、結果においてそれも大家族を持つに至ったことは、同じ生活的条件が働いていたのである。それは大家族の発生する重要な条件を示すものでなければならない。従ってこのことは土地の自然的条件による可耕地の面積と収穫率とがかなり少いことにあることは明らかであるが、これが大家族発生の唯一の条件であるかどうかは疑問とせざるを得ない。しかしひるがえって戸田博士の理由とするところをみると、(3)の場合は、このような自然的条件において、各戸が比較的多くの労働力を必要とする農業経営を行うものとしているが、労働力を多く必要とすることは、単に焼畑耕作等の原始的耕作が多いということに決定されるよりも、彼らが大家族形態を結成することに理由がある。何となれば、山地傾斜地等で粗笨な農耕を営む地方は少からずあるが、それらの大部分はかかる家族形態を持たないことをみれば明らかであって、単一家族の分家禁止の必要が彼らを大家族形態に到達させ、そこに多くの労働力を含まねばならなくなったのであり、またそれが(1)の場合にあげた傍系親の婚姻形態や、(2)の場合のような傍系の出生児の扶養を行い、これらの人々を大家族経営の成員とならせたのであろう。(4)の場合などは、大家族制を存続させる有力な原因となったことは疑いないが、発生の原因として数えるには微力である。また(5)の場合をみると、そのようなことも或いは存在するかもしれないが、白川村の場合は、傍系親が家長と同居して自己の家を持つことが許されない条件にあったのであるから、そういう家を持つ場合の効果をあらかじめ判定していずれを選ぶべきかを考慮するような余地はなかったはずと考えられるのである。すなわち傍系親がその配偶を持ち、家長と同居する大家族形態を採ることができないのは、傍系親の単一家族を次々に分居させる条件がまったくなかったからであると考えられる。言い換えれば、白川における分家は人口や耕地が増加してきて一大家族の分家が不可避である飽和点に達する前に、傍系親の単一家族を分家することができないのである。しかし多くの大家族分家を出すことはできないばかりか、非常な制限を受けて元禄以降ほとんど停止したことには、相当の社会的条件があったと考えられる。

白川村の大家族の発生はいつ頃であるかということも相当に問題を捲き起している。白川村の大家族と大宝二年戸籍との比較が岡村利平氏によってなされて、これを古代の大家族制の遺物であると論じられていることは相当に著名である（白川村家族制と大宝二年戸籍比較研究、飛騨史壇二ノ二）。われわれは古代家族制との比較を行う必要を感ずるが、それには中世のそれとの比較も必要であり、さらに近世における変化を探究することがいっそう必要であると思う。ただわれわれにとってその資料が多くないことは遺憾である。古代戸籍と白川村のそれとの比較に関して戸田博士はいう。郷戸の構成員と房戸のそれとを比較すると、郷戸の構成員の種類は白川村のそれとやや類似しているが、郷戸は事実上の家ではないゆえ、この構成員をもって律令時代の家族員とみなすことはできない。古代において家にもっとも近いものは房戸である。しかるに房戸の構成員の種類は白川村の大家族のそれよりはるかに単純になっている。従ってこの点から考えてもわが国の古代大家族が、白川村の一部においてみられるような、多くの種類の構成員を含んでいたとはいわれず、また白川村の大家族が古代家族に近いものであるというような主張は支持できないと（前掲書四〇七頁）。郷戸が家でないかどうかは議論の分れるところであるが、少くとも房戸の存在は郷戸によって可能である。それは律令制においては口分田の班給を一般には郷戸主に対して行ったこと（北山茂夫、大宝二年筑前戸籍残簡について、歴史学研究七ノ二。藤間生大、北陸型庄園機構の成立過程、社会経済史学十一ノ四）輸調銭ないし輸調を郷戸に課したこと（大日本古文書一—三二九頁）、五保を郷戸単位に結成させたこと（同上一ノ一—九六頁）、また里も郷戸を構成単位としたこと（令義解、国史大系本八一頁）や古代戸籍における記載方式等をみるなら、房戸は郷戸の戸主によって統轄されたものと考えられる。しかし、養老五年下総大嶋郷の戸籍のように、人口集計を郷戸主と房戸とに別個に記載しているのは、房戸が郷戸主に統轄されたとはいえ、すでにその内部におけるなんらかの独立の存していたことを示すのであって、こういう場合に郷戸が同族団体であったことは明らかである。しかし他の場合には房戸は郷戸から独立していたとはみられないであろう。後者の場合では郷戸は単一家族か複合家族であったろう。戸田博士の郷戸は家にあらずという主張は前者にはあてはまるとしても、後者においてはあてはまらない。博士が郷戸は白川村の家族構成とやや類似するというとき、かえって郷戸が元来家としても存在したことを証明するとみてもよい。古代戸籍によってみると、複合家族としての郷戸は非常に多かったと推察される。しかしそれは房戸が独立すればすぐ同族団体に転換したであろう。近世においても分居大家族制は同族団体への過渡形態としてみられることは前述したが、これに対して白川村大家族が所属する同居大家族の形態もまた少くないとしても、そのほとんどすべては同族団体へ発展すべき条件におかれていたから、白川村のそれのようにその発展の行われ得ない血縁的同居大家族制は他にまったく発見されていない。このことは白川村大家族制が外面的には単一家族であるにかかわらず内面的には複合家族であるという特殊性の内にも示されて、その特殊な位置を示すものにほかならず、従って白川村の大家族の起源がかりに古いものであるとしても、古代における家の形態の一般的形態とみなすことのできないことを示している。また小山隆氏も文化元治の宗門人別帳によって白川村の中切、山家における大家族を当時の他の部落の家の形態に比較して特殊の現象であったことに言及している（山間聚落と家族構成、社会学第四輯）。

白川の大家族の起源を論ずる場合に、傍系親が単一家族をなさず、ヨバイ婚を行うことが問題になっている。赤木清氏はこれを古代的な母系制の遺制であるとし、白川にみられる父権制度と母権制度（遺制）の対立は、すでに半世紀前に西欧学者によって主張されたように、家父長的大家族はより古い母権的大家族と、その後にくる村落協同体との過渡的形態であるという解釈を裏づけるものであり、この種の大家族が一種の社会的化石として残存し得たのは、その特殊な地理的条件に制約されたきわめて低い生産力とともに、このような家族形態としてかえって各種の歴史的発展の時期に適応し得たためにほかならないといっている（ひだびと四ノ十二）。この所説はヨバイ婚を原始母系制と結びつけることによって、白川大家族制の発生に一般的性質を与え世界史的原始制度として認めるものである。このことは「ひだびと」五ノ四号において江馬夫人が木谷のヨバイ婚を記述する際、彼らの婚姻は確かに一夫一婦的であるが、同棲を欠いているし、むしろモルガンがいうところの「対偶婚」に近いものとみられないであろうかという所見と相通ずるところが深い。白川村大家族制に原始制を与えようとする試みは、従来もしばしば行われたが、このような世界史的展望においてみようとすることは偉観である。しかし私はこの種の推論の当否を決定する前にその方法論を問題にしたい。現在私はこのような推論をまったく否定し去るだけの確実な見解は持たないし、このような推論がもっと大きく確証される時機も到来するかもしれないが、そこに到達する以前になお多くの事柄を考えなければならないと思う。そのもっとも大きな問題は白川村大家族制という一つの生活形態に、西欧学者の樹立した歴史的発展の系列を適用するためには、白川村大家族制の持つ歴史的地位を決定しなければならないことである。それはもちろんまずわが国の歴史においてである。そしてそれがためには、白川村の生活の歴史的発展の形態を叙列せねばならないことはいうまでもない。従来日本においては、世界史的一般法則をあまりに容易に考えすぎてきた。このことは少数の人々を除いた欧米の学者においてもしばしばみられるところであるが、世界史の樹立は個々の民族に関する精密なる歴史が樹てられなければ真に可能ではない。生活形態の外面的属性の類似は人間社会においては多く生ずるのであるから、こういう類似を追うことは際限のないことであり、個々の生活形態を比較することは、個々の民族におけるその社会的歴史的意義を明らかにした後においてなされなければならない。したがってまず各民族において個々の生活形態の社会的歴史的意義を決定しなければ、それらの世界史的関連を考えることはできない。それゆえ国史究明の意義がどこにあるかということをわれわれは自覚しなければならないのであって、国史の普遍性は精密な世界史において初めて知ることができるのであるから、それは偏狭な国粋的歴史観のよくなし得るところでもないし、国史への粗雑な世界史的適用のよくなし得るところでもない。白川村の問題に戻るなら、われわれはヨバイ婚が母系制の遺存であると推論する前に、白川村に母系制が存在したかどうかという歴史的事実を探究せねばならない。このことはただちに日本における母系制の在否の問題とも関連するが、この問題さえ現在確定した問題とは考えられない情況にある。しかし私はこのような問題に到る前に、白川村の生活形態を近世の他の諸地方における生活形態と比較することが方法論的に正しいと思う。少くとも白川村の近世における生活形態を他の地方の近世におけるそれと比較してみて、白川村においては、他の地方の近世的な生活形態に全然関係のないことが明らかになるとすれば、そこに残るものは古代の生活形態に連関するものであることを初めていうことができるのであって、古代の文献が存しないかぎり、そうする以外に近世的諸資料から古代への連関を知る方法はない。このためには白川村におけるヨバイ婚がいかなる条件によって行われねばならぬかをみなければならない。

木谷部落についてこれをみると、ヨバイ婚が行われなければならない条件は、傍系親が単一家族を大家屋の外においても、内においても結成することを許さないことに主なる理由がある。白川村における分家が大家族の形の分家以外に許されなかったことや、傍系親が大家屋内部で夫婦同棲の生活をなし得ない結果となったことは前に触れた。この点が他の血縁的同居大家族、ひいては血縁的分居大家族と異なる理由である。それゆえ、もう一度言い換えるなら、近世にみられる大家族は家父長の統制において存立し、それは同居および分居のいずれの形態においても同様であり、分居した単一家族が独立の家計を獲得した後においても、家父長的統制の伝統として本家の支配的位置は相当に存続している。白川村の大家族分家の場合においては、その分家自身が家父長的統制形態をとり、本家たる大家族と並立するのであって、この場合、単一家族の分家による発展はまったく阻止されており、大家族形態のゆえにその経営は大規模であるから、焼畑耕作のような粗笨な経営と相俟って労働力を多量に要求するので、婚姻により婦女が他へ引移ることは望ましくなかった。このことが、彼女らの同居を実現させたものと考えられる。ヨバイ婚はその結果にすぎない。それゆえ、このような形態は家父長的統制を持つ大家族制において可能であることが知られる。私は拙稿「若者仲間と婚姻」（社会経済史学四ノ一一二、五ノ一、二）、「結納と労働組織」（同六ノ三、四、五）において、聟入婚における嫁の引移りが後れる生活条件について詳説したが、それは婚姻が聟入をもって始まる事情をのべたものであった。すなわち分居大家族もしくは同族団体が緊密な生活の連関を結成している村落の村内婚においては、分居家屋もしくは分家が家長によって用意されるまでは、女は家長の家（その一室を婚舎とする）に停まるからであった。また、これらが村内婚によるものであるかぎりは、子方百姓間に濃厚な互助関係が存在するために、婚姻による婦女労力は、大家族や同族団体もしくは村落の外部へ出ることもなかった。それゆえ、この場合には婚姻の開始が聟入によるのであり、分居するまでの期間は、男から女に通うヨバイによることとなった。その間に数人の子供が生れることもあろうが、女は分居までは家長の家に同居しつづけた。白川村のヨバイ婚は、単一家族の分居ができず、内部労力の大家族外部への引移りが忌避されているために、終生家長の家に同居するというだけのちがいである。一方は分居が約束されており、他方はそれが不可能であるという相違によるのである。ただ、労力を大家族や同族団体もしくは村落内部に停めておこうとすることは、それが一定の経済的社会的条件が存続するかぎりのことであった。それゆえ、ヨバイ婚が白川村においてだけ存在したのでないことは明らかであり、白川村が特殊の生活条件を持つがゆえに、それに応じてヨバイ婚の形態が影響されているだけのことである。この特殊な生活条件は決して古代にのみ存在するものではないことは前述したところによって明らかである。白川村の大家族制がいつ生じたものであるかわからないことを認めるが、現在みられる生活形態は少くとも近世初頭に生じていたことを推測することができるし、それは母系制遺制ではないということもできる。それゆえ、この大家族制は他の一般の大家族制の発生と連関していることが考えられるが、ただこのような特殊な大家族を収容し得る巨大家屋の創建がこのような血縁的同居大家族の開始ときわめて密接な関係を持つものであったとはいえるであろう。言い換えれば、一般に同居大家族が収容されている家屋はきわめて巨大であるが、そのような巨大なる家屋が建築術の発達しない場合に実現することは困難であるということは当然である。民家が専門の技術者の介入することなしに部落民の協力のみによって建築されたという説はあるが、小規模のものなら知らず、大建築においてはほとんど想像することができない。それゆえ同居大家族制が非常に古い時代から存在していたかどうかに疑いなきを得ない。このことは古代における郷戸と房戸との関係、その居住形態からも多少推測することはできるが、また一般に分居大家族制の方がはるかに多いということは分居大家族制の発展した村落形態がきわめて多い事実によって認めることができるのであるから、民間で巨大建築が可能になった時代に分居大家族制から同居大家族制へ転換したものではないかということも問題として考え得るのである。しかしそれには自然的および経済的社会的条件が加わらなければならないであろう。私は白川村大家族に関してこのことを想像してみたことがあるが、確証を得るまでに至らなかった（拙稿、タウト氏の観た白川村、ひだびと四ノ十一）。

しかるに児玉幸多氏はその後「飛驒白川村の大家族制度と其経済的基礎」（歴史学研究六ノ一〇、一一）において、この点について注目すべき見解を示した。すなわち児玉氏は宝永三年の「白川郷弐拾壱ヶ村草高寄帳」により、この地方の百姓一人の持高が三石四升六合余であり、中切の長瀬村は二石余、大郷は五石余、山家は六斗三升四合であり、きわめて小さいとする。ところでこの草高帳には高持百姓とともに家抱の存在が示されている。それを示す村は山家の加須良、大郷の保木脇、野谷、大牧、馬狩等である。

保木脇村
草高
一弐石七斗三升三合九勺　　惣左衛門 家抱共ニ

一弐石壱升壱勺　　四郎兵衛家抱共ニ

野谷村

村高　合四石七斗四升四合

草高
一九斗四升三合弐勺　　四郎左衛門

外ニ五斗弐合垣内ニ引

一八斗壱升三合壱勺　　家抱　次郎左衛門

一四斗五升五合七勺　　家抱　吉　兵　衛

村高

合弐石弐斗壱升弐合

(下略)

右のようである。大家族制の存在した中切については、長瀬村以外は右の草高帳には記載はないが、長瀬村には家抱は存在せず、かえって大家族制が存在した。このことは「村落内に於ける経済的社会的分化対立の発展が抑止されて夫々の家族の内に持込まれた」と児玉氏は結論し、そしてその条件をなすものとしてこの地方の土地の生産力の少いことと検地(元禄七、八年、安永二年)を契機とする領主の収取の強化を詳細に述べている。長瀬においては、天明八年に全戸数一二、人口一六三であったものが、嘉永六年には全戸数一三、人口二二七となり、一戸当り一三・六人から一七・五人に増加している。長瀬の戸数は元禄以後はほとんど増減なく、宝永三年一三軒、延享三年一四軒、それから天明嘉永と続くのであって、一、二軒の消長があるのみである。これに対して屋敷高は一反三畝二四歩の増加があっても、それはこの消長に応ずるものにすぎないとみられる。そこで児玉氏は近世初頭から年代を経るごとにこの大家族制が発達したことに注意して、この大家族の発生を近世初頭の前後におこうとするのである。従ってこの大家族と類似の状態は江戸時代の農村では程度の差はあるが、各地でみられ、白川村の場合はそれが特に「典型的」であるところに意義があるとされ、この家族形態を相川春喜氏のいわゆる家内賦役制と規定している。

これらの所論の細部に対して多少の異論はあるが、児玉氏の業績の価値はこの種の大家族制度が古代に発生したものでないとみる点である。すなわちその先行形態は家抱を持つ家族制度とすることである。大家族制度と家抱制度と深い連関のあることは明らかであるとしても、家抱とは非血縁のものであって、白川の大家族のような血縁的大家族にどうして移ったかという具体的過程は明示されていない。大家族から同族団体に移る過程において、それが血縁的であるか非血縁的であるかは、その根元となる本家の大家族に示され、その大家族が血縁的である場合に同族団体も血縁的に結成され、非血縁的なら非血縁的に結成される傾向があることを前述の大家族諸形態とそれから発展した同族団体の場合に了解することができる。この傾向からみれば家抱制度はすでに非血縁的な大家族ないし同族団体であり、記録からみれば同居も分居もあったと思われるから、児王氏の所論のとおりであるなら白川村の大家族にも少くも非血縁を含むものがみられてもよいはずであるが、まったくこのことはない。そこに私は多少の疑問を感ずるので直接の転換を認めることはできないが、大家族の諸形態は相互転換の可能性を持つという性質によって、その間に連関がないとはいわない。あるいは大家族の内から次第に非血縁者を排除したか、もしくは同化して行ったかもしれない。これを野沢の野沢家の場合と照応してみれば、その労力は血縁者をもって充足できる条件にあるなら、なるべくそれを選び、あえて非血縁者によらなかったであろうと考えられる。しかし大きな経営を持つ親方百姓が非血縁者を多く求めたのは血縁者に労力が充分でなかったからであり、なお近世には血縁分家は次第に本家に従属を欲しない条件が増して、血縁の労力を自由に使役できなくなったところに理由がある。野沢にしても、白川の中切にしても、血縁分家に関してはこれらとは逆の条件があり、分家の独立を阻む条件が多かったので、血縁者を充当することができたのである。白川の中切はその極端な場合であるから、近接していても白川郷の他の村落と異なるのである。従って中切における大家族は特殊な一類型であって、決して大家族の一般的形態を示す「典型」とはみられない。このようにみてくれば、家が持つ性格は民族の持つ社会関係の性格に規定されるものであって、その家の内的及び外的な条件の相違により家の形態に差違は生ずるとしても、性格的に共通することがますます明白となる。

次に、さらに私は白川村大家族制が他の大家族制といかなる点において関連があるかを辿ってみたいのである。江馬三枝子夫人の「ひだびと」五ノ三号以下に連載されている木谷部落の民俗調査は、白川村大家族制の調査として劃期的業績であるから、以下の資料はほとんどそれによるものであることを断っておきたい。木谷においてはもちろん単一家族の分家は認められていないが、傍系親のヨバイ婚による夫婦は認められている。これは現行法律からみれば正式な夫婦と認められないので、それから生れた子供はすべて私生児とみなされることを免れないが、慣習からみれば正当な夫婦である。江馬夫人によれば子供ができる以前は必ずしも特定の男女間に関係が結ばれるとはかぎらぬが、子供ができると相手が決まり一夫一婦的である(ひだびと五ノ四)。この子供はシンガイゴ、マカナイゴと呼ばれ、例外なく母親の家に留まる。男の、父としての義務はシンガイで得た金を時おり与えたり、衣類も少し買ってやるくらいであり、それも、ぜひくれなければならないというほどの義務的なものではない（同上）。本庄博士の「飛驒白川村の大家族制度」によれば、これらの私生児は家長からみれば家の成員であるが、その扶養は、その子女が一人前となるまでは専ら実父母の義務となっており、彼ら実父母は家長に認められた特別の財産によりその子女を養育する。彼らの労働はすべて家長または一家のために徴されるものであって、彼ら自身のためにするのではないのが原則となっているが、家長は彼らに対して日々の食事を給するほかに毎年夏衣一着ずつを仕着《シキセ》として与える。そして時々休暇を与える。これは月に二、三回を普通とするが、繁忙時はその時季に与えずに、その後において連続して与える。この休暇に、一家用とは別の焼畑《ヤキバタ》や家長管理地のかたわらなどに、豆、蕎麦などを耕作し、その収入によって彼らの財産を作り、これのみは家長の容喙を受けずに、幼年の子女の養育、酒肴、煙草または衣類調度の費用にあてるものとされている（本庄栄治郎、経済史研究四七〇頁以下）。

江馬夫人の調査に比して、誇張している点がある。すなわち、子供の扶養は一人前に達する以前は実父母の義務とされる点だが、彼らの生活は家長の家の内で行われているので、彼らだけの生活はそのわずかな部分にしかすぎない。このわずかな部分が何により得られるかというと、それは彼らが家長から与えられたシンガイによる。シンガイは男が一四、五歳になり一人前になると、田畑を多く持つ家では家長が家の田畑の中から少しばかり分与する。老年になったオジやオバのを受け継ぐことや、死んだ人のを受け継ぐこともある。家長はそれを没収せず、シンガイ田畑を持たない者に作らせる。それらは大きいのは米一俵半位から少ければ一斗位のあいだであるが自分が新開したものが一番多かったといわれている。これは木谷の地内なら古田畑に差支えないかぎり、どこでも開墾は許された。しかもシンガイ田の田植稲刈は、家の他の田といっしょにしてもらった。シンガイ田畑は条件の悪い所ばかりであった。畑は普通畑と焼畑と両方あって、焼畑でも二人位の仲間で八斗から一石位の小豆、稗などを収穫することは珍しくなく、うち稗、粟などを自分の食料として、小豆などを商人に売り、収入を分配した。シンガイの焼畑はなかなか広大なもので、明治初年頃において木谷から小豆六〇駄位を売り出し、小豆一升七銭位であった。シンガイは、男はたいてい一人一人耕作した。これは休日に行い、休日は五日目に一日ずつ貰った。しかし養蚕時期や冬場には休日はなかった。まれには、他家にいる自分の女といっしょに作ることもあった。この場合、収穫は金にして等分するか、女に自分の子供があれば幾分多く与えたが、一般には家族内の親子マッイか兄弟マッイで作った。また桑の木を山に植えておき、養蚕期に摘んできて家長に買って貰う。男は一人で一五〇貫も摘めるだけの桑の木を持っており、女は五〇貫位であった。桑の苗は誰でも家長の畑に実を蒔いて差支えなく、三年目に山に植え付けた（中切地方は白川郷の他の地方である荘川、大郷などに比較して田畑が少く、古来養蚕がきわめて盛んであった。小山隆氏はこれを大家族成立の一因としているほどであるからシンガイとしても重要なものであろう）。その他、まだシンガイがある。モクダイ茸を採取して商人に売ること、女はツマミ（屑繭）が出ると貰って溜めておいて売るか、絲にして色々に用いたりすること、牛方をする者は秋仕事がすむと、部落で不足する米や塩を揚げに赤尾まで行って来ると、家長が駄賃を与えるなどのことがあり、休日に日傭に出ることもある。ところが休日にはシンガイに出ても、家に遊んでいても、おのおの自分の飯を食べた。男も女もシンガイの田畑から上った穀物を持っていて、自分の鍋で煮て食べる。シンガイ仕事に持って行く弁当も自分の食料から持って行った。傍系の男女が直系成員と別に食事するのを別鍋《ベッナベ》と呼んだが、最近はこの種の傍系親がなくなり、親子マツイになってきたから別鍋がなくなった。シンガイの際に使用する農具や牛などは家のそれをもってするが、家長に対してシンガイから一文たりとも支払わない。シンガイ所得のうち穀物は稗、粟のように自分の食料となるものと、大豆、小豆のように売って金銭に換えるものとがある。得た金は、男は身の廻りの品々を調えたり、他家に子供があれば多少着物を買ってやったり、銭でやったりする。なかには小金を溜めた者もいたが、多くは酒代になった。女は子供を持っているから、子供の着物を買ったり、近来なら学用品も買わなければならず、何かと物入りで骨が折れた様子である（ひだびと五ノ五）。これらの事実は、傍系の男女がヨバイ婚による一種の家を、家長の家の内に持つといってもよい。彼女らはその子供の扶養に関しては、大部分は家長に依存するとはいえ、彼女らのなさねばならない部分が厳存している。それは夫である他家の男に少しばかり協力を求めるが、それは家長の財産とはまったく別の私有財産《シンガイ》によることである。平素は、男にしても女にしても家長の家の仕事に従うのであるから、生活一切は家長に従属して行われるが、いったん休日となれば、別鍋が行われるのは、彼らが私有財産を持ち別個の生活を持つことを意味する。言い換えれば、それは単一家族とはいえないとしても、家族員の結合のきわめて微弱な一種の家である。それは単一家族の分家を阻止する白川村の生活条件に影響されているのであるが、直接には家長が彼らの生活の大部分を保護しているので、彼らは、彼らのみの家を、彼らの私有財産によって強化する必要がなかったから、子供から離れている父親は多少のシンガイを分け与えるとしても、全面的な扶養義務を持つ必要がなかったものと考えられる。

これらの傍系親は彼らの生活をまったく家長に従属させ、それと同居して家長の支配と保護のもとに大家族経営に参与する。本庄博士は、家長権はきわめて強大であり、臣従たるべき家族員は家長の命に従いあらゆる労役に服すること奴隷のごときものとしている（本庄氏前掲書）。これに対して江馬夫人は家長権が専制的でないことを報告し、家長たるトトは牛を買うとき、山の木を与えるとき、他の家族の者と相談することを挙げており、イロリの座席や食事の座席の差異も圧制的でないこと、家族内がきわめて親密であることなどを挙げて、本庄博士の所説の反証としている（ひだびと五ノ五）。これらの事実が、本庄博士のいわゆる奴隷的使役を反駁できることは明らかである。しかし、いかに血族的親愛が濃厚であっても、この大家族が家父長統制の大家族であることは何人も否定することはできまい。そこで、家長が専制的でないということは、どの点までいい得るであろうか。まずわれわれにみられることは家長が経済的実権を持つことで、彼は財産所有者であり、財産の管理を行うほかに、神仏の祭祀を司り、養蚕期にはその指図をし、食事は家人とは別にオエでとり、夜はチョーダに寝る（同五ノ四）。またオモヤのヨコザが家長の座席と定まっている（同五ノ六）。家族員の統制はいうまでもなく彼がする（同五ノ四）。家長は農事に自ら出ることはなく、農事は鍬頭《クワガシラ》（普通家長の弟がこれに当る）が指図するが（同五ノ五）、これも要するに家長の統制に服するもので、直接には鍬頭が農耕の監督に当るというにほかならない。シンガイ田畑を与え、シンガイ桑を買うのは家長の権限に属していることは前述したが、これらは田畑の管理が家長に属していることを語るもので、それゆえに農耕などの労働に従事することはなかったものと考えられる。田畑の労働には、家長以外の働き手はすべて出るから、長男たるアニも鍬頭の指示を受けることは傍系親と同様であるが、傍系親は結局最後まで家長の支配と保護のもとに、シンガイを除いて、彼らの労役を全部家長の経営のために投げ出すのである。それは江馬夫人が指摘したように、奴隷的感情を持つのではないが、彼らの生活はまったく家長に従属していることは否定できない。それを端的に示すものは彼らの婚姻形態である。普通の婚姻を行うものは家長《トト》と相続人である長男《アニ》のみであることは、彼らの関係がいかに親密な感情に溢れているとしても、はなはだしい差別待遇といわなければならない。傍系親のヨバイ婚が彼らの自由選択に委せられているのに対し、アニの婚姻がいかに行われるかを次にみよう。

　アニの嫁は多くナジミであった。それはヨバイナジミのことであり、アニも土地の習俗により夜遊びに出かけて方々にナジミを作る。子供のできることもあるが、しかし娘がスエのオバの子であったりする場合は、相続人の嫁になるほどの仕度ができないから、正式の妻としての嫁入りを女の方から断る。木谷の某家のアニは、どこかの末のオバをナジミとして子供ができたが、女の方でも遠慮をするし、その某家でも、この女ではカカ（主婦）としては不足であったから、このアニを他の男が連れて平瀬の某家の家長の姉か妹とナジマせて、子供ができ、結局そこの娘が正式に嫁入りすることになった、という例もある（ひだびと五ノ四）。これについて江馬夫人の説明を聞くと、アニの嫁となるべき女は家長の娘または姉妹でなければならないということは決してなく、実際には直系の女の方が多いが、傍系の女でもアニの嫁になっている者が幾人かある。しかし、アニの婚礼は相当派手にするので嫁の方も仕度に入費が多い。したがって家長の娘なら支度もして貰えるわけであるが、傍系の娘では家長から箪笥《タンス》一本位を貰うだけで、衣裳も借着で一応儀式をすませるだけである。この場合、貰う方は承知の上である。しかし、娘はそれを知っているから辞退することが多い。またアニの嫁を娶るのに嫁ヌスミということがある。これは一般にこの地方の大家族では女を外へ出すことを嫌い、嫁に出すことさえ喜ばず、正式の交渉の場合でも、なかなか話ができなかった（筆者——この理由は恐らく労力を多く必要としたからであろうが、女が働き手として重要であったことは、花嫁をヨメサまたはテマといい「良いテマを貰った」などいう〔同五ノ十〕ことでも判る）。そこで女と同意の上で嫁ヌスミをして連れ出し、後で交渉した。生家で怒って話をまとめるのに苦労することもあったが、元来娘と同意の上であるから帰ろうとはせず、また帰そうともしなかった。交渉がまとまれば正式の祝言をした。それゆえ当人同士の意志がいっさいを決定したのだという。また女の家と合意でヌスミをすることもあったが、これは女の方で仕度《シタク》をしてやれない場合であった。この嫁ヌスミも、明治初年頃までは相当行われたらしい（同五ノ十二）。この大家族制度の場合においては、働きのある女なら外へ出すことは望ましくないので、嫁ヌスミは相当に行われたであろう。しかし、アニの嫁が選択される場合、女が自分の地位を自覚して、資格のない場合に辞退するということがあったのは、それ相応の事情があったからであって、そこに慣習の強制力が働いている。このことは同時に嫁をとる側にも作用したはずであり、ヨバイのような自由恋愛が行われている場合、この埒《ラチ》を超えることが少なからず生じたというだけである。また、相手となる女が働き者として定評のあるような場合なら、傍系の女であっても、これは家長の方からその婚姻の成立に努力することもあろう。このように傍系親のヨバイ婚において、その相手を選ぶことがはなはだ自由であるのに反し、アニのナジミは婚姻が実現されるに際して、いずれの側からかの障碍が生ずることのあるのは、アニの社会的地位によるものであって、それは相続人たるアニの嫁に家相当の格式のあることを要求しているからにほかならない。それゆえ相手が中切にない場合に、荘川村や遠くは芦倉、小白川などに求められるのであって、これらの場合はまったくヨバイによらず仲人がはいる。傍系の人々の場合にはこういうことはまったく問題になり得ない点を考えなければならない。アニの嫁がともかく直系の女に多いということはこのことを語る。従ってアニがヨバイによって相手を選ぶことは傍系と同じであっても、傍系のヨバイ婚のように気ままの関係に停まることはできないから、対手が直系の女の場合でも、傍系の女の場合でも、また一定の交渉により成立した場合でも、嫁ヌスミによった場合であっても、仲人を立てて双方の家長の承認のもとに婚礼が厳粛に行われた。アニがアニである間の待遇は他の男達と変らず、アニも農耕に従い鍬頭の監督を受け、また小遣取りのシンガイを作ることはあった（同五ノ四五ノ五）。他の者と異なる点は、嫁と同居することと、トトの死後トトとなることとである。しかし、この後の二点はすこぶる重大な差異といわなければならない。江馬夫人の報告は、大体においてこの大家族が共産的協同的感情を持つ方面を強調する傾向を持っているようにみられるが、家父長的同居大家族が要求する階級的差別の存在もまた認めなければならない。しかしこの生活形態を認めることがただちに親密な血縁的家族感情の存在を無視することにはならない。それはこのような情緒はこの生活形態を通して示されているからである。それゆえ、従来一般に考えられていたように家長権は強いものであるとしても、家族員を奴隷視するものではなく、血縁的親愛が濃厚であることは改めて見直されなければならない。

そこで、この大家族制における労働組織をみると、その全経営を家長が統制することは前に述べたが、傍系親は家長に従属して、家長の支配と保護のもとに、彼らの労力をその大家族の生活のために提供する。彼らは家長からシンガイの田畑を貰い、また自ら開墾によりシンガイを持つが、それは家長に許された休日にその耕作を行うにすぎないから、彼らの大部分の労役は大家族の家計に徴される。そこでこのシンガイはいかなる意味を持つかを考えよう。家長夫妻以外の一人前のものがシンガイを持ち、またシンガイを稼ぐことを許されている。それに働く休日が春から秋にかけて五日目に一日で、養蚕時期や冬場にはほとんどない。冬場でも正月一週間、小正月、二〇日正月、初午は休みである。冬場に休日の無いことについて、江馬夫人は、これは夏のように大仕事をしないので休日を与えないとも解釈されるが、休日の食料の方に問題の重点があると考えられる、といっている（同五ノ七）。これは、休日には傍系親は別鍋であるから、彼らは食料を自弁しなければならない。手持が少ないので、冬場はそれが困難だから、休日をなるべくおかないという意味であろう。冬場の休日は、正月初めの七日間を除けば、ほかに三日しかなく、正月初めの七日の休みには別鍋でなく、家から御飯を貰って食べる（同五ノ七）。この休日に食を貰うのは、盆の休日が夏の休日であるにもかかわらず、家から御飯が貰える（同五ノ八）のと同じで特別の祭であるからであろう。それゆえ、冬場に別鍋の休日は三日にかぎられてくる。このことは、江馬夫人の見解を強めるもののように思われる。食料の問題は、春から夏にかけての収穫前の端境期が問題であり、冬場に休日がなく、なるべく家の飯を貰うのは、彼らの手持を農繁期の休日に備えるためと解釈される。それゆえ、冬場に休日がないことは彼ら自身の食料を食べないですむことを意味する。シンガイは彼らの私有財産であるとしても、シンガイを得るためには、家長のこのような深い配慮が加えられていることを注意せねばならい。新開が自由勝手に行われるかのような印象が与えられるとしても、そこに家長の大きな統制のあることが考えられる。また、シンガイ田畑が彼らの私有財であるとしても、それはその所有者が死亡した場合に、家長が没収せず、シンガイ田畑を持たぬ者に作らせるとか、老年になった者のシンガイ田畑を若い者に与えるとかいうことは結局それらが家に属するからである。その他のシンガイでも、女の場合は子供に移るとしても、男の場合は家の財産のなかに自然に没入してしまう（同五ノ四）。江馬夫人は、この場合「家長のものに成るというより家の財産の中に没入する」と記しているが、彼らは私有財を持っていても、生活は家に属することによって支持されるのであるから、その意味では、少くとも開墾地に関しては、その表現は微弱であるとしても、家長の支配に属していたものと考えられる。それゆえシンガイには彼らが家長の経営に参加することに対する一種の報酬たる意味が少くとも存在する。もちろん、家長が彼らを支配し保護するということは、彼らが血族であり、同居しているために、非血縁的同居大家族の場合とはちがうかもしれないが、このような同居の場合に傍系親が広汎にわたるときは直系親から区別されることはやむを得ない事実である。「いくら同じ家に生れても末のオバの子に生れると幾らか遠慮のある事」を江馬夫人は記している（同五ノ四）。家長が家族員の生活保護を全体として行っていたことは、傍系親に対しても十分の報酬とするに値するものであるが、その間に存する多少の間隙がシンガイをいくぶんでも労働の報酬とか、私有財とかの感じを持たせたものと考えられる。江馬夫人もこれを「云はゞ家族員の給与とも云ふ可きもの」としている。アニのシンガイについては別に考えねばならない。要するに家長直営の耕地に相当に大きな労働力を必要とするので、前述の理由によって大家族が結成されたものと考える。次に部落内における他の大家族との関係を少しくみておく必要がある。

まず各戸間において相互扶助が行われる場合は、建築、屋根葺、婚礼、葬式、出産であって、農耕においては全然行われていない。もっとも出産に関してはオビヤシナイといって白い飯を一升炊《タ》いて塗物のお鉢に入れ、他に米粉五合磨きを添えて贈るばかりであるから、労力の贈答はまったくない（同五ノ十二）。建築の場合は必要なだけ部落の山から伐採する。伐木、木おろし、石バチカ、建前、屋根葺の全行程に木谷七戸のみならず、中切全体に触れて歩き、また遠方は親戚のみに知らせれば、ユー（ユイ）に来る。ユーガエシのものもあり、三、四里の道も遠しとせずに来るが、中切が主である。ユーに来るときの土産物は米、縄、ネソ（藤のような蔓で、木材を組合せるときこれをもって幾重にも結びつける）などであり、酒はほとんど用いなかった。しかし、これらは手伝であって、建築には近隣の村から大工、クロクワ、木挽、杣人を頼まねばならない。大工以外の者は近村の者が多く、多くは百姓である（同五ノ二）。屋根葺の場合は、茅は毎秋刈って貯えておくが、茅がその際不足になれば、部落にいって出合《デアイ》の茅すなわち共有茅場の茅を貰う。準備ができて日取りが決定すると、建築の際のように家々を触れて歩く。親類は前夜から来て泊る。土産は米一升、茅下に使う茅の簀一枚、縄一束などである。ユーに来る範囲は、建築の場合とほぼ同様である（同上）。婚礼の場合は、部落六戸と親類を招き、これらの家は祝儀として饂飩《ウドン》か米を持って行く。金を出さない。量は心ばかりの品であるが、おもな親戚なら多少は多かった。手伝は親類からだけで、トトが役に当っておれば行き、勝手元の方へは一人位しか行かなかった。部落六戸のうちでも、親類でない家からは、招かれるだけでテツダイには一人も行かない（同五ノ十二）。葬式の場合には、部落各戸は米一升、稗一升その他に小豆、蕨、センザイなどを添えて贈る。近い親類は豆腐を一箱（豆二升分）をほかに添える。他村の親類もほとんど同様である。死亡した日の夕方、喪家の子供が門口へ出て、各戸に聞えるように「トミライにござれや」と呼べば、部落の全戸家長を先頭にして全家族が喪家へ弔問する。各家長が代表して悔みを述べる。喪家の家長から葬式の際の参列者二人または三人の参列を依頼する。この挨拶がすめば全部各自の家に引き取り、折返し大部分の人が手伝に集まる。葬式が終るまで部落の大部分の人は喪家で食事を取る。火葬には各戸から一人ずつ出るが、自家のハル木を一オネ背負って行き、用意をする。ノーゴサイという。喪家からいえばハル木を一オネずつ貰うことになる。棺を焼く人をオンボというが、部落の者が焼く（同六ノ三）。煩雑にわたるので詳細は述べないが、以上をみると、建築と屋根葺は大家屋であるからその規模は普通の民家ではみられぬほどのもので、木谷部落内のみの協力では間に合わないから中切全部とその他の村の親類とに手助けを依頼する。葬式はこれに比べて規模は小さいが、なお部落全戸の挙行である形を失わない。江馬夫人はこれについて、しいて指揮者といえばそれは家長であるが、彼は会計に全責任を持ち主人として諸事挨拶する程度で、それ以外は式万端の指図役はなくても古来の習俗に従って村人は一切を処理するといっている（同六ノ三）。婚礼において初めて家長主宰の形が明白である。しかしそれにおいても手伝の行われていることは前述のとおりである。しかるに農耕においてはまったくちがっている。田植についてみると、飛驒では二〇人以上も出る田植は大田植である。まして木谷あたりでは田畑も乏しい上に各戸三、四〇人の家族を擁しているので、田植に際して他の家の協力をほとんど必要としなかった（同五ノ十二）。田植は六月一〇日頃から始まるが、木谷七戸一斉に同じ日に始める。この点からも、ユーはできない。田植には平素田畑の仕事をしないカカ（主婦）も、養蚕をトトに委せて田に出る。男も女も皆出るから、たいていの家は一五人から三〇人位で田植をする。家長直属の田のほかに、シンガイ田もいっしょに植える。労力の割に田の少ない家では早くすむから、まだ田植のすまない家に手伝に行く。これは行かねばならないことになっている。この場合、手伝した者が手伝を受けた家から御飯とドブ酒に招かれるだけであり、賃金を支払うこともなく、田の多い家は毎年手伝を受けるだけですむから、ユーで田植をすることはない（同五ノ八）。白川村においては焼畑がきわめて多く、川口孫次郎氏の「飛驒の白川村」によれば、大正一二年に畑地一四四〇余町歩のうち、焼畑は七一〇余町歩を占めていた（一〇四頁）。現在も一般にそうである。が、木谷においては家族も少なくなり、明治初年頃からみるとかなり減少したらしい。畑、焼畑の耕作においても、他の家との間にユーは行われないので、農耕では結局ユーはまったく行われない。その他、養蚕や味噌煮も同様である（同五ノ十二）。このようにみると、農耕が一家計を中心としてその労働組織を結成するというすこぶる当然の事実をわれわれに認めさせる。しかし他のユーや手伝の行われている場合でも、それがはたして共産的協同的に行われているだろうか。なるほど木谷は共有山野を持っているし、それの木草の伐採はきわめて自由であるが、屋根葺や葬式などをみるとそれに参加する労力はきわめて大きくても、それは共産的な共有物を対象として結成される労働組織ではなく、一つの家を中心として結成される労働組織にほかならない。それゆえ、他の家で行うときは前に労力を受けたものが労力を返しに行くに止まる。すなわち、ユーに来たことに対しユーガエシするというのは（同五ノ二）、経済単位が異なる場合にのみ可能である。従って各戸中心の労働組織が交互に大きく成立するのであって、その場合には一戸のみの労力で一つの労働組織を結成しているのでないから、労力の互助交換が成立するのであり、各戸の経済はまったく独立していることが注意される。それゆえ屋根葺や葬式などのように大きな労力を必要とするものでなく、家族内の労力で間に合うものは、あえて家族外の労力を必要としないし、日常生活においては屋根葺、葬式などのように、家族員外の大きな労力を要求することは可能でもないし、望むべきでもないから、日常生活に必要な限度の労力を常備することは必須である。これが大家族を成立させた一つの重要な原因である。それゆえ、このことが農耕においてユーを行わせない理由となっている。従って農耕以外に行われる大規模な協同労働も、農耕においてそれが行われないことも、この地における家父長的同居大家族制に規定される特殊の労働組織であるから、この大規模な協同労働を古代の原始共産的な協同労働の遺制としてみることはできない。赤木清氏は「白川村の大家族制度をめぐる諸問題」において、ヨバイ婚を母系制の遺制とし、またこの協同労働を原始的共産的協同体遺制とみて、このような場合にのみ人間労働の健全性と創造性とがあり、その他の封建的関係においては創造的精神はまったく現れず、ドイツ建築家タウト氏が讃美した白川民家建築の構成美も前者において発揮されたとしている（ひだびと四ノ十二）。しかし民家建築に関しては、このような巨大建築が専門の大工の参加によらずに建設されたとは考えられないし、百姓でない大工の力によったことは、江馬夫人の報告においても現れている（同五ノ二）。この種の技術者の芸術的才能にはむしろ個人的なものがある。民家のようにその実用的方面が重要視されるものは、建築として具現する場合に、いっさいの社会的関係や自然的条件が強烈に影響するので、そういう個人的技能は全体の綜合の中に陰秘に示されることが多い。それだけに他の場合より農民の協力が浮び上ってくるかもしれない。たとえば白川村における屋根葺などはそれであろう。しかし、こういう意味の創造的精神はただ原始的協同体にあるばかりでなく、人間生活のあらゆる時代に現れている。それは封建的収取の酷烈ななかにおいてさえも消滅しない。なぜならばそれは人間の生活力であるから。そして白川村大家族制そのものがその所産であることにまず注意する必要がある。この特異な家族制度が他にないのは白川村における特異な生活条件に対応するために彼らが創造したものである。他の地方においてこれと異なる家族形態――生活組織を成立させたのは当面する自然的条件や社会的条件に適応する生活を樹立しようとした農民自身の努力の所産であって、もし原始共産的協同体なるものがあるとしても、それは何者かによって与えられたものであるはずもなく、農民自身の創造物であるであろう。それと異なる社会的条件においては、また異なる生活形態が生じたのは、ただ単に与えられたのではなく、それは創り出されたのである。われわれは近世における家族制度を通して生活諸形態の発生的契機を理解するならこのことを明らかにすることができる。下部構造が上部構造を規定するという有名な唯物史観の理論によってこれを説明することはできない。けだし生活事象を社会関係として捉える場合に個人と社会との相互媒介を通して、文化が創造であると同時に形成であるという本質を捉えることが重要である。

白川村の大家族は家長夫婦（ときには長男夫婦が併存するが）のほかには公式に婚姻する者はないとしても内面的には単一家族とは認められない。何となれば、傍系親は慣習で認められたヨバイ婚を行っているからである。それゆえ彼らは一種の家を営むものということができるし、そのかぎりにおいてこれらの関係を複合家族であるということも可能である。ただ、この傍系家族員は、分居もしくは独立の形態を取り得ないから、形態的にはもっとも従属的な家族形態を持つのである。従って、家長の支配と保護の下に、彼らのほとんど大部分の労力は大家族経営のために提供されるのであるから、形態的にはもっとも大きな賦役を出していることになる。私は「名子の賦役――小作料の原義」と題し、初めて社会経済史学三ノ七号に掲載したとき、このことを名子の賦役と比較して指摘した。その後、相川春喜氏はこれに家内賦役制と命名した（歴史科学四ノ十二）が、それは形態的にはほぼ適合していると思う。ただ相川氏の場合は、家内賦役制の歴史的取扱が私とははるかに異なっており、なおこれを農奴制収取の酷烈な関係として名子制度以上となしていることは実際の関係と適合せず、形態的な概念と現実の彼らの生活感情とを混同したところに誤りがある。この点については、赤木清氏の反駁は正しいと思う（ひだびと四ノ十二）。われわれはこの大家族制が血縁的関係に立つことを銘記する必要がある。

児玉幸多氏は前掲論文において、私のこの見解を「血族感情尊重論」であるとし、「血族分家と奉公人分家の場合に於いて、その血族的感情の有無や取扱方の僅少なる差異によって性質の異なるものと考えられ、血族分家は『これを所謂名子に属せしむる事が穏当であるかどうか一応疑問とせざるを得ない』（農村社会の研究一九六頁）とさへ言はれてゐる」と私に対する批判をしておられる。ところで児玉氏の引用した文は私の前著「農村社会の研究」においては実は次のごとく書かれている。「……一応疑問とせざるを得ないが、本家への隷属形態から見れば、それは隷属小作の基本的形態となるといふ意味に於いて歴史的に重要であると考へる」とある。児玉氏はこの主文章を除外して、一応の疑問だけを取り上げたのである。白川の大家族について私が血族の感情を云々したのは、私は特にそれを尊重したのでなく、今まで無視されてきたのを改めて是認したまでである。この大家族がその経営をするために、傍系親にシンガイという一種の扶持を与え、同時にそれと同じ意味で生活を保証しつつ、彼らの労力の大部分を得たことは、彼らが血縁関係であるからこの恩給を生じさせた彼らの誓約があからさまに出ることはなかったが、そのほかに選ぶ道がなかったので彼らをその家長に専属させる結果となった。封建社会のこの種の生活形態の伝統を引くのであるから、この意味で封建的であるということができるが、彼らが家長と親密であってもなくても、その感情はこの形態を通して示され得るのみであり、この形態は彼らの間の感情の厚薄にはほとんど左右されるのではなく、他の社会的条件によって力強く動かされる。これらの家族員間において、傍系親の遠いものが家長夫婦や直系親と比較的疎遠であることもあったであろうし、また、そのなかには非常に親しいものもあったであろう。そのことが大家族形態の形成にとって直接には何ほどの力があろうか。そのような親疎などではシンガイを貰うときに多少の差別のつくくらいのものである。家長といかに親しい者であっても、今日のように他の地方の生活を知り、かつ自分の境涯に対する批判を高めることのできる生活においては、社会的条件さえ備われば分家独立を企図するであろうし、すでに今日このようにしてこれらの大家族は相次いで解体している。それはこの大家族を囲繞する社会的条件がまったく変ったからであり、もし親しさのゆえに大家族に残留する者があっても、それは個人の特殊な心境にすぎず、それをもって大家族の解体を支えるべき一般的根拠とするには足りない。個人的感情をもってただちに社会的条件を変更することはできない。家族形態の形成に働く個人の力がないというのではないが、それは多くの社会的条件に規制される。すなわち個人が社会と相互媒介するかぎり社会的制約を免れず、個人の感情もその場合における生活形態を通してのみ表わされることを認めなければならない。従って、家内賦役制というような社会形態学的概念をもって、ただちに人間の内面的感情と同一視するようなことは誤りである。このことは血縁分家と奉公人分家とに関してもあてはまる。分家とは、特に封建的意味において、両者は同じ意義を持つ。しかし、それは社会形態学的概念においてであるから、家長が血族分家に対して奉公人分家より血縁的親和を持つことを妨げないし、そういう差別のあることだけで決して従属的な分家形態が廃止されることはない。これを廃止する主要な条件は他の社会的条件であり、その条件が備わる場合に血縁分家からまず従属形態を解放するということはあり得る。この点で両者の差異を知ることは大切である。しかし、それでもその解放の根拠となるものは単に血縁的感情のみでなく、独立の面目というような社会的なものが含まれている。奉公人分家の独立の場合などは親疎という点かみれば、親しく信用できるものをいつまでも従属させたいという場合さえみられるから、これらの複雑な生活条件において個人的感情がその生活形態に規制される意味を捉えるのでなければ科学的認識は成立しない。そしてその混同は許されない。相川春喜氏は、白川村大家族を家内賦役制と規定し、また名子制度をそれと関連させた際、それをもって農奴制収取の酷烈な関係云々としてこれを混同したのは、左翼科学者に特有の公式的な階級対立論をもってしたからであり、それには多分に政治的目的が内含されていたからにほかならない。私はここに階級がないとはいわないが、階級意識については西洋におけるそれをもって日本のそれを推し測ることはできないと思う。かの社会組織が個人主義を根拠とし、たとえば各階級の代表を組成要素とした代議制度のように、横の組織を中心として発展したのに対し、日本の社会組織は上下の結合を根拠とし、オヤ・コ関係（親分子分）に示現される同族団体のように、縦の組織が緊密であるのは、両者の性格の傾向の相違によるものということができる。従って、西洋社会において階級闘争の論理が生れたのもゆえなしとせず、またわが国で一頃栄えた左翼運動において取り上げられたこの題目が根を張ることもできずに、多くは捨てられてしまったのも、日本人の性情とその社会関係の性格の傾向がそれを要求することが少なかったからにはほかならない。これらの相違が階級を示す生活形態に従って家族制度にも何らかの影響を持つかどうかという問題もきわめて重要であるから、それは後に触れたい。

そこで私は、名子もしくはカマドなどと呼ばれて、分家としての形態的意義が同じである前述の、本家に従属する血縁分家や奉公人分家を、他面において同様にみることのできない点に注意しなければならない。血縁分家が名子と呼ばれても、それは名子たる奉公人分家と異なる待遇にあることは血縁的感情の然らしめるところである。一般的にみても、近世には血縁的大家族制が非血縁的大家族制より解体しやすかったのは、大家族結成の根拠は同様であっても、血縁的感情がまた分家の独立を促進せしめたところに理由があることは、前述したところによっても明らかであるが、分家の独立と同族的結合の存続とは決して矛盾するものではない。非血縁たる奉公人分家の場合でも、親密な感情によって取扱に差別を設けた場合も少なくはない。たとえば二戸郡石神における別家格名子はそれである。一般的にみて血縁分家と奉公人分家との間に差別が設けられたのは事実である。これは村落結合の実際についてみても、遠く系別してきた親族の間においてその血縁的感情による結合が今日でもなお存続しているのをみればわかる。それゆえ血縁分家をいわゆる名子に属させることが穏当であるかどうか、いちおう疑問とされる根拠は十分にあるが、それは感情の親疎による差別を主としてみた場合にすぎず、それによって生活形態を構成する要素が左右されるのでないことは前述のとおりである。それゆえ、血縁分家の本家への従属形態からみれば、それは従属小作の基本的形態となるという意味において、歴史的に重要であると考える。それについては次節において述べるが、まず本家から分家財産の分与を受け、なお分作地《ワケサク》（刈分小作地）の貸与を受け、生活全般の保護を受けるとともに、本家直営地の耕作に多くの労役を徴されるばかりでなく、本家の屋根葺、冠婚葬祭に手伝うのであるから、自家の家計にのみ彼らの全労力を使用することはない。屋根葺や冠婚葬祭は分家の側にもあるから双務的であるが、その挙行の規模ははるかに異なるから両者の間に労力が対等に交換されるわけではない。しかしそれは双務的に行われるから、農耕における賦役のそれより互助的感情が濃厚であるようにはみえる。互助的感情は本家分家の同族的結合において発生することを知る必要がある。ともかく農業上の労役は本家の必要に応じて片務的に徴されるものであり、それは本家が分家に分家財産の分与、耕地の貸与を行うことに対応するものと考えられるとしても、もし分家が本来の意味において本家経営の必要において成立したものであるなら、それはこの従属関係による必然の所産にほかならない。それゆえ、分家財産の分与が扶持（生活給与）として同時に生じたものと考えることが正しい。白川村大家族制においても傍系親の従属が大家族制において必須な関係を持つものであるが、分居しないことによって従属形態はいっそう緊密であるということができるが、家長から与えられた彼らの扶持としてのシンガイ田畑は、それゆえ分家財産として発達し得ない形態を持つ。このことは分家財産の起源を考える上に大きな示唆となるものである。

これと並んで他のまったく異なる血縁分家の行われる場合もみなければならない。それは一種の大家族分家であり、白川村における大家族分家とはまた異なるものである。岩手県下閉伊《シモヘイ》郡豊間根《トヨマネ》村石峠の地頭豊間根家は安倍貞任の後裔といわれる旧家であるが、その附近の諸部落は同家の開発に懸るもので、江戸初期にはすでに石峠村（懸り場、羽々下、堂ヶ鼻、繋《ツナギ》、石峠）豊間根村（田名部、宇名田、上野《ワノ》、日当《ヒナタ》、木戸口、嶋田、新田、勝山、長内《オサナイ》）、荒川村（下野、船石、上村《ワムラ》、山内《サンナイ》）の三カ村に及び、明治初年には血縁分家五一家で、豊間根姓二四、安倍姓一四、外館姓一三で、これらの諸部落に在住するが、最初、血縁分家に諸部落を開発させる際に旧来の従士たる名子を附け与える例であった。たとえば二三代隆任の子道照を日当館《ヒナタタテ》へ分家させた際、清川太吉、羽黒倉助の二従士を与え、またその弟教任を西館に分家したときは勝山勘十郎なる従士を附しており、土着の際に随従した一七戸の譜代の従士は次第に減少して、江戸時代に至るとその半数以下となった。現在の名子には古い従士は四戸で他は後のものである（小野武夫、近代地主と村落経済、経済志林八ノ二）。同九戸《クノヘ》郡晴山《ハルヤマ》村の古里家では同村観音林に分家を出した際、分家に近い名子四、五軒を分家に与えている（農務局前掲調査書）。福岡県田川郡方城村の大きな名子主であった皆川家は、武士の後裔で天正年間に土着した。その名子はその当時の家臣であり、慶長六年八月の竿地御改の際の抱持町数分米によれば、天正一六年旧領の田畑を別家三軒にも配分し、本家共四軒にて抱持譜代の郎党一八人を下百姓として農業をこととし云々と記してある（伊藤氏前掲論文）。これは別家にも名子を分けたことを意味している。同安真木村A_2のA_2家では二軒の血縁分家があり、一軒は分家の際、名子五戸の分与を受け、名子主であった（同上）。大分県日田郡小野村A_1のA_1家の二軒の血縁分家のうち一軒は、分家の際、二戸の家抱を与えられた。また下毛郡槻ノ木村A_4のA_4家の血縁分家も、名子主である（同上）。愛媛県宇麻郡上山村日野豊田家は、天正一七年に分家横野家を立てるについて横野名《ミョウ》外三名《ミョウ》の田畑と被官百姓三〇人を与えており、寛永一八年の名寄録に登録されている分家旗岡家には、松岡栗之木名高《ミョウ》一一石四斗五升の田畑を与えて、その名主としている。また享保一五年以後に、分家福田家に三〇石と被官二八人、岡家に一五石と被官一三人、土居家に一一石と被官七人、長屋家に九石と被官五人とを与えて分家させているが、これらは各名《ミョウ》を本拠とした（西岡虎之助、近世庄屋の源流、史学雑誌四十九ノ二、三）。長野県下伊那郡泰阜村黒見の御館から田之口および平野の御館が分家したものとみられている。享保年間の信州伊奈郷村記によれば、高は平野村一四石八斗余、黒見村一二一石余で、黒見村の高の内三〇石が田之口となり、田之口村は当時完全に独立していなかった。安政七年には黒見一六四石、田之口三三石、平野二五石であり、黒見は本百姓一軒、被官一八軒、田之口は本百姓一軒、被官二軒、平野は本百姓一軒、被官二軒となっており、御館の分家がそれぞれ被官を持って出たことが明らかである（関島古島前掲書二八一頁）。上伊那郡南向村大草の御家《オイエ》桃沢家から塩沢、横前の二つの血縁分家が出て、両者は共に「御家《オイエ》」である。被官を持って出たかどうか、文書の上では明らかではないが、慣習からみてそれは推測できる（小林氏前掲論文）。下伊那郡生田村福与のオヤカタ福与家では福与部落において血縁分家が一戸あった。被官何戸が分家の際に与えられたか不明であるが、与えられたことは事実であり、また他家に養子にやるときも二、三人の被官をつけてやったことがわかっている（福与和久司氏）。

これらの或るものは同じ部落に分家を出したが、その多くは他の新開部落に出したのであって、新しい部落においてこの血縁分家が中心となった。彼らは自己の本家を離れて非血縁的分居（もしくは同居）大家族を経営するか、もしくは同族団体を結成した。中世は土豪がその政治勢力の維持のためにこのような村外分家を多く行ったらしい。豊間根家はその一つであるが、下伊那郡では熊谷家伝記に明細に描かれている。本家と同部落において血縁分家が行われる場合は、分家はしばしば本家に従属することはすでにみたとおりで、大きくもない部落において本家に対立して大経営を行うことは、まず本家の許さぬところであり、それは多くは不可能であった。ところが一般に名請百姓の社会的地位が確定してくると、名請は公民権とただちに関係するので、親方百姓における血縁分家は親の側でも子供の側でも名請を獲得することが重要な問題となり、分家がこの目標で行われるに至ったが、経済的発展の著しい大村落でないかぎり、親方百姓が多く併立することは不可能であったから、近世においても新村落の開発を目指して村外分家が行われる場合があった。黒見、田之ロ、平野における関係や日野家の場合はそれを語っている。また下伊那郡における「御家」階級（御館）における買養子なるものも没落に瀕した御家からみれば持参金づきの養子によって家運を挽回しようとする方略であるが（関島古島前掲書二九〇頁）、他方からみれば由緒ある御家に子供の安定した名請人としての地位を見出そうとする考えに基くものであった。豊間根家の場合は新部落の開発によって血縁分家が行われたが、非常に多くの分家発展が行われているから、同部落内に分家孫分家の存在するものもあろう。勝山部落では三〇戸のうち一七戸が血縁分家で、七戸が孫分家であり、他はその名子である（小野前掲論文）。勝山は古くから「十七旦那に七おんちゃま」と称えられ、旦那の多いのを村民から羨望されていた（同上）。血縁分家がこのように多い部落は他にないが、数戸の血縁分家が併存しても、土地兼併ができなければ、大きい地頭となることはない。分家当時のままではわずかな名子を持ち得るにすぎず、多くは自作農か、高々小地主ぐらいのものである。これらは親方百姓における隠居分家の場合と対応して考えるべきで、この種の大家族分家は親方百姓の場合にのみ可能であり、村落の経済的発展が増進する場合は村落内に併存して行われ得るが、そうでないかぎり上述の形態をとる。下伊那郡における前述の某部落をみればこの関係がすこぶる明白である。すなわち本家たる□兵衛とその分家たる□右衛門の間に、延宝元年から後者が本家の被官であるか否かについて係争が生じたのであるが、□右衛門の親△右衛門は、□兵衛の祖父の代、すなわち元和元年に高二〇石余を与えられて分家したのであり、延宝元年より五年まで係争している。その結果は恐らく分家の勝訴に帰したのではないかと思われる。すなわち享保一八年の宗門帳には本家の被官一三軒、水呑四軒とあり、分家も被官一軒を持って明らかに分立している。さらに宝暦一一年の宗門帳には本家は被官六軒、水呑三軒、分家は被官二軒を持ち、別に本百姓は六軒となり、本家が名主、分家が組頭となっている。延宝以前は血縁分家が被官として遇されていたのに、さらに本百姓六軒の独立百姓が生じていることは、かなりの発展とみることができるが、天保八年にいたると、本家の持高四〇石余、被官五軒に対し、分家の持高は一〇八石余、被官一〇軒となり、その位置が転倒している。また村の持高も、延宝五年の出入《デイリ》文書によれば高八四石余とあるに対し、本家分家の持高のみで一四八石余に達しているのをみれば、村落の経済的発展により分家の発展の行われることも容易に理解することができる（関島古島前掲書二八三頁、四一二頁参照）。

第二節　主従関係によるもの

次に主従関係によって従属小作人の生じた場合をみると、おおよそ三つの場合が考えられる。（1）武士の土着した場合、それに従属した家来の存するもので、これには先住者を征服した場合もあるであろうが、とにかく兵農末分の時代からの古い関係を結ぶものである。（2）は農村奉公人の分家によるものである。さらに（3）他所《ヨソ》者《モノ》が土着する際に村の親方百姓と主従関係を結ぶ場合である。

⑴　武士の土着によるもの

青森県三戸郡階上《ハシカミ》村正部家《ショウブケ》の正部家《ショウブケ》家は、先祖は元甲州の武士で約三〇〇年ほど以前（昭和一一年より見て）現在の地に移住して帰農したもので、当時すでに現在の名子の先祖を伴って来たものと伝えられ、爾来三〇〇年間、正部家家は引続きこの地に居住し、その後漸次分家や移住者が増加したが本部落の支配者的地位を持ちこの中心を成した。旧藩時代には郷士として待遇された。現在水田一七町歩、畑七〇町歩および山林八〇〇町歩を所有し、将来名子として分家すべきもの四家族と三人の僕婢と数頭の馬を飼養する（農務局前掲調査書）。階上村地誌によれば血縁家族員九名、非血縁家族員二五名、計三四名であるという（昭和九年現在）。同郡浅田村扇田の中川原家の祖先も甲州より来住した武士であって、一時百姓となり再び武士となった由である。旧藩時代において、武士は土地を所有し農業をすることを藩より禁じられていたので、富裕な武士は別に百姓名を有し、その名義で土地を所有した。中川原家の先祖清川氏は孫八という百姓名により農業を経営し、先々代において田畑各一二、三町歩を、先代は田畑各六町余を自作したが、現当主は田一町歩、畑三町歩を自作するにすぎない。カマドの成因は前述したが、古いものは当家に入り「家来」となり、分家して主従関係を持続するものである（農務局調査書）。

岩手県下閉伊郡豊間根村石峠の地頭《ジドウ》（名子を持つ地主）豊間根家は前九年役後土着して八百数十年、当主をもって四七代に当るという。初代孝任は安倍頼時の孫に当り、源頼義に敗れ郎党一七人と共にこの地に落ち、第二代辰任のとき豊間根姓に改め、附近を開墾し、南部藩においては地方給人として明治におよんだ。現存名子一四戸のうち四戸は孝任土着の際に従属した家来であるといわれ、江戸時代以前は名子という名称はなく郎党、譜代または召仕等と呼ばれたらしいとのことである。これらの名子と血縁分家との間には明治以後にははっきり区別が存したが、江戸中期までは血縁分家も名子と同様に本家に従属した。ただし血縁分家のあるものはこの関係が江戸中期以後弛緩したばかりか、譜代の名子の中にも同家より離れるものが生じた。また普通の農民で同家の名子となるものも生じた。すなわち現存名子のうち古い家来四戸を除く一〇戸は血縁分家による名子、奉公人名子、救恤名子、借金名子或いは質入名子である。明治にいたるまでいずれの名子も主家の支配に服し、家屋敷耕地を貸与され、なおまた名子地、農具、家具も与えられ、それに対して地頭の要求するだけのヤトイ（賦役）を出した。旧幕時代には名子が重大な不心得をした際は借受の家屋敷、耕地等を取りあげること、勝手な出稼ぎを禁ずること、その他、日常の食物や遊戯に対する制限等もあったが、ある程度の生活を保証していた。明治以後の変化については後述する。当部落の名子が主家を呼ぶにはオイエという（小野氏前掲論文、木下氏前掲論文、岩手県調査書）、また主家が名子を呼ぶのにカマドともいう（鈴木忠次郎氏）。同県上閉伊郡金沢村には地頭三戸、名子七戸があり、地頭所有地は合計して田は二町、畑は一九町二反であり、本村の地頭も武士の土着したものの後裔であって、地頭を大母屋《オーヤ》と呼ぶ。名子は宅地六〇六坪を地頭より与えられて所有し、畑三町二反を永小作するが、名子地の収穫は全部名子の所得に帰し、その他の耕地は刈分によって借りている。賦役の量は不明であるが、すべて農耕に使用される（木下氏論文）。

また九戸郡侍浜村の地頭菅原氏はもとは鳥谷といい、二五代前に上方から移り、八戸藩（寛文―貞享）または盛岡藩の野守として士分に列しており、その名子にはその当時の家来の後裔があるというが、他に血縁分家の名子も奉公人分家の名子もある（木村氏前掲論文）。同村大字北侍浜の久慈家の先祖は久慈因幡信久と称し戦国時代の初期大永年中に郎党若干を率いて現在の地に土着し、帰農して部落を開発支配するに至ったと伝えられる。明暦年中、南部藩においてこの地に藩営牧場を開設し、村に見廻役を命ずるとともに、製塩業の免許があったとき、久慈家は牧馬見廻取締役たる北御野守を命ぜられ、製塩釜元としてその支配をも委せられた。その後、天保九年より弘化元年までのうち一時その職を免ぜられ、追放同様の状態となり下閉伊郡岩泉町に住居した期間を除いて、明治維新にいたるまで引続き右の地位にあって政治的にも経済的にも部落を支配した。維新にいたり牧場が廃止され御野守の特権も消滅し、また地券交付に際し名子との間に土地調査に関し紛議を生じ、従来の名子のヤトイを減少し、一部の土地の小作料を金納にした関係等から部落の支配力は著しく弱くなったが、なお引続き部落のほとんど大部分を名子として主従関係を結び現在に及んでいる（農務局前掲調査書）。同江刈村五日市の地頭村木家は木村長門守の後裔で、兄は葛巻村、弟はこの村に土着し、随従した家来の子孫が名子となった。同家の名子はこの種のものだけであると伝えられている。旧幕時代を通じ血縁分家は二軒で、一は同村東門にあり、同村荒沢口にあるのがその孫分家である。八戸藩の士格に列し一〇〇石の知行を得て旧藩時代大地主であった。現在は田二町余、畑九九町余、宅地一万九八八九四坪、山林原野一七八二町余、名子数四〇戸、牛約一〇〇頭、馬約二〇頭、名子に貸してある以外の土地はすべて金納小作料または刈分《カリワケ》で貸している。名子に対し宅地一反歩ないし二反歩、畑一町歩ないし二町歩を貸与し、山林秣場等も場所を限定して使用させる。名子の家は建築材料を村木家から支給し建築費は名子が支弁する。家は八間に四間位である。名子は畑一反歩に対し小作料金約四〇銭、宅地に対して礼銭一反歩約六〇銭を納める。小作料と礼銭とを一括して礼銭または年貢という。そのほかに一戸年約五、六〇人のヤトイを出す。名子頭のようなものが二戸ある。これはヤトイを出さず、一人はヤトイに出た名子の監督を行い、他の一人は飼料とするハギ刈の世話をする。名子のうちオトナと称するものは一七戸ある。これは村木家に雇銭《ヤトイセン》基金を納入したもので、この設定は明治三六年以前であるが、基金は一〇円ないし四〇円でその利子分だけ礼金より差引く。これらの者はヤトイを免除される。また名子は普通のヤトイのほかにその子弟を一年に二人（一戸より一人ずつ）四〇戸のうちから出させられ、一年の年季で地頭の下男とする。これをオクモノという。また娘を二人ずつ出させられ、二年の年季で台所働きをする。これをカシキという。これらはいわゆる内名子《ウチナゴ》で、普通のヤトイと区別されている。村木家は広大なる山林原野を持ち、一部は名子に貸与して山礼を金納させるが、他はマキと呼ばれる放牧地を貸与している。マキの経営者が村木家より一マキ年四、五〇円で借り、牛守を雇い、部落の人々から牛の放牧管理を委託される。五日市部落経営のマキは主として村木家および部落二〇戸（二戸以外は同家の名子）の牛を放牧する。マキにならない頃は名子が交代で四日ずつ牛守をしたが、今は部落で牛守を雇う。名子はマキに山礼を納めるから放牧料は払わない。また採草地は名子に区劃してそれぞれ貸与し自家用薪炭材、栗等を採取させ、これに対して三円前後の山礼を徴する（土屋喬雄、日本資本主義史論集七一頁。木下氏論文）。同村の地頭橘家も武士の土着したものといわれている（木下氏論文）。二戸郡石神の斎藤家による開発は寛永年間に属しているが、すでにその七代以前に浄法寺村谷地屋敷を開いた際は加賀より武士として来住したものであり、石神の開発もその資格においてであって、後帰農し再び士格に列しているから郷士としての地位を持つが、この場合は新郷士として百姓たることに変りはない。その当時の名子の数は不明である。同気仙郡世田米村小股の紺野家は当主四郎氏で一五代目であり、初代隠岐が天正一八年に従者一〇人を率いて下野の国から移り住んだのに始まると伝えられる。旧藩時代には小股部落は仙台領に属し南部領と境を接し代々仙台藩の御境目守または御山守を勤めてきた。記録によれば、初めは主として金山に関係があったが、金山の凋落により漸次山林、牧畜、農耕に移行したらしい。名子は土着当時の従者の後裔であり、その分家により増加し、絶家、転住等により消長はあるが、宝暦二年に高持名子一四名、無高名子一名、死絶名子二名、水呑四名となり、明和九年には高持名子一九名、無高名子一名、死絶名子一名、水呑二名となっている。幕末までは不明であるが、明治初年、地券交付の際、名子に対し宅地、そのほか名子地の幾分を無償で分割譲渡し、その他の耕地はきわめて低率の小作料で貸与した。またすべて紺野姓を与え名子を解放した。その以前は名子に家屋敷、畑、山林等を無償で貸与し、名子からヤトイを一戸毎年三六人を徴していた。明治以後は山林に対しては木材は自家用を限度とし、放牧、薪炭材の採取、下草刈、栗拾い等は従来どおり認め、ヤトイは一戸年一八人を徴して現在に及んでいる。このヤトイは従来名子関係のない者が紺野家の山林を利用する代償に提供したヤトイと同じである。現在この山ヤトイを出すものは一八人であり、うち古い名子でないものは六戸である（永井照次、旧仙台藩世田米村の名子制度新資料に就いて、社会経済史学七ノ八）。右について高持名子の名称が挙げられているが、これを宝暦二年の当人数御改牒によって検すると、永井氏が高持名子と称するものは次のような記載となっている。

高二貫四百八拾七文　外ニ五百九拾弐文新田
曽洞宗満蔵寺
一小又屋敷古人紺野仲右衛門　五拾五（家族略）

右高之内弐百弐文
同宗
一名子三助　五拾九（家族略）
（以下略）

すなわち、名子の持高は紺野家の持高の内に属することが明瞭であるから、まったく分附高《ブンツケ》にほかならない。このことについては後に触れるからここではただ注意しておくに止める。

北九州の名子にも武士である名子持ちが土着した際、家来として従って来たものの後裔と称する者が多い。例えば福岡県田川郡方城村皆川氏の名子はその家来であって、同家の家譜には次のように誌している。

従中基二也　　皆川新右衛門道久
天正十六年……旧領之田畠を別家三軒にも配分し当家共に四軒にて抱持譜代の郎等十八人を下百姓として農業を事とし…
…慶長六年八月……竿地御改……其節四軒之抱持町数分米左之通……（下略）

また大分県下毛郡三郷村中尾野の名子持ち中島氏の祖先は、元、森藩の藩士であったが、約一〇〇年前にこの地に来住した際に引具した家来の末が今の名子であるという。こうした例は福岡県田川郡、大分県日田郡下毛郡等においてなお数えることができる（以上、伊藤氏論文）。

次に、名子の名称を持たない従属小作についてみると、愛媛県宇麻郡の日野豊田家が被官百姓を持っており、それが中世の地頭であったことは前述のとおりであるが、その他、被官百姓の所有者として早く報告されている長野県上伊那南向村のオイエ（御家）たる桃沢、塩沢、横前の三家は応仁の頃より居住しており、先祖は甲州武田氏の一族が来住して各家を名乗り土民を領有したのが濫觴であり、爾来その配下の民が伝わって被官となり本制度を形成し、一面土着の百姓中有力者もまたこの制度の有利なことを見習って、自然多数の御家、被官が生じたとされている。なお弘化四年の口上書によれば、「桃沢筑後ノ代迄郷士其子次郎左衛門之代ニ至リ土民ニ落ル」とある(小林平左衛門、信州伊那の被官百姓、歴史地理四〇ノ三、四、五)。被官の語義は元来武士の家来を指すのであるから、中世においては御家人の家来の武士であり、主家が大身であれば、その被官たる家来の中にも大きな勢を持つ武士も生じた。御家人に属した名主《ミヨウシュ》にもそれがあり、それらは急あれば主人に軍役を出した。伊那地方における被官に関しては関島古島両氏の前掲書に詳説されている。すなわち小笠原氏の下に下条氏、関氏などの豪族が被官として属していたことが指摘されている(一六頁)。なおまた被官百姓を持つオイエとしての豪族は下条、関氏等の家来として各部落に土着していた。例えば下伊那郡神原《カミハラ》村坂部《サカンベ》の熊谷家は、熊谷家伝記によれば、土着後相当に長い期間を下条氏もしくは関氏に軍役を出していたのであるから、被官百姓もその前身は武士であったことは明らかであるが、しかしその軍役はオイエがその主家に出す軍役であり、被官百姓は自己のオイエに対し奉仕したのである。それゆえ大名領知が確立し中世の中間領主が消滅し、オイエの名請百姓としての地位が確定すると、オイエの出していた軍役は消滅した。それにかわる平時的な夫役はないわけではないが、物納または金納貢租を主とするにいたり、夫役はオイエとその家来との間において濃厚に残存するのみとなったので、被官の名称も領主と名請百姓との間に存する根拠が失われ、オイエの家来百姓に移されたものと考えられる。それゆえここでは、被官の名称は江戸時代における名請百姓に従属する子方百姓を指し、伊那地方において明治維新以後ほとんど消滅している。明治前半に存在していたヒカンの方言はその残存である。下伊那郡千代村野池の大平家は諏訪明神の御一族外安賀多命《ソトアガタ》の後とされ、野池神社の司祭として古来勢力あり、下社家《シモシヤケ》、神子《ミコ》を持つと同時に被官を持ち、武士として武田氏の来攻以前から地方および中央の戦闘に参加している。慶長一九年には知久氏の六騎に加えられ、元和元年には知久則直公に伊奈衆七人の旗頭を仰せ付けられている。大阪冬の陣には出征せず、その後に帰農しており、寛永一二年九月関東より野池村米川村両村の代官を拝命している。序論に述べたように野池村の一人百姓《ヒトリビヤクシヨウ》であった。延宝五年の検地に、一人百姓、神主兼帯、被官三一軒、内下社家五戸、神子一戸、と初めて被官の記載がある（関島古島前掲書九九頁）。同千代村下村の松島氏も、前身は武田氏に敗北して土着した武士の後であり、江戸期に入り、天正一一年の旧領を与えられて再興し、下村一〇貫のうち六貫を有し被官四軒を持っていた。文化六年には高八六石七斗五升五合、被官一一軒、弘化三年に三二三石余、反別二八町余、本百姓一二軒、松島家被官一四軒、藤本家被官六軒となり、安政年間には松島家は被官一五軒に達している（同一〇五頁）。同川路村の御館《オヤカタ》関島家は小笠原氏の家来であったが、主家小笠原氏が徳川氏に従って武州本庄に移封された際、多くの子弟部下が皆農耕に慣れていたため、主家の移封に従わず帰農した。血縁分家二軒、慶長二年検地に本家反別二町八反七畝、分家（中屋）は二町二反で一人百姓の村とは異なっている。「寛政年中迄は譜代の家来一二軒残り其以前断絶も四五軒御座候云々」と壺中軒雑録にあり、五、六軒以下に減少し、文政五年には皆無となっている（同一一〇頁）。同神原村坂部の熊谷家は、前掲の熊谷家の旧記によれば、同家は熊谷直実の後裔で、先祖貞直が主従四人をもって故郷に帰着したのが文和元年である。その時以来家来が同家の被官として後に及び、亨禄三年には新野の関家に臣従したが軍役ばかり勤めた。天文一三年関氏は下条氏に滅ぼされ、下条氏によって先格に停まることを許された。下条氏が武田氏に服した後、武田の軍役に従うことを止めて帰農し、軍役のかわりに坂部分の高四五貫のうち二二貫五〇〇文は郷頭《ゴウガシラ》たる熊谷家の所得とし、残り半高を差出高《サシダシダカ》とすることが仰せ渡されるに至った。天正一五年、徳川氏の検地により高四五石余となり、熊谷家のほかに家来一二軒は直納の本百姓になり、このほかに小使一人、神領の小作二人、熊谷家の被官六軒、水呑一二人があった。熊谷家は名主《ナヌシ》役となり、切手形代永一貫七〇〇目のほかに屋舗免を熊谷家に対し永代に除かれることになった点が他の本百姓とちがう（熊谷家伝記、伊那史料叢書一六、一七、一八）。なお同郡豊村《ユタカ》和合《ワゴウ》の宮下家、竜江村今田の二木家、上伊那郡飯島村の飯島家も、武士の後として被官を所有していた（関島古島前掲書一三五頁）。

群馬県多野郡小柏の小柏家は、序論に記したように武士の土着したものであり、旧藩時代には支配地五方里に及んで勢力があった。家抱は土着の際に従属した家来から生じたものと伝えられるが、また、他の伝承によれば、小柏家は戦国の頃、日野七騎の一であって、江戸時代に名主《ナヌシ》などの村役人になったが、頼朝興起以後、諸国を流浪の後、日野に土着したもので、家抱は、その際に征服された百姓であるともいう（ひだびと六ノ六）。

さらに島根県仁多郡および飯石郡におけるいわゆる株小作をみると、大地主である飯石郡吉田村大字吉田町の田部氏、仁多郡阿井村大字上阿井の桜井氏、同郡八川村大字大谷の絲原氏の先祖は武家であった。すなわち田部氏は備後蔀山《シトミヤマ》の地頭職の後身である周藤家の家臣として最初は尼子氏、後には毛利氏に従い、絲原氏は尼子の家臣山中氏と同族であり、桜井氏は紀州田辺より広島に移り後に出雲に移った外来の武士である。これらの豪族は農業経営と共に砂鉄採集事業を営んでいたので、この鉄鉱業に従事する数百人の山内者と農業に従事する下作人《ゲサクニン》とを持っていた。山内者は年中山内にあって労役し、一家代々その職業をもって主家に仕える譜代の職人であり、下作人はその経営地である耕地の外に家、山林、原野、農具、家畜等に至るまでこれを主家より貸与されていたが、下作人は山内者に比して身分がやや高く、山内者とは通婚しなかった。しかし、山内者と共にその生活はまったく主家に従属し主家はその生活を保証していた。そして幕末長州征伐の際には主人に従軍したから（小野武夫、出雲名族の研究、農業経済研究四ノ二）、下作人には、元、主家の家臣の後裔もあったとみてよく、土着して農業を営む一方において、よく中世農兵の伝統を保持したものであろう。同県那賀郡伊南村大字後野における地主岡本家の遠祖は中臣清麿と伝えられ爾来連綿たる家系を持つが、弘治以後、毛利氏より大迫および後野の支配を許され、この間に元亀三年に旧住地今福から後野に移った。しかるに天正一七年、吉川家の一族繁沢氏により改めて後野・大迫両名《ミョウ》を所領として恩給された。今福から後野に移住した際、長男三左衛門綱邦に今福を継がせ、父俊綱は後野に移住して後野名《ミョウ》を経営した。小野武夫博士によれば、岡本家は恩給領主とみるべきであると。俊綱入封後に入作定住させた百姓も少くなく、以前より居住していた百姓は新田百姓として新たに同家に附属させた。地主としての岡本家はその「名《ミョウ》」内の百姓（下作人《ゲサクニン》）に対して耕地、山林並に住宅を貸し与え、下作人は岡本家に所定の小作料並に労務提供（手間年貢）を納入した。これは現在も岡本家に行われる株小作ならびに賦役小作の慣行の歴史的起源である。後野の岡本家の持高は、文禄五年においては後野分上田米二一石八斗余、銀三九文余、大迫分中田米二九石九斗余、銀四七文余、ほかに増分銀六二文余、合銀一五〇目之通となっている。しかし、俊綱の子俊氏の時、後野名を長男俊次に与え、自らは次男綱次とともに大迫名に居を移して再び隠居分家を行っている。大迫名の岡本家は後に衰退したが、後野名の岡本家は今日に及んでいる。後野名内に居住するすべての小作人は岡本家に対して譜代小作の慣行におかれており、名《ミョウ》内の各小作人の屋敷にも名《ミョウ》の字をつけて呼んでいて、昭和三年現在には三〇名《ミョウ》を算していた。岡本家小作人の中の永小作人は株小作制であり、小作料の一部は手間年貢となっている。そして諸行事における岡本家との関係は一種の従属的内容を持つ点が他の小作人と異なる。それを永小作と呼ぶのは小作人がその義務の履行を怠らないかぎり、永久に土地の用益を許すという意味である（小野武夫、石見に於ける名の遺制、社会経済史学七ノ七）。

これらの従属小作は中世武家の主従関係に端を発するものであるから、江戸時代に各地に残存した他の郷士の間にもみられることと思われる。それゆえ歴史的にみればこの形態は血族の従属小農とともに古い意義を有するものである。この主従関係から次の農村奉公人によるものが派生したことは明らかであるから、この主従関係にいかなる社会意識が含まれているかを知ることは大切である。三戸郡階上村の場合には地主を地頭《ジドウ》、小作人を名子《ゴ》またはカマドと呼び、浅田村では地主を大家《オーヤ》、小作人をカマド、下閉伊郡豊間根村では地主を地頭《ジドウ》または御家《オイエ》、小作人をナゴ、フデまたはカマド、津軽石村では地主を地頭《ジドウ》、オイエ、小作人をナゴ、茂市《モイチ》村では地主を地頭《ジドウ》、オイエ、小作人をナゴ（二ヶ村木下氏論文）、上閉伊郡金沢村では地主をオーヤ、小作人をナゴ、九戸郡侍浜村、江刈村では地主を地頭《ジドウ》、小作人をナゴという。木村修三博士によれば、下閉伊郡海岸地方では大家と呼ぶから（木村氏前掲論文）、下閉伊、九戸両郡の海岸地方は地頭と大家もしくは御家を併称するものもあると思われる。二戸郡石神では地主を大家《オーヤ》、小作人をナゴ、ある場合に家子《エツコ》という言葉も用いられている。福岡町では地頭をオーヤ、小作人をナゴという（木下氏論文）。北九州の英彦《ヒコ》山を中心とする山地――田川郡方城村を含む――においては、地主をホンケ、またはオモヤ、小作をナゴと呼ぶ。多野郡小柏では地主を大家《オーヤ》、小作人を家抱《ケホ》と呼び、上伊那郡大草《オオクサ》村では地主を御家《オイエ》または御館《オヤカタ》、小作人を被官《ヒカン》または門《カド》と呼んだ。下伊那郡千代村野池、川路村でも同様であった。また島根県では小作を下作《ゲサク》といった。これらの言葉は古い時代から固定していたものと考えることはできないが、この場合もっとも注目すべきことは地理的に遠隔しているこれらの地方においてほぼ同様な言葉が用いられていたことである。地主については、東北地方における地頭は特殊であるが、オーヤ、オイエの語が用いられている。それは中部地方のオーヤ、オイエと相応ずるものであり、伊那地方におけるオヤカタは御館と漢字をあてて居館を意味するごとく解釈されているが、日本語の問題において漢字の意義から類推する方法は邪道であり、それはむしろ逆でなければならない。これを居館と解するとしても、その前に日本語としてはオヤカタ、オーヤ、オヤノエ等の言葉があるから、それとまったく関係のない発生であることが証明された上でなければならない。九州においてホンケ、オモヤもいささか特殊というべきであろうが、これらの意義は従属小作の名称と対応して解釈すべきである。三戸郡浅田村において小作をカマドというは分家を意味するものであって、これは名子が奉公人分家によって生ずるので、カマドを称したものと考えられるから、九州において名子持をホンケ、オモヤと称するのもこれと同様に奉公人分家から称する名前と考えられる。

これらの言葉のいずれが古い意義を持つかを明らかにするには、それが結びついている生活形態の発展と連関して考えるのでなければならない。ナゴという言葉がいかなる発生を持つかを簡単に示すことはできないが、この言葉が、ある形態のコ（子）をさすとすれば、それと対語となるものはオヤ（親）であるから、この意味においてナゴの対語となるものが元の形であると考えてもよいであろう。しかし上に挙げた各種の語彙をみると、その対語となるものはいかにも紛乱して、これに相応するものが求められないようにみえる。私は前著（昭和一三年刊農村社会の研究二一三頁）において、オーヤとナゴはただちにオヤ・コとしての対語であると決めたが、オーヤはオヤではなく、はじめはオホヤであり、琉球のウフヤと対応する言葉であるから、オヤとは異なる言葉とみなければならない。オーヤには大きな家という意味があるとすれば、コの対語としては適当ではない。それゆえこの意味では小作人に対する大きい家すなわち大作人の意味を示すものとみられるが、これに対する小作人の名称には「小作人」はほとんどなく、ナゴ、ケホ、ヒカン、フダイなどと称しており、これらの言葉自身としては小さな作人の意味を示していないことが注意される。ナゴの意味は不明であるが、ケホは家抱と宛字《アテジ》され、カカエ（抱え）として武士の従者であり、その主従関係に示される言葉である。ヒカン（被官）、フダイ（譜代）もともに武士の主従に由来する言葉であり、それらは一定の身分関係を意味している。それが名田《ミョウデン》の作人であったとしても、作人としての意味は言葉の上には出ていない。それゆえこれに対するオーヤが単に大きな居宅を意味するなら、それが対語をなすことは言葉の意味の上では明らかに喰い違いがある。

東北地方において地頭《ジドウ》が同時にオーヤと呼ばれている例は多い。地頭《ジドウ》を中世の地頭職《ジトウシキ》の残存であるとすれば、地頭が同時に名田《ミョウデン》の名主《ミョウシュ》であったことを継承するであろうから、地主たることにオーヤが結び付く現在の意味は中世の残存であることは明らかである。してみると中世の名主がオーヤであったということは推定できる。オーヤはオオヤ〔旧仮名でオホヤ〕であるとして、大きい居宅であると解釈するのが普通であるが、今日方言の上でその意味としているところは決して大きい居宅をさすに止まらない。ヤが居宅のみを意味しないことはたとえばトウヤ（頭家）のような用例をもってしても十分である。そこでオオヤがカマド（小作人としての）と対語に用いられる前述の諸例のほかに、一般に分家に対する本家として用いられている各地の風習は、オオヤが本家という意味を本来持っていたことが示されている。この意味からみて名主《ミョウシュ》が、その経営のために従属させていた血縁分家や奉公人分家のオオヤであったということはあり得る。伊那地方ではヒカンに対する地主としてオイエとオヤカタとが併称されており、オヤカタとは御館であるといわれている(古島敏雄氏前掲書論文)。御館とはお邸というほどの意味とすれば、明らかに居宅を指すものであろう。オイエとは何であろうか。これまた居宅の意味に解釈されている。しかしイエ(家)という言葉が家の建築または敷地としての宅地を意味するのみでなく、家庭をも意味することは明らかである。居宅と居宅に住む人間の集団との関係が、この言葉の上では現在でも区別し難いものを含んでいることは、この言葉の起源において両者区別し難いものであったことを推測させるし、それは古代語に伴う性質からみて容易に判断することができる。そこで伊那地方およびその隣接地でオイエ系統の言葉がいかなる意味で用いられているかを知るなら、この参考になると思う。

長野県上伊那郡の諸村落でオエー、南安曇郡、東筑摩郡でオエはオイエと同じ言葉であるが、これは居宅のヒジロ(イロリ)のある部屋および本家を意味している。それゆえこれらは居宅を意味していない。本家の意味に用いる場合に、これらはその血縁分家が本家を呼ぶに用いるばかりではなく、旧藩時代に存在したカドないし奉公人分家が等しく用いた称呼であった。上伊那郡南向村のヒカンを持つオイエは、ヒカンからオイエと呼ぶのみでなく、血縁分家からもそう呼ばれたから、下伊那郡のヒカンの地主たるオイエの称呼が単に居宅を意味するものでないことは明らかである。これを傍証するものとして次の事実に注意することが必要である。下伊那郡生田《イクタ》村福与《フクヨ》における福与家は同部落の御館であり、旧藩時代に被官三四軒を持ち、明治まで存続したが、被官は福与家のことをオーヤと呼んだ。これは昭和八年八月当主であった福与和久司氏(当時八三歳)からの直話である。また生田村部奈《ベナ》では被官の主家をオエーと呼んでいる(部奈格氏)。大下条《オオシモジョウ》村でもオエーと呼んでいる(市村氏前掲書)。伊那地方においてもオヤカタ、オイエまたはオエーと並んでオーヤの語が行われていたことは注意すべきであって、これらの言葉が単に地主の居宅を意味するものでないことを示している。すなわち、これらには本家分家、主従関係等の身分関係としての意味が含まれていることは明らかである。このようにみてくるとオヤカタが単に御館であるという解釈などにも疑問をもたないわけにはいかない。

上伊那郡において地主をジョオヤ（地親）と呼ぶ風習は現在でもかなり拡がっている。下伊那郡でもこの言葉はあった。同郡大鹿村大河原の御館前島家が、その被官との出入に関して上書した寛政四年九月附の乍恐以書奉申上候御事の末尾に次の文句がある。「尤私儀聊も地親の権式を以取計ひ候筋ニハ無御座候」（関島古島前掲書四三〇頁）。前島家の場合、被官に対し地親と称することは、オヤカタが御館であるとしても、またそれ以上に親方であることを否定するものではない。伊那地方における地親の一般的分布はこの地方に残された親方取りの風習に連関するものであって、今日ではほとんど婚姻にのみ残されているにすぎないが、婚姻に際して新夫婦が終生オヤとして仕え、種々の面倒をみて貰う人を親分または親方として立てるのであり、現在は親分、親方から経済上の世話を受けることは少くなったが、生活方針についての指示や保証などはなお行われている。旧藩時代の、もしくは山村の、土地経済が比較的優勢な条件においては小作関係にあるものが少くなかったし、また旧来親方子方関係のあった家の間では重ねて親方取りの行われることも少くない。これらは婚姻の媒酌人のほかに立てられることがすこぶる多い。また飯田市（下伊那郡）の近在では仲人親と称して仲人が親方として婚姻の世話をする。新夫婦はその子分子方となり、ことごとに世話を受けるのであり、両者の経済的関係が次第に分離してきたのは明治以後の経済事情の変遷によることが最大の原因であるが、これらの根拠に関しては拙稿「結納と労働組織」（昭和一一年、社会経済史学六ノ三、四、五）に述べておいたから参照されれば幸いである。そこで伊那地方の従属小作としての被官のオヤカタが一般の婚姻風習における親方取りと連関する証拠として次の事実をあげ得る。すなわち生田村部奈《べな》の部奈家では被官の次三男で一戸を立てたいものには田畑を貸与し、山林を分与し、一軒の立つようにみてやる。その代りオテンマ（御手間）を取った。この場合被官の婚姻について縁組の心配や婚礼の指図、経済的援助をした（部奈格氏）。福与家についてもほぼ同様であったが、福与家では山林を分与せず、自由に入会させ、原野に開墾することを許した。この田畑は被官の自用地となり、検増《ケンマ》しとなっても、オーヤで年貢を負担した（福与和久司氏）。これらは被官として最初からオヤカタに従属していたので、その子弟は改めて親方取りをするのでなく、必ず実親のオヤカタを親方とすることが予定せられていたのである。オヤカタの家に奉公するのでなくてもそうであった。しかし被官でないものも風習上親方が世襲的に定められていた場合が少くない。これは一地主に専属する条件が失われているので、その強制力は減じて、新しく任意の親方取りができるようになったが、村々ではほぼ決っていたので新しい家を親方に頼むようなことがあれば、非難の含まれた取沙汰が行われるということさえあった。しかし今日でははるかに自由となっている。この両者の間に密接な連関があるのは社会関係の性格によるものであって、個々の村々の外的条件の相違のみをみて、この性格をみないのはことの真相に触れ難いであろう。これらの連関をみれば御館がオヤカタ（親方）であるということに誤りはない。このようにすれば被官が封建的主従関係の身分を示すということには、コカタ（子方）たる身分を意味するものということができる。従ってオヤカタ・コカタの表現をもってすれば、御家（御館）と被官との社会関係を本来の意味で示しているに近いということができる。

島根県の場合は、小作人を下作人《ゲサクニン》という。これは中世の下作《ゲサク》の残存であるが、言葉の上では十分その社会意識を推測することは困難であり、実態としての社会関係と関連させてみることが必要である。那賀《ナカ》郡伊南村後野の岡本家の場合をみると株小作の下作人はまったく地主に従属しており、地主から家屋敷耕地の貸与があり、下作人からは地主へ手間年貢を出し地主手作に参加する。下作人の結婚は地主に相談し、戸籍出入も地主が処理し、死人があれば地主に届けて埋葬し、下作人は岡本家の氏神を祭祀し、毎年秋季において早稲初穂米を三合ずつ地主へ納付する（小野氏論文）。しかしこれには冠婚についての詳細な報告がないので、山陰地方一般に濃厚に残存する親方取りの風習をこれに加えてみなければ、株小作における地主と下作人との社会関係は明白にはならない。これに関しては拙稿「若者仲間と婚姻」（前出）において触れているが、下作人の子弟子女は成年となる時機において親方取りをなし、終世生活を託すべき親方により成年たるべき諸儀式（結婚を含む）を行うのである。それゆえ地主を呼ぶのに邇摩《ニマ》郡ではオヤカッツァン、口羽郡ではオイカッサン（島根県下訛音方言一覧）、八束郡古江村ではオヤカタといっている（方言誌三）。岡本家の株小作は、小野武夫博士の報告を験するに、明らかに地頭佃《ツクダ》に由来するものである。小野博士は、承久以後石見地方にも新補地頭がおかれ、岡本家はこの地頭配下の一名主《ミョウシュ》となったといっているが、戦国時代には吉川家から大迫名《ミョウ》後野名とが安堵せられ、吉川家の家臣となっているから、この地の地頭職であることは疑いない。すなわちこれら給田における名主職は岡本家が保有し、吉川家に軍役を出したのであり、これら名田の一部を直営し、他は下作させたものであろう。その直営地は下人もしくは下作人の賦役（手間年貢）により経営されたものであり、下作地は作人への扶持であり、これは自用地として現物年貢はなかったはずと思われる。株小作が江戸時代に別に小作地を持っていて、低廉ながら現物小作料を支払ったのは、名請の内附たる請作が生じたからで、それが古くよりの形であったとは考えられない。もしそうであるとすれば下作地は作人の下作職ある土地としてみられる。岡本家の場合は作職のかわりにただちに下作職があったのである。近世検地においては名主職が名請に転化したので、作人は下作の名を残したまま、その内附の関係に入り、小作人となったのであって、それには岡本家の直営地に関して主従の身分関係が緊密であったことが反映していることは疑いないとしても、下作人が自用地について下級所有権を認められていたことが永小作となる根拠であったことも考え得る。このことは岡本家の所有地における散《チ》り掛《ガ》け小作や地借《ジガリ》小作の成立事情と較べてみれば明白になるのであって、株小作が株小作である最大の根拠は主従の身分関係にあるから、岡本家が山陰地方に通有するオヤカタであるとすれば、下作という言葉は単に上下を示すだけの意味を持つのでなく、それには主従の身分関係によるコカタの意義を潜在せしめていたことが理解される。

このように考えると日本における主従の身分関係の骨子となる社会意識にはオヤカタ・コカタがあるということはかなり明白になってくる。前述の諸例におけるナゴ（名子）も地頭もしくはオーヤと身分関係を持つところからみて、その言葉そのものに一種のコカタ（子方）たる意味が含まれているのであるから、ナゴに対するオーヤが大きい家（居宅）であることを示すのでは、対語として存在するものではない。それゆえナゴに対して身分関係としてのオヤカタたる意味を示す言葉が何かなければならなかったはずであると思う。すなわちオーヤに先行した言葉が何かあって、それが相当な根拠の下にオーヤに代位されてしまったと私は考えたい。しかしそれを説明する根拠がなければならない。それはこれらの言葉と緊密に結びついている生活形態（地主と小作人の関係）の変遷と結び付けるのでなくては説明できない。私はこれにだんだん触れて行くつもりである。

そこで名子の起源についての諸説をみるに、小野武夫博士によれば、豊間根村の豊間根家において現在名子と呼んでいるが、江戸時代以前には郎党、従士、譜代と呼ばれ、後、召仕《メシツカイ》と呼ぶに至ったもので、同家の古い記録には名子の字はなく弘化四年の豊氏家伝年中行事の五月一八日の条に「尤早乙女廿四文の手間、名子ノ者計、男はやとひ判を継申候」とあるのがもっとも古いとされ、召仕という名称が後年名子と改められた理由については、次のように述べている。すなわち元来名子というのは当事者たる主人と召仕人の間に起ったものでなく、この地方における特殊現象として豊間根家に名子なる制度があり、第三者たる一般農民がこれを普通農家と区別して名子と呼んだのが次第に一般化し、ついに当事者間においてもその名称を使用するに至った。すなわち荘園制度最後の崩壊期に際し地方郷士が城下町に集中せずして在郷生活を続け、江戸時代に至り藩の一臣民と化するに随い、これら郷士の召仕たる家来の地位が低下して農奴化したのと同じ径路を辿ったものであるとしている（近代地主と村落経済、経済志林八ノ二）。しかし豊間根家の名子が豊間根家のみに特殊な制度であるとは到底考えられないことであるばかりでなく、一般農民がこの地方においていかにして成立したかがこれと比較されなければ、名子制度が特殊であることは証明することができない。江戸時代に郷士が名請百姓化するに従って、家来が単なる農耕者と化したのは当然であるが、兵農未分の時代において軍役を出していても、主従関係たる社会意識においてはこれと密接な関連があった。すなわち中世武家社会において主従関係の社会意識を示すもっとも適切な言葉に「家人」もしくは「家の子」がある。鎌倉時代においてこれらのものが地主に従属する作人などというような低い階級にあったのではないが、主従関係における家来身分はこの言葉に示されている。常陸大椽系図（続群書類従第六輯上）に「家ノ子ト云ハ。本領ヲ持タル名代ノ人奉公スルヲ。家ノ子ト云也。一家ノ端ナレトモ。本領重代ノ名字縣ル所無人ハ。家ノ子ト不為。是ヲ家人ト云也」とあるのをみるに、家人が一家の端《ハシ》と考えられるというのは、同族として包含されることである。武士団において非血縁者が同族団体に包含されたことは注意すべきことである（佐藤三郎、中世武士社会に於ける族的団結、社会経済史学八ノ三）。上文によれば重代の名字を称えたまま主従関係に入るのが家の子であり、そうでないのが家人であるから、家人は主家の同族として一家を創立し、新しく名字を称するもののようである。この場合に恩給された名田の名前を多く名字《ミヨウジ》として称するのであろう。いずれにしても主従関係に入り恩給を受けることが、家人であり、家の子であるという社会意識が私の重要視する事柄である。これらの基本的観念はそれらの家人、家の子が恩給された土地に関する経営においても同様に現れるのは日本の社会関係の性格に制約されるからであることが注意されねばならない。従って地頭の残存である豊間根家の郎党、従士、譜代および召仕がそれと同義であることはもちろんであり、もしこれらの言葉が古く用いられたとしても、名子の言葉がそれに代り得べき社会意識を持つことはその言葉の中に十分存するのであって、それはコという社会意識がこの種の社会関係の骨子となっているからである。しかし名子が家の子より新しいと明言することはできないであろうし、名子という言葉の全国的な広汎な分布からみても、単に一地方における任意な使用によって流布したとみるべきものでなく、前代において広汎に分布していた社会制度としての存在を推測させるような根拠があるから、一部落の不備な古文書に発見できないだけの理由によって、郎党、譜代、召仕などより新しいと断定することもすこぶる疑問でなければならぬ。

名子の名称の起源に関してはなお決定できない。古文書記録にみえるものは嘉暦四年金沢文庫古文書をもって最初とするようである。また中世において明らかに名子の記録としてあるものは右のもののほかないと清水三男氏は述べている（日本中世の村落二九頁）。金沢文庫古文書の原文を記しておく（金沢文庫古文書一二三頁）。

加賀国軽海郷公文百姓等起請文

一ぬす人かうたうの悪名候はゝ、［　］ちうちなとの候はん時は、［　］きゝかくし、百姓のなこわ（きの物にいた）り候まて、さやうの事承及［　］申入まいらせ候へく候

（下略）

阿波の祖谷《イヤ》地方における名主と名子とは比較的有名であり、これは初め川路聖謨の遊芸園随筆にあり、伴蒿蹊が閑田耕筆に引いたことを私は清水氏の書により知った。前書の記事には「村トイフ事ヲ名《ミヨウ》トイフ。其所ニテ然ルベキ者ヲ名主トヨブ。下ノ民ヲ名子《ナゴ》トイフ」とある。滝川政次郎氏はこの名子《ナゴ》は名主《ミヨウシユ》に対する名称であって名《ミヨウ》主《シユ》の支配を受ける子分の謂であると説いている（日本労働法制史研究、社会問題講座第十一巻）。名子《ナゴ》が名主《ミヨウシユ》に対してあるものであることは清水氏も説いている（清水氏前掲書一七二頁）。そして東寺領播磨国矢野荘の応永四年二月学侶方評定書付にある「田所幷原名田事、日安就名子可出之」とあるのをその例としている（同一八四頁）。これらと異なる説として小野武夫、森嘉兵衛両氏のそれがあり、これは滝川氏への反駁であるが、南部藩における名主《ナヌシ》の称は寛文年間南部藩が盛岡、八戸に分裂した際に始まり、しかも八戸領内の村役人を名主《ナヌシ》と称して盛岡藩と区別したのであって、名子《ナゴ》の称はそれ以前からであるから、明らかに名子は名主《ナヌシ》に対する言葉ではないとし、閑田耕筆のそれは名主はメウシュであり、名子はタゴであるから名主の対語でなく、対語だとすれば名子はメウコというべきであるとしている（旧南部領に於ける名子制度、政治経済研究一ノ一）。しかし、中世の名主をすべてメウシュと称したのではない。新見吉治博士はメウシュともナヌシとも称したものとされている（武家政治の研究二四二頁）。ナヌシと称した例として大日本古文書家分け第五相良家文書之一、三四号永仁四年人吉庄稲富永名田名主

注進状案「ちうしんいなとミとよなかのミやうのたのなぬしの人〳〵の事」というのを挙げている。それとともに江戸時代において名主をナヌシと称するにいたったことは、前代の広汎な使用がなくては可能ではなく、言語は為政者の意図をもって容易に改められうるものではないことを知るべきである。それゆえ、阿波祖谷地方における名主と名子が対語でないと反駁することは根拠薄弱とみるべきである。ただ中世の名主に対する場合に名子は作職または下作職を持つ作人でもありうるから（清水氏前掲書一七二頁参照）近世検地の名請を契機として、その階級的位置に種々の変化のあったことは被官の場合と同様であることを了解する必要がある。また小野、森両氏は名子を名付親《ナツケオヤ》に対する名付子《ナツケゴ》の意味に説く人もあるとし、名子が地方凡例録において名付親に対する名称であるかのように説明しているところにこの所説の拠り所があることを説いている。そして地方凡例録のそれは町人の暖簾分《ノレンワケ》分家、名分《ナワ》けの場合を指すものであり、商業の発達した関西地方の慣習で、それが南部地方に入ったのは寛文以後のことであるから、さらに古い起源を持つ名子とは関係ないものと説いている（前掲両氏論文）。名子を名付子とみる説が誰によって説かれたのか不明であるが、これははなはだ興味ある所説である。なぜなら名付親の風習は商業の盛んな地方のみの慣習ではないからである。地方凡例録にある町家における暖簾分けはその著者が指摘するように百姓の家抱同様のものであり、都市の同族団体を構成する奉公人分家の風習にほかならない。その原型は農村におけるこの種の主従関係においてみられる。すなわち彼らはその主家との身分関係を結ぶことによってその生活が保証されるのであるから、名付、元服、結婚という重大な時機において親方取りを行い、その間における主徒の身分関係を強化する。この風習に関しては「若者仲間と婚姻」において述べてあるから詳しくは触れないが、コカタ身分であるかぎりこの関係は必須である。名付親の風習が農村において近年にも相当に広汎に行われていたことは注目すべきであって、小野、森両氏の言葉とまったく相反するものがある。岩手県二戸郡石神では、近来はないが旧藩時代には名子の子供の名を大家がつけたと伝えられている。明治初年の戸籍法制定の際に名子の名字を大家がきめてやったというのは、名付とまったく同じ社会意識によるものである。名子が名付子の意であるという説は相当に有力であると考えられる。小野、森両氏は以上のような反駁の後に名子は長屋子であるとの説を出している。名子の家が地主から与えられたものであるかぎり、この説もまた有力である。彼らの家が最初寝小屋であったことも明らかであるし、実態としてみればこの解釈は適当であるが、長屋子が名子となるには語法の上では無理がある。長屋は意義の上ではむしろ名子屋というべきものであるが、長屋は寝小屋の転訛と考えることができるから、長屋の長をナゴウと読ませて名子に通じさせるようなことは肝腎の屋が消滅してしまって言語転訛の法則に合わない。私はいまただちに名子という言葉の起源の問題を決定しようとは思わないし、またそれはなかなか困難でもある。これは名子に関する生活形態の研究の進捗に従い自ら決定されるであろう。ただ私は名子という言葉にコカタたる社会意識の存することをここでは指摘するにとどめ、上述の関係における家来が主家土着の際に従属して移住土着したものであっても、先住の土民であっても、従属的関係に入るについては同様な身分関係（主従の系譜関係）を結ぶことが必要であるという点を注意したい。ただ古くより従属している者が感情的に親愛密接であるから、その取扱には相違が生ずるということがあるばかりである。

以上の主従関係は、中世の兵農未分の時代において発生したものであるから、従属関係にとって古いものであるが、主従関係における社会意識がオヤカタ・コカタであるということは、それが血縁的なオヤ・コまたはオヤカタ・コカタと連関することを思わせる。そのいずれが原型的意義を有するかについては次の項において触れたい。次において触れるのは農村奉公人の分家であるが、兵農分離すれば地主はもはや一般には名請百姓として領主に軍役を出すことなく、主として物納もしくは金納年貢を出すだけであり、賦役も名請の内附の関係においておもに残すのであるが、その賦役は直接軍事と関係はないから、武士としての性質はなくなり新たな主従関係は単なる農村奉公人と変化してくるのは当然である。

(2) 農村奉公人の分家によるもの

兵農未分の時代においても、郷士の土着の際に存在した主従関係は固定するものではなく、土地経済の発展や軍役の必要により新たなる奉公人を絶えず必要とした。このことは下伊那郡坂部の熊谷家においてみられた。熊谷家は土着の際に三人の従者を持つにすぎなかったのが、天正一五年の検地においては一二人の本百姓を生じ、その他に六軒の被官があった。これらはすべて、この期間における熊谷家の被官として農耕および軍役に従ったものである。これらの者の中には三州河内なる舅多田氏方より後に与えられた家来のいることが家伝記にもみえている。ほかに家来の家からきた若者達がつねに熊谷家に寝泊りして働いていたらしい記事もみられる。それは天文六年の記に、河童の化身とおぼしい若者の農事手伝にくる話の条に「正月二日之夜半過に家来共の寝所へ何共不知もの参り家来一人引出し云々」とあり、これらの家来というのは恐らく被官の当主ではなくその子弟であり、後に御家の世話により被官一戸を構えるべき下男共と考えられるのである。もちろん熊谷家の被官の中にもそれ以外に他から移住土着して家来となったものもある。一例を挙げれば「天文六年春大谷之鈴木九郎左衛門弟九郎又当村へ引越住し度しと願ふに付、則屋敷場作所を与へ当家来分とす」とある。しかし家来の家の若者の、御家に奉公することが御家の経営にとってもっとも重要な労力となったことは疑う余地はない。このことは普通の農村においても同様である。

そこで、主従関係による従属小作の項目のもとに奉公人分家によるものをたずねてみたい。

青森県三戸郡階上村正部家における正部家家の名子のうち、来住の際に伴って来た家来のそれはきわめて少数であり、他はその名子の次三男を僕婢とするか、もしくは他より僕婢として雇い入れた者を名子として分家させるかしたものである。現在（昭和一一年）もこのように分家させるはずの僕婢四家族と三人が同居しているが、最近は炭焼その他の賃銀が騰貴したので、僕婢となるものが減少する傾向にある。名子として分家させる予定の者は一五、六歳で主家に来る。それには給料の約束はなく、そのかわり名子として分家させて貰うことを頼むのである。それゆえ小遣銭として盆に二〇円位、暮に三〇円位を支給されて労役に服す。被服は本人の小遣銭から支弁するが主人の古着を支給されることも少くない。なお遠地へ使に出るときには若干の心付けを貰う。病気その他の事故には地頭はすべて家族員として処理する。男は徴兵適齢前後、女は一八、九歳に達すれば、地頭において一切の経費を負担し、適当な配偶者を求めて結婚させる。結婚後は夫婦とも僕婢として前どおり奉公する。この時期には男は前述の手当を受け、女は中元に五円ないし七円、歳暮には八円ないし一〇円の小遣を貰う。年季雇の給料と比較すれば、それは男月一五円位、女月五円位である。また彼らは寝屋として一坪半位の寝部屋を支給され、食事病気出産その他一切は主家の負担である。その子供一四、五歳に達すれば別に寝部屋が与えられる。この時期に自分で支弁するのは小遣のみである。蓄財も大してできないが借金もしない。これらの同居家族は古参順に「台所頭」となり、「地頭役」に出て来た名子を監督して主家自作地の農業を行い、また自作地の収獲物や名子に貸与した刈分地から入ってきた作物の脱穀調製を行う。台所頭を勤めること五、六年ないし一〇年を経て、年齢四〇歳ないし四五歳に及ぶときは分家して名子となる。台所頭は才能を要するので、彼に統率の才のない場合は補佐人をおく。分家の際は地頭は屋敷を定め、二、三〇坪内外の萱葺家屋を新築して与え、家具、食料等をも与え、ほかに畑二、三町歩を無料で貸与する。以前はこの種の畑は七町歩位に及んだことがある。この公租公課のみを名子に負担させる。また山林四、五町歩の管理が委託され、これから自家用の薪炭を採取する。主家がその山の材木を伐採するときはその三割が分配される。さらに馬一頭はタテワケで主家から借りる。すなわち生れた仔馬の売上金が折半される。名子より出す賦役は「地頭役」と称して、日数は一年に四〇日であるが、地頭より要求があり次第随時提供する（農務局前掲調査書）。同郡浅田村扇田の中川原家ではカマドの中には召使の分家したものがある。すなわちそれはカマドの次三男、または小作人の子供を早ければ七、八歳から一二、三歳で養子として大家に籍を移し、牧童として使用する。現在はこれを小学校に通わせ、別に名称もないが、昔時はこれを「家来」と呼んだ。彼らに対しては被服その他一切大家において世話をなし、祭礼、盆、正月等に若干の小遣を与える。一四、五歳以後は年に二、三回、三円ないし五円位の小遣を与える。男は徴兵適齢後、女は一七、八歳の頃、多くは主家にいる者同士を結婚させる。この際の費用は一切大家の負担であり、実親は親類として式に列するにすぎず、結婚後は三畳の寝部屋が与えられて、そこに起居し、他の召使と共に食事し、労働も同様である。大家は彼らに対してヨマキと称して八畝ないし一反歩の田畑を与え、その肥料種子は一切大家のものを使用し、その収穫は全部彼らの所得に帰し、小遣にする。被服は自弁である。男が二七、八歳に達すれば「山頭」となり、特別の手当が支給されて大家の農作番頭となる。山頭となれば他の召使とは別に食事をする。山頭であること約一〇年もすれば分家としてカマドとなる。分家するには屋敷が定められて一棟の家を新築し、田二百刈（二反五畝ないし三反）畑約一町歩に馬一頭が譲与される。そのかわり大家へはテツダイと称し、大家で必要のある時は何ごとによらず労力を提供した（同上）。

岩手県九戸郡侍浜村北侍浜の久慈家の名子が来住した当時の家来から生じたことは前項に述べたが、そのほかに召使を分家させて名子としたものがある（同上）。この調査報告においてはこの種の召使がいかにして生じたものであるかについて記載はないが、名子の沿革の項に「久慈家の召使が分家したるもの、他より移住し来りたるもの等苟も侍浜に居住生活する者はすべて久慈家の名子となり」とあるのをみると、召使も、他より来た者のほかに在来土着者の子弟を取ったことは推測できる。これらのような分家名子には多くの場合既墾地を分与し、分家した者には一代は無年貢とし（明治以後は名子地の税金を出させた）、次代よりこれを刈分小作とした（明治以後は金納小作）。この開墾地は多くその名子に開墾させた土地であり、畑四、五反を普通とし、多くとも七、八反であり、公租公課のうち雑税は免除され、正租は「代所万金」と称し、代金に換算して地頭において納入した。これに対し名子より地頭に出したヤトイ（賦役）は一年二五人より三七人位、そのほかに馬のヤトイ一〇疋より五疋まで位であり、馬ヤトイは塩の売捌に用いられたようだ（同上）。同侍浜村白前の地頭菅原家においては、奉公人三七、八歳になれば、畑七、八反（村に田はほとんどない）、四間半に六間位の家、馬一頭位を分与して分家させ名子とした。これに対し名子からは三日に一人来て地頭の家で働くのであるが、女はおもに農事に、男はおもに漁業に働き、働きに来た者には食事を出す（木村氏前掲論文）。同郡軽米《カルマイ》町沢里の地頭小笠原家は、先祖は二戸郡福岡の城主九戸氏領内の百姓で、天正年間に逃亡し、沢里に土着し現当主で九代を経ており、名子は従前の一二軒より現在は九軒に減じている。名子は下僕として使用したものを、地頭の屋敷附近に分家させ、主従関係を持ってきたもので、分家に際して三間に四間半位の柾葺の家と二、三〇坪の野菜畑を貸与する。ほかに五、六坪の厩舎と三、四坪の便所とが附属する。家の修繕は以前は地頭がおこなったが現在は名子が行う。厩舎、便所は名子が建築するが、これらの主要材料はすべて地頭に仰ぐ。これに対して名子の出すヤトイは一年五〇人と定めてあるが、実際は少いものは一七、八人より多いものは五〇人以上に達し、平均三五、六人である（農務局前掲調査書）。同じ軽米町の淵沢家は小笠原家とともに旧家で名子を持つが、同家の名子には、「山頭」と称する下男を分家させて生じたものがある。次の文書はそれを示している。

（1） 文政十年のもの

閏三月十日

召使一門竈なり渡し物名子屋しき大通へ遣置事並畑形十役半内のば五ッ役は呉事したえ成五ッ役預置事（高貫五斗也源助地五升喜兵地四斗五升也）追々共に呉々宜し馬一疋並稗十五叺同精一叺精粟弐斗白米壱斗鋤壱丁同□□二丁山刀鉞膳椀其他小物等味噌は弐斗入弐ッ呉る物也

（2） 嘉永元年のもの

別家三郎江譲物左之通

譲状之事

一新丁西側家屋敷表口三間四尺裏行町並

一叺屋敷畑形四ッ役御蔵入此高四斗源助地

一道橋畑形三ッ壱分役此御蔵入高五斗勘之丞地
右者其方依年来之山頭勤功此度譲遣候者也
右於家屋敷畑形御上様は不及申上に脇方出入構一切無之候為後日之譲状仍而如件
嘉永元申戌年十二月
元屋五郎助判
別家　三　郎　江

右之外譲物左之通
一山刀鉞鋤壱丁鍬弐丁釿壱丁
一鍋四升三升弐升壱升五合壱升の五ッ小釜壱ッ
一縁なし拾枚挽臼壱ッ手桶小物等
一薪二間明春出し
一稗拾石五斗精稗三斗
一粟八斗但し粳と餅とも
一大豆八斗小豆五升
一麦八斗大麦小麦也但し小麦は三斗
一蕎麦四斗
一白米三斗
一餅米壱斗

一味噌六斗入壱ッ塩一俵漬物醤油等
一膳椀拾人前酒五升かん鍋壱ッ
一鹿毛六才駒壱疋酉の四月呉る
〆
右之通譲遣候もの也
嘉永元年申十二月五日

文政一〇年における召使の分家においては、畑形十役のうち五ッ役は名子地で、他は小作地であることは明白であり、それがクレルことと、アズケオクことという言葉によって表現されている。この場合、家屋は記載されていない。嘉永元年のものにおいて、別家という言葉がみえているが、「竃《カマド》なり」といかに異なるか不明である。別家格の名子ではないかとも考えられる。九戸郡晴山村の地頭古里家の名子には、所有の家屋敷田畑等を全部一括して、古里家に売却して従属関係を結ぶに至ったもののあるほかに、召使の分家したものがある。古里家では前者を名子と呼び、後者をカマドと称して区別している。古里家より分家したカマドは五戸であるが、うち二戸は一家離散もしくは移転した。カマドは地頭の作番頭を勤め、地頭より分家したもの、またはその子孫である。すなわち地頭が普通の作男として雇い入れたものの中で適当と認める者に交渉し、将来カマドとなることを契約する。契約後も他の下男と同様の給料を支払い、二二、三歳となれば適当な配偶者を求めて地頭が結婚させる。結婚後の給料は他の者より著しく安くする。現在いる者は夫婦で一〇〇円である（昭和一一年）。しかし夫婦と子供の生活は万端を地頭が保証する。二五、六歳となり、地頭家の事情万端に通じ、先任の山先《ヤマサキ》が主家より分家されて独立しカマドとなるとともに、昇進して山先となる。山先は田畑の仕付手入、名子ヤトイ、山ヤトイ、下男下女などの労力の配分統制等、農事や山仕事の一切を切盛りする番頭のようなもので、山先となっても特に給料は増加しないが、畑約一人役を一定の場所に分与せられ、その収穫物全部をその所得とする。山先を勤めること一〇年余で四二、三歳となるときは、地頭はこれを分家させる。分家の際は一定の条件はないが、萱葺三〇坪位の家、一五〇坪ないし三〇〇坪の屋敷、田一反歩位、畑八反歩位を無料で貸与する。すなわち所有は地頭に属するが、山先を勤めた当人の存命中は年に二〇人位のヤトイを出すだけである。この約束は口頭で行われ、証書などはないのが慣例である。分家したものが死亡し、代替りとなれば、初めて普通の小作に引直すが、名子（この部落に於ける意味の）の小作料より低率で、名子のそれが二斗五升であるのに対して一斗五升位である。なお、この分家に際し、穀物、味噌醤油、薪などは一年の消費量を、農具、家具、その他生活用器具、一通りのものを分与される。馬一頭はタテワケの約束で貸与される。薪草山の使用は名子とほぼ同条件で自家用の薪または草を山林より採取し、これに対し山ヤトイとして地頭の薪炭材採取の際に労力を提供する。山ヤトイは名子やカマドにかぎらないが、名子またはカマドでこの関係を結ばないものはない。往時は薪炭材が極めて豊富で、価格も低廉であったから、採取の分量も無制限であったが、約二〇年前頃より各戸の分量は一定となり、たいてい三、四間であり（一間は材の長三尺に幅高各六尺）、これに応じてヤトイの人数を決定するようになった。薪の採取は四月上中旬に行われ地頭より名子等に日時を通知し、数日間地頭の監督でこれを行う。山ヤトイは現在は普通薪一間につき四、五人であるが、名子、カマドはそれより安目に定められている（同上）。九戸郡中野村においても地頭が永く自家に使用した奉公人を分家させて名子とした例がある。この場合もちろん家、家財、農具等は分与し、屋敷は貸与したであろうが、現在では主家より畑二反歩ないし七、八反歩、草刈場一町歩内外を借り入れ、薪は地頭の山より採取することを許されるが、採取の際は地頭の承諾を得ることになっている。これに対し名子は地頭に賦役を徴せられ、その数量には規定はないが、一年を通じて二〇人位が普通で、その他に御年貢と称して一円を納付する（岩手県前掲調査書）。同二戸郡浪打村の地頭には、名子の次三男あるいは貧農の子弟を、ある年限無償で奉公させた後、それに家屋敷を与えて分家させ、耕地は一部分無償で貸与するが、一部分は刈分けである。そして家屋敷、刈分地以外の耕地借入の代償として一定の賦役に服しているが、この種の名子は主人の恩顧に酬いる考えより借入地の代償以上に労力を提供している。これをコイッコまたはカマドと称する（岩手県前掲調査書）。しかしこの報告における矛盾は耕地の一部が無償貸与であるといいながら、それの借入の代償として賦役が存するとすることとである。もし主人の恩顧に酬いる考えが強いものとすれば、家屋敷の分与、耕地の無償貸与、刈分地の貸与による分家成立に関してでなければ、無制限に賦役を徴される意味が成り立たない。

同郡荒沢村石神の大家《オーヤ》斎藤家の場合は、第一章第二節において記述したように、大家の召使は分家して名子となるが、これらは通常名子の子弟が大家の召使となるのであり、名子の家を嗣ぐべき長男もいったん大家の召使となり分家名子の形で自己の家に入る。実父から直接に相続の形を取らない。もちろん現在の戸籍上のことではなく、旧来の慣習においてのことである。同岩手郡大更《オウブケ》村では大家《オーヤ》工藤家は元武士であり、百余年前に土着して開墾したのに始まる。工藤一族は大地主として本村一帯を支配してきたが、同家に長く下男として奉公したものを分家してカマドと称し、なお主従関係を存続した。工藤甲家はカマド四軒、工藤乙家はカマド七、八軒を持っている。カマドにする者は下男の中より選択して契約する。すなわち、たいてい一七、八歳より雇い入れた下男

二一、二歳の頃に分家契約をすると、その後は給料を支払わず、ただホッタと称して田一人打（一人役とも称し約八畝）を定め、その全収穫を小遣として支給する。適当な年頃に大家は親代りでこれに妻帯させ、夫婦とも大家に居住し労働に従事する。分家契約後、分家するまでの年数は一定しない。短いものは一〇年、長いものは二〇年に達するものもあるが、一四、五年を普通とする。分家の際に大家よりカマドに与えるものは従来は一定しなかったが、近来は大体に分量を定めるに至った。一例をみると、家一棟、田四反八畝、畑八反、山林三畝、馬一頭である。中には大家の山守を兼ねさせるため、部落を離れて大家の所有山林の附近に住居させたものもある。これに対しカマドは刈分小作の立合《タチアイ》、稲の収納調製等で一年を通じて約一四、五人の労力を提供するだけでなく、大家の冠婚葬祭には家族を挙げて手伝う。この関係は多く代々引続く（農務局前掲調査書）。同県下閉伊郡安家村元村の玉沢家（筆者註——玉沢安太郎氏か）は名子三二戸、準名子二四戸を有する地主であり、「旦那」と呼ばれている。名子は主家の奉公人を養子の形式として分家させたもので、これをカマドヲクレルと称している。畑一町歩、山五町歩くらいに若干の金、家畜などを分与する。畑、山の所有権は主家にある。主家に提供する労力は各戸で異なるが、畑一町歩以上の耕作者は普通一年三〇人位のテマもしくはヤトイを出す。ヤトイに出ることをヤトイヲカセグといい、ヤトイの割当は毎年旦那より申し渡され、期日は定めなく主家の都合で何時でも徴収される。玉沢家の奉公人は名子の次三男を取るのであって、現在（昭和一二年）も名子から出た三人の小童《ワラシ》と三、四人の男女がいる（田中山口、北上山地に於ける山村の生活、地理学五ノ二）。

以上の記述をみると、東北地方では奉公人分家による従属小作を名子と呼ぶ場合が多いのに、これをまたカマドと呼ぶ場合も少くない。三戸郡浅田村扇田、九戸郡晴山村、二戸郡浪打村、岩手郡大更村、下閉伊郡安家村がそれである。カマドは分家を意味する語であるから、奉公人分家にも用いられる。これが血縁分家と形態的にも性格的にも共通することを示している。二戸郡石神では大家から血縁分家を出す時にカマドヲワケルといい、名子を分家させる時イエヲワケルといって、カマドヲワケルとはいわないが、名子の側では同じ分家のことをカマドヲワケテモラウというのは、彼らの分家が血縁の分家と同様であることの意識を持つことを示している。それとともにこれらの小作人の主家である地主を本家と呼ぶことも始ったであろうが、名子という言葉が、奉公人分家を意味するのに対し、オーヤ、オイエ等の主家を意味する言葉が同時に本家を意味している。すなわち地頭を意味する言葉をみると下閉伊郡普代村、二戸郡鳥海村、小鳥谷村では大家と呼び同時に本家を意味している。下閉伊郡豊間根村、津軽石村、九戸郡中野村では御家《オイエ》と呼びこれも本家を意味している。さらに二戸郡姉帯村、浪打村、下閉伊郡川井村では地頭のことを本家または御本家と呼んでいる(以上岩手県前掲調査書)。さらに二戸郡石神でも大家は本家の意味を持っている。福岡町でも地頭を示すオーヤは同時に本家を意味している(木下氏論文)。これらのオーヤ、オイエはナゴと主従の身分関係を持つことはすでに明らかであるが、それが同時に本家分家の系譜関係であることをこれらの言葉が示している。このことは地主本家からナゴが分家したのでない場合でも、地主から扶持としての自用地を恩給され、地主の経営に労力を出す家来として誓約する関係は必然本家分家関係と同じ性格を持つことを示している。それゆえ地主本家に外部から摂取されたものがその内部において主従の身分関係になることは、それから分枝するものがすべて同じ性格を持つことの根拠となるのであり、それらは外部からどのようにして取り入れられるにしても、同族的関係となることによって共通の性格を持つことになる。一定の社会的条件のもとにおいては両者の連関はきわめて密接である。しかし同族団体を血縁分家でかためるか、奉公人分家でかためるか、そのどちらの形態を必要とするかは、個々の村落の地主経営の情況によって異なるので、血縁分家と非血縁分家とのいずれが先行形態であるかは一律に決定できない。それよりもこれらの形態にみられる基本的性格が何であるかを決定することが大切である。それが主従と本家分家との系譜に繋がる身分関係とを結合しているものであることは上述のとおりであるとすれば、ナゴに対応する地主を表わす言葉が問題となる。

北九州の名子について奉公人分家によるものを伊藤兆司氏の論文においては挙げておらず、分家は名子自身が直接に行うもののようにみているらしいが、方言からみれば名子持《ナゴモチ》を指すのにホンケまたはオモヤの語がある。この言葉の用例は名子持の姓または部落名の下にオモヤないしホンケを附けて呼んだものであるという。伊藤氏の意見では、本家の隠居で名子持であるものは、ホンケともオモヤとも呼ばずに、かえって名子持でなくても、家格あって血縁分家を持つ家であるなら、そう呼ばれたという理由から、この方言は必ずしも名子の本家を意味しないといっている。さらに伊藤氏はこの関係は大体において、家長対家族の関係というより、むしろ君臣に関する規範に多く律せられていたようであると説き、主従関係に関する文書を挙げた後、再転して純然たる主従関係ではなく、彼ら主従はいわゆる親分子分の関係より進み、大家長対分派家族と似た情誼を多分に持っていたとしている(農業経済研究四ノ三)。この場合の君臣というのは封建領主と家臣のことであろうが、主従関係とみる場合にその生活形態やそれに伴う社会意識を問題とせずに、情誼というような個人的な内面的感情をもって説明の不十分さを補足することは当を得ない。何となればこれらの社会関係はまず形態的に把えることが何よりも大切だからであり、個人的な感情はその後で考えなければならないからである。それゆえホンケまたはオモヤと呼ばれるその言葉において、この関係の社会意識をみようとするのは、言語はそれを生んだ生活形態と密接に関係し、社会意識の表象として存するからである。そこで前述の言葉についてみると、隠居とは結局分家であるから、その本家に対して家格が劣るので、同じ部落で併立する場合に、その総本家のみがホンケまたはオモヤと呼ばれたのであろう。これはホンケ、オモヤが名子持の姓または部落名の下に附けて呼ばれたことから考えられる。この場合、隠居をホンケ、オモヤと呼ばないのは当然であって、分家の分家がもとの総本家のみを本家と呼ぶ例はさほど珍しいものではない。だから私はこの方言がやはり名子の本家の意識で用いられたことを信ずる。また一方からみれば、大分県下毛郡では名子をウチノモンと呼び、福岡県田川郡ではマワリまたはミウチといわれている例がある（同上）。ウチノモンまたはミウチは家族として取り入れられた社会意識を表現するものであり、マワリもおそらくテマワリ、クルリなどと同じく一族・同族または家族を意味するものと思われる。また田川郡で名子の家督を「家《イエ》の分《ブン》」と称するのは名子の家の分という意味であるかどうかは疑問である。これを「名分《ナブン》」ともいうのであるが、前に触れたように名主《ミョウシュ》がオーヤであるとすれば、名子《ナゴ》は名田《ミョウデン》に属する耕作人であるから、名分《ナブン》は名子持の名分という意味に考えることができるし、家の分も地主のそれを指すもののように考えられる。従って名子が地主の家の成員であるということは同族的意識において結合するものであるから、名子の子弟が名子持の家に奉公するかぎり、その分家が行われたと考えることは決して詭弁であるとは思われない。これが主従関係における社会意識であるということを知れば、伊藤氏のような苦しい説明に陥る必要はまったくないのである。

次に伊那地方における被官慣行の村々をみると、小林平左衛門氏の論文にも、関島久雄、古島敏雄両氏の価値多い労作「徭役労働制の崩壊過程」においても、奉公人分家による被官の成因についてはほとんど記載されておらず、後者においてわずかに「当時人売買は一般に禁ぜられたのであるが譜代奉公人契約による売買は一般に行はれ各所にその証文を見るが、之等譜代奉公人の中にも下男下女として終らないで土地を与へられて被官となったものもある」（二八九頁）といっているにすぎない。しかも人売買により成立した奉公人の場合のみについてである。関島古島両氏の場合は被官を身分関係と結合させてみることを排撃し、単に農業制度とみる見解を持っておられるのは、被官においてオヤカタ・コカタもしくは本家分家という身分関係がほとんどみられないとするところに、そのもっとも大きな原因がある。例えば下伊那郡千代村下村の御家松島家においては、慶長四年に被官四軒であるが、文化六年には一一軒、文政一一年に一二軒、弘化三年に一三軒となり、弘化三年の下村明細帳によれば、家数三三軒、うち本百姓一二軒、被官は松島家一四軒、明治三年には一五軒に増している。著者によれば、このように増加してきた被官は、他からの入村者や買収によるものではなく、四軒の被官からの分家によるものであることが、今田の保寿寺の過去帳から知りうるという（前掲書一〇七頁）。そこで私は次の事実を考えてみたい。すなわち同郡大鹿村大河原における御家前島家をみるに、被官軒数の変遷はつぎのようである。元禄一五年の被官出入の際、被官側からの上申書によれば、三七軒が最初からのものであり、御家の側においては六三軒と称しているが、その後は延享三年に八九軒、宝暦九年に九三軒、安永七年に九五軒、寛政七年に九三軒、文政四年に七七軒、安政三年には六七軒となっている。大河原について弘化三年の階級をみればつぎのとおりである。

現に御家たる者　八名
現に平百姓たる者　一一七名

内	御家の分家	四名
	本来の平百姓及びその分家（不明なるものをも含む）	五三名
	身請百姓（旧被官）及びその分家	六〇名
	現に被官たる者	五〇名
外	（入作及び寺）	三名
計		一七八名

（前掲書二四一頁）

平百姓のうち旧被官であった者が相当多数を占めている。現被官と旧被官と合せた数は恐らく一〇〇軒近くに達するであろうが、これら多数の被官はいかにして成立したのであろうか。これらの中には他村よりの移住土着者や潰れ百姓によるもののあることは著者の記すところであるが、なおまた上掲のような被官の分家によるものも相当にあったものと考えられる。前島家に関しては延享三年の宗門帳においては下男一二人（うち三人は女房持）下女三人が記され、宝暦九年には下男七人（二人は女房持）下女四人とあるから、前島家が非血縁的同居大家族制を示していたことは明らかである。記録がないからこれらの僕婢がいずれから取り入れられたものであるか不明であり、なおそのある者は人売買によって成立したものであるかもしれないが、風習からみてその多くが被官の子弟子女であることは容易に推測することができる。しかもまた女房持の下男が分家して被官となったものであることも単なる想像とすることはできない。前島家における手雇が他の多くの被官よりはるかに多くの手間《テマ》を主家の農業経営に出すのを見るが（同三五九頁）、それはこのような分家による特に密接なる関係を有する被官であると考えないわけには行かない。また同郡大下条村千木の佐々木家においても寛文一〇年の宗旨御改帳によれば、下男五人、下女三人のほかに門《カド》が二家族包含されている（同三九三頁）。この場合、門は地下《ジゲ》と区別されているから、門が主家から分居しているとしても、主家の邸内またはその近くにいたものではないかと考えられる。そしてこれもと下男していたものが奉公人分家をしたもののように思われるが、これは後考にまつべきである。しかし同郡生田村部奈においては古文書の上においても現われており、聞取りにおいてもそれの存在したことは明らかである（部奈格氏）。次の文書はそれを示すものである。このことは同村福与についても同様であるが、詳しい条件は不明である（福与和久司氏）。

差上申一札之事

一今般私儀御村方御取持に預り分地別家仕一軒前之名目差出御評議之上御組合に御結ひ被下難有仕合奉存候然上ハ貴公様御家者不及申御親類方幷御役御衆中ニ対し御不礼かさつヶ間鋪儀決而仕間敷候猶又末々迄私本家同様に差心得違候儀無之様急度相慎可申候万一心得違之儀御座候節者何様御差当被下候共其節一言之儀申間敷候為後日一札仍而如件

天保四年巳三月

部奈村本人　兼　松　印

証人兄　増　兵　衛　印

団　蔵　殿

しかしこれと同様なことは信州の他の村落においてみられる。下伊那郡和田村和田町において、附籍《フセキ》と称するものは従属農であるが、主家に奉公人として永く忠実に勤めた者が主家から分家分《ブンケブン》として分家するとか、他は他所者が或る家の分家分として土着した者を称したのであり、一軒前として認められず、宗門帳にも百姓誰々の附籍として、同一家族に取り扱われたが、住居は別であった。附籍は主家をオーヤと呼んだ。附籍を所有するのは各耕地の親方と本百姓とであって、三、四軒持っている家があった。附籍は主家に出入してその耕作に当ったが、この奉仕には一定の規定はなかったが、彼らの労力の半分位を出した。そのかわり主家の土地を小作しており、小作料はきわめて僅少で収穫の一〇分の一位であったが、その小作地は粗悪な場所にかぎられていた。この小作地は主家への労働の代償として、余暇に自作を許された分与地のようなもので、普通の賃貸の観念による小作ではなかったようである(南伊那農村誌一〇頁)。同県南安曇郡明盛村一日市場《ヒトイチバ》において、一般の小作人と異なり、主家の屋敷内に居住する従属小作をカドと称した。これは村の小作人の子弟が奉公人とし、長く勤めた際、主家では彼らを世話して結婚させて、その屋敷内もしくはそれに接続した場所に居住させ、主家の農業または内使いに使用したり、少しの田畑を小作させせた。このような奉公人をカナイイレと称し、家族の一員として取り扱い、分家させればカドと称して代々主従関係を持ち、生活上保護を与えて密接な関係があった(池上平氏)。また上伊那郡川島村においてもカドまたはヒカンと称する従属百姓を持っていた家が一、二軒あり、その大部分は奉公人分家によるもののようであり、このカドは多く主家のかたわらに家屋敷を与えられ、主家から多少の田畑を小作させられるかたわら、主家の必要に応じて無償で働き、年何日と定めない。もともと手作がきわめてわずかであるから手空《ア》きの時が多く、いつも主家に来て農事その他の雑務に服したのであり、与えられた小作料も普通は納めない場合が多く、納めるとしても普通の標準とは比較にならないほど低率である。そのかわり他の家の小作には絶対に従事しないのが常であった。主家から生活上の保護が広汎にあった。村においては一軒前でなく、婚姻も普通の家と結ぶことはできなかった(竹内利美、山村に於ける奉公人、社会経済史学四ノ五)。信州における従属小作においては、奉公人分家によるものがなお少からずあると思われるのは、以上のものより従属度合の少いものの中に相当にみることができるからである。さらに一つつけ加えるなら、上水内郡南小川村下末《シモスエ》のいわゆる下末百姓は従属度の高い小作百姓であったが、そのなかに奉公人分家によるもののあったことが報告されている（同上）。これを地主の側についてみると小作人が主家を呼ぶのに、下伊那郡では前述のようにオヤカタ、オイエ、オーヤ、オエーであるが、オイエとオエーは同系の語であり、大下条村でオエイというのも（市村氏前掲書）同様である。これに対して上伊那郡南向村ではオイエである（小林氏論文）、川島村その他ではオエーであり、南安曇郡、東筑摩郡ではオエである。オイエ、オエー、オエ、オエイがまったく同じ言葉の訛による表現であることは明らかであって、これは南安、東筑、上伊の諸郡で一般に本家の意味に用いられている。またカドが主家を本家としてみることもこれと合致している。下伊那郡の被官制度に関しては、少くとも部奈のオエーについては同様である。また福与のオーヤも同義に用いられているのであるから、奉公人分家の被官が存在すると考えられる大河原に関しても、オイエが本家たる意義を持つと考えることができる。ただ被官の従属諸形態が複雑に併存する場合に、オイエが単に本家の意味だけではないというだけのことである。それは一面言語の内包する意義が漸次に社会関係の変化に対応して変化して行くからである。

このような社会意識の生ずる根拠はどこにあるかというと、その根拠は奉公人を取り入れるに際し、それを子方として主家に養取することにあるのである。すでに前述の諸例においてみたように奉公人分家が生ずる主従関係は、その実親が子供の一生を主家に託して子供の生涯の世話を頼むために主家の養子とすることである。前述の諸例において入籍して法律上の養子とした場合は三戸郡浅田村の中川原家、二戸郡石神の斎藤家、下閉伊郡安家村の玉沢家の場合にみられた。しかし、戸籍上における養子は近来は減少したか、まったく消滅したかであるらしい。石神の斎藤家において名子三軒は養子によるので斎藤姓を持っているが、これらは明治前半において行われたもので、その二戸まで別家格名子であるから、特に密接な関係を持っているが、その後はこのことは行われなくなったし、大家では今後これを行う考えはないらしい。もう一軒の斎藤姓を持つ別家格名子は文久三年の成立であり、それは乳呑子のとき養取したもので、明治前期の苗字許可の際に斎藤姓を与えた。旧藩時代においては奉公人や名子その他多くの百姓には苗字がなく、戸籍の考え方もまったく異なっていたから、養子という観念も民法のそれとははなはだしく相違があった。それは実親との間に子供の親権の授受に関する意志表示を行うことで十分であった。そしてそれが社会的に承認される風習が行われた。すなわち幼少のときに引き取り（年齢は必ずしも問題でないから一〇歳前後、一七、八歳ということもあるが比較的年少であった）、養育して成人させ、結婚させ、生活の根拠を与え、分家させることであった。従って他の種類の奉公人が生ずるに至った時代においても、躾《シツケ》すなわち分家を目標とする奉公人に対しては給料がほとんど支払われないのが他と異なる点であって、もし金銭の支給があったとしても、それは給料として意識されず、単なる小遣銭として考えられていた。三戸郡浅田村の中川原家、九戸郡晴山村の古里家、岩手郡大更村の工藤家などの場合には他の種類の奉公人と併存しているので、その差異がきわめて明瞭であるが、三戸郡階上村の正部家家や二戸郡石神の斎藤家の場合は、召使が順当に勤め上げれば、ほとんど全部がその分家を予定されていたのであって、特別な奉公人にだけ分家の約束をしているのではないから、奉公人の給料は、季節・日傭の奉公人でないかぎり僅少な金額が支給されるだけで、中途で解雇する場合に長年の給料が初めて計算された。また主家において見込みがないと思う場合は、近来は男なら徴兵検査までおいて、その時に給料や式服平常着の一通りを与えて暇を出す。女ならば他に嫁にやり、その仕度一通りを整えてやるのであるから、これ以外の関係の浅い奉公人の場合には、奉公人雇いの古い形は変化を受けているとみることができる。それゆえ宗門人別帳において、奉公人および彼の家族員が主人の一戸の内に包含されるのは、今日の民法の戸籍の観念をもって律することはできない。それは単なる同居ではない。新しい戸籍法は西欧近代法にのっとり、家の成員を血縁に限定したので、日本古来の家の成員の観念をまったく改定して、非血縁を家の成員から除外せざるを得なかった。こうして戸籍法制定以後新しい法律とこの慣習との間に距離がおかれた。その距離を埋めようとして現れたのが、戸籍上の奉公人養子であるが、多くの場合、入籍は行われず、また新しい社会事情が奉公人に対する観念をかなり変化させた。だから入籍を敢えてするのは特殊の場合となり、一般には奉公人養子の手続を取る者もなく、また古い奉公人養子の観念は消滅した。江戸時代における奉公人養子の社会意識を知るための傍証として、棄児の問題はきわめて重要であり、棄子が、多く奉公人養子として取り入れられたことは明らかであるが、それは棄て親と拾い親との間の親権授受によるもので、両者に黙契のあって行われる場合もあったが、養子と異なるのは、棄子の場合は、親権の一方的放棄という形を取ることであった（拙稿、捨子の話、法律新聞三五〇八―三五二〇号）。以上の諸例において戸籍上の奉公人養子を行わない風習についてみると、諸調査において奉公人分家の契約を特に結ぶように報告しているものがある。たとえば、九戸郡晴山村では作男として雇い入れた者のうち適当と認める者に交渉してカマドとなることを契約する。また岩手県大更村においても同様である。しかるにこれらの者の多くは若年のうちに雇われるのであり、その将来に対する見込みを自ら持つわけではなく、契約は彼自身が行う場合はなく、その両親によって主人と結ぶというのが通例であった。以上の報告では、契約という言葉を使っているが、実際は両者が真に対等の立場に立って行われるのではないから、契約ということはできない。しかしこれは単に両者の生活条件に差異あることにその根拠があるのではなく、このように差異のある場合の両者の関係を性格づける日本の社会的条件に左右されるのである。すなわち一方が他方の主従的・本分家的系譜に繋がり、その同族団体の内に摂取されることによって、その社会的位置を定める目的のためにまず奉公人となるのであるから、彼らが分家するあかつきにおける主家との身分関係はすでにそこに示されている。そこにオヤに対するコたるものの誓約がまずなければならない。これは、中世の武家奉公人が名簿《ミョウブ》を奉呈して、臣従を誓約する慣習にみられる社会関係の日本的性格の伝統を受けつぐものであるから、一方の誓約によって成立する。奉公人が親権の授受による養子として成立することは根拠がある。ただ、現行のこの種の風習が旧藩時代におけるそれと外面的にはかなり異なっていることはすでに事実であるが、それには他の種類の奉公人慣習の発達と関連して考えなければならず、また彼らに主家から分与または貸与される家屋敷耕地の性質が、いかなる歴史的変化をみせているかをもあわせてみることがきわめて重要である。それについては後に触れる。

以上みてきたところによると、奉公人養子は、一人前の百姓となる養育を行うだけの実力を実親が持たないために、地主に子供の親権を移転して将来を保証して貰うことである。すなわち、躾《シツケ》の依頼により成立する。その際に奉公人方から証文を入れるにしても、その形式内容ともに一方的誓約を示している。竹内利美氏の「山村に於ける奉公人」（社会経済史学四ノ五）は、奉公人における分類として、従来のこの種のものでもっともよい分類を行っている論文であるが、この分類によれば、奉公人の基本的なものとして親方子方関係によるものをあげて、（1）養子の形式によるもの、（2）譜代の関係によるもの、としている。ここに説くものがそれと密接な関係を持つことは明らかであるが、主家との間に存するオヤ・コまたはオヤカタ・コカタとしての社会意識の根柢については、なおいっそう検討することが必要である。

元来、一家における親子関係は血の関係があるから密接であることは論ずるまでもないが、それは社会関係として捉え得る場合に、一定の形態においてその社会意識が示される。すなわち親が子供を支配することはまず命名において現れる。それは名において子供の生命が表象されるから、命名は親が子に対する社会的支配を意味するものであり、子供の名に親の通称を一字加えたという習俗も生れたのである。それは子に対する全的支配と同時に全的保護を表象するものである。また食物は肉体の栄養に必要なものであるが魂の栄養にも参加することは生児の産養《ウブヤシナイ》に関する一連の行事がよく語るところであって、むしろ魂の栄養によって肉体の栄養が実現されるものであると信じられていて、この栄養が親の仕事であるとされている（柳田国男、生と死と食物、旅と伝説六ノ七）。これは魂の栄養ということにより、一切の栄養が象徴的に呪術化されているところに意味があり、実親の子に対する社会的位置を示すことにほかならない。それゆえ、このような社会意識は家族関係にとって基本的なものであるから、族長を中心とする大家族もしくは同族団体においても、傍系家族員と族長との間は、この社会意識によって結合されることは当然である。すなわち傍系の薄められた血族との間にこの関係を設定することによって、オヤ・コ関係が実現されるものと信じられた。すなわち族長が傍系における生児の名付親、元服親、婚姻のオヤとして立ち、コに対する全的支配と全的保護に任じ、コはオヤの生活経営に参加することにより生活上の一切の保護を受ける。かくてオヤはこれをコとすることにより、その生活経営を確保することができる。この場合に、オヤ・コという言葉は生理的関係によるものでなく、系譜的関係であるから、父母と息子・娘という言葉と区別されなければならない。ここで想い起さねばならぬのは親類を表わす言葉として、オヤコが非常に広汎に行われていることである。これについては柳田国男先生の「野の言葉」（農業経済研究五ノ二）及び「親方子方」（家族制度全集史論篇三親子）の二論文においてその分布が示されているから、ここではこれ以上あまり詳しくは触れないが、その他の方言書をあわせて参考として、大体をみれば、それは東北地方、中部地方に濃密であり、関東地方は北部に多く、南部は神奈川県にかなりみられ、近畿は東北部、中国は裏日本に多いが、瀬戸内海では山口県の祝島にみられる。九州は博多、長崎、壱岐、十島、沖縄にみられるが、はるかに少い。それらはオヤコ、オヤゴ、オヤク、オヤグ、オヤゲ、オヤゴジ、オヤコシュウ等としても呼ばれるが、オヤコが非常に多いことはいうまでもない。これらの方言の分布をただ概括的にみることも大切ではあるが、それ以上に各村落における生活形態と関連させてみることが大切である。それゆえ、これらの方言分布のいっそう精細な調査にまたねばならない。親類をオヤコと称することは、いずれにしても父母と子供とを親子と称する生理的関係とは異なっており、それは同族団体を社会的に決定する言葉であるから、その始源が本家を中心とする系譜関係にあることはもちろんである。柳田国男先生はオヤコをもって族長族人の縦の関係を示し、これに対してイトコをもって族人間の横の関係とせられた（農業経済研究五ノ二）。オヤコは明らかに大家族制における家長夫婦と他の成員との社会関係を規定するものであり、従って同族団体における本家の名称にも少からず現れている。

オヤノエ　青森郡下北郡脇野村沢（方言と土俗二ノ七）。

オ　ヤ　青森県下北郡野辺地《ノヘジ》町（野辺地方言集）、島根県隠岐（倉田一郎、国語と民俗学）。
岩手県紫波《シハ》郡赤沢村紫野（方言と土俗二ノ七）、新潟県岩船郡（倉田氏前掲書）。
秋田県鹿角《カズノ》郡（鹿角方言集）、由利郡（方言と土俗二ノ七）。

オンヤ　愛知県知多《チタ》郡河知町（方言と土俗二ノ七）。
オヤカタ　対馬《ツシマ》比田勝《ヒダカツ》（同上）。
オヤゲ　秋田県山本郡（同上）。

このほかに音便の変化として考えられるものに次のものがある。

イ　ヤ　山形県東田川郡山添村（方言四ノ八）。
イヤノエ　同上
イヤネ　山形県庄内地方（山形県方言集）。
ウエノエ　鹿児島県十島《ジットウ》村宝島（方言二ノ一）。

宝島のウエノエは報告によれば母家を意味するごとくであり、その生活についてみなければならないから、必ずしもオヤノイエを指すとは断定し難い。また長野県上水内郡で本家をオイノウチ、またはオイーノウチというのは（方言四ノ十一）オヤノウチの転訛のようにもみられるが、長野県の他の地方ではオエまたはオエーが本家を意味しているから、オイはオエと相通ずるものであるように思われる。これらの言葉は同族団体における本家分家の関係を示すものとしてもっとも注意されるべきであり、傍系が直系である本家の家長をオヤとする社会意識を持つことは明らかである。それゆえ傍系である分家が、これに対してコであることは当然であるから、この関係に相当し、かつ同族関係と重なる親族称呼が前述のオヤコ、オヤグ、オヤゲ等の方言であることも明らかである。すなわちそれが大家族の内部における直系と傍系の関係と共通する性格を持つことはいうまでもない。それゆえ、このような生活形態において、傍系親は家長の統制の下にあるが、彼らの居住は、家長に同居していれば部屋を与えられるし、分居していれば寝小屋が与えられたのである。今日、分家の方言においてそれを推測させるものを少しく持つことをこれに関連して考えなければならない。

ヘ　ヤ　広島県安芸郡倉橋島（方言一ノ一）。
島根県那賀郡（方言二ノ五）、同郡和田村（方言と土俗二ノ七）。
高知県長岡郡田井村（同上）。
和歌山県有田郡（同上）。
ヒヤワカレ　岡山県小田郡新山村（岡山文化資料三ノ六）。
デ　ー　広島県能美島、江田島、上蒲刈島、大崎上島（方言四ノ十一）。
デーイエ　広島県江田島（同前）。
デ　イ　エ　島根県那賀郡（方言二ノ五）。

ヘヤもしくはヒヤは傍系親が寝る部屋を指していることは、東北地方における同居大家族においてみられるところである。小田《オダ》郡新山村においては、分家の場合、費用などの関係からただちに分居できないとき、ヒヤワカレといって、一時ヒヤで暮すことがある。この場合には大家族制とまったく別な理由であるが、本家に同居するかぎり、その居住はヒヤとして与えられることは似ている。同村においてヒヤという屋号を持つ分家があり、もとヒヤワカレして分家した家であるという。デー、デイエは民家の間取におけるデー、デイと称するものとはなはだ似ている。後者は、現在は多くは取付きの座敷を指すのであるが、奥座敷の名称に用いる場合もあり、また台所の名称にも用いられることもある。そして柳田先生によればデイは出て客に接するところであったと説明されているが（民間些事）、前者においては出家《デイエ》の意味として解さなければならない。もしデイエが寝小屋として母屋から離れて建造されない場合に、母屋の一室として造られたとすれば、それは母屋の間取りの発達としてみなければならない。

このようにみてくると、オヤ・コは日本の家における直系と傍系との性格が示す基本的な社会関係であるということができる。それは血縁的な同族関係を示すに止まらず、非血縁的な同族関係にも及ぶものであり、日本の大家族において集中的に表現されている。しかし大家族がきわめて減少し、個々の家がほとんど血縁的単一家族として現れている近世から近代においては、血縁的なオヤコ関係を非血縁的なオヤコ関係と区別する意識が強められたことは当然と考えられる。私はオヤカタ・コカタという言葉は、このような事情のもとで、オヤコと区別して使用されることが多くなったものと考える。しかしオヤ・コとオヤカタ・コカタとの間にはきわめて密接な連関があって、現在でもなお区別し難い場合を残していることを注意する必要がある。それは大家族において集中的に表現されている。

そこでその発展である非血縁的な同族団体において、前述のように地主本家をオーヤと呼び、小作分家をナゴと呼ぶ関係は、主従の系譜による身分関係に結合されるところからみて、それはオヤコ関係に由来することがわかる。そこでオーヤはオヤに代位したことが知られる。またそれはすこぶる代位し易い語形でもある。このような変化の根拠として考えられる社会条件は親方地主の経営の変化にあるとみられる。すなわち、地主直営地が大きければ、その耕作は直属の下人や作人の労力にまつのであるが、種々の事情により、地主直営地は一部分ずつ、その内附の関係において、これらの百姓の請作に移されたし、地主が新たに獲得した土地でも、このような情勢において、請作に移された。それがためには地主に専属しない百姓の請作に委ねられることもあり、他村からの入作によることもあるという結果となった。これらの人々と地主との関係は、もちろん旧来の身分関係の性格に添うものとしても、半面またそれだけに弱められた新しい関係にも移ることは免れなかった。古い身分関係がそれだけ弱められると否とにかかわらず、地主は小作人に対して大作人であるという関係は元来あったのであり、地主本家はオヤであると同時にオーヤ（大屋）なのであり、後にオーヤが顕在化するに至った。お家《イエ》、御館《オヤカタ》などの表現にも、それがみられるが、それらが身分的にオヤまたはオヤカタであることをその中に潜在させていたのは、それが本来のものであり、小作が依然としてその内附であるからである。

そこで私は、名子がオヤまたはオヤカタの対語として作られた言葉でなければならぬと考えるのであって、名《ナ》子《ゴ》が名田《ミヨウデン》に属する百姓であるとすれば、名主《ミヨウシユ》と名子《ナゴ》とが対語であると考えざるをえない。名主がオーヤであると考えられることは前に触れたが、私は今や、名主《ミヨウシユ》がオヤまたはオヤカタと呼ばれたにちがいないと推論したい。ただ一例ではあるが、名親の言葉が残されていることは第一章の苫田郡沢田村の記述の内に書きとめておいた。またそれと連関する言葉として地親はすでにあげたが、中郡三重に田親、鹿島郡池崎に親作というのが残っている。親作という言葉は北陸地方に少からず行われている。これらはすべて名請の地主に結ばれているので、名田《ミヨウデン》の名主《ミヨウシユ》と連関するものであり、親方作人を意味している。これらの用例からみれば中世の名主をナオヤとも呼んだかもしれない。それはナオヤに名主と宛字するとしても決して不当であるとはいえないからである。これは証拠がないから臆測に止まるが、記録上の表現と実際の用例とは異なることがあるから、ミョウシュだけがその呼び方であったとは考えられない。名主に二通りや三通りの呼び方があったと考えてもよい。これは地頭をオーヤ、オイエとも同時に呼び得る例からもいうことはできるし、名頭という言葉もあり（清水氏前掲書一五四頁）、史料からみても、地頭が同時に家人でもあり、また名主《ミョウシュ》でもあるから、文字の表現に縁遠い百姓がそれを呼ぶのに別な表現をつかったこともあろう。文書記録に示されない呼び名があっても不思議ではない。ともかくナヌシとナオヤとがその意味を同じくすることだけは認めることができる。これが名主と名子とを対語として結合させる大きな根拠であって、前述の四国祖谷地方にそれが対語として残されていることを意味深くとることが重要である。

だからオヤ・コとは生理的関係を示すのではなく、それを社会関係として捉えなければならない。それゆえにそれは血縁や非血縁を含めて、家の結合基準となることができる。そしてそれは同時に、氏神をミオヤとして尊崇する宗教的系譜的関係と結びついてもいた。このことにはきわめて重要な意味があることを考えなければ、日本農村社会の結合を考えることができないというばかりでなく、日本の社会関係の性格を理解することはできないであろう。

このようなオヤコ関係において、コとは労働組織の一単位を意味するという説（柳田国男、野の言葉、農業経済学研究五ノ二）は興味が深い。コはそれ自身単独に存在するものではなく、その存在は元来必ずそれが依存するオヤとの系譜的身分関係と結合していた。オヤコは、生活組織における主従の身分関係であるから、同時にその労働組織におけるコの地位を示す。従ってコが、例えばカコ、セコ、アラシゴ、マゴなどと単独に用いられる場合があるとしても、それを原義に近い用例とすることは困難である。何となればコが労働組織の一単位であるというには、労働組織の歴史的発展を考慮にいれなければ、それらの用例にみられる意味の発生に関する歴史的位置を明らかにすることはできないからである。これに対してムラギミ（アミオヤ）とアゴ（網子）、地親と作子、親作と小作（子作）、寄親《ヨリオヤ》と寄子《ヨリコ》、大家《オーヤ》と店子《タナコ》などの用例を考えることができる。これらの対語的用例が原義に近いということは、オヤコの起源が性格的には大家族制の労働組織におけるオヤとコとの社会的地位に示されるからであって、コが独立の労働単位として発生するには、大家族制の解体にまたねばならないことは明らかである。

　ここにおいて、名子の成因として、上掲のもののほかに、さらに従属農から直接に分家したものをあげることが必要であるようにみえる。下伊那郡における被官の中にはこの種のものが多数にみられる。また農務局調査書によると、名子の成因として、名子分家によるものという一項を掲げている。すなわち、それによれば青森県上北郡七戸町の森田家、岩手県九戸郡葛巻村の三浦家の名子の中にはそれがあることを記しており、葛巻村においてはそれを名子カマドというと。二戸郡石神において名子から直接に分家して名子となった場合がある。すなわちＭは大家《オーヤ》斎藤家の分家名子Ｊの分家である。Ｎは「大家」の分家名子Ｇの分家である。Ｏは別家「中屋敷」の元名子Ｙの分家である。これらは現在ともに大家の屋敷名子である。またＵＶＷの三軒は別家「酒屋」の屋敷名子であったが、Ｙから分家したものである。さらにＺは「中屋敷」の屋敷名子であり、Ｙから分家した。これらの事情については前述しておいたが、Ｙのように多少資財のあるものは大家のような地主にその子弟を奉公に出さず、自ら分家を行ったのであるが、それは必ずしも独立の生計を立てるのに十分な資財を分与するのではない。まず、彼らは屋敷を持たないから地主に依頼してそれを借りる。家は親が建築して与える。耕地も同じ地主から借りる場合が多い。例えばＭは「大家」から役地《ヤクズ》（名子の自用地。他で名子地というものに同じ）として畑一反歩、小作地として田一反五畝歩を借りている。Ｎは役地として畑五畝歩、Ｏは役地として田五畝歩、畑二反歩、小作地として田一反歩、畑一反歩をともに「大家」から借りている。ＶＷは昭和九年大家の屋敷名子となり、Ｖは役地として畑一反歩、小作地として田一反五畝歩を「大家」から借りた。屋敷名子と分家名子の異なる点は、前者が「大家」からの分家の形によらず、実親が家を建築し家財農具などを与えること、また「大家」から受ける役地が一般には少いというだけである。それゆえ彼らは分家名子より「大家」に依存することが幾分少いから、それだけ他の稼ぎによらねばならないが、それは大家からみればその名子の子弟であり、分家以前から大家に出入し密接な関係を持つのであり、彼らの分家に際しても実親との密接な関係により、屋敷耕地を貸与し、その後の生活上の諸関係からみても相当に濃厚である。名子の分家が名子とならぬ場合をみるに、石神においては、屋敷を借りるとその地主と名子関係におかれるものとされている。屋敷を借りなければ名子ではない。実親がその分家を行う場合に、屋敷地に適当な所有地があればそれを当てる。しかし耕地は借りなければならないことが生ずる。Rは大家の名子Hからの隠居分家であり、名子ヌケしたが、依然として大家の作子（小作人）である（拙著、南部二戸郡石神村に於ける大家族制度と名子制度参照、この著作集第Ⅲ巻所収）。

これらのことは石神の大家斎藤家のように一地主が部落の大部分の土地を支配していた場合に生じやすい。これに反して中小地主が併立している場合には、地主小作間の関係が多面的になる。新地主が生ずる場合においても、それが大地主である場合に小作人の分家はまた同じ地主の小作人となることが多いであろう。大きな親方百姓が存続しているかぎりは、名子の分家は同じ地主の名子となる可能性が多いのは当然であり、それが従属農となるかどうかは、親方百姓の経営の内容如何に係わる。それゆえ、名子が直接の分家を出すことを親方が認めるかどうかも、親方百姓の経営の内容によるのであって、従属農が勝手に直接の分家を出すには、親方百姓の経営が変化するか、小農自身の経済力が増進していなければ可能ではない。小農の従属する度合が強ければそれだけ、その小農からの直接の分家でも地主の助力なしに成立し得ないのであるから、従属農の分家による従属農の成立は、奉公人分家と区別することができる一段階に達したものであったとしても、両者の密接な連関を考えねばならない。これを名子の成因としてあげることは差支えないが、私は奉公人分家の項にあわせて説いておくにとどめる。

(3) 他所者の土着によるもの

次に主従関係によるもののうち、他所者《ヨツモノ》の土着による場合をみよう。まず一般に村に他所者が来住するのをみるなら、村内部の経済生活の発展が条件となることはいうまでもないが、近世においては、その発展の急激な場合は、大きな新田開発が行われるか、もしくは市場宿場として発展する場合かであった。町人または武士の大規模な請負新田などの場合においては、その周囲の旧村落からの入百姓による新村落の発生をみたことは少くなかったし、また一小農村が交通路の開通により宿場となり市場となる場合に、人口の急激な流入が行われたことについては改めて説くまでもないが、普通には、農村における新田開発は、旧村落の周囲において徐々に行われるのであって、これらは一時に大きな資本や労力を要しないから、血族の分家や奉公人の分家をもってこれに当てて行く。その周囲が比較的狭い村においてはもちろんであるが、一定の開発が行われて部落の成立した後においては、一般経済の急激な発達により、部落内部に金融資本家が生じて新たな開墾に着手せぬかぎりは、新たな大地主は生じないから、ただ比較的小規模の開墾が、土地在住の大百姓の統制の下に、漸次行われたにすぎない。しかしそれらの場合に、村落内部の労力をもってしては、間に合わないことがあり、労力を外部から求めなければならなかった。そういう場合に二様の取り入れ方が行われた。一つは他村の男女を奉公人として取り入れることであり、他は、いわゆる奉公人として家庭内に取り入れることをせず、ただちに一家を持って土着した者に耕作させることであった。

まず奉公人の場合をみると、前述したように村落内部の子方百姓から取り入れた場合には、それは元来は代々の子方百姓とすることを意図したものと考えられるから、いわゆる躾《シツケ》約束によるものであったとみることができる。すなわち子方百姓の子弟子女はほとんど親方百姓の家に奉公することにきまっていた。封建制度のもとにあっては他領への移転は制限されていたし、土地経済の発展に限度があり、しかも貨幣経済の進展が遅々たる場合が多かったので、子方百姓はその子弟の始末を親方百姓に依頼するほかなかったという事情によるのであった。二戸郡石神においては名子の長男がその家を相続する場合に、大家に奉公して大家の子方として分家し、分家名子として実父の家に入ることによって新戸を成立させ、実父からの直接の相続という形によらなかったのは、名子の家を相続すべきものは必ず大家の召使となることが必要とされたことを意味する。これは旧幕時代から明治の民法制定に至るまでのことである。次三男の場合には、近来は出稼ぎも少くなくなったから、そういうことは必須ではなくなったが、実父が自分で出す分家に与えるべき資財がなければ、大家の召使に入れて分家名子にして貰うことが多い。従前の生活条件においてはいっそうそれが多かったから、部落の名子の子弟、子女は大家もしくはその別家の地主に召使となることがきわめて多かった。このことは、部落の生活条件が発展しない以前においては、徹底的に行われたと想像することができる。九戸郡江刈村の村木家においては、普通のヤトイのほかに、名子の子弟を一戸一人ずつ、一年に二人を、名子四〇軒に割り当て一年の年期で下男として使用する。これをオクモノといい、また名子の娘を一年に二人ずつ、これは二年季で順番に出させ、台所働きをさせる。これをカシキという。これらはいわゆる内名子《ウチナゴ》というべきもので、普通のヤトイによるものがまったく外部の農事に使用されるに対し、家の内部の仕事を主とする。

下閉伊郡豊間根村の豊間根家においては名子の子弟を一人三ヵ年の年季で奉公に取る定めとなっていた。これは明治四三年以来廃止されたが、これらは名子から地頭の奉公人を取ることを原則とした慣習の名残りであって、これら奉公人の年季が短期となっているのは、地主手作の縮小や名子の生活の変化が生じたからである。すなわち、この種の奉公人の起源を考えると、村木家の場合は、現在の名子はすべて村木家土着当時の家来の子孫であるから、名子の子弟が地頭に奉公して後、地頭から家屋敷耕地等の分与をうけ、名子として創立されたものであり、おそらく最初は長年季の奉公により分家させられたものとみてよい。それが短年季の奉公となったのは、地頭家手作の縮小や名子の小作地の増大により、名子の私経済の独立的傾向がいささかでも強められて、従前のような労力関係を結び難くなり、短年季奉公制度が生れてきたものであろうと考えられる。それに比し豊間根家の場合には、三年の年季奉公人と長年季奉公人と併存していたところに興味がある。短年季奉公が明治四三年に消滅したことは、江刈村における変化をいっそう徹底させた形であるように思われるが、少いながら名子の子弟が長年季の奉公の後に分家して名子となる風習は豊間根家においては存在した。そのようにして名子となった家が現存している（小野氏論文）。

このことは、地頭土着の際の従臣が名子となった村落の発展の第一段階において、当然現れる形であるから、移住土着による名子、または質流れによる名子よりも古い形態である。それゆえ、名子の子弟による長年季奉公は古い形態であるが、地頭家における経営の変化や、新しい成因による名子の成立や、それらの原因による名子の賦役の変化によって、一方においては長年季の奉公が必須のものとならなくなり、それは特殊の奉公人においてだけ行われるに至った。このことは前掲の諸例において、奉公人分家を行う奉公人の約束が特別に行われていた多くの風習をみても明らかである。豊間根家においては短期の奉公を名子の全子弟に要求する形において、長期奉公人と併存させているが、このような形は親方百姓と子方百姓との主従関係においてのみ初めて生じうるものである。それゆえこれは、名子の全子弟が最初は長期奉公を行い、分家して名子となった風習の残存した形態とみることができる。村落内部の労力をもってしても十分でない場合に、奉公人が村落外部から取り入れられるが、これらの場合においても奉公人が分家するまでの躾《シツケ》を目標としたものであることは明らかである。例えば二戸郡石神における斎藤家の名子のうち、Fは隣部落中佐井より、Iは岩手郡寺田村より、Jは近村荒屋向久保より、Aは中佐井より来て、大家斎藤家の召使となり、分家して名子となったものであり、またSは近村土沢より、Tは浄法寺村大清水より別家酒屋斎藤家に、Yは浄法寺より別家中屋敷斎藤家に来て、召使をしており、分家して名子となったものである。前述の諸報告においては詳細な調査はないから不明であるとはいえ、他部落からの奉公人が分家する例はそれほど珍しいものではないから、奉公人分家による名子の中にもこの種のものが必ずあったであろう。長野県南安曇《アズミ》郡一日市場におけるカドには、他部落からきて奉公人となった者があった。また上伊那郡川島村におけるヒカンも同様であった。このように他村から入り込む場合には、身元請人をもってする一札が必要であったとも思われるが、このような証書は二戸郡石神の場合は精密な調査にもかかわらず、見出すことはできなかった。部落内部の場合と同様にほとんど必要とされず、幕末期においては信用ある相当の地位の仲介人の口頭による口入れを必要としただけのようであるから、身元請人が大家と同格の場合には口頭によったものであるとも思われる。他においてはまったく不明であるから触れることはできない。

これに対して奉公人が分家するに至らず、主家に終生奉公するものもあったと考えられる。下伊那郡においてあるいはみられたかもしれないのは、関島古島両氏の前掲書における指示によるが、すなわち「之等譜代奉公人の中にも下男下女として終らないで……」といわれているのは（二八九頁）、下男下女として終ったもののあったことを示している。しかし奉公人は、主家によって分家するのでなければ、ほどよいところで主家を去った。ところが旧藩時代のような条件においては、彼らが農民として一家を創立するには、自力ではほとんど不可能であったから、主家を去っても必ず他の場所で他の主人を取ることが必要であった。ある村での奉公人分家には限度があったから、内部でそれを許さなくなれば、奉公人をその家や同族団体の内に長く留めることは不要となり、次第にこれを新陳代謝させることが必要となり、そういう情勢が支配的となってきたのであるが、大家族的経営においては、子方がその労働組織の中に長く保有される必要があったから、奉公人も配偶者を得たのち長期にわたって主家に止まるのであって、三戸郡階上村の正部家家では、奉公人は四〇歳ないし四五歳で初めて分家させ、同村の野沢家では、奉公人でも次三男でもその分家が四一歳になったときに行われる。九戸郡晴山村の古里家では二五、六歳、岩手郡大更村の工藤家では三〇歳ないし四〇歳であり、二戸郡石神では一定しないが、三五、六歳であった。現在（昭和一二年）一人の召使は五六歳に及んでおり、他の一人は二九歳に達していて、ともに妻子があって大家に同居している。一般に妻子を有して主家に同居する奉公人は相当の年配に達するまで主家に停まる。従ってまた分家後も主家に労力を出さねばならぬ関係を持った。

次に、他所者が土着して地主に従属する場合をみよう。このような他所者は部落内部において労働力の急激な必要をみた場合のほかは、部落内部において有利な条件を提示して他所者の土着を希望することはほとんどなく、多くは他所者の側における生活条件が悪いので、部落の有力者に頼って土着するのであって、近村の事情を知る者か季節奉公人として入り込んでいる間に関係が生ずるか、これら普通の事情でなく特別の縁故によることもあったし、この他所者と関係を結ぶ者が彼を安全と思う場合に奉公人とすることもあったが、奉公人として主家に同居しないでも、土地の娘を嫁に持たせ、田畑をいくらか分けて小作させることもあった。夫婦して土着したものもあるが、前者の場合は村の者にとっても他所者にとっても、土着を安全にさせる手段と考えてきたように思われる。結婚が親方取りの重要な時機とされたのは、結婚によって村における一定の家との親方子方の身分関係による社会的位置が決定したからである。奉公人もしくは移住者の土着がそれと結び付いていたことは、同様な意味を持つものであった（拙稿「結納と労働組織」参照、社会経済史学六ノ三、四、五）。

青森県三戸郡階上村の正部家家の名子には他から移住して土着したものがある。また岩手県九戸郡侍浜村の久慈家の名子にもそれがあることは農務局調査書にみえ、ほかにもそのようにして名子となったものは相当あると考えられるが判明しないと記されている。また九戸郡野田村下安家の島川家の名子には他から移住したものがあり、これは大津波で部落が流された際、地頭のみが偶然残されて、名子を他から移住させたものであるというから、やや特殊な例としなければならないが、このほかにも移住により名子となったものがあるといわれている（木村氏論文）。

岩手県二戸郡石神における斎藤家の名子にも、移住土着によるものがみられる。すなわち、Pの起りは九戸郡葛巻村田代の者で、妻子を残して単身石神に来て、大家で牛方をしている間に大家の下女と婚し、前妻を離別して大家の名子空屋を借りて名子となったものである。Qは大家別家「太兵衛」と関係があり、岩手郡寺田村新田に出稼ぎに出て、その地で妻帯し帰村したのを、大家の世話で別家「太兵衛」に関係のある絶家となった家の株を受けたもので、大家の名子となったことがある。現在は大家の作子である。Vは別家酒屋の名子であったが、同村五日市より来住したものとされており、現在は大家の名子である。これらはすべて生活状態も悪く、いずれも大家の世話になって土着した。

北九州の名子についてみれば、福岡県田川郡中元寺村某部落（伊藤氏符号J_2）の名子持である某家の名子は、田川郡北部より来て、某家の所有地を開墾したものの子孫であり、名子持が小倉の寺院の門徒であるのに、名子は全部故郷の寺の宗旨に属していた。また同郡彦山村の某部落（S_2、L_2）の名子のなかには明らかに外来者の子孫である者がおり、同郡安真木村のA_2家の名子は幕末には二〇余軒あったが、そのうち少くとも二軒は外来者の子孫であった。さらに大分県日田郡大鶴村の諸部落の地主の家抱のなかにはこの種のものがいた。あるいはまた下毛郡下郷村において名子というのは渡り者であって、一家を支える者をいう由であり、熊本県菊池郡でも名子の称はあるが、やはり外来流転の者を指すとのことである（伊藤氏論文）。

長野県下伊那郡における被官の中には移住土着によるものがみられる。同郡大鹿村大河原の前島家の被官について、延享二年の出入文書に「他国之潰百姓を呼入御榑木山裾通り家作為作為致候故分内□り下草取も人数増百姓共迷惑仕候間来り百姓御除被下候様」とあり、地主方からはこれらの被官は「被官百姓之潰跡へ入候者」と弁解し対抗しているが、来り百姓もあったらしい（関島古島前掲書二八六頁）。同書において大河原へ土着した被官につき寛保三年に遠山《トオヤマ》の程野《ホドノ》村から与三郎なるものが入村し、被官権六の跡をついでいる際の一札と、宝永四年木曽蘭《アララギ》村より伊兵衛なるものが来て、被官としてこれは新規に取り立てられた際の一札とを挙げている（二八六頁）。また被官が居村を離れた理由について、上伊那郡南向村大草の兵左衛門被官源蔵の場合は、身上不如意で当年不作により夫食に差支えたため、同村惣左衛門の被官となり、さらに同様の理由で赤穂村福沢家の被官平四郎の跡を請けてその被官となった。また大鹿村女高の半兵衛の被官となった半助は、高遠領の出生であり、非人体で同村へ流浪し来り、半兵衛本家嘉兵衛の世話で半兵衛の被官となり、嘉兵衛の下女はると結婚して同所に居着いたといわれている（同二八八頁）。

京都府天田郡雀部村、同北桑田郡周山村、弓削村などで作り子というのは他の地方から雇い入れた小作人であり、これに家屋敷、農具、耕牛、種籾を貸与してその土地の耕作をさせたものである（大正元年小作慣行調査）。山口県都濃郡湯野村または吉敷郡嘉川村、名多島村などにおける作り子および嘉川村で子分と称する小作人は村外より雇い入れられ、地主はこれに家屋敷、農具などを貸与し小作させ、農繁時には地主の農事を手伝う（同上）。

また鹿児島県川辺郡知覧村西元の地主に従属する小作人は他村からきたものであるが、やはり家、農具等を与えられて小作し、地主においてその家族と同様の関係を持っているものがある（同上）。

以上の諸例は年代に相違があるので必ずしも一律に論ずることはできないが、他村から来て土着して従属小農となった社会関係には、共通の性格のあることを注意しなければならない。すなわち従属農となるには、それ自身における生活条件が劣悪であったから居村を離れたのであるが、土着するについては地主の世話で土地の娘を妻とする場合が考えられる。二戸郡石神においては出生の村の前妻を離別して、移住した村の娘を娶るというような場合さえみられた。この場合はほとんど普通の奉公人に近い。改めて妻帯しなくても、その土着には家屋敷、耕地、農具、家財、家畜もしくは種籾、肥料などを地主からうけ、または刈敷山、山林の使用も許された。これは奉公人分家のそれに準じたものであり、これらの物の分与もしくは貸与を行うことは、親方子方たる身分関係の締結にほかならない。地主の世話で結婚することは、結婚に際しての親方取りであるが、村入土着の場合も同様であることは、そういう際に行われる風習がそれをよく示しており、この風習に存した社会関係の性格を示している。

村入土着を示す方言をワラジヲヌグまたはカサヲオクなどと称するものもかなり広汎にわたっており、土着の世話した家が親方となり、入村者を子方とした系譜関係がうかがわれる。青森県西津軽郡赤石村では、どこそこの家でワラズヌイダという（山村生活の研究六〇頁）。宮城県伊具郡筆甫村ではその家をワラジヌギンバという（同上）。東京府八王子附近ではワラジヲヌグという（村田鈴城氏）。栃木県安蘇郡ではこうして土着することも、その際に立てる親方をもワラジヌギといっており、その親方に対しては普通でない関係を持っている。すなわちその親方の死んだときは子方はその実父母に対すると同じように供養するとか、親方の家が零落したりしたときは経済的に後援して再興に尽力したということもあった（箕和田良弥氏）。同県芳賀郡ではその親分をワラジヌギ、土着者をワラジヲヌグとかまたはトリツクなどといい、節供歳暮の義理を尽すことになっていた（高橋勝利氏）。長野県上伊那郡では他所者を世話して土着させた地主が一種の親分となるのであって、朝日村では、ワラジオヤブン、伊那富村ではワラジオヤといい、その家を、草鞋を脱いだ家とかカサオキバ、笠をおいた家などという。他所者の土着は、農村では生活のために多少の耕地も必要であるから、相当の地主でなければ世話ができなかったからである。朝日村平出のような宿場の場合には、農業以外の稼ぎもあったから、小さいワラジオヤブンも少しはあったが、結局大家の出入《ディリ》とならなければ生活ができないので、小さなオヤブンはそういう家への口入れをしたにすぎない。これらの者は、その地主の世話でその所有地に屋敷地を求め、金があれば、自ら家を建てる者もあったが、多くは地主から家を借り、小作地を借り、その家に出入りして、農事なり家事なりまたは商事なりに働き、労賃を稼いだ。その家を代々親分として地主の吉凶その他に労力を提供し、生活上の助力をうけ、子供の名付親、元服親、婚姻の親分などを依頼し、生活上の万端の相談を持ちかけ、年始などに挨拶に出た。この場合、ワラジヲヌグという意味は明らかだが、カサヲオクということもかなり具体的に表現されており、土着した際に着けてきた笠や衣類などはすべて親方に預けるのが風習で、もし居《イ》つかずに村を離れる場合は親からそれを返えしてやるのであった。なおまたその人が村にいて身上を揚げても、前身を忘れて忘恩的なことがあれば、預った品を示して訓すということなど行われた。土着した世代は主家に対して従属的であったが、次の代からは必ずしもそうでなかった。しかし、子方として旧主家の夫婦をその子供と同様にオトッサマ、オッカサマと呼んだ。下伊那郡和田村和田町では、よそから来て土着した者の世話になった家をカサヌギバといい、その家を主家としてその主人夫婦をオトウサマ、オカアサマと呼び、一生、親として奉仕した。土着の最初はカサヌギバの「附籍《フセキ》」に等しく、長く一軒前となることができなかった。他所者の土着して附籍となった者も分家分とみられた（南伊那農村誌四五頁）。南安曇郡一日市場附近でもワラジヲヌグということがいわれてほぼ同様な関係にあった（池上平氏）。群馬県利根郡片品村では親分を頼み子分となって土着する（山村生活の研究六二頁）。新潟県東蒲原郡東川村では潰れ屋敷を立てる場合にのみ土着ができた。この時、酒一升を買い村人に振舞うが、この世話をするものをオヤといった（同上）。岐阜県揖斐《イビ》郡徳山村では村内の者と縁組した者の入村の際は、その家を親元とし、同苗字になって入村し、村には仲間入りの酒を買った。また親元の株から氏子入りをするのが慣例である（同上）。兵庫県印南郡魚橋村では以前他村と縁組のある際、入村する者が婚家に入る前に落ち着く宿をタチヤドまたはヌレワラジといい、宿の主人と盃事もあったらしく、宿の主人を親方のように一生附合い、盆暮の心づけなども欠かさなかった（河本正義氏）。

京都府中郡三重村においては他所者を世話して土着させた家をヌレワラジということは第一章に挙げておいたが、ヌレヌラジが徳望家や素封家なら五人組に入る資格を得られたが、水呑などの下級の百姓や風聞の宜しからぬ家をヌレワラジとしてではその住民となることができなかった。土着するには少くとも小作人となることが必要であり、しかも親方である百姓が資産と信用とを有することが、もっとも確実な身元請人となる資格であったからである。岡山県苫田郡香々美南村沢田でも同様にヌレワラジという言葉があり、移住土着したものを名子百姓とし、五人組の組頭が名親となり、またそのヌレワラジとなって、名子百姓を五人組に編入したが、始めは一軒前となることはできなかった。広島県山県郡中野村草安では、移住者は以前にはヨリオヤ（またはワラジオヤ、ヌレワラジといい、外来者をヨリコという）を頼むと、ヨリオヤが同行《ドウギョウ》の内の各戸を廻りその承認を得て、その後に寄合の席へ酒を持参し、村に加入したが、後にヨリオヤを要しない定めになり、明治以後は本同行《ホンドウギョウ》と仮《カリ》同行の二つに分つこととなった。本同行は葬式、屋根葺にヨリアイブで行くもので、入る時は米二俵を包む。仮同行はコーロクブをして貰えぬもので、一応邪魔はせぬ程度のもので、入るには一俵でよい（山村生活の研究）。高知県高岡郡檮原村永野では部落が納税の責任を負っているので、新住者は部落内の人を仮親に頼み、納税の保証をして貰うことが村入承認の条件である。また外来者で寄留中の者は寄留親を持つことが必要で、これに対し節季その他年々一〇人役位はテアイに行く義務がある（同上）。

熊本県玉名郡では他所者土着の世話をした家をヌレワラジという。今でも親方というほどではなくても相当の世話人なしに村に居つくことはできない（能田太郎氏）。ヌレワラジの方言は三重県飯南《イイナミ》郡森村、香川県三豊郡五郷村、山口県阿武《アム》郡嘉年村、鹿児島県出水《イズミ》郡大川内村でも用いられており（山村生活の研究）、宮崎県でも用いられている（日向の言葉二）。福岡県京都《ミヤコ》郡伊良原村ではヌレワラジは世話を受ける外来者を意味し、これをまたナゴともいった（山村生活の研究一八九頁）。兵庫県印南《インナミ》郡魚橋村の場合は、婚姻に際して、入村の者と中宿の亭主との間に親方子方の関係を結ぶものであるが、入村者の村の社会的地位を確定することに目的があるから、この二種のヌレワラジが関係ある名称であることは明らかであり、前述の諸例をみると、入村者が村の人を親方とする関係にあることがうかがわれる。近年は多くの場合、この親方の社会的位置は、実質的には非常な力強い社会的権威は失われてしまったとしても、古い村入の風習の残存としてみることはできる。それゆえ、これらの諸例における移住土着者の生活条件は、多くは従属農よりはるかに良好であろうが、私はこの風習において土着に関する社会関係の性格を知ることに留意したのであって、村落内の土地支配が親方百姓ないしその同族団体により完全に行われており、しかも入村者の生活条件が劣悪な場合に、入村者はその系譜に属して同族結合を示し、子方百姓となった。現存の入村土着の風習は親方子方としての方言を多く遺存するかぎり、その残存である。そしてそれは入村土着した農民に土地家屋などを分与し、それに対し本家となることにその社会意識が現われている。

開墾地の自然的条件ないしは社会的条件が悪いために、そこに移住・耕作を希望する者が少い場合、地主が有利な条件を提示して移住を募集した際に小作人の発生する事情は、前の場合とはかなり差異があるが、地主との関係における性格には共通のものがある。

秋田県南秋田郡戸賀村の作《ツク》り子《ゴ》、北秋田郡米内沢町、大野村、上阿仁村の田作りという従属小作人は小作地の収穫が一定しないから低廉な小作料で作付させられているが、これは荒蕪地となるのを防ごうとしてなされている（大正十年調査書）。

大阪府泉南郡東鳥取村の作り子には、元は地主の自作地であったのが後に地主の手作りが不可能となった土地に、小作人を他より入れたものであるが、村より遠いので耕作希望者がなく、家屋敷を与えて小作人を雇ったことから起ったものである（大阪府内務部、大阪府下ニ於ケル作リ子慣行）。

和歌山県海草郡巽村、伊《イ》都《ト》郡大谷村の作り子は、いずれも僻陬の地で、耕作を望む者が少いので住宅を貸与し、小作料を軽減して他に出るのを防いでいる（大正十年調査書）。

島根県で株小作、借家小作、寄り掛りなどという者の一部分は、山間地方の開墾耕作、または砂鉄採集の跡地の開墾に従事した豪農が、その土地において人口稀薄のゆえに小作人を得ることが困難であったから、家屋敷、山林原野、農具、肥料、種子、そのほか居住と耕作に必要なものを一切貸与する条件で、他の地方より小作人を移住させて、その所有地を耕させたに始まるものがある（同上）。

岡山県阿哲《アテツ》郡矢神、石ヶ郷、豊永の各村、真庭郡湯原村、津田村、久米郡倭文西村、大垪和村における作り子、または名子は、耕作に不便な土地であって、小作人に不足したので、他の地方より小作人を雇い、地主の土地に居住させ、耕作に要する土地を与えたのである（同上）。

広島県御調《ミツギ》郡坂井原村久井村の作り子、世羅《セラ》郡甲山町、大見、津久志、津名、上山、吉川、神田、東、東太田、西太田の各村の名子は、自家で耕作することのできない大地主もしくは女地主などが小作人を専属させて農具・農舎を貸与し、普通より割安の小作料で小作させるものである（同上）。

山口県都濃《ツノ》郡米川、鹿野、長穂、戸田、湯野の各村における下百姓《ゲビヤクショウ》、厚狭《アサ》郡二俣瀬村の作り百姓に至っては十数年前（大正一〇年より）始まったものであるが、これは、商業の発展に伴って小作人の欠乏したために、有利な条件をもって他村から小作人を雇ったものであるが（同上）、新しい発生だけに、これを古い発生のものに対比して、従属小作の発生を考える上でもまた重要な資料であろう。宮崎県北諸県《モロガタ》郡高崎村の移住小作と称するものも、大正九年に某地主が土地を開いて三戸を入れ、さらに大正一二年に二戸を入れている。これも（同上）新しい発生として注目すべきものである。

これらの場合に、住み込む条件は小作人にとって非常に有利であるが、小作人自身の生活条件が悪く、生活必需品を地主から分与されるので、そこに従属関係が生じたのである。その上、土地の種々の条件が悪いので、かなり有利な条件を付与されても、小作人の生活が進展する底力を持てないため、生活の向上が望めず、その従属関係から離脱するまでにはなかなかならなかった。この場合、親方子方の関係があったらしいことは前述のワラジヌギの風習からも推測されるし、また、作り子、名子などの名称を持つ点からも考えられる。そこで、このような従属関係が生ずる場合、その性格を規定するものが同族的系譜（親方子方・主従）であることは、日本の社会関係の性格を知る上で特に注意されねばならない。

これと同様なことは大規模な新田開発においても見られた。この場合も、地主直営の場合とそうでない場合とでは条件がかなりちがっている。すなわち、地主が町人か武士であって常には村におらず、支配人をもってその管理をさせる場合は、地主と小作人との関係は比較的薄いものとなるが、それでも地主は小作人に対し単に地代徴集のみの関係にあるのでなく、直接の往来が盆暮には行われた。このような場合は貨幣経済の発達期に起った現象であり、しかも、特に港町城下町の近傍の平原地に頻出した。もちろんそれらは大資本による開発であって、開発に当って移住者に有利な条件をあたえている。その条件には地主から土地以外に生活資料の分与も少くなかったが、多くは土地の耕作条件に関するものであった。何となれば、そのような場合、地主はその耕作を小作人に請負わせることに重点をおき、自ら手を下して耕作することはしなかったからである。すなわち、耕地の貸与に対して比較的低廉な小作料を課したのは、一方に小作人を招致する手段であったが、その経営に際し地主の資金を最少限度に支出するだけにとどめようとするものであった。それゆえ、名請の地主は下地の経営から遊離する傾向があったので、名請の内附において下地の所有権の分化が生ずる傾向がみられ、小作人は地主の支配下において小作権（下級所有権）を獲得するようになった。これはその土地が自然的に或いは社会的に有利な条件を具備しておれば、小作人の生活力の発展が生じてきたからである。この場合、小作人の生活が地主に依存する度合が少くなったから、農業経営が比較的自力によって行われるようになった。開墾の当初においては、鍬下年季が設定されて、地主から家屋敷、種子、肥料、もしくは牛馬農具などの貸与も行われた。このようなことはいずれの開墾にも伴ったことであるが、土地の自然的ないし社会的条件が良好ならば、地主の助力を免れることが早く、従って余裕を生ずることも可能であった。大阪または徳島附近の新田における永小作権の発達はそのような事情によるものであろうと推察される（農務局、永小作ニ関スル調査。大阪府内務部、大阪府下ニ於ケル永小作地並ニ其ノ整理参照)。

しかし、これらの場合における移住土着の当初にあっては、移住者自身の生活条件は、これら永小作地のそれであろうと、その他の場合であろうと、非常に悪いのが普通であった。それで、この条件において、地主からその土地家屋、農具およびその他のものを貸与され、もしくは分与されたことは、地主を親方としてその支配のもとに子方となることを意味していた。例えば、大阪府泉北郡深野新田のように百姓の入り作した際に、一定の権利金を徴したような場合でさえも、明和五年に小作百姓より地主に差出した覚書の中に、「惣地主本家」の語を用いているなどは（小野武夫、河内国深野新田永小作資料——農務局、小作ニ関スル調査、其一、所載）、その関係がやはり社会関係の基本的性格に拘束されていたことを示すものである。

そこでこうした新田に移住してきた小作人自身の生活条件について一例を挙げるなら、小野武夫博士の「吉野川沿岸の永小作問題」（農務局前掲書所載）に引用されている阿波板野郡住吉新田に関する古文書中、文政七年の覚書は同新田の有附人《アリツキニン》五郎兵衛に関するものであるが、その内容は、同人は元三好郡中西村の御蔵《オクラ》百姓であったが、貧困によって郷里に住み得ず、やむなく住吉新田に移住した。しかし出生の村を去ることは先祖代々の親方の家の保護から離れることであり、それが他郷に出ても、従来ほどの保護を予期することは困難であるから、やむを得ぬかぎり、離村を敢てしないのが当時の百姓の心持であって、ただ貧困というだけで離村する気持にはならないから、新田百姓となった人々の多くは一方に非常に有利な条件を提示されて、初めて移住を決心したものであることが推察される。しかし、これらの新田村落は平坦地で水利もあり、比較的肥沃であり、かつまた交通便利で、近くに大きな都市を控えていたのであるから、移住百姓の生活条件向上の可能性が多かった。これに反し、他の場合の移住百姓はまったく反対の生活条件を持ち、彼らの村では貨幣経済への移行がおそく、生活面における自給経済残存の度合の多いままに近年に及んだから、その生活は依然として地主から独立する度合が少く、従って従属関係を多少でも持ち越してきているので、住込みの当初における彼らの生活条件にはさほどの差違がなかったにもかかわらず、後にはその境遇に非常な開きを示すに至っている。

附記　「第三章名子の分類、第三節土地家屋の質流れ永代売によるもの」がこのあとに続くが、頁数の関係上、それは第Ⅱ巻に収録される。

〔第二版〕有賀喜左衛門著作集Ⅰ

日本家族制度と小作制度（上）

一九六六年六月三〇日　初　版第一刷発行
二〇〇〇年六月二五日　第二版第一刷発行

定価（本体六八〇〇円＋税）

発行者　西　谷　能　英

発行所　株式会社　未　來　社
〒112−0002東京都文京区小石川三ノ七ノ二
電話　〇三−三八一四−五五二一〜四
振替　〇〇一七〇−三−八七三八五番
http://www.miraisha.co.jp/
E-mail: info@miraisha.co.jp

組版＝暁印刷／印刷＝平河工業社
製本＝黒田製本

ISBN4-624-90221-1 C0336